El drama textual herreriano desde las Humanidades Digitales y la Estilometría

STUDIEN ZUR ROMANISCHEN SPRACHWISSENSCHAFT UND INTERKULTURELLEN KOMMUNIKATION

Herausgegeben von
José Juan Batista Rodríguez und Dolores García-Padrón
Begründet von Gerd Wotjak †

BAND 216

PETER LANG
Berlin · Bruxelles · Chennai · Lausanne · New York · Oxford

Laura Hernández-Lorenzo

El drama textual herreriano desde las Humanidades Digitales y la Estilometría

PETER LANG
Berlin · Bruxelles · Chennai · Lausanne · New York · Oxford

Información bibliográfica publicada por la Deutsche Nationalbibliothek
La Deutsche Nationalbibliothek recoge esta publicación en la Deutsche Nationalbibliografie; los datos bibliográficos detallados están disponibles en Internet en http://dnb.d-nb.de.

Catalogación en publicación de la Biblioteca del Congreso
Names: Hernández-Lorenzo, Laura author
Title: El drama textual herreriano desde las Humanidades Digitales y la Estilometría / Laura Hernández-Lorenzo.
Description: Berlin ; New York : Peter Lang, 2025. | Series: Studien zur romanischen Sprachwissenschaft und interkulturellen Kommunikation, 1436-1914 ; vol. 217 | Includes bibliographical references.
Identifiers: LCCN 2025030907 (print) | LCCN 2025030908 (ebook) | ISBN 9783631935385 hardcover | ISBN 9783631935361 pdf | ISBN 9783631935378 epub
Subjects: LCSH: Herrera, Fernando de, 1534?-1597--Authorship | Herrera, Fernando de, 1534?-1597--Literary style | Herrera, Fernando de, 1534?-1597 Versos de Fernando de Herrera | Pacheco, Francisco, 1564-1644 | LCGFT: Literary criticism
Classification: LCC PQ6398.H3 Z67 2025 (print) | LCC PQ6398.H3 (ebook)
LC record available at https://lccn.loc.gov/2025030907
LC ebook record available at https://lccn.loc.gov/2025030908

ISSN 1436-1914
ISBN 978-3-631-93538-5 (Print)
ISBN 978-3-631-93536-1 (ePDF)
ISBN 978-3-631-93537-8 (ePUB)
DOI 10.3726/b23184

Publicado por Peter Lang GmbH, Berlin (Alemania)

info@peterlang.com

Esta publicación ha sido revisada por pares.

www.peterlang.com

RESUMEN

Esta monografía aborda el fascinante problema textual y de autoría que afecta a los textos poéticos de Fernando de Herrera (1534-1597), centrado en el estudio de la plena autoría de la edición póstuma de su poesía a cargo de Francisco Pacheco, *Versos* (Sevilla, 1619). Se presentan nuevos análisis obtenidos aplicando técnicas computacionales al corpus de autoría segura y a los poemas de la edición póstuma. Los resultados apuntan a la autoría de mano del Divino de las variantes y de los poemas nuevos publicados en 1619, mostrando que las Humanidades Digitales y la Estilometría pueden realizar nuevas e importantes aportaciones a la investigación en literatura española, y arrojando nueva luz sobre una polémica que no solo afecta a la obra de uno de los poetas áureos más importantes, sino a la propia transición poética del Renacimiento al Barroco.

Palabras clave: Fernando de Herrera, Poesía del Siglo de Oro, Estilística computacional, Estilística de Corpus, Estilometría

Para mis padres y mi hermano.

Índice

Lista de figuras

Lista de imágenes

Lista de tablas

Agradecimientos/Acknowledgements

Disculpe el lector la extensión de estos agradecimientos, pero en el transcurso de la realización de este estudio han sido vitales muchos actos de generosidad, unos de largo recorrido y otros más puntuales, de grandes profesionales en distintos ámbitos. Nunca habría podido llegar hasta aquí yo sola. Por lo tanto, me siento enormemente agradecida hacia todas estas personas que de una forma altruista me han ayudado a alcanzar esta meta.

Por supuesto, esta monografía existe gracias a Juan, mi director, quien me propuso acometer el tema del drama textual de los textos poéticos de Fernando de Herrera, autor al cual ha dedicado gran parte de su carrera investigadora, y me planteó abordarlo mediante las —desconocidas para mí en aquel momento— Humanidades Digitales. Muchas gracias por acogerme como alumna, por la confianza depositada en mí para un trabajo que muy pronto superó nuestras expectativas iniciales, por tu buen hacer, tus sabios consejos y enseñanzas durante todo este trayecto, por tu paciencia y buena acogida de mis ideas y análisis innovadores; por ser mi maestro y compartir tu inmensurable conocimiento y sabiduría conmigo. Muchas gracias por marcarme el camino a pesar de los novedosos retos que se han presentado, y al mismo tiempo darme libertad para explorar mundos nuevos de conocimiento, siempre con la seguridad de que estabas ahí para acompañarme y guiarme en el siguiente paso. Mil gracias por tu generosidad, tu apoyo y por prestarme siempre ayuda y ofrecerme soluciones en los momentos difíciles.

Además, un estudio como este, que bebe en gran medida de la investigación en el panorama internacional, no hubiera sido posible sin un aprovechamiento importante de las tres estancias predoctorales de investigación realizadas en el extranjero. Por ello, hago extenso mi agradecimiento a los profesores Giuseppe Mazzocchi y Paolo Pintacuda, que tutorizaron mi estancia en la Universidad de Pavía. Agradezco de corazón a Giuseppe Mazzocchi su gran amabilidad conmigo, sus comentarios, consejos y el tiempo que me regaló, a pesar de su grave enfermedad. Sirva este estudio como homenaje a su memoria y generosidad. Me siento también muy agradecida hacia Paolo Pintacuda por su atenta acogida, su gentileza, su ayuda, y por su pronta y generosa disposición a hacerse cargo de mi estancia tras la ausencia del profesor Mazzocchi. También me gustaría mencionar al profesor Giovanni Caravaggi, a quien agradezco la cordialidad que me brindó desde el primer día de mi estancia, así como a Laura Rodríguez y a María Deyrós por su compañerismo, y, por último, al personal de biblioteca su amable colaboración. *Vi ringrazio tantissimo per tutto!*

Por otra parte, el capítulo de Estilometría de este volumen no habría existido sin las estancias de investigación realizadas en Cracovia y Würzburg con grandes investigadores que se han convertido en mis maestros en esta fascinante disciplina, los profesores Maciej Eder, Jan Rybicki y Fotis Jannidis. Me siento muy agradecida hacia el profesor Maciej Eder, quien me inició a la Estilometría en la Escuela Europea de Humanidades Digitales de Leipzig, por acogerme generosamente como a otro de sus doctorandos en la sede del Computational Stylistics Group dentro del Institute of Polish Language de Cracovia, y por aprovechar mi estancia para implementar el método de los Impostores en *stylo* y poder aplicárselo al problema autorial de los textos de Herrera. *Thank you so much, Maciej, for your teachings, your generosity, your guidance, your insights on my work and Herrera's case, for allowing me to attend your Stylometry classes in English at the university, for developing Imposters in stylo during my research stay, and for giving me the awesome opportunity of learning of all of you at the Institute!* Agradezco también la amabilidad del profesor Jan Rybicki, por permitirme asistir a sus clases de máster de Estilometría en la Universidad Jagelloniana. *Thank you so much, Jan, for your kindness, your teachings, your comments about my work, and for letting me attend your Stylometry classes at university, which gave me some nice ideas to improve my research!* Gracias también a Artjoms Šeļa por impulsar el grupo de lectura y ampliar mis perspectivas sobre la investigación estilométrica. Y no puedo dejar de mencionar a Joanna Byszuk, mi compañera de armas, y con la que comparto pasión por la Estilometría, las Humanidades Digitales y por Sor Juana Inés de la Cruz. *Thank you so much, dear Joanna, for all your help, your kindness and friendship!*

I also thank professor Rafał L. Gorski and my other colleagues at the Institute for their help, friendliness and cordiality. Dziękuję!

También me siento muy agradecida hacia el profesor Fotis Jannidis, catedrático de Humanidades Digitales y tutor de mi estancia de investigación en Würzburg. *Thank you so much, Fotis, for your kindness, your suggestions, comments and insights on my work and for teaching me how to think as a Digital Humanities researcher!* Hago extenso mi agradecimiento a Christof Schöch, por aceptar mi estancia con el grupo CLiGS adscrito a la cátedra y como director del mismo, aunque finalmente no pudiera tutorizarme por su marcha a Trier. Estoy también muy agradecida hacia el nuevo director del grupo, Robert Hesselbach, por su amabilidad y cálida acogida. *I also thank the members of the Digital Humanities department, specially Steffen Pielström, Leonard Konle and Keli Du, and the administrative staff Barbara. I specially acknowledge Steffen Pielstrom for his advices on how to apply Statistic methods to the analysis conducted in this thesis, as well as his suggestion of using z-scores to sort through my POS n-grams. And I thank them all for their companionship and for making me feel like one of them when we encounter at conferences. Danke sehr!* Y me siento infinitamente agradecida hacia José Calvo, por toda su ayuda para organizar mi estancia, por permitirme asistir a su curso de introducción a las Humanidades Digitales, por sus comentarios y sugerencias para mejorar mi trabajo, por revisar y comentar mi capítulo de Humanidades Digitales, a pesar de encontrarse él también en la etapa final de su tesis doctoral, por ser el mejor compañero de despacho que se puede tener, y por hacer todo lo humanamente posible para facilitar mi estancia en Alemania, convirtiéndose en un auténtico hermano mayor al abrirme las puertas de su casa y regalarme su tiempo junto a su familia, su encantadora mujer, Tabea, y sus preciosos niños, Samuel y Mateus: en mi corazón sois mi familia de Würzburg.

Me gustaría también hacer extenso mi agradecimiento a los integrantes de mi grupo de investigación, el Grupo PASO. Especialmente, quiero mencionar a Begoña López Bueno, Pedro Ruiz Pérez, Valentín Núñez y Nacho García, por la amabilidad y gentileza con la que siempre me tratan; a Ángel Estévez y José Manuel Rico, por su trato franco y buena acogida de mis análisis innovadores; a Isabel Román, por su cordialidad y afecto; a Mercedes Comellas, tutora de mi Trabajo de Fin de Grado, por su cariño y porque, si he escrito este libro, es porque en el fondo sigo siendo la romántica que ella formó; a Francisco Escobar, por sus ánimos; a Cristina Moya, por su ayuda con la asignatura que hemos compartido y por el interés mostrado hacia mi investigación; a Charo Martínez, por su amabilidad y afecto; a Jaime Galbarro, por toda su ayuda y su confianza en mí, que fue vital al comienzo de este camino, por hablarme de Humanidades Digitales Hispánicas y de TEI, y por el apoyo y el entusiasmo mostrado con mis investigaciones digitales; a Clara Marías, por su cariño y por toda su ayuda; y a Mª Ángeles Garrido, por acogerme en el grupo desde el primer día como una auténtica hermana mayor, por su simpatía, espontaneidad, cariño y por todos los cables que me ha echado en estos años, incluso cuando yo ni siquiera sabía que los necesitaba. También quiero dar las gracias a mis compañeras Sara González, Esther Márquez y Gema Balaguer, por su afecto, ayuda y compañerismo.

Asimismo, me gustaría agradecer la generosidad, formación y ayuda que he recibido de la comunidad de Humanidades Digitales y en particular, de Stefano Bazzaco, Alejandro Bia, Anna Bognolo, Elisabeth Burr, Javier De la Rosa, Carlota Fernández Travieso, Alejandro García-Reidy, Gaston Gilabert, Sagrario López Poza, José Luis Losada, Leyre Martín, Clara Isabel Martínez Cantón, Borja Navarro Colorado, Nieves Pena, Álvaro Pérez, Gimena del Rio Riande, Antonio Rojas Castro, Pablo Ruiz y Alejandra Ulla. Tengo que hacer, además, un agradecimiento especial a los dos profesores con los que he tenido la gran suerte de realizar estancias postdoctorales en el extranjero: Mercedes Blanco, de la Universidad de Paris-Sorbonne, y Hanno Ehrlicher, de la Universidad de Tubinga. Y gracias también a mi grupo de colegas estilometristas del ámbito hispánico, por su aliento y la pasión que compartimos por lo que hacemos: en particular, a Álvaro Cuéllar, Ulrike Henny, Marie-Églantine Lescasse, y doblemente a José Manuel Fradejas, con quien aprendí a programar en R, y a Nanette Rißler-Pipka, por organizar el panel de Estilometría dentro del congreso del Romanistentag donde por primera vez nos reunimos.

Igualmente, agradezco la cordialidad y el aprecio que he recibido de los profesores del Departamento de Literatura española e hispanoamericana de la Universidad de Sevilla, muchos de los cuales fueron mis profesores en la carrera o en el máster y han contribuido significativamente a mi formación. Me gustaría dar las gracias especialmente a aquellos que han compartido clases conmigo, entre ellos la que ha sido la directora en los últimos años, Isabel Clúa, y la directora actual, Natalia Fernández, a quienes también agradezco, junto a nuestro secretario, Carlos Peinado, y nuestra gestora, Encarni Moreno, la amabilidad y ayuda que los cuatro me han otorgado durante estos años. Y, por supuesto, gracias a mis compañeros predoctorales, especialmente a Ana Davis, Emilio Ocampos y Sabina de los Reyes, por vuestros ánimos y ayuda.

Del mismo modo, deseo manifestar mi gratitud hacia profesores de otros departamentos de la Facultad de Filología, en particular, hacia María Victoria Utrera, tutora de mi Trabajo de Fin de Máster, por sus enseñanzas, su cariño, su generosidad y su confianza en mí; así como hacia mis profesores del máster, Nacho Guijarro, Lola Pons, Carolina Sánchez-Palencia y José Solís; y mi profesor de inglés en la carrera, Manuel Padilla.

Y nunca jamás habría sido capaz de llegar hasta aquí sin los míos. En especial, gracias a mis tíos Conchi y Luis por acogerme en su casa en Málaga y hacer de padres adoptivos cada vez que tengo que hacer escala allí para ir a cursos y congresos. Gracias también, por supuesto, a mi abuela, por transmitirme siempre la fuerza necesaria para superar los obstáculos.

Y, por encima de todo, gracias a mis padres y a mi hermano, por el apoyo incondicional que me habéis brindado, por acompañarme y visitarme durante las largas estancias, y en algunos congresos, y por ser mi inspiración y mi último aliciente. Gracias a mi físico favorito, Enrique, por resolver mis dudas de matemáticas, y por animarme y transmitirme tu punto de vista científico. Gracias, papá, verdadero humanista digital e informático reconvertido en historiador, por ayudarme a crear Litcon y embarcarte conmigo en la aventura de la creación de un programa especializado para analizar poesía y preparado para textos con ortografías tan peculiares como la de Herrera. Y gracias, mamá, por todo lo que has hecho y sigues haciendo por mí; por acompañarme en algunos de mis viajes, por tus sabios consejos, por regalarme tu tiempo, tu pensamiento riguroso de química, tu sensibilidad y empatía, por animarme y apoyarme siempre en los peores momentos, y por estar siempre ahí. Este libro es tan mío como vuestro.

Introducción

Este volumen aspira a construir un puente entre dos mundos de investigación: los estudios tradicionales de la Filología y la Historia de la Literatura aplicadas a la poesía española del Siglo de Oro, y más específicamente, al estudio de la obra de Fernando de Herrera, y el campo interdisciplinar que hoy conocemos como Humanidades Digitales.

Por un lado, esta monografía aprovecha los enfoques de las Humanidades Digitales, con sus nuevas metodologías, perspectivas y herramientas para el estudio de la Literatura, que pueden ayudar a los estudiosos en su investigación, así como arrojar nueva luz cuando los métodos tradicionales como la lectura cercana (*close reading*) o la Filología no pueden dar más de sí, e incluso cambiar nuestra visión de las obras y de la Historia literaria. Además, algunas de las principales disciplinas de las Humanidades Digitales, como la Estilística literaria digital, la Estilística de corpus y, especialmente, la Estilometría (que cuenta con una larga tradición de estudios de atribución de autoría y análisis cuantitativo del estilo), han sido ampliamente aplicadas a textos en inglés y en otras lenguas, pero menos usados hasta ahora por los estudiosos en Literatura española.

Por otro lado, este libro aborda uno de los problemas de transmisión textual y de autoría más fascinantes de la poesía española, el que afecta a los textos poéticos de Fernando de Herrera (1534-1597), uno de los grandes poetas de la poesía española del Siglo de Oro. La cuestión tiene como asunto central la edición póstuma de la poesía herreriana, *Versos de Fernando de Herrera* (Sevilla, 1619), publicada por el pintor Francisco Pacheco (1564-1644). Las diferencias textuales y estilísticas entre esta edición póstuma y la edición publicada en vida por Herrera, *Algunas obras de Fernando de Herrera* (Sevilla, 1582), han llevado a los estudiosos y expertos herrerianos a un largo, intenso e inconcluso debate sobre la autenticidad y plena autoría de los poemas de *Versos*, y en particular de las variantes presentadas en poemas ya conocidos y de las nuevas composiciones incluidas, supuestamente escritas por Herrera. En este sentido, algunos estudiosos sospechan de una segunda mano, concretamente la de Pacheco, mientras que otros defienden la plena autoría herreriana y apuntan a que las diferencias se deben a una evolución de su estilo hacia el Barroco y la poesía de Góngora. Aunque se han producido algunos avances en los últimos años, los expertos reconocen la dificultad de alcanzar conclusiones definitivas sin un enfoque que permita al investigador trabajar con el corpus completo de la poesía herreriana.

Por tanto, la presente obra tiene como principal objetivo detectar la autoría de las variantes y de los nuevos poemas incluidos en *Versos* a través de la aplicación de metodologías computacionales y estilométricas. Para ello, se emplea un enfoque interdisciplinar, en el que las metodologías tradicionales como la Historia de la Literatura y la Filología se combinan con las de las Humanidades Digitales, principalmente Estilística de corpus y computacional, y Estilometría. Las metodologías computacionales y estilométricas contribuyen a obtener resultados objetivos, mientras que las disciplinas tradicionales, en primer lugar, proporcionan el contexto necesario sobre la poesía herreriana, y en segundo, asisten en la interpretación de los resultados obtenidos.

Además de abordar la principal pregunta de investigación, se realizan las siguientes aportaciones:

En primer lugar, se contribuye al estudio de la evolución poética en la obra de Herrera, desde sus poemas más tempranos a aquellos incluidos en *Versos*, cuestión ya introducida por Battaglia y ampliamente desarrollada por Macrí. Gracias a la aplicación de herramientas digitales tanto a los textos publicados póstumamente como al resto de los textos poéticos herrerianos, se presentan nuevos datos y resultados estilísticos, además de información precisa desde el punto de vista léxico y morfosintáctico.

En segundo lugar, se incluye una digitalización de los textos poéticos herrerianos en un formato adecuado para el procesamiento y el análisis textual, y que incluye una versión con la ortografía original y otra en la que esta ha sido modernizada. De esta forma, la digitalización preparada de la poesía herreriana podrá ser añadida a bibliotecas digitales en el futuro, y así se podrá facilitar su uso en estudios posteriores que requieran cualquier tipo de procesamiento de los textos poéticos herrerianos.

En tercer lugar, se presenta una aplicación metodológica de herramientas computacionales y estilométricas al problema autorial de los textos poéticos de Herrera. La metodología desarrollada podrá servir en el futuro para ser aplicada a la obra literaria de autores que presenten problemas similares.

En cuarto lugar, el presente estudio sirve como modelo de implementación de un proyecto de Humanidades Digitales (dentro del actual estado de la cuestión de la disciplina) aplicado a la Literatura española desde sus etapas iniciales (preparación del corpus mediante la digitalización, revisión y corrección de textos), pasando por las etapas intermedias de selección y desarrollo de las herramientas y recursos necesarios para el análisis (preparación de scripts en R para determinados procesos y utilización y uso de software de corpus y Estilometría ya existente), hasta la obtención, interpretación y evaluación de los resultados.

En quinto lugar, también se incluye una contextualización de la obra poética de otros autores del Siglo de Oro español, consistente en una evaluación de los mejores parámetros para realizar atribución de autoría con la poesía española del Siglo de Oro.

En cuanto a las herramientas informáticas utilizadas, se aúnan tecnologías de reconocimiento óptico de caracteres (OCR) para la digitalización de la poesía de Herrera y Pacheco; un programa de análisis de corpus diseñado específicamente para trabajar con poesía (Hernández-Lorenzo, 2022b); el programa de etiquetado morfosintáctico automático más eficiente actualmente para textos en español (Padró, 2011) y el paquete de R *stylo* para los análisis estilométricos (Eder et al., 2016).

Para abordar esta compleja investigación, este estudio se divide en tres secciones, que a su vez constan de varios capítulos:

La primera sección incluye el estado de la cuestión del tema tratado y la explicación detenida del proceso de preparación del corpus. En esta parte se incluyen los capítulos 1 y 2. El primero, presenta el estado de la cuestión de los textos poéticos de Fernando de Herrera. Se ofrece una visión general del proceso de transmisión de estos junto a una exhaustiva relación de las fuentes manuscritas e impresas que se conservan (capítulo 1.1), así como un resumen detallado de la polémica conocida como el «drama textual» y que gira en torno a la edición póstuma de *Versos* (capítulo 1.2).

El segundo capítulo explica cómo ha sido realizada la digitalización de la obra poética completa de Herrera, y de Pacheco, como principal sospechoso. Comienza con una visión general de la digitalización de textos españoles, seguida de una exposición del proceso a través del cual la edición más autorizada de la poesía de Herrera fue digitalizada a través del uso de un programa de reconocimiento óptico de caracteres (OCR). A continuación, se explica el proceso de revisión y corrección de los errores del OCR, y de la creación de las colecciones digitales de la poesía de Herrera, con una versión fiel a la ortografía original y otra en la que esta ha sido modernizada a las formas actuales. Del mismo modo, se ofrece una lista de los poemas de Pacheco conocidos en la actualidad, en la cual se especifica qué fuentes han sido utilizadas para su obtención, así como el procedimiento utilizado —aplicación de OCR y posterior revisión, o bien transcripción de los poemas cuando los resultados del OCR no resultaban aceptables—. Por último, se presenta la información de los diferentes corpus resultantes de Herrera y Pacheco, así como la cantidad de palabras que contiene cada colección.

La segunda sección de esta monografía contiene los estudios y análisis del problema de transmisión textual y de autoría abordado. Se trata pues, de los resultados centrales de esta investigación, que se han dividido en dos capítulos: uno centrado en estudios a través de la Estilística de corpus y computacional (capítulo 3), y otro con análisis estilométricos (capítulo 4). Los términos Estilística computacional y Estilometría son a menudo utilizados como sinónimos, pero aquí se ha decidido distinguir entre los análisis estilísticos computacionales que no utilizan métodos y medidas cuya efectividad ha sido comprobada en atribución de autoría y aquellos que sí los utilizan. En consecuencia, el capítulo 3 muestra los análisis de corpus y computacionales realizados a través de metodologías de corpus, en los que, además, es frecuente combinar los datos cuantitativos con el análisis cualitativo de los resultados más relevantes. En esta línea, el capítulo comienza con una concisa perspectiva general sobre las aplicaciones de Estilística de corpus al estudio de los textos literarios, seguida de los análisis de la poesía de Herrera y Pacheco a través de esta metodología. A su vez, el capítulo se divide en dos secciones: el subcapítulo 3.2 contiene los estudios realizados con el corpus sin etiquetar —riqueza léxica, análisis léxico contrastivo y variantes ortográficas—, mientras que el subcapítulo 3.3 presenta los análisis con el corpus etiquetado con información morfosintáctica —datos cuantitativos de las categorías morfológicas y análisis de bigramas y trigramas morfosintácticos. Este capítulo se cierra con una conclusión provisional.

El capítulo 4 introduce los análisis estilométricos del problema autorial de *Versos* a través de métodos y medidas de mayor complejidad estadística y ya aplicados con éxito en atribución de autoría no tradicional. Comienza con una introducción a la Estilometría (subcapítulo 4.1) a través de su definición, el concepto de huella autorial, un repaso histórico de los principales fundadores e hitos de la disciplina, y una breve panorámica de las aplicaciones estilométricas realizadas hasta la fecha con textos literarios hispánicos. Tras este apartado introductorio, se presentan los análisis y resultados obtenidos con el caso de estudio de este volumen. Se trata de enfoques eminentemente cuantitativos, que comienzan con una evaluación de los mejores parámetros para la poesía española del Siglo de Oro (subcapítulo 4.2). A continuación, se aplica una amplia variedad de técnicas y clasificadores estilométricos, que van desde los análisis de grupos y los árboles de consenso (subcapítulo 4.3), pasando por Principal Component Analysis (capítulo 4.4), Rolling Classify (subcapítulo 4.5) y Oppose con Zeta (subcapítulo 4.6), hasta técnicas de verificación de autoría como el método de los Impostores (subcapítulo 4.7).

Seguidamente, la tercera sección de este volumen contiene las conclusiones finales. El volumen termina con la bibliografía utilizada y dos apéndices.

PRIMERA PARTE

ESTADO DE LA CUESTIÓN Y PREPARACIÓN DEL CORPUS

1. Los textos poéticos de Fernando de Herrera

1.1. La transmisión de los textos poéticos de Herrera[1]

La obra poética de Fernando de Herrera (1534-1597), que se encuadra dentro de la poesía culta, se nos ha transmitido de forma escrita, tanto manuscrita como impresa, por los cauces habituales de difusión de la poesía áurea.[2]

La importancia de la transmisión manuscrita de los textos poéticos en los Siglos de Oro ya fue reivindicada por Antonio Rodríguez-Moñino en su célebre *Construcción crítica y realidad histórica en la poesía española de los siglos XVI y XVII* (Rodríguez-Moñino, 1968a).[3] Para este crítico, esta forma

---

1 En la preparación de este apartado me han resultado de gran utilidad los bastante completos índices de fuentes textuales de la poesía de Herrera que presentan las ediciones de Blecua y Cuevas (Blecua, 1975; Cuevas, 1985a), además de la bibliografía citada. Estas ediciones incluyen la totalidad de la poesía de Herrera que nos ha llegado —y que se describe a continuación—, a excepción de unos cuantos textos que han aparecido después de su fecha de publicación. Asimismo, se recomienda la consulta del capítulo de Juan Montero (2021) sobre la transmisión textual herreriana publicado en el volumen colectivo *De Herrera. Estudios reunidos en el centenario de versos (1619).*

2 Por otra parte, otro cauce de gran relevancia para la difusión de la literatura áurea (y, por extensión, de la poesía) fue la transmisión oral. Su importancia ha sido reclamada por Pablo Jauralde. Este estudioso señala que la transmisión oral sería la más frecuente, pues respondía a una gran cantidad de público analfabeto, el cual no podía acceder de otra forma a los textos literarios. Se transmitían fundamentalmente en forma oral los géneros de creación popular, y, en el caso de la poesía, la lírica tradicional o el romancero (Jauralde Pou, 1982).

3 Todas las citas se realizan siguiendo el manual de estilo de la *American Psychological Association 6th edition*, a través del gestor bibliográfico Zotero: https://www.zotero.org/ [Consulta: 26/03/2025].

de transmisión fue más común y frecuente que la impresa, lo cual apoyan estudiosos posteriores, si bien con algunas matizaciones (Dadson, 2000b, 2009, 2011; Jauralde Pou, 1982). Especialmente en el XVI —momento que Jauralde califica como «etapa humanística»—, el manuscrito fue la forma estándar de transmisión de la poesía, condición que se vio reforzada por el relativamente escaso desarrollo de la imprenta, así como por la tradición de la circulación manuscrita en el primer periodo de aparición de esta tecnología novedosa para la época. Otros factores de importancia que dificultaron la impresión de las obras fueron la creciente dureza de la legislación en torno al libro o los costes de la impresión, unido a un cierto elitismo y la idea de que la poesía era un arte minoritario, dirigido a una minoría selecta, y no al público en general (Dadson, 2000b; Jauralde Pou, 1982).[4] Además, el manuscrito presentaba la ventaja de que el proyecto poético no tenía por qué darse por cerrado, ya que siempre se podían ir añadiendo más poemas a los ya escritos.[5] Estos manuscritos podían recoger poemas de un único autor, pero fueron más frecuentes —y seguramente más del gusto de los recopiladores, como indica Dadson (2000b)[6]— las colecciones de composiciones

---

4 Para Jauralde, la impresión de una obra literaria solo interesaba a la minoría alfabeta urbana y cortesana de la población, de carácter aristocrático o burgués. Como consecuencia, se promueve un «arte exquisito y minoritario, para los pocos, que no se entregará a las prensas, sino en copia manuscrita al amigo erudito, al sabio, al poeta de la corte, al humanista, etc., que lo dará a conocer, a su vez, a los restantes colegas» (Jauralde Pou, 1982, p. 63). Y se suman factores materiales como el elevado precio del papel, el excesivo control de los precios o los riesgos en la inversión. Por todo ello, la impresión de obras de un autor era un fenómeno poco frecuente y, en ocasiones, solo se realizaba de forma póstuma, pues era señal de que esa obra despertaba ya un cierto interés y se había ido popularizando (Jauralde Pou, 1982, p. 61).

5 «El cartapacio manuscrito de sus versos tenía, para el poeta, la ventaja de que no significaba un punto final de composición, como lo hacía el libro impreso; siempre podía ir añadiendo más poemas a los que ya tenía escritos. Era, en fin, un proyecto continuo, siempre en marcha» (Dadson, 2011, p. 16).

6 «Collections of various authors and diverse poems were much more to the taste of the collector who went under the considerable trouble of noting down these poems, often perhaps over a long period of time» (Dadson, 2000b, p. 53).

de varios autores.[7] Un gran número de poemas herrerianos se nos han transmitido por la vía del manuscrito, como se verá a continuación, tanto en forma de conjuntos textuales en manuscritos que cuentan con secciones de poesía herreriana (apartado 1.1.1.1); como de forma más diseminada, bien en manuscritos de obras de otros autores, muchos de ellos amigos del poeta o escritores cercanos al círculo poético sevillano (apartado 1.1.2.2.1); bien en cancioneros de poesías varias (apartado 1.1.2.3.1); e incluso a través de un resto de manuscrito autógrafo (apartado 1.1.2.4).

En cuanto a la transmisión impresa, como ha demostrado Dadson en sus estudios (Dadson, 2000b, 2011), no se puede desdeñar esta forma de difusión para la poesía. Aunque la mayoría de los textos poéticos se transmitían de forma manuscrita en el XVI, algunos se transmitieron también de forma impresa tanto en publicaciones de un único autor[8] como insertos en obras de otros géneros —normalmente en prosa—, y mayoritariamente en recopilaciones de poemas en forma de cancioneros y romanceros. Estos últimos constituyeron, además, el cauce de difusión impresa de poesía más exitoso y rentable para los impresores del XVI (Dadson, 2000b). Será con el nuevo siglo cuando una serie de cambios en las condiciones literarias provoquen un creciente uso de la imprenta para propagar la obra poética, relacionados, principalmente, con el desplazamiento de los nobles a la corte, y muchos escritores con ellos, creándose redes de mecenazgo que posibilitaron la profesionalización del

---

[7] Rodríguez-Moñino señala que la transmisión manuscrita de la poesía solía realizarse en tomos en los que se encuadernaban diversos papeles que podían ser de diversa procedencia, y resalta que cuando un volumen recoge obras de un único autor, a menudo ha sido recopilado por copistas y amigos (Rodríguez-Moñino, 1968a). Lo habitual, sin embargo, es que los aficionados creen sus propios cartapacios, con poemas recopilados de diferentes fuentes. Una vez recopilada una colección importante, el colector podía hacer copiar los textos en un cuaderno con un rótulo del tipo *Poesías varias* o *Rimas de varios ingenios*, o encuadernar las distintas hojas juntas, a pesar de las diferencias de letra, tamaño y época de las mismas (Rodríguez-Moñino, 1968a, p. 39). Por otra parte, a medida que el texto se va difundiendo en círculos más amplios, más posibilidades hay de que se produzcan errores de copia, y de que el nombre del autor original se perdiese, dando lugar a numerosos problemas y errores de atribución. Rodríguez-Moñino explica cómo se producen estas falsas atribuciones: «[...] estos hermosos tercetos, marmóreos pero vibrantes, han de ser de Argensola sin vacilación; este soneto satírico ¡encaja tan bien con el tono de Francisco de Quevedo! ¿Aparece en este romance *Belardo*? Sin duda es de Lope de Vega» (Rodríguez-Moñino, 1968a, p. 40).

[8] Aun así, estas serán mucho más frecuentes en el XVII.

poeta (Dadson, 2011). En el caso de Herrera, que vivió y escribió en la segunda mitad del XVI, contamos con dos colecciones impresas de su obra poética (apartado 1.1.1.2), pero únicamente una se realizó en vida del autor. Y, si bien la edición en vida fue realizada e impresa con sumo cuidado, la póstuma, que apareció ya en el XVII, adolece de los habituales problemas sobre la validez y autoridad de los textos que presentan tales ediciones, a los que hay que sumar la deturpación que el texto podía sufrir en el proceso de impresión.[9] Aparte, del mismo modo que con la transmisión manuscrita, nos han llegado poemas sueltos tanto insertos dentro de obras no poéticas del propio Herrera, las *Anotaciones* y la *Relacion de la guerra de Cipre* (apartado 1.1.2.1); como en obras de otros autores —también muy frecuentemente escritores amigos o, al menos, cercanos al grupo poético sevillano— (apartado 1.1.2.2.2), y un caso aislado en un romancero —concretamente, en el *Segundo Romancero General*— (apartado 1.1.2.3.2).

1.1.1. Conjuntos textuales

Contamos con cinco conjuntos textuales herrerianos: dos impresos —la edición en vida y la póstuma— y tres manuscritos que recogen colecciones amplias de poemas del Divino.

---

9 El autor presentaba un 'original' hipotéticamente revisado por él. Este texto pasaba a un copista profesional, que preparaba el original de imprenta, el cual utilizaban los componedores para preparar el texto impreso, dentro del proceso conocido como «contar el original», en el que se marcaba el texto que ocuparía cada página. Este constituía uno de los procesos más delicados y podía ser causa de importantes alteraciones textuales, si bien en el caso de la poesía resultaba menos problemático, dada la facilidad de contar por versos. Por otra parte, la intervención de los diferentes agentes que participan en el proceso de impresión (el cajista, el impresor, el revisor o corrector de pruebas) podía dar lugar a errores en el proceso de impresión, de muy diversa índole —en el caso del cajista, malas lecturas, por lectura global, por dificultad de la letra, por el uso de palabras no habituales; saltos hacia adelante o hacia atrás por darse una palabra igual o parecida; o cambios inconscientes en el proceso de retención, resultando en alteraciones del orden de la frase o modificaciones de palabras (Moll, 2000). A estos hay que añadir las libertades que se tomaban los tipógrafos (Botta, 2009), así como las modificaciones de importancia que se podían introducir en el proceso de corrección de pruebas (Dadson, 2000a; Garza, 2012). Además, a menudo, la imprenta imponía sus propias normas de ortografía, acentuación y puntuación. Dadson añade que, por esta razón, muchos autores no puntuaban el 'original' que depositaban en la imprenta (Dadson, 2009, p. 74). La complejidad de todo este proceso llevaba a la aparición de errores y de variantes con respecto al 'original' que había depositado el autor, afectando, claro está, a la fiabilidad de los textos.

1.1.1.1. Manuscritos

El más importante es el ms. 10.159 de la Biblioteca Nacional de España, que contiene secciones de poemas de Herrera, Arguijo y Rioja, junto con una pieza dramática de Bartolomé Leonardo de Argensola. En el lomo de su encuadernación se lee «cisnes del betis, ms», rótulo del que deriva el título con que habitualmente se conoce el códice. En 1948, José M. Blecua publicó la parte herreriana, con el título de *Rimas inéditas* (Herrera, 1948a), de ahí que se identifique dicho testimonio con la sigla *B*.[10]

En el folio 124 (sin numerar), se lee «De Herrera, 1578», por lo que esta sería la fecha *ad quem* para la composición de los poemas e indica seguramente la

---

[10] El manuscrito se encuentra encuadernado en pergamino, contiene 292 hojas y sus dimensiones son de 22 por 15 cm. En cuanto a la secuencia del contenido, el manuscrito consta de 4 hojas iniciales sin numerar, 281 folios con numeración de la época y una hoja sin numerar, seguida de 11 folios con el Registro de primeros versos y uno en blanco. En la hoja anterior al folio 1, que aparece sin numerar, se lee «Lo que contiene este cartapacio es lo siguiente: Versos de don Juan de Arguijo / Versos de Fran.^{co} de Rioja / Versos de Fer.^{do} de Herrera que no an sido inpresos / Tragedia de Lupercio Leonardo de Argensola». La sección de poemas de Juan de Arguijo abarca del folio 1 al 35, mientras que la sección de Francisco de Rioja se extiende del folio 61 al 100, la de Herrera del folio 125 al 235 y la tragedia *La famosa Alexandría* de Lupercio Leonardo de Argensola abarca del folio 238 al 281v. La numeración del códice, con rasgos de escritura de la época, es correlativa, incluso en los largos trechos de hojas en blanco que hay entre las diferentes secciones, lo que indica que quizá el recopilador pensaba utilizarlas en el futuro. La impresión de unidad se refuerza por la presencia, en diferentes lugares estratégicos (al principio del códice y por delante de cada una de las secciones) a modo de portadilla, de una calcografía que representa un marco adornado con angelotes y rematado con una cruz sobre la leyenda IHS, grabado que deja en el centro un óvalo en blanco, como dispuesto para situar un retrato. Esta parece encontrarse ausente en el caso de Rioja, pero su falta se explica por la desaparición de los folios 59-60 del manuscrito, como puede apreciarse también en la numeración. La calcografía va firmada: «F. Heylan me fecit Granatae», grabador que se instaló en Granada por 1611-1612 y que allí estuvo activo hasta 1635, más o menos.

Por otra parte, son cuatro las letras principales que se distinguen en el manuscrito: en primer lugar, la de las copias de los poemas de Arguijo y Rioja; en segundo, la de la sección de Herrera; en tercero, otra en la tragedia de Lupercio Leonardo de Argensola; y en cuarto y último lugar, la letra de los Índices.

Hay que añadir una quinta letra: la del encabezamiento del códice, que se parece en algo a la del rótulo de la sección herreriana, aunque no se puede afirmar con seguridad que sean de la misma mano.

Este testimonio ha sido digitalizado por la BNE y puede consultarse en su Biblioteca Digital Hispánica en el siguiente enlace: http://bdh-rd.bne.es/viewer.vm?id=0000139970&page=1 [Consulta: 26/03/2025].

fecha de copia de esa sección concreta. En cuanto a la fecha de conformación del códice en su conjunto, es casi seguro que podemos situarla después de 1619, a partir de uno de los rótulos del encabezamiento («Versos de Fernando de Herrera que no an sido inpresos»), más que probable alusión a la edición póstuma de Herrera en 1619.[11] Sea como fuere, lo que sí parece indiscutible es que en la conformación definitiva del códice intervino el erudito canónigo sevillano Ambrosio J. de la Cuesta y Saavedra (1653-1707), pues suya es la letra de los índices que cierran el volumen (Solís de los Santos, 2017).[12] Blecua defiende que las copias de los poemas de Herrera, Arguijo y Rioja debieron de hacerse en Sevilla o por algún sevillano.[13]

Los poemas de Herrera son 126, distribuidos de la siguiente manera:[14]

---

11 Los *Versos de Fernando de Herrera*, que sacaron a la luz nuevos poemas con respecto a los publicados en vida del autor, se publicaron en Sevilla en 1619, como se verá en el apartado 1.1.1.2. El rótulo del encabezamiento de *B* parece referirse a que van a ser publicados poemas que no fueron impresos en esa edición.

12 Blecua especifica que este manuscrito ya lo conocía Bartolomé Gallardo, quien copió un índice de primeros versos (Blecua, 1948, p. 7). Este estudioso también recoge la siguiente cita de Gallardo referida a la letra de los Índices: «Esta [letra] creo, si no se me ha traspintado la del ilustre bibliógrafo D. Ambrosio de la Cuesta y Saavedra, que ha de ser suya; y suya conzeptúo sea la compaginazión de estas poesías en un tomo, y de su caletre el título que lleva en el lomo... Véase, no siendo letra de Cuesta, si es de un amigo suyo llamado Arroyo; ambos vivían en Sevilla a principios del siglo XVIII» (Blecua, 1948, p. 9). José Solís ha comprobado que efectivamente dicha letra es de Ambrosio de la Cuesta (Solís de los Santos, 2017). Como puede comprobarse en la cita anterior, estas se transcriben de acuerdo a su ortografía original.

13 «Sólo me resta advertir que las copias de los poemas de Herrera, Arguijo y Rioja debieron hacerse en Sevilla, o por algún sevillano. De ahí la ortografía y ciertos detalles fonéticos que aparecen» (Blecua, 1948, p. 9).

14 Blecua dice en 1948 que *B* contiene 130 poemas de Herrera (Blecua, 1948, p. 12), y recoge una lista de 131 al final de la edición, pero incluye en el cómputo un poema atribuido al conde de Gelves, y cuenta como poemas diferentes las dos versiones de cuatro poemas: 1. «Con el çielo sereno, al mar abierto» / «Al viento y al mar doy la vela y remo»; 2. «Yo vi que mi Sirena diuidía» / «Yo ui a mi dulçe Lumbre que esparzía»; 3. «Çumeta, vuestra noble y dulçe lira» / «Çumeta, vuestra noble y dulçe lira» (el primer verso de las dos versiones es igual, pero presentan variantes en algunos versos); 4. «Vuestro süave y tierno y noble canto» / «¿Qual espíritu eçelso i noble canto». En cambio, en su edición completa de la poesía de Herrera (Herrera, 1975), los presenta como versiones diferentes del mismo poema.

a) 81 también fueron impresos, habitualmente con variantes, en los dos conjuntos impresos de su poesía, con la distribución que se detalla al final del epígrafe 1.1.1.2 y en el Apéndice I.
b) 45 poemas no aparecen en los impresos.[15] Son 32 sonetos,[16] tres canciones,[17] cuatro elegías,[18] cuatro églogas[19] y dos poemas en *estancias*, es decir, en octavas reales.[20]

Contamos, además, con dos manuscritos del siglo XVII relacionados entre sí: uno en la Biblioteca Nacional de España (Madrid) y otro en la Biblioteca Colombina (Sevilla). Ambos fueron descritos por primera vez por Gallardo en el *Ensayo para una biblioteca española de libros raros y curiosos* (Gallardo, 1888), y posteriormente en las ediciones de Blecua (Herrera, 1975) y Cuevas (Herrera, 1985).

---

15 Aparte de los dos grupos de poemas mencionados, el soneto «Rosas de nieue y púrpura vestidas» aparece en una compilación de poemas sobre esta flor publicada a finales del XIX (Pérez de Guzmán & Boza, 1891).

16 «Vuestro canto i aliento eccelso i pío», «Aquí donde tú yazes sepultado», «De los rayos del sol por quien me guío», «Presa soy de vos solo, y por vos muero», «Esta belleza, que del largo çielo», «Çumeta, vuestra noble y dulçe lira», «Aquí, en el gran Oçéano, apartado», «En essas trenças de oro Amor ordena», «¡Ay de mí! ¡Ay, que lágrimas der[r]ama», «Los ojos bellos y las varias flores», «Alégrate, Danubio ympetüoso», «Mientras, Mallara,' a Alçides valeroso», «Si el tierno canto y blando mouimiento», «La incauta y descuydada mariposa», «De flores çiñe, Betis, tu corriente», «¿Qué espero adonde tengo el sufrimiento?», «Ardiente llama en abrazado pecho», «Amor con tal engaño me a traydo», «Este tormento mío causó aquella», «Vuestro süave y tierno y noble canto», «Yo ardo, Lumbre mía, en la belleza», «¡Que muera yo en el mal de mi tormento», «Las estatuas, las tablas en que muestra», «Amor, para remedio de mi vida», «Traspasó de esa Luz el tierno pecho», «Rosas de nieue y púrpura vestidas», «En tanto quen el rico esperio suelo», «Aora que siguiendo el fiero Marte», «Con largo passo el áspero camino», «Por altos bosques voy con paso inçierto», «O soberuia i cruel en tu belleza» y «Destas doradas hebras fue texida».

17 «Ilustre Conde mío», «En caduca sazón de yvierno frío» y «Jamás alço las alas al alto çielo».

18 «No se entristece tanto cuando pierde», «Ardo en el resplandor y en la pureza», «Si puede dar lugar a mi tormento» y «Déuo'os, mi Luz, tan poco de mi gloria». «No se entristece tanto cuando pierde» no es considerada inédita por Blecua, ya que había aparecido publicada en la edición de poesía herreriana preparada por José María Asensio (Herrera, 1870).

19 «Este'es el fresco puesto, ésta la fuente», «Paçed, mis vacas, junto al claro río», «A la muerta Amarilis lamentaua» y «El lastimoso canto y el lamento».

20 «Abrasa mis entrañas vn templado» y «Dichoso sea el tiempo y sea el día».

El manuscrito 10.293 de la Biblioteca Nacional (*M*) lleva por título en el tejuelo «Obras del Doctor Juan de Salinas», pero, además de una sección de poemas de este autor, incluye otras del Conde de Villamediana, de Baltasar del Alcázar y de Fernando de Herrera, además de una sección sobre un certamen académico celebrado en 1637 en el Buen Retiro y dedicado a Felipe IV.[21] Tiene una nota manuscrita pegada al folio 1 que indica que perteneció en algún momento a Bartolomé Gallardo: «NB. Este tomo es el segundo de una curiosa Coleczion de Versos i Prosas, echa en Sevilla por D. José Maldonado Dábila i Saavedra, erudito sevillano, tio del zélebre Analista Ortiz de Zúñiga; i continuada (creo) por el Dr. Cuesta de Saavedra.

Yo poseï el tomo 1.º, que perdí en Sevilla, 13 de junio 1823; i D. Justino Matute i Gaviria este 2.º, prozedentes ámbos de la selecta libreria de D. Bernardo Martinez, Colejial que fué allí en Maëse Rodrigo (Firma de Gallardo)».

En el segundo folio, aparece como título «Obras del Doctor Juan de Salinas natural de Segouia. Administrador del Hospital de San Cosme y San Damian de la Ciudad de Seuilla. donde murio el año 1647». La sección herreriana lleva por título, en el folio 167r, «Obras de Fernando de Herrera, natural de la ciudad de Sevilla. Recogidas por Don Josef Maldonado Davila y

21 Se trata de un manuscrito en cuarto, de 216 hojas y 26 por 18 cm. Las poesías de Juan de Salinas van de los folios 1 al 67v. Los versos satíricos de D. Juan de Tarsis, Conde de Villamediana ocupan los folios 69-92v. La sección del certamen académico («Academia que se celebró en el Buen Retiro: a la Magestad del Rey D. Phelipe Quarto, el Grande Nuestro Señor. En la villa de Madrid, año de 1637») incluye los folios 93-122v. Las poesías de Baltasar de Alcázar se localizan en los folios 125 a 165. Por último, los poemas de Fernando de Herrera aparecen en los folios 167-204v. En los folios 207 a 216v se encuentran los índices alfabéticos y tablas de los poemas de Salinas, el Conde de Villamediana y Alcázar, divididos por autor, con varias hojas en blanco entre los índices de las composiciones de los diferentes autores. Este manuscrito ha sido digitalizado por la BNE y puede consultarse en su sección Biblioteca Digital Hispánica, en el siguiente enlace: http://bdh-rd.bne.es/viewer.vm?id=0000137675&page=1 [Consulta: 26/03/2025].

Saavedra».[22] Los textos de Herrera están escritos de puño de Josef Maldonado Dávila, en los folios 167r-204v. Desde el folio 168 al 185 se contiene una copia del impreso de 1582 de Herrera. De los paratextos se copian en el folio 168 la dedicatoria de Herrera al Marqués de Tarifa, los poemas preliminares

---

[22] Como se ha visto en la nota anteriormente reproducida, Gallardo apunta que este Josef Maldonado Dávila sería tío del analista Ortiz de Zúñiga, idea que repite en su descripción del manuscrito (Gallardo, 1888, col. 188). Además de Gallardo, según Cristóbal Cuevas, el códice lo conocen J. Gil de Lara, B. Martínez y J. Matute y Gaviria (Herrera, 1985, p. 103). Hay una nota en el códice a continuación del título de la sección herreriana —ya recogida por Gallardo en su descripción del manuscrito (Gallardo, 1888, col. 188)— firmada por J. Gil de Lara, que reza: «Juzgo que este D. José Maldonado sea el que se conoció en la corte y en Sevilla por el Discreto Andaluz. Era hijo de D. Melchor, nombrado por Felipe III en 1604 juez de contratación de Sevilla, y á quien va dirigido el Soneto 20.- Sevilla á 12 de marzo de 1834 (firma de J. de Dios Gil de Lara)». Seguidamente, hay otra nota: «El órden que llevan estos opúsculos en la edicion de 1582 va anotado en sus respectivos lugares». En el vuelto de este folio, se encuentra una extensa nota de letra del colector sobre Herrera y sus obras: «Fernando de Herrera, natural de Seuilla, escriuio muchos tratados, y solamente dio a la estampa en su vida los siguientes:

- El Comento de las obras de Garcilaso de la Vega, impreso en Sevilla por Alonso de la Barrera el año de 1580 = en cuarta.
- Algunos versos suyos que dedico al Marques de Tarifa, impressas en Seuilla por Andres Pescioni el año de 1582 = en cuarta.
- La vida de Thomas Moro Martir en Inglaterra, en octava impresa por Alonso de la Barrera año de 1592 =
- La Batalla nabal de Lepanto y vitoria del Señor D. Juan de Austria, en prosa, de octava impresa en Seuilla por el mismo, el año de 15 (sic).
- Versos postumos, que imprimio Francisco Pacheco Pintor, impresos en cuarta por Gabriel Ramos Vejarano año de 1619 =

Tuvo Fernando de Herrera escritos dos tratados el uno *Historia general de España* hasta Carlos Quinto. Y el otro la *Batalla naval* del Sr. D. Juan de Austria mas amplificada que la de arriba. Los quales se desaparecieron en su muerte; que no se an podido descubrir =
En verso dexo escritos muchos trabajos que se an perdido como son:

- Los Gigantes en Flegra.
- El Robo de Proserpina.
- El Amadis.
- Los Amores de Lausino y Corona
- Muchos romances, elegias, eglogas, Sonetos, y toda variedad que no se an podido recuperar».

de los amigos y la aprobación de Alonso de Ercilla.[23] A partir del folio 169 se copian los poemas del impreso de 1582, pero, en vez de seguirse el orden de la edición, se presentan por géneros:[24] en primer lugar, todos los sonetos; en segundo, todas las canciones; en tercero, la égloga venatoria; y, en cuarto, todas las elegías.[25]

Los poemas nuevos aparecen en los folios 187 al 204. Se inician en el folio 187 con el título «Versos varios de Fernando de Herrera». Con el rótulo de romances, aparecen 26 poemas formados por redondillas.[26]

---

23 Además, aparecen después de la aprobación, las siguientes líneas: «Despachose el priuilegio concedido a Hernando de Herrera para poderlo imprimir en Madrid, a 27 de Junio de 1582 ante Pedro Pacheco escribano de Camara de su Magestad». Se refiere, sin embargo, no al privilegio, que no lleva la edición de 1582, como se verá un poco más adelante, sino a la licencia. Por último, se copia a continuación: «Imprimiose [¿?] año en Seuilla (garabato) en casa de Andres Pescioni».

24 Para Fernández Mosquera, esta re-ordenación de las composiciones por géneros puede explicarse por la fecha más tardía del manuscrito y los cambios en el concepto de cancionero, en el que la tradición de ordenación textual petrarquesca —más cercana al *Canzoniere* y en la que prevalece la alternancia métrica— se ve sustituida conforme avanza el siglo XVII por la de ordenación métrica o por géneros métricos (Fernández Mosquera, 1995).

25 Al final, en el folio 185v, se indica en una nota con asterisco: «Aqui concluye lo publicado por Andrea Pescioni en 1582».

26 Al margen de algunos de los poemas aparece anotada una fecha, que podría indicar el año en que fueron compuestos: «Ya de vos no e de querer» (1571), «Pues que ia desengañar», «Callo la gloria que siento», «Hermosos ojos serenos» (1579), «Dias de mi perdicion» (1567), «Dulces esperanças mias» (1577), «Vivo en nueuo desvario» (1573), «Daua por ver una hora», «Yo lloro mi mal ausente» (1573), «Un mal que nunca descansa», «Yo me perdi por miraros» (1572), «Pues no puede este dolor» (1576), «Desesperado desseo» (1576), «En todas mis alegrías» (1571), «Comiença ya mi dolor» (1577), «Sigueme siempre el amor» (1579), «Pues viuo desesperado» (1577), «Dulce y errada porfia» (1578), «Desespere el coraçon», «Quien viue en mortal cuidado» (1579), «Yo morire tan ufano» (1581), «Pues no puedo sostener» (1579), «Busque en mi muerte la vida», «Podra con tal pena quien», «Pero mal puedo sentir». Este último poema, que se encuentra separado del resto de «romances» en el folio 199r, es el que Blecua edita como «Vfano muero en mis males» (Herrera, 1975, p. 147 t. I), siguiendo la propuesta de Asensio (Herrera, 1870), que reordenó el inicio del poema colocando como versos 1 a 5 los que son 10 a 15 en *M* y *D*.

Además, hay una breve letra ajena («No ay mal que a mi mal se iguale»), a la que Herrera realiza una glosa («La gloria que en mi mal siento»). Las composiciones de Herrera incluidas se completan con una canción a San Hermenegildo,[27] otra canción «Al varón firme y justo»,[28] y poemas que también aparecen en las *Anotaciones*, ya sea completos («A la duracion de la Rosa»[29] y la égloga de Salicio[30]) o como fragmentos.[31] Blecua (1975) y Cristóbal Cuevas (1985a) defienden que el manuscrito habría sido copiado después de 1665, basándose en las palabras que aparecen en el folio 204v, después de la égloga de Salicio: «Al mal gouierno el año de 1665 salieron dos letras que están fol. 185-186. Despues salió el siguiente romance».

El manuscrito 57-5-05 (olim 83-5-13) de la Biblioteca Colombina o Capitular de Sevilla (*D*) lleva el siguiente título: «Obras de Fernando de Herrera, natural de Sevilla, recogidas por D. Josef Maldonado de Avila y Saavedra. Año 1637».[32] Las similitudes entre este manuscrito y *M* han hecho surgir la hipótesis de que el segundo sea una copia del primero. Sin embargo, José Manuel Blecua defiende que no es así, pues, aunque contienen los mismos poemas, en *M*

---

27 «No sublimes columnas do esculpia».

28 «Al varon firme y justo».

29 «Desterrado el iuierno frio y cano». Este es una traducción del poema de Ausonio «Ver erat et blando mordentia frigora sensu». Ha sido editado y analizado por Rosa Navarro Durán (1982).

30 «Entre los verdes árboles do suena». Esta va precedida por el soneto «Musa esparce purpureas frescas flores», al igual que en las *Anotaciones*.

31 Entre estos fragmentos, hay varios poemas de Herrera procedentes de esta obra: «Betis que en este tiempo solo y frio», «Dichoso fue el ardor dichoso el buelo», «Naci yo por ventura destinado», «O soberuia y cruel en tu belleza», «Quando el osado Leandro», «Tu que en el crespo pielago llevada», «Los sueños que con formas boladoras», «Juntos todos, la tierra atropellada» y «Musa esparce purpureas frescas flores».

32 Se trata de un manuscrito en cuarto de 100 hojas con 6 más de principio y 8 de tabla al final y su tamaño es de 205 × 150 mm. Está encuadernado en pergamino y se aprecian restos de correíllas y tejuelo.

«se indica la fecha de muchos poemas y en algún caso las lecciones son mejores y en otro aparece un verso que falta en la otra copia» (Herrera, 1975, pp. 66-67 t. I). Para este reconocido herrerista, tanto *M* como *D* procederían de un manuscrito hoy perdido.

En *D*, después de un prólogo sobre Herrera y su obra,[33] se copia toda la edición de 1582 del folio 3v al 84r. Los poemas de 1582 aparecen en el mismo orden de *M*, y no en el del impreso, esto es, por subgéneros líricos. Del folio 95v al 188v, se encuentran los «Versos varios» o poemas que no son de *H*. Se trata de los mismos poemas que ofrece *M*. Adolfo de Castro utiliza *D* para completar la poesía herreriana que publica (Castro, 1854b). Además de por Gallardo, *D* fue también conocido por José María Asensio, que se sirvió de él en su edición por desconocer *M* (Herrera, 1870).

1.1.1.2. Impresos

Como ya se ha dicho, contamos con dos impresos de la poesía de Herrera, una realizada en vida y otra publicada de forma póstuma por el pintor Francisco Pacheco (1564-1644).

[33] Este prólogo, que se extiende del folio 2v al 3v, es casi idéntico a la extensa nota que aparecía en la vuelta del folio 167v de *M*, pero el principio y el final son más amplios, dedicando más espacio a ensalzar a Herrera: «Fernando de Herrera fué natural de Sevilla, hijo de nobles padres, con moderada hacienda, pero no tan poca, que no pudiesen dedicar a su hijo a las letras; que aprendió las humanas con grande ventaja, salió de grande erudicion en historia, tanto que sus escritos merecieron que se le llamase de *Divino* [...]. -*Los amores de Lausino y Corona*, y muchos romances, elegías, eglogas, sonetos y toda variedad, que no se han podido recuperar: lastimosa cosa que partos tan grandes se hayan malogrado.

En estos ejercicios, en fin, en el año de 1617 murió, dejando con grave lastima al mundo de que las musas perdiesen a quien tanto las engrandecia» (Gallardo, 1888, col. 191). Nótese que la fecha de muerte que se ofrece de Herrera es errónea.

La edición de su poesía en vida es *Algunas obras*,[34] conocida como *H*, publicada dos años después de las famosas *Anotaciones*,[35] en 1582 en Sevilla,[36] en casa de Andrea Pescioni (Montero, 2017).[37] En esta misma imprenta,

34 *Algvnas obras de Fernando de Herrera*, Al Ilustrissimo Sr. D. Fernando Enriquez de Ribera Marques de Tarifa [marca del impresor, con el lema: «PEV A PEV»] Con licencia de su Magestad. En Sevilla en casa de Andrea Pescioni. Año de M.D.LXXXII. Para Blecua, Herrera imprime esta edición «A la solicitud del Marqués de Tarifa» (Blecua, 1958, p. 378). *Algunas obras* es una edición en cuarto que consta de cuatro hojas sin numerar, y 56 hojas numeradas y de la que se localizan casi una veintena de ejemplares, pues, aparte de los ejemplares de libreros particulares que conoció Blecua (Blecua, 1975), el de Enrique Montero y el de A. Pérez Gómez, existen los siguientes: ** BARCELONA- Biblioteca de Cataluña, Esp. 27-8º. ** BRUSELAS- Biblioteca Real, q4 A-G8. ** EL ESCORIAL, 31-V-38. ** FERMO- Biblioteca civica Romolo Spezioli, IT\ICCU\SIPE\025469. ** NUEVA YORK-HSA, (Penney, 257). ** LISBOA- Biblioteca Nacional de Portugal, RES. 1207 P. ** LONDRES-British Library, BLL01018024742. ** MADRID-BN, R/910, R/6.594, R/10.944 y R/7730(2); Biblioteca Histórica Marqués de Valdecilla de la Universidad Complutense, M-UC-NOV, BH FLL 27741; RAE, M-RAE, 27 C-2989; Fundación Lázaro Galdiano, R 5- 4-10. ** SANTANDER- Biblioteca Menéndez Pelayo. ** VALENCIA- Biblioteca Municipal Serrano Morales, V-BM-SM, 7/141. ** VERSAILLES-BM, Morel Fatio C 603, VE2. De todos estos, el ejemplar que pertenecía en 1975 a Enrique Montero González, librero y bibliófilo madrileño, resulta especialmente valioso, ya que incluye anotaciones posiblemente autógrafas. Los demás muestran leves correcciones hechas en la imprenta después de haber tirado pliegos (Blecua, 1975, pp. 74-75). Además, contamos con una edición facsímil de este impreso realizada en el siglo XX (Herrera, 1967). El ejemplar R/7730(2) ha sido digitalizado por la BNE en su sección Biblioteca Digital Hispánica, donde puede consultarse en el siguiente enlace: http://bdh-rd.bne.es/viewer.vm?id=0000188888&page=1 [Consulta: 26/03/2025].

35 La cercanía temporal entre la publicación de las *Anotaciones* y la de *Algunas obras* no sería casual, pues, según estudiosos como Begoña López Bueno, si las *Anotaciones* recogen la teoría poética de Herrera, *Algunas obras* representa su puesta en práctica, estando las dos obras estrechamente relacionadas, pues «[a]mbas se complementan y explican mutuamente» (Herrera, 2014, p. 35).

36 Para Begoña López Bueno, esta publicación se produciría tras una década de intensa actividad poética por parte de Herrera entre los años 1571-1572 y 1582, cuyas mejores producciones daría a conocer el Divino en la edición de *Algunas Obras*: «Herrera selecciona para *Algunas obras* lo que considera más granado o representativo de su producción hasta el momento» (Herrera, 2014, p. 37).

37 Andrea Pescioni era florentino y, para algunos críticos como Valentín Núñez, «probablemente el impresor más culto de su tiempo» (Núñez Rivera, 2008, pp. 141-142). Este mismo estudioso apunta que seguramente participaba en los cenáculos y tertulias humanistas de la Sevilla del momento. Para Juan Montero, quien realiza un completo estudio de la información disponible a día de hoy sobre el impresor italiano, Pescioni

aparecen cuatro de los cinco cancioneros líricos de autor impresos en España en 1582.[38]

Entre los paratextos,[39] se encuentra la aprobación (sin fecha) por Alonso de Ercilla,[40] en la que se refiere al poemario como un «libro de sonetos y canciones», y la licencia, firmada en Madrid por el escribano del rey, Pedro Pacheco, a 27 de junio de 1582. Resulta llamativo que el libro no lleve privilegio frente a los demás impresos de 1582, que sí lo llevan. Para Juan Montero, esto podría indicar que Herrera no planteó esta edición en términos comerciales y que él mismo pudo ser el costeador de la misma, posición que le habría permitido controlar la distribución del libro (Montero, 2020a).[41] En cuanto a los preliminares literarios, aparecen una dedicatoria de Herrera al Marqués de Tarifa, Fernando Enríquez de Ribera, y cuatro poemas escritos por amigos. Entre estos poemas hay tres sonetos en castellano y un epigrama en latín, el primero escrito por el propio Marqués de Tarifa, en el que elogia a Herrera y le agradece la dedicatoria;[42] el segundo soneto y el epigrama latino están compuestos por Francisco de Medina, que dirige el soneto al Marqués y elogia la perennidad de la poesía herreriana; el último poema está firmado por Diego Girón, que ensalza a Herrera como guía de los poetas españoles.

es «uno de los mejores, si no el mejor, de los impresores sevillanos en la década de los 80» (Montero, 2017, p. 91).

38 Los otros tres libros impresos ese mismo año por Pescioni son las *Obras* de Juan de Cueva, las de Joaquín Romero de Cepeda y las *Églogas pastoriles* de Pedro de Padilla. También en 1582, en Granada se publican las *Obras* de Gregorio Silvestre. Valentín Núñez estudia este fenómeno de poesía e imprenta y sus implicaciones en el canon de la época (Núñez Rivera, 2008).

39 Un detalle un poco extraño es que la edición no cuenta con tasa. Coster especuló que quizás no se puso a la venta, teniendo una tirada muy corta y solo para los amigos. Sin embargo, Blecua opina que dada la cantidad de ejemplares que han llegado hasta nosotros, esto es poco probable (Blecua, 1975, p. 15).

40 Este mismo autor realizó también la aprobación de las *Anotaciones*.

41 En un estudio posterior, Juan Montero señala «la obsesiva conciencia de autoría» por parte de Herrera, quien «aspiraba a tener el mayor control posible sobre la difusión de la obra antes de fijarla en letras de molde» (Montero, 2021, p. 108).

42 El marqués de Tarifa fue reconocido protector de artistas. Ejercía el mecenazgo en su palacio sevillano, hoy Casa de Pilatos, y en su finca de la Huerta del Rey. Él es, según Begoña López Bueno, «el gran protagonista de los preliminares, pues tanto su propio soneto como el de Medina —y en cierto modo el de Girón— insisten en el motivo de la glorificación por medio del canto poético, que hará famoso tanto al *laudator* como al *laudandus*» (Herrera, 2014, p. 88).

H contiene 91 poemas: 78 sonetos, siete elegías, cinco canciones y una égloga venatoria, de forma que constituye una selección de la poesía herreriana preparada por el propio autor, en la que la *dispositio* u ordenación de poemas se asemejaría al de un cancionero petrarquista (Herrera, 2014).[43] Su carácter de antología, presente ya en el título de la edición —que recuerda al volumen garcilasiano de 1543 (Montero, 2020a)—, lo anunció Francisco de Medina en su prólogo a las *Anotaciones*: «[...] publicarà [Fernando de Herrera] algunas de muchas obras que tiene compuestas en todo género de versos» (Herrera, 2001, p. 202). Este carácter antológico ha sido señalado también por estudiosos como José Manuel Blecua (Herrera 1975), o Begoña López Bueno (Herrera, 2014) en sus respectivas ediciones de la poesía del Divino, como aspecto central de *Algunas obras*:

> [...] cuyo título [el de *Algunas Obras*] indica ya una muy consciente y clara voluntad de selección [...]. A un poeta capaz de exigir al impresor que las íes no lleven punto arriba, de vigilar la edición para cambiar 'zefiro' por 'Zefiro', de no poner mayúscula detrás de punto, salvo al comienzo de la estrofa, de enmendar a mano los impresos (lo que hizo también en las *Anotaciones*), hay que concederle, por lo menos, que en 1582 aspiraba a ofrecer una antología con toda la perfección posible

43 De acuerdo con Fernández Mosquera (1995), el concepto de cancionero, a pesar de ser un molde genérico que evoluciona con el paso del tiempo, suele mantener unas constantes, y especialmente el petrarquista se caracteriza por la coherencia textual mediante la alternancia de formas métricas o *vario stile*, la presencia de un proceso narrativo y la consiguiente presentación de poemas aniversario que evocan ligeramente la progresión temporal del enamoramiento, la aparición de un yo poético masculino y una amada receptora de los textos y un cierto número de composiciones. En el caso de Herrera, *Algunas obras* constituye un claro ejemplo de cancionero petrarquista, ya que el orden y la disposición de las composiciones, editadas con alternancia métrica petrarquesca, son propias del Divino, como también remarca Begoña López Bueno (2000). Además, su condición de cancionero en cuanto que itinerario narrativo de una historia de amor se ve reafirmada tanto por estudiosos posteriores, como Inoria Pepe Sarno o Victoriano Roncero. En este sentido, la poesía de Herrera ha sido leída, con frecuencia y por parte de la crítica, en clave autobiográfica (López Bueno, 2014). Desde Coster, pasando por José Manuel Blecua, se ha interpretado que *Algunas obras* estaría dedicada a la memoria de doña Leonor, la condesa de Gelves, quien debió de morir entre 1577 y 1581, y así, por ejemplo, Blecua declara al hablar de los poemas de *Algunas obras* que «más de un noventa por ciento giran alrededor de la pasión amorosa que le inspiró doña Leonor de Milán» (Blecua, 1975, p. 14).

y de acuerdo con unas normas muy claras de estética poética y hasta de ortografía (Blecua, 1975, p. 17).[44]

De la cita anterior se desprende que tenemos constancia, además, de que el propio poeta participó en el proceso de impresión, revisando pruebas de imprenta e incluso obligando al impresor a fundir tipos nuevos como las íes y las jotas sin punto.[45] Tras consultar los diez ejemplares que llegó a conocer, Blecua pudo comprobar cómo se corrigieron algunas erratas de impresión, y encontró tres correcciones manuscritas que podrían ser del propio autor repetidas en algunos ejemplares, además de anotaciones posiblemente autógrafas del ejemplar Montero, relativas a la dedicatoria de algún poema y un verso entero corregido (Herrera, 1975). El poemario se abre con el soneto «Osè, i temi; mas pudo la osadia», que actúa como un poema prologal o de declaración de intenciones, además de resumir la permanente tensión de la poesía herreriana entre el temor y la osadía, la razón y la pasión.[46]

Por todas estas razones, *H* constituye una suerte de impreso *autógrafo* y ha sido considerado tradicionalmente por la crítica como la edición más autorizada de la poesía herreriana.[47]

---

[44] Esto le lleva a Blecua a asertar que *H* fue impresa «con un rigor desconocido en su tiempo y nunca superado en la poesía española» (Blecua, 1958, p. 378).

[45] Para más detalles sobre el sistema ortográfico herreriano a lo largo de sus obras, consúltese el capítulo 2.2.1.

[46] Para Victoriano Roncero, *H* comienza con este soneto prólogo a la manera del *Canzoniere* de Petrarca, y se relaciona con el soneto «Voi ch'ascoltate in rime sparse il suono» que abre el cancionero del poeta italiano, pues ambos están escritos desde una madurez sentimental y humana y desde la certeza de haber errado en su pasión (Roncero López, 1992, p. 35). Pero el enfoque de Herrera es distinto, pues no hay arrepentimiento, al contrario que en Petrarca.

[47] Los editores de la poesía de Herrera se han basado en este impreso con frecuencia. Ya lo hacen en los siglos XVIII y XIX, López de Sedano (Herrera, 1773) y Quintana (1807), y en los siglos XX y XXI, Coster (Herrera, 1908), García de Diego (Herrera, 1914a), Zabala (Herrera, 1940), Bohigas (Herrera, 1944), Espinás (Herrera, 1955), Blecua (Herrera, 1975), Palacio (Herrera, 1983), Cuevas (Herrera, 1985), Ruestes (Herrera, 1986), Roncero (Herrera, 1992) o López Bueno (Herrera, 2014). Las ediciones de Blecua y Cuevas recogen toda la poesía de Herrera en español conocida hasta el momento de publicación de la obra.

La edición póstuma de la poesía herreriana es *Versos de Fernando de Herrera*,[48] publicada en 1619 en Sevilla en la imprenta de Gabriel Ramos Vejarano y

---

[48] *Versos de Fernando de Herrera Emendados i divididos por el En tres libros*. A Don Gaspar de Guzman, Conde de Olivares, Gentilombre de la Camara del Principe nuestro Señor, Alcaide de los Alcaçares Reales de Sevilla, i Comendador de Bivoras en la Orden de Calatrava. Año [escudo de armas del conde de Olivares] 1619. Con Privilegio. [Filete] Impresso en Sevilla, Por Gabriel Ramos Vejarano.

Es un volumen en cuarto y consta de 15 hojas sin numerar, 447 páginas y otras 10 hojas sin numerar de Tabla. En el folio 14v figura un grabado de Herrera, que Blecua sugiere habría dibujado Pacheco, pero cuyo grabador es Pieter Perret, quien lo firma e incluye la fecha de 1619. En el grabado aparece el siguiente lema: «agit in lucem veritatem tempus».

Blecua tiene noticia de ejemplares en bibliotecas particulares, como la de E. Asensio (Blecua, 1975, p. 75). Aparte, Eduardo Peñalver, en su tesis dirigida por el Dr. Juan Montero (Peñalver Gómez, 2019), ha localizado los siguientes ejemplares: ** BARCELONA-Ateneo, GOc 144; Biblioteca de Cataluña, Res. 266-8º; Biblioteca Pública Episcopal, 860 Her. Univ., XVII-1262 y XVII-1253 (Incompleto, falta el retrato del autor). ** BURGOS-Biblioteca de la Compañía de Jesús, 154500-1. ** CAGLIARI-Univ., SALONE 06247 (Incompleto). ** CÓRDOBA-BP, 4/136. ** EDIMBURGO-National Library of Scotland, G.22.e.2. ** FREIBURG-Univ., E 1177 (SWB). ** GLASGOW University Library, Sp. Coll. Hunterian Dc.2.14 (COPAC). ** GRANADA-Univ., BHR/A-004-282) (Olim: A-8-440). ** LONDRES-BL, 87.b.9 (Goldsmith H 35). ** MADRID-BN, R/657, R/2270, R/14143, R/10971 (Pascual de Gayangos), R/662, R/2170, R/9077, R/3575 (Incompleto (Luis de Usoz), R/31375 (Ejemplar carente de portada, sustituida por una manuscrita), 7730(1), R/4428, R/2195 (Ejemplar carente de portada y algunos folios del comienzo) (Fernando José de Velasco), R/5823; Bib. del Palacio Real, VIII-17960; Biblioteca Histórica Municipal, R/398; Fundación Lázaro Galdeano, Inv. 5813; RAE, C-3281 (Dámaso Alonso), C-3579 (Dámaso Alonso), 6-B-49 (Gallardo), RM-6801 y 19-VII-19; RAH, 1/1582 (Biblioteca E. F. San Román); UPComillas, 1. ** MANCHESTER University-John Rylands Library, R33650 y SC8401A (COPAC). ** MURCIA-Instituto de Enseñanza Secundaria Alfonso X el Sabio, 220. ** NUEVA YORK-HSA (Penney, p. 257). ** OVIEDO-Univ., CGIII-0369. ** OXFORD-University-Taylor Institution Library, VET.SPAN.I.B.120 (COPAC). ** PARÍS-BN, YG-57, BL-4056 y BL-4057. ** PARMA-Biblioteca Palatina (ICCU). ** ROMA-Biblioteca Apostolica Vaticana, Stamp.Barb.KKK.IV.46; Univ., N c 114. ** SANTIAGO DE COMPOSTELA (LA CORUÑA)- Univ., 8322. ** SEVILLA-Bib. Capitular y Colombina, 32-3-31 (Olim: FF-174-37; N10-3-16; 58-2-7) y PA Est. 29 nº 97 (No está en el catálogo en línea de la BCC); Univ., A 164/037†. ** STUTTGART-WL, Fr.D.oct.7937 (SWB). ** VALENCIA-Univ., Y-16/39. ** VIENA-BN, *38.E.6‡. ** VITORIA-Seminario Diocesano, Ms-179 (Ejemplar firmado por Francisco de Quevedo). ** ZARAGOZA-Colegio de los Padres Escolapios, 21-b-10.

preparada por el pintor Francisco Pacheco (1564-1644), conocida como *P*.[49] Entre los preliminares literarios —que se analizan más detenidamente, junto a la polémica que despertaron, en el apartado 1.2.1 de esta monografía— se encuentran, además, dos prólogos redactados por Francisco Rioja y Enrique Duarte respectivamente, por lo que también se ha discutido sobre el papel que estos pudieron tener en la conformación de la edición, si bien ambos se refieren a Pacheco como editor de la obra, al igual que hacen los paratextos legales del impreso.

P fue tomada como base para la edición de la poesía de Herrera realizada en el siglo XVIII por don Ramón Fernández, que fue una persona real distinta de Pedro de Estala (Andioc, 1988). Esta edición (Herrera, 1786) además incluye la égloga venatoria de *H*, que falta en *P*. En el siglo XIX, siguen *P* una edición de principios de siglo (Herrera, 1822) y la de Adolfo de Castro (1854b). Ya en el siglo XX Coster publica *Versos* (Herrera, 1914b), Macrí se basa en *P* para publicar algunos sonetos de Herrera (Macrí, 1955b), y Blecua incluye los poemas de *P* en su edición de la poesía completa en castellano de Herrera (Herrera, 1975), como hace también Cristóbal Cuevas en su edición (Herrera, 1985). El ejemplar R/7730(1) ha sido digitalizado por la BNE en su sección Biblioteca Digital Hispánica, en el siguiente enlace: http://bdh-rd.bne.es/viewer.vm?id=0000083538&page=1 [Consulta: 26/03/2025].

49 Francisco Pacheco (1564-1644), destacado pintor sevillano, es especialmente conocido por ser el maestro y suegro de Velázquez. Además, era el sobrino del canónigo Francisco Pacheco, a través del cual entraría en contacto con el grupo poético sevillano. Realizó biografías de muchos de sus miembros en el *Libro de retratos* y se nos presenta como gran admirador de la poesía de Herrera.

Sobre el papel de Pacheco en la impresión de 1619 de poesía herreriana, nos extenderemos en el apartado 1.2.1. Por otra parte, además de la edición póstuma de *Versos*, el pintor Francisco Pacheco se ocupó de la recopilación y transmisión de textos de otros autores de la época, si bien por medio de copias manuscritas. Son los llamados «códices de Pacheco», de los que ofrece una completa relación Juan Montero, y entre los que destacan las recopilaciones misceláneas —el *Libro de varios tratados de graciosidad i erudición, de diferentes autores*, los *Tratados de erudición de varios autores* y las *Poesías varias*— y las de textos de un único autor, siempre sevillano, como la copia de las poesías de Baltasar del Alcázar, hoy perdida, o las copias de las *Observaciones* del Prete Jacopín y la Respuesta anónima atribuida a Herrera, además de un cuaderno de poemas de Francisco de Rioja. Lejos de ser *P* la única recopilación de textos literarios acometida por Pacheco, se enmarca dentro de la actividad llevada a cabo por el suegro de Velázquez para recuperar, y en cierto modo reivindicar, los textos y composiciones de destacados ingenios sevillanos, a muchos de los cuales les dedicó alguna sección de su famoso *Libro de retratos* (Montero, 2016).

Esta edición contiene 365 poemas supuestamente herrerianos,[50] de los cuales 88 ya aparecían en *H*, y 80 en *B*. De estos, la inmensa mayoría han sufrido modificaciones que en algunos casos se limitan a palabras concretas y en otros constituyen una auténtica reescritura de los poemas. Esta edición incluye también 197 poemas nuevos de Herrera, no conocidos hasta la fecha ni transmitidos a través de otras fuentes (171 sonetos, 17 elegías, 6 canciones, 2 sextinas y un poema en *estancias*). En total, se trata de 308 sonetos, 33 elegías, 18 canciones, cuatro sextinas y dos poemas en *estancias* (es decir, octavas reales). A pesar del elevado número de composiciones que presenta la edición, los editores eran conscientes de que se trataba de una selección de la obra poética herreriana, y así Rioja declara en su prólogo: «Perdiose la batalla de los Gigantes en Flegra, el Robo de Prosérpina, el Amadis. Pero los amores que escriviô de Lausino i Corona, i muchas Eglogas, i Versos Castellanos, que án podido vivir, por ventura se estanparan con brevedad» (Herrera, 1975, p. 16 t. II).[51] La edición se divide, además, en tres partes o libros, de los cuales el Libro I contiene 144 poemas: 121 sonetos, 12 elegías, 5 canciones, 4 sextinas y 2 poemas en *estancias*; el Libro II contiene 130 poemas: 111 sonetos, 12 elegías y 7 canciones; mientras que el Libro III incluye 91 poemas: 76 sonetos, 9 elegías y 6 canciones.

Si se atiende a los poemas comunes entre los impresos y el manuscrito *B*, se aprecia con mayor claridad el cruce de textos con o sin variantes entre unos y otros: hay 13 poemas comunes a B-H-P, 14 comunes a B-H, 80 comunes a B-P y 88 comunes a H-P (H está casi completamente incluido en P, a falta de tres poemas).[52]

---

[50] El volumen contiene en total 376 poemas, pero 11 son sonetos de otros autores y hay seis sonetos de Herrera duplicados. Para Fernández Mosquera, existe una pretensión de configurar un cancionero petrarquista y, por eso, se repite la alternancia métrica ya presente en *Algunas obras* y nos encontramos con un número de composiciones muy cercano al del *Canzioniere* de Petrarca, que alberga 366 poemas (Fernández Mosquera, 1995).

[51] Todas las citas se transcriben de acuerdo a su ortografía original.
En esta cita, cabe preguntarse si Rioja se refiere con «Eglogas, i Versos Castellanos» a los poemas incluidos en los manuscritos ya comentados *M* y *D*.

[52] Los tres poemas de *H* que no pasan a *P* son la égloga venatoria («D'aljava i arco tu Diana armada»), el soneto dirigido al canónigo Pacheco («Ya el rigor importuno i grave ielo») y el soneto «O breve don d'un agradable engaño».
Las listas completas de poemas pueden consultarse en el Apéndice I.

1.1.2. Poemas sueltos[53]

Además de los conjuntos textuales anteriormente expuestos, nos han llegado textos poéticos herrerianos dispersos a través de distintas fuentes, que van desde obras no poéticas del propio Herrera a cancioneros de poesías varias, pasando por poemas insertos en obras ajenas, más el caso singular de dos sonetos autógrafos.

1.1.2.1. En obras propias

Tanto la *Relación de la Guerra de Chipre* (1572) como las *Anotaciones* (1580) nos han transmitido textos poéticos herrerianos.

La *Relación de la Guerra de Chipre*,[54] texto con el que Herrera se presenta públicamente como autor, está relacionada con el clima de entusiasmo imperial de los españoles del momento, acrecentado por la victoria de Lepanto, la cual utilizó Herrera para expresar un concepto providencialista de la Historia de España. De este modo, mostraba el interés del grupo sevillano por intervenir en los grandes asuntos políticos nacionales, relacionado con su propio deseo de reclamar un puesto de primer orden en el panorama literario, no solo sevillano, sino también nacional (Montero, 2007b). Como remate de la narración

[53] Además de los poemas en castellano, nos han llegado también poemas latinos de Herrera, los cuales no se recogen a continuación, ya que su estudio no forma parte de los objetivos de la investigación abordada en esta monografía. Para más información sobre estos se remite a la consulta de los estudios de Talavera Esteso y Cuevas (1987), y José Cebrián (1992). Véase, además, la edición de poemas latinos realizada por José Solís de los Santos incluida dentro de la edición de la RAE (Herrera, 2024).

[54] Existen dos ediciones distintas de esta obra herreriana (aunque seguramente del mismo taller), estudiadas y descritas por Juan Montero (Montero, 2007b): 1) *Relacion de la gverra de Cipre, y sucesso de la batalla Naual de Lepanto. Escrito por Fernando de Herrera*, dirigido al Ilustrissimo y Ecelentissimo Señor don Alonso Perez de Guzman el Bueno, Duque de Medina Sidonia, y Conde de Niebla. En Sevilla. Por Alonso Picardo impressor de Libros. 1572. 2) *Relacion de la gverra de Cipre, y sucesso de la batalla Naual de Lepanto. Escrito por Fernando de Herrera*, dirigido al Ilustrissimo y Ecelentissimo Señor don Alonso Perez de Guzman el Bueno, Duque de Medina Sidonia, y Conde de Niebla. En Sevilla. Por Alonso Escrivano Impressor de Libros. 1572. Las dos son volúmenes en octavo de 96 folios. Ambos han sido digitalizados por la BNE en su sección Biblioteca Digital Hispánica, donde pueden consultarse un ejemplar de la primera edición, con signatura U/2524, y un ejemplar de la segunda edición, con signatura R/3794, en los siguientes enlaces: http://bdh-rd.bne.es/viewer.vm?id=0000118106&page=1 y http://bdh-rd.bne.es/viewer.vm?id=0000079558&page=1 [Consulta: 26/03/2025].

histórica, encontramos la canción «Cantemos al señor, que en la llanura», que también fue publicada, en una versión muy diferente, en *P*.[55] Esta fue considerada durante mucho tiempo el poema herreriano por excelencia. Tuvo una gran difusión en el siglo XIX, en el que obtuvo un tratamiento especial como modelo de la canción patriótica, reflejo de la faceta heroica y patriótica de un escritor que podría haber sido —aunque finalmente no lo fue— el gran poeta épico español. Por todo esto, el poema herreriano gozó de gran difusión.[56]

Por su parte, las *Anotaciones*[57] —además de representar un ejercicio crítico-filológico y una muestra de la erudición de Herrera al comentar los poemas de Garcilaso— constituyen la aparición en el mapa literario del grupo de poetas sevillanos y de sus ideas de renovación de la poesía, con el Divino a la cabeza (Lazure, 2018; Montero, 1998a, 2020a). En esta obra, Herrera incluye trece poemas completos y fragmentos de otros.[58] En los preliminares

---

55 Las diferencias empiezan desde el título, pues en la *Relación de la Guerra de Chipre*, aparece como «Cancion en alabança de la diuina Magestad, por la vitoria del Señor don Iuan», mientras que en *P* este queda reducido a «Por la Vitoria de Lepanto».

56 Se hizo tan conocido que mereció una edición propia a finales del XIX, que constituiría la culminación de su difusión. La publica a finales del XIX Morel-Fatio en *L'hymme sur Lépante publié et commenté* (1893).

57 Hay tres estados de preliminares: A1. *Obras de Garci Lasso de la Vega con Anotaciones de Fernando de Herrera*, al ilvstrissimo i ecelentissimo Señor Don Antonio de Guzman, Marques de Ayamonte, Governador del Estado de Milan, i Capitan General de Italia [...]. En Sevilla por Alonso de la Barrera, Año de 1580; A2. *Obras de Garci Lasso de la Vega con Anotaciones de Fernando de Herrera*, al ilvstrissimo i ecelentissimo Señor Don Antonio de Guzman, Marques de Ayamonte, Governador del Estado de Milan, i Capitan General de Italia. [...] En Sevilla por Alonso de la Barrera, año de 1580; A3. *Obras de Garcilasso de la Vega con anotaciones de Fernando de Herrera*. Al ilvstrissimo i ecelentissimo Señor don Antonio de Guzman, Marques de Ayamonte, Governador del estado de Milan, i Capitan General de Italia. Con licencia de los SS. del Consejo Real. [...] En Sevilla por Alonso de la Barrera, Año de 1580 (Montero, 1998b). Los primeros en recoger poemas de las *Anotaciones* en sus ediciones de poesía herreriana son Ramón Fernández (Herrera, 1786) y Adolfo de Castro (Castro, 1854b). El ejemplar R/3697, que corresponde al tercer estado de preliminares, ha sido digitalizado por la BNE en su sección Biblioteca Digital Hispánica, donde puede consultarse en el siguiente enlace: http://bdh-rd.bne.es/viewer.vm?id=0000015361&page=1 [Consulta: 26/03/2025].

58 Los poemas fragmentarios son «Tu qu'en el crespo pielago llevada» (poema perdido *Lausino*, octava); los versos 46-48 de la elegía «En tanto que, Malara, el fiero Marte» (también en *P*); los versos 17-32 del poema «Oid atenta el son d'el tierno canto» (también en *P* y *B*); y los versos 97-138 de la elegía «Qu'onor vos pudo dar, bella Enemiga» (también en *P*).

de la obra aparecen un soneto («Mvsa, esparze purpureas frescas flores»)[59] y la égloga «Salicio».[60] En el cuerpo de la obra encontramos los fragmentos antes mencionados, y, como poemas completos, los sonetos «Betis, qu'eneste tiempo solo i frio»,[61] «Dichoso fue'l ardor, dichoso el buelo»,[62] «Nací yo por ventura destinado»[63] y siete traducciones de poetas italianos y de la antigüedad clásica en metros diversos.[64] Por tanto, los poemas completos incluidos en las

---

59 En la página 52 de las *Anotaciones*.

60 «Entre los verdes arboles, do suena». Se encuentra en las páginas 52-59. Blecua (Herrera, 1975, p. 258 t. I) sugiere que tanto el soneto anterior como la égloga serían poemas juveniles, a juzgar por las palabras del propio Herrera que las anteceden: «Aunque no fuera justo despues de la pureza i elegancia i hermosura destos elogios, devidos a la nobleza del principe de la poesia Española; que yo pusiera algunas rudezas de la inorancia de mi ingenio; no puedo contenerme tanto, que déxe de ofrecer a la onra de Garcilasso este soneto i egloga, compuestos en los primeros años de la edad floreciente; cuando son menos culpables los descuidos i el error de la noticia destas cosas; I assi espéro que mereceran perdon las muchas faltas destos versos» (Herrera, 1998).

61 Este lo introduce Herrera a propósito del soneto XI de Garcilaso, en la página 129: «A este mesmo intento me acuerdo aver hecho un soneto, que para que tenga vida i no se pierda en silenzio i oscuridad, con otros algunos versos míos, que an de ir esparzidos por aqui; me atrevo entrexerillos en estos ecelentissimos de G. L. con el mesmo pensamiento, que aquel gran artifice, que travò su imagen, no siendo lícito poner su nombre en las istorias del escudo de Palas de tal suerte, que era impossible deshazello, sin ofender la hermosura de las figuras» (Herrera, 1998).

62 En la página 137, a propósito del soneto XII de Garcilaso y de los mitos de Ícaro y Faetón: «Porque puse estas dos fabulas en un soneto, acabarè con el la anotacion deste» (Herrera, 1998).

63 En la página 213, a propósito del soneto XXXIV de Garcilaso. Herrera apunta: «Semejante es al soneto de G. L. este mio, y por esta causa lo pongo aqui» (Herrera, 1998).

64 «Desterrado el ivierno frio i cano», en las páginas 178-180, es traducción del poema de Ausonio «Ver erat et blando mordentia frigora sensu»; el soneto «O sobervia i cruel en tu belleza», en las páginas 182-183, es traducción de la oda de Horacio «O crudelis adhuc, et Veneris muneribus potens»; el poema «Cuando el osado Leandro», en las páginas 201-202, es traducción del epigrama de Marcial «Cum peteret dulces audax Leander amores»; «Dime te ruego Lidia», en la página 275, es traducción de la oda de Horacio «Lydia dic, per omneis»; «Aunqu'en el caso yo de tal amigo», en las páginas 343-347, es traducción de la elegía de Jerónimo Fracastoro a Juan Bautista de la Torre Veronés; «Los sueños que con sombras boladoras», en las páginas 547-548, es traducción del poema de Petronio «Somnia, quae mentes ludunt volitantibus umbris»; «Iuntos todos; la tierra atropellada», en las páginas 609-611, es traducción de Ludovico Pascual, como indica el propio Herrera en las *Anotaciones* (Herrera, 1975).

Anotaciones son cuatro sonetos,[65] la égloga «Salicio» y las siete traducciones. Tres de los poemas aparecen también en *P*[66] y dos en *B*.[67]

1.1.2.2. En obras ajenas

Nos han llegado también poemas herrerianos en obras de otros autores, como Juan de Mal Lara (*La Psyche*, el *Hércules animoso* y la *Descripción de la Galera real*), de Vélez de Guevara (*La cena romana*), Francisco Pacheco (*Libro de retratos*), Juan de la Cueva (sus *Rimas* y la edición impresa de su poesía en 1582), Cristóbal Mosquera de Figueroa (sus *Poesías*), Cristóbal de las Casas (*Vocabulario de las dos lenguas toscana y castellana*), Jerónimo de Lomas Cantoral (sus *Obras*), Jerónimo de Carranza (su *Libro de Philosophia de las armas*) y Pedro Fernández de Andrada (*De la naturaleza del cavallo*). Algunas de las poesías de Herrera se encuentran en los preliminares, como en el caso de la mayoría de los poemas del *Hércules animoso*, las obras de Juan de la Cueva, Vélez de Guevara, Cristóbal de las Casas y Pedro Fernández de Andrada. Constituyen, así, otro indicador del trato y amistad de Herrera con otros escritores de la época.

1.1.2.2.1. Manuscritos

En los poemas mitográficos de Juan de Mal Lara (1524-1571),[68] *La Psyche* y el *Hércules animoso*, aparecen poemas del Divino.

---

65 «Betis, qu'eneste tiempo solo i frio»; «Mvsa, esparze purpureas frescas flores»; «Dichoso fue'l ardor, dichoso el buelo»; y «Nací yo por ventura destinado».

66 «Betis, qu'eneste tiempo solo i frio»; «Dichoso fue'l ardor, dichoso el buelo» y «Nací yo por ventura destinado».

67 «Betis, qu'eneste tiempo solo i frio» y «O sobervia i cruel en tu belleza».

68 Juan de Mal Lara (1524-1571), humanista sevillano, realizó estudios en Salamanca, y, a su regreso a Sevilla, fundó una célebre escuela de gramática y humanidades. Sus enseñanzas de latín y retórica fueron clave para los integrantes de la llamada escuela poética sevillana, siendo discípulos directos de Mal Lara ingenios como Francisco de Medina y Cristóbal Mosquera de Figueroa. Herrera estuvo en estrecho contacto con el círculo de Mal Lara, a quien pudo conocer en la tertulia que se celebraba en la casa de los condes de Gelves —si bien algunos estudiosos piensan que pudo asistir al Estudio del maestro (Pineda Novo, 1967)—. Mal Lara posiblemente actuó como mentor del poeta en el ambiente de la aristocracia local (Montero, 1998a), y el Divino reconoce la influencia que el maestro ejerció en sus obras, dedicándole un soneto («Mientras, Mallara,' a Alçides valeroso»). En *Versos*, aparece una elegía dedicada al maestro («En tanto que, Malara, el fiero Marte»).

En el caso de *La Psyque*, que se nos ha transmitido a través del ms. 3949 de la Biblioteca Nacional de España,[69] se localizan tres poemas herrerianos: un soneto («Con pena eterna y con dolor crescido») y una elegía neolatina entre los preliminares, y una traducción de *La Psyche* de Jerónimo Fracastoro («Ven, dulce Amor, o ven, dulce Cupido»), este último como colofón o cierre de la obra (Escobar, 2002, p. 162; Herrera, 1985, p. 104). Estos poemas tratan la leyenda de Psique y Cupido.[70]

Los poemas de Herrera en el *Hércules animoso*[71] han sido publicados más recientemente, y no aparecen en las ediciones de Blecua (Herrera, 1975) y Cuevas (Herrera, 1985). Fueron sacados a la luz y publicados por José Cebrián (1992) y Francisco J. Escobar (2007). Se conserva el original autógrafo de esta obra de Mal Lara en la Biblioteca da Ajuda de Lisboa (sig. 50-1-38). José Cebrián publicó tres poemas de Herrera en español:[72] un soneto y una octava en alabanza del autor de *La Psyche* y del *Hércules*,[73] y una oda en honor del príncipe Carlos, a quien se dirigía la obra.[74] Tanto el soneto como la octava

---

69 *La Psyche de I. de Mal Lara* dirigida A la muy Poderosa señora Doña Joana ynfanta de las Españas y Princesa de Portugal. Blecua apunta que contiene 322 folios, la letra es de la época y los poemas de Herrera fueron ya publicados por José María Asensio en la *Controversia*. Los poemas en español de Herrera se localizan en los folios 4 y 331-332v (Blecua, 1975). Estos poemas fueron también publicados en la recopilación de poesía áurea aparecida en la Editorial América (*Poesías inéditas de Herrera el Divino, Quevedo, Lope de Vega, Argensola (Lupercio), Góngora, Marqués de Ureña y Samaniego, María Gertrudis Hore, Alvaro Cubillo de Aragón, Juan de Matos Fragoso, Cristobal de Castillejo, Luis Gálvez de Montalvo, Zaida, Tirso de Molina, Baltasar del Alcazar*, [s.a.]). *La Psyche* ha sido publicada recientemente por Francisco J. Escobar (Mal Lara, 2015b). Este investigador dedicó su tesis doctoral a estudiar las versiones del mito de Psyche y Cupido, la cual dio lugar a la publicación de una monografía (Escobar, 2002). El manuscrito de *La Psyche* ha sido digitalizado por la BNE en su sección Biblioteca Digital Hispánica, donde puede consultarse en el siguiente enlace: http://bdh-rd.bne.es/viewer.vm?id=0000059160&page=1 [Consulta: 26/03/2025].

70 Para un análisis y comentario de la traducción de Herrera, puede consultarse el estudio de Escobar (2002, pp. 162-166).

71 Hércules animoso, dirigido al Príncipe Don Carlos Nuestro Señor, por Joan de Mallara. Ha sido publicado por Francisco J. Escobar (Mal Lara, 2015a).

72 Publicó, además, un poema latino que se encuentra también en los preliminares, en dísticos elegíacos, y que constituye un encomio de Mal Lara: «Belliger Alcide, patriae decus vrbis et orbis».

73 «Las ilustres ympresas y vitoria» y «Tus claros hechos, dignos de memoria».

74 «Después que cortó el Hado».

se encuentran entre los paratextos, mientras que la oda se encuentra inserta «a modo de cierre de los preliminares» (Escobar, 2007, p. 6). Según Escobar, habría otros versos de Herrera dentro del propio *Hércules*, una octava[75] escrita por el personaje de Ferrabel, del que se dice que es un amigo de Mal Lara, y que no sería otro que el propio Herrera.[76] Escobar concluye que

> Herrera colabora en el *Hércules* no sólo en los paratextos —al igual que en *La Psyque*— sino también en este pasaje, en tanto que interviene en el texto, además, como personaje-actante, en el ávido deseo que tenían tales escritores de vivir la épica entre la realidad y la ficción (Escobar, 2007, p. 23).

También encontramos un poema de Herrera («Diestra eroica de Carlos, que igual mira») en la *Descripción de la Galera real del Serm.º Sr. Don Juan de Austria* de Juan de Mal Lara, conservado en el ms. 58-2-39 (olim 84-2-33) de la Biblioteca Capitular de Sevilla.[77] Blecua ofrece como posible fecha del

---

75 «En este monumento sepultado».

76 Escobar llega a esta conclusión teniendo en cuenta, por un lado, la caracterización de Ferrabel como amigo de Mal Lara y, especialmente, el hecho de que este personaje canta la batalla de los Gigantes, que haría referencia a la *Gigantomaquia* de Herrera, de la que se encuentra otra referencia en otro pasaje: «GIGANTES [...]. Quien lo quisiere ver con toda su braueza y decoro lea la batalla de los gigantes, que tiene compuesta Hernando de Herrera, amigo del autor, y que tiene hecho por donde sus obras le den nombre, con razón, entre los poetas de mayor nombre» (Escobar, 2007, p. 22). Como consecuencia, para Escobar, la octava desconocida de Ferrabel-Herrera aparece «a modo de juego poético y de complicidad creativa entre ambos poetas y amigos» (Escobar, 2007, p. 23).

77 Existe una impresión íntegra de este realizada por la Sociedad de Bibliógrafos Andaluces en 1876 (*Obras del Mtro. Juan de Mal Lara*, t. I, Sevilla, F. Álvarez y C.ª, 1876). Esta, que reproduce las lecturas de este testimonio, incluye una descripción del mismo como volumen en cuarto de 558 fojas todas útiles, de primorosa caligrafía y del mismo siglo XVI en que fue escrito el libro. Está encuadernado en pergamino grabado y los cortes grabados son en púrpura y oro (Blecua, 1975, pp. 68-69). Existe también una edición de Manuel Bernal a partir del manuscrito sevillano y de la impresión (Mal Lara, 2005). Además, hay otro códice en la Biblioteca del Castillo de Perelada, con signatura R-49481, y descubierto por Francisco Escobar (Escobar, 2010). En el artículo en el que saca este nuevo testimonio a la luz, este investigador defiende que —a diferencia del manuscrito sevillano que está plagado de errores, pues se trataría de una copia coetánea de la obra preparada para su impresión— este nuevo códice constituye un estadio de redacción primigenio que sirvió de base para el otro manuscrito. Cabe destacar que este códice contiene una pieza de Mosquera de Figueroa ajena a la *Descripción* (a saber: *A don Alonso Pérez de Guzmán, el Bueno, Duque de Medina Sydonia. Christóual Mosquera de Figuera*)

poema de Herrera 1571 (Herrera, 1975, p. 155 t. I). Este poema no está en los preliminares.

En el *Libro de retratos*[78] de Francisco Pacheco se recogen tres poemas de Herrera.[79] Las tres composiciones se localizan en los folios 65v y 105r y v, y cuentan con otras versiones en *B*. Se trata de dos sonetos y una elegía. Estos poemas los publica por primera vez Adolfo de Castro (Castro, 1854b).

Por otra parte, en *La cena romana* de Pedro Vélez de Guevara (ca. 1529-1591), que se conserva en el ms. 263 (esp.) de la Biblioteca Nacional de Francia,[80] se localiza una canción de Herrera: «Velleio, si mi canto». Esta composición consta de nueve liras y fue publicada por Coster en *Revue hispanique* junto con una completa descripción del manuscrito (Coster, 1918). La canción, que comienza en el folio 2v y ocupa tanto el recto como el vuelto del folio 3, forma parte de los textos preliminares de carácter laudatorio dedicados a Pedro Vélez de Guevara y su obra, y se encuentra precedida de tres dísticos

---

en la que se integra un soneto de Herrera («Cesse, que tiempo es ya, el lamento mío»), que también nos ha llegado en un manuscrito de poemas de Mosquera conservado en la Biblioteca de Cataluña, como se indica más abajo. Esta composición presenta un error de atribución en el códice de la Biblioteca del Castillo de Perelada, ya que aparece como de Mosquera a Herrera y no al revés (Escobar, 2010, p. 683).

[78] *Libro de descripción de verdaderos retratos de ilustres y memorables varones*. El original se halla en la Biblioteca de Lázaro Galdiano. Existen varias reproducciones, siendo la primera la de José María Asensio, publicada en Sevilla en 1886 (Pacheco, 1886). Esta última ha sido digitalizada y puede consultarse en el siguiente enlace: https://archive.org/details/BRes140079 [Consulta: 26/03/2025].

[79] «Vuestro canto i aliento eccelso i pío», «Aquí donde tú yazes sepultado» y «No se entristece tanto cuando pierde».

[80] «Coena Romana compuesta por don Pedro Velez de Guevara Prior y canoniho de la Sta yglesia de Seuilla. En la qual se describe la grandeza de los combites de los Romanos antiguos y el sumptuoso aparato que en ellos vsaron». Manuscrito en octavo de 65 folios. Pedro Vélez de Guevara fue canónigo doctoral de Sevilla en 1570, aunque su vinculación con la Catedral de la ciudad arrancaría en 1546, cuando desde Salamanca otorga poder para tomar posesión del priorato de las ermitas de la archidiócesis hispalense. Nos ha llegado, además, una epístola de Pedro Vélez de Guevara dirigida a Fernando de Herrera, su único poema castellano conocido hasta hoy, pero que constituye una interesante muestra de la amistad entre ambos escritores y en la que Vélez de Guevara intenta levantar el ánimo de su amigo invitándolo a disfrutar de los días navideños (Montero & Solís de los Santos, 2009).

El manuscrito ha sido digitalizado por la Biblioteca Nacional de Francia en su portal Gallica, y puede consultarse en el siguiente enlace: https://gallica.bnf.fr/ark:/12148/btv1b10033338k/f1.image [Consulta: 26/03/2025].

latinos del canónigo Francisco Pacheco, amigo de Herrera, y unos versos falecios latinos de Arias Montano. El especial interés de esta composición consiste en que se trataría de uno de los últimos poemas escritos por Herrera. A través de referencias a otros autores de la época y sus obras,[81] Coster llega a la conclusión de que el manuscrito, y por consiguiente, la canción de Herrera pueden fecharse alrededor de 1588 (Coster, 1918, p. 559). Siguiendo a Coster, Blecua lo sitúa entre 1588 y 1591 (Herrera, 1975, p. 174).

En el manuscrito que contiene las poesías de Cristóbal Mosquera de Figueroa (1547-1610), se encuentra el soneto de Herrera «Cesse, que tiempo es ya, el lamento mío», en el folio 89v.[82]

Rosa Navarro Durán ha localizado una nueva versión (primitiva, según el estudio que lleva a cabo la estudiosa) del poema «Desterrado el iuierno frío y cano» en el ms. 3.857 del fondo Rodríguez Marín de la Biblioteca del CSIC (Navarro Durán, 1982). El poema se encuentra en el folio 23.

1.1.2.2.2. Impresos

En cuanto a los poemas impresos en obras ajenas, la mayoría de las composiciones herrerianas aparecen en los preliminares.

Cristóbal de las Casas publica un *Vocabulario de las dos lenguas toscana y castellana* (Sevilla, 1570),[83] en el que encontramos un poema de Herrera: «Bien

---

81 En la dedicatoria, Vélez de Guevara hace referencia a su trato «de dulcissima memoria» con Pedro Chacón (1527-1581), lo que indicaría que este último ya había fallecido cuando fue compuesta *La cena romana*. Tanto Coster como Blecua piensan que *La cena romana* (y también el poema de Herrera que la precede) sería posterior al famoso tratado erudito *De Triclinio romano* de Pedro Chacón, publicado de forma póstuma en 1588. Además, Coster aventura que el destinatario de la dedicatoria, al que se refiere Vélez de Guevara como César, podría ser Cesare Baronio, que publicó un primer tomo de sus *Annales Ecclesiastici* en 1588 (Coster, 1918, pp. 558-559).

82 La obra poética de Mosquera de Figueroa se nos ha transmitido a través de un manuscrito autógrafo de 117 hojas, con signatura 2.051 y que se conserva en la Biblioteca de Cataluña en Barcelona (antes de A. Fernández Guerra, Muntaner y A. Sedó). Sus dimensiones son 192 × 135 mm. Fue encuadernado por Brugalla en 1950. Ha sido publicado modernamente (Mosquera de Figueroa, 1955, 2015). Cristóbal Mosquera de Figueroa (1547-1610), escritor y letrado, mantuvo una estrecha amistad con Juan de Mal Lara, Francisco Pacheco o Fernando de Herrera.

83 *Vocabulario de las dos lengvas toscana y castellana de Christoval de las Casas En que se contiene la declaracion de Toscano en Castellano, y de Castellano en Toscano. En dos partes con vna introdvccion para leer, y pronunciar bien entrambas lenguas*. Dirigido al Ilvstrissimo señor don Antonio de Guzman, Marques de Ayamonte, señor de las villas de Lepe y la

deue coronarte Febo Ideo». Se trata de una composición laudatoria en tercetos en la que elogia al autor. El *Vocabulario* contó con numerosas ediciones en la época, lo que seguramente contribuyó a difundir el poema de Herrera.[84]

Varios años más tarde, se publica *De la naturaleza del cavallo* de Pedro Fernández de Andrada (Sevilla, 1580).[85] En los preliminares de esta obra encontramos una canción herreriana («Alça del hondo seno»).[86]

Redondela [...] Con Priuilegio de Castilla y de Aragon. Vendese en Casa de Francisco de Aguilar mercader de libros. En Sevilla. 1570.

En el colofón se indica: «Ympresso en Sevilla en casa de Alonso Escriuano, en la calle de la Sierpe.– 1570» (Blecua, 1975, p. 71). Cristóbal de las Casas es amigo de Herrera y de Mal Lara. Estudió Artes y Cánones en la Universidad de Sevilla de 1547 a 1551, y falleció en 1576.

El impreso consta de 248 folios numerados y 12 sin numerar de preliminares, entre los que se encuentra el poema de Herrera, en los folios A3r-A4r. Ha sido digitalizado por la BNE en su sección Biblioteca Digital Hispánica, donde puede consultarse en el siguiente enlace: http://bdh-rd.bne.es/viewer.vm?id=0000127110&page=1 [Consulta: 26/03/2025].

84 Este poema fue modernamente publicado por primera vez por José María Asensio (Herrera, 1870).

85 *Naturaleza del cavallo: En que estan recopiladas todas sus grandezas: juntamente con el orden que se a de guardar en el hazer de las castas, y criar de los Potros: y como se an de domar, y enseñar buenas costumbres: y el modo de enfrenarlos y castigarlos de sus vicios y siniestros. Compuesto por Pedro Fernandez de Andrada, vezino de Seuilla.* Dirigido a la C.M. del Rey Don Philippe nuestro señor,|Segundo deste nombre [...]. En Seuilla en casa de Fernando Diaz. Año de 1580 (Castillejo Benavente, 2019).

El título del libro cambia por *Libro de la gineta de España* en la segunda edición de 1599: *Libro de la gineta de España* [...] *Compvesto por Pedro Fernandez de Andrada: en el qual se trata el modo de hazer las Castas, y criar los Potros, y como se an de enfrenar, y castigar los Cavallos: y como los Cavalleros moços se an de poner a cavallo guardando el orden antiguo de la Gineta de España. Vltimamente se trata, como se an de pensar, y engordar los cavallos.* Dirigido a la Civdad de Sevilla, y con Previlegio impresso, En la Inprenta de Alonso de la Barrera.

Se trata de una edición en cuarto de 152 folios más 20 al principio sin foliar y de la que se conserva un ejemplar en la Biblioteca Nacional de España con signatura R/2.348. El poema de Herrera aparece en ambas ediciones sin cambios significativos. El impreso ha sido digitalizado por la BNE en su sección Biblioteca Digital Hispánica, y puede consultarse en el siguiente enlace: http://bdh-rd.bne.es/viewer.vm?id=0000081806&page=1 [Consulta: 26/03/2025].

Pedro Fernández de Andrada debió de nacer en 1544 y parece que fue amigo de Herrera y tuvo trato con al menos algunos de los integrantes del círculo sevillano. Además, fue el padre de Andrés Fernández de Andrada (c. 1575- c. 1648), poeta y autor de la *Epístola moral a Fabio* (Luján Atienza, 2018; Rodríguez Marín, 1923).

86 Este poema fue recuperado modernamente por primera vez por José María Asensio (Herrera, 1870).

Juan de la Cueva publicó sus *Obras* el mismo año de la publicación de *Algunas obras* (Sevilla, 1582).[87] Herrera está presente en los preliminares con el poema «Al Canto desde Cisne, i voz doliente» en el folio 10.[88]

Y un par de años más tarde, Jerónimo de Carranza publica el *Libro de Hieronimo de Carança, natvral de Sevilla, que trata de la Philosophia de las armas* (San Lúcar, 1582).[89] En los preliminares, se encuentra otro poema de Herrera, en este caso escrito en tercetos («No bastaua ilustrar con viua gloria»).[90]

---

87 *Obras de Ivan de la Cveva* Dirigidas al Illustrissimo Señor Don Ivan Tellez Giron, Marques de Peñafiel [...] Con privilegio. En Sevilla. Por Andrea Pescioni. Año 1582. A costa de Francisco Rodriguez, Mercader de Libros.

Se trata de una edición en cuarto de 135 folios numerados y cuatro sin numerar de tabla, al final. Se conserva un ejemplar en la Biblioteca Nacional de España con signatura R/13.333 que perteneció a Gayangos. Ha sido digitalizado por la BNE en su sección Biblioteca Digital Hispánica, y puede consultarse en el siguiente enlace: http://bdh-rd.bne.es/viewer.vm?id=0000193815&page=1 [Consulta: 26/03/2025].

Según los estudiosos, Juan de la Cueva (1534-1612) mantuvo una relación en los márgenes con los integrantes del grupo poético sevillano, entorno con el que poseyó vínculos importantes, pero donde nunca llegó a integrarse plenamente. Para Escobar, Herrera y Cuevas debieron sentir admiración el uno por el otro, pero en la misma medida se habrían visto como rivales o competidores (Escobar, 2009).

88 Esta composición se nos ha transmitido también a través en los preliminares de las *Rimas* de Juan de la Cueva, conservadas en el ms. 56-3-04 y 5 de la Biblioteca Colombina y Capitular de Sevilla, compuesto por dos volúmenes: «Rimas de Juan de la Cueva, primera parte, dirigidas al doctor Claudio de la Cueva, inquisidor apostolico, y visitador de la Santa Inquisicion del reino de Sicilia» (Blecua, 1975, p. 70). El poema de Herrera («Al Canto deste Cisne, i voz doliente») se encuentra en los folios 9v a 10 del primer volumen y ha sido publicado modernamente por Asensio (Herrera, 1870).

89 *Libro de Hieronimo de Carança natvral de Sevilla. Que trata de la Philosophia de las armas, de sv destreza. Y de la agression y defension christiana.* Se trata de una edición en cuarto que consta de 280 folios más 33 sin numerar al principio y 13 de tabla. Se conserva un ejemplar en la Biblioteca Nacional de España con signatura R/909. Para Francisco Escobar, varios integrantes del círculo sevillano y del entorno del Duque de Medina Sidonia —de quien Carranza fue maestro de esgrima— aparecen como personajes de la *Phisophia de las armas*, y así Meliso sería Mal Lara, Eudemio es Mosquera de Figueroa, Polimarcho es Pedro de Peramato, Herrera estaría representado en Philandro, y el propio Carranza se identifica con Charilao (Escobar, 2015). El impreso ha sido digitalizado por la BNE en su sección Biblioteca Digital Hispánica, y puede consultarse en el siguiente enlace: http://bdh-rd.bne.es/viewer.vm?id=0000195093&page=1 [Consulta: 26/03/2025].

90 El poema de Herrera se encuentra en los folios ¶2v a 3v. La segunda edición, *Compendio de la Filosofia y destreza de las armas de Geronimo de Carrança*, impresa en Madrid en 1612, prescinde de los preliminares que iban en la primera edición, y, como consecuencia, no

Un caso con rasgos propios es el de un soneto de Herrera que se imprime en las *Obras* del vallisoletano Jerónimo de Lomas Cantoral (Madrid, 1578),[91] pero no en los preliminares. Esta edición tuvo una cierta importancia en la época como fenómeno editorial, ya que anuncia la eclosión de los cancioneros de autor. El poema de Herrera («Si de la bella y dulce lumbre mia») se encuentra en el folio 217. Coster lo publicó en nota en su edición de *Algunas obras* (Herrera, 1908). Juan Montero realiza una enmienda a este poema en uno de sus trabajos. Además, estudia cómo este poema forma parte de un intercambio de composiciones entre Herrera y Lomas Cantoral, constituyendo el único caso conocido de intercambio poético del Divino con otro escritor. El poema del Divino constituye una réplica a un poema anterior del vallisoletano (Montero, 1991).

Ya en el siglo XVII, Hipólito de Vergara publica su obra *Del santo rey de España D. Fernando y de la Santísima Virgen de los Reyes* (Osuna, 1629).[92] Entre los preliminares, se imprime la canción de Herrera dedicada a San Fernando, si bien incompleta.[93]

---

contiene el poema de Herrera. El primero en recoger modernamente la composición herreriana fue Asensio (Herrera, 1870).

91 *Las obras de Hieronimo de Lomas Cantoral, en tres libros diuididas*. Al Illustrissimo señor don Iuan de Çuniga, Baçan y Abellaneda, Conde de Miranda Marques de la Bañeza, y señor de las casas de Baçan y Abellaneda [...] Con privilegio. En Madrid, en casa de Pierres Cosin, Año 1578.

Es una edición en octavo de 243 folios más 16 de preliminares sin numerar y 5 al final sin foliar. Hay un ejemplar en la Biblioteca Nacional de España con la signatura R/17.864. Esta obra ha sido editada modernamente (Lomas Cantoral, 1980). Además, el impreso ha sido digitalizado por la BNE en su sección Biblioteca Digital Hispánica, y puede consultarse en el siguiente enlace: http://bdh-rd.bne.es/viewer.vm?id=0000193797&page=1 [Consulta: 26/03/2025].

92 *Del santo rey de España D. Fernando y de la Santísima Virgen de los Reyes. Libro escrito por Hipólito de Vergara Depositario general que fue, y receptor de penas de Cámara de Sevilla (IHS).* Impresso con licencia en Osuna. Por Manuel de Payva, a costa del licenciado Gerónimo de Pareja Aranda, 1629.

93 Se trata de la canción «Inclinen a tu nombre, ô luz de España», impresa tanto en 1582 como en 1619, y de la que solo se recogen los versos 27-39 y 53-65, es decir, las dos estancias que comienzan «Pero en tan altos triumfos y victoriás» y «Tu despues que tu espiritu diuino». El poema se recoge en el folio 7 recto y verso del impreso, bajo el título «Hernando de Herrera. Poeta seuillano, llamado el diuino, en la cancion que hizo el año de 1579. quando se trasladò el cuerpo santo del glorioso rey, a la capilla nueua donde oy està».

En el *Arte de la pintura* (Sevilla, 1649), Pacheco cita dos versos[94] del poema perdido de Herrera *Lausino*.[95] Macrí los recoge y los publica en su monografía junto con dos versos inéditos de este poema y que se encuentran en una carta de Juan Antonio de Vera y Zúñiga a Juan de Fonseca (Macrí, 1972, p. 66).[96]

Nicolás Marín (1986) localizó también dos versos de Herrera en una carta autógrafa de Lope al Duque de Sessa, su mecenas, conservada en la Biblioteca Real.[97] Estos versos («a la tormenta, guerra y noche oscura» y «buen tiempo, dulce paz, alegre día») formaban parte de un soneto herreriano.

1.1.2.3. Poemas sueltos en cancioneros de poesías varias

Un número considerable de poemas herrerianos se nos ha transmitido en cancioneros que recogen poemas de diversos autores áureos, casi todos manuscritos. Cabe resaltar la importancia de los poemas sueltos transmitidos en cancioneros de poesías varias que, si bien son relativamente pocos dentro del conjunto de la obra poética de Herrera, aportan información de sumo interés. De estos el cancionero más conocido y el que más poemas del Divino contiene es *Flores de varia poesía*, con seis poemas, mientras que otros, identificados más recientemente, han sacado a la luz nuevas versiones y hasta nuevos poemas del poeta sevillano, desconocidos hasta el momento. Por otra parte, el único cancionero impreso que nos transmite alguna composición herreriana tiene el interés de hacernos llegar el único texto poético impreso entre la edición en vida de Herrera y la edición póstuma.

---

94 «I el oro que en la frente reluzía / la purpúrea mexilla aun no vestía».

95 Tenemos noticia del poema perdido de Lausino y Corona de Herrera por los preliminares de *P* y por Pacheco. En los preliminares de *Versos*, Rioja hace referencia a los amores de Lausino y Corona escritos por Herrera, y anuncia que «se estanparan con brevedad» (Herrera, 1975, p. 16 t. II). Además de incluir dos versos de esta composición en el *Arte de la pintura*, de los que Pacheco indica la procedencia al margen (Pacheco, 1866, p. 182), en el *Libro de retratos*, haciendo un repaso de las obras de Herrera, el editor de *Versos* indica que «acabò un Poema Tragico delos amores de Lausino i Corona» (Pacheco, 1881); no se indica número de página, puesto que no está paginado.

96 Los dos versos son: «Hasta este tiempo contra el padre mío / declina el iugo que me impone el cielo».

97 Ms. II-2124, fol. 142r-142v. El contenido de la carta (y, por adición, los versos herrerianos) fue impreso en el primer volumen del epistolario de Lope, impreso por Agustín González de Amezúa (Vega Carpio, 1935).

1.1.2.3.1. Manuscritos

Destaca el ms. 2973 de la Biblioteca Nacional de España, *Flores de varia poesía*, conocido como *F*.[98] Este está incompleto, según Coster, y ha quedado reducido a 400 folios encuadernados en piel de la época (Blecua, 1975, p. 69; Coster, 1918, p. 557). Blecua señala que la letra se ha corroído en muchos sitios, razón por la que fue copiado por el bibliotecario Antonio Paz y Melia a finales del siglo XIX en otro manuscrito conservado también en la Biblioteca Nacional de España, con signatura 7.982 (Blecua, 1975, p. 67). Además de los de Herrera, contiene poemas de Mal Lara, Gutierre de Cetina, Juan de la Cueva y otros escritores sevillanos. Contiene seis poemas de Herrera, de los cuales tres[99] fueron publicados por Coster como inéditos[100] en *Revue Hispanique* (Coster, 1918), mientras que los otros tres[101] los citó en sus ediciones de *H* (Herrera, 1908) y de *P* (Herrera, 1914b). Se encuentran en los folios 104v, 100, 111v, 112v, 124v y 131v. Blecua fecha los poemas antes de 1577, ya que las *Flores* fueron recopiladas en esa fecha en la ciudad de México (Herrera, 1975, p. 166 t. I). Cebrián ha realizado un estudio y edición de estos poemas, contrastando las variantes de los cuatro que también nos han llegado a través de otras fuentes,[102] y ha defendido que todos presentan el estadio redaccional más antiguo de la composición, coincidiendo con Blecua (Cebrián, 2002, p. 240).

Los poemas de Herrera «Formar quiso el artífice dichoso» y «Dulçe y vello despojo de la boca» se han localizado en el ms. 373 (esp.) de la Biblioteca

---

98 En la portada, el título reza así: «Flores de Baria poesia Recoxida de varios poetas Españoles Dividesse em cinco Libros como se declara en la tabla que inmediatamente va aqui scripta Recopilosse en la ciudad de Mexico Anno del nascimiento del NRO Salvador IHucristo de 1573 Annos». El manuscrito ha sido publicado modernamente por Margarita Peña (2004). Cuenta con digitalización realizada por la BNE en su sección Biblioteca Digital Hispánica, que puede consultarse en el siguiente enlace: http://bdh-rd.bne.es/viewer.vm?id=0000117111&page=1 [Consulta: 26/03/2025].

99 «Destas doradas hebras fue texida» (soneto), «Tan alta magestad, tanta grandeza» (elegía), «El oro crespo al aura desparzido» (soneto).

100 Eran inéditos en el momento de la publicación (1918), pero no todos son exclusivos de este manuscrito. «Destas doradas hebras fue texida» aparece también en *B*.

101 «Aura templada y fresca de Occidente», «Largos sutiles lazos esparzidos» y «Ô suspiros; ô lagrimas hermosas».

102 Estos son: «Aura templada y fresca de Occidente», «Destas doradas hebras fue texida», «Largos sutiles lazos esparzidos» y «¡Ô suspiros; ô lagrimas hermosas». El primero se encuentra también en *H* y *P*; el segundo, en *B*; el tercero y el cuarto aparecen también en *B* y *P*.

Nacional de Francia.[103] Ambos se encuentran en el folio 126. Se trata de dos sonetos que fueron publicados por Blecua en la *Revista de Filología Española* (Blecua, 1949). De uno de ellos nos han llegado dos versiones más en *B* y en *P*.[104] Para Blecua, la primera versión sería la del manuscrito de París, a la que seguiría la de *B*, y *P* representaría el estadio final (Blecua, 1949, pp. 386-387).

Estos mismos poemas han aparecido en el manuscrito B90-V1-08 (olim 23-4-1) de la Biblioteca Bartolomé March,[105] publicado por Labrador y DiFranco (2011). Se trata de una compilación de poemas de diferentes autores del reinado de Felipe II que cuenta con una copiosa representación de Pedro Padilla, Diego Hurtado de Mendoza, Gregorio Silvestre o Francisco de Figueroa, y una menor representación de otros poetas como Baltasar del Alcázar, Juan de Almeida o Francisco de Aldana, entre otros (Labrador Herraiz & DiFranco, 2011, pp. 13-30). Los poemas de Herrera,[106] estudiados por Juan Montero (2011), se encuentran en el folio 177. Uno de ellos («Formar quiso el artífize dichoso») es la cuarta versión que aparece del poema.[107]

Por otra parte, una de las varias versiones hoy conocidas de la canción «Al sueño» se encuentra en el ms. 372 (esp.) de la Biblioteca Nacional de Francia.[108] El poema de Herrera («Süave sueño, tú, qu'en tardo buelo») aparece en el folio 103. Además de este, contiene composiciones de Padilla, Burguillos, Silvestre, Castillejo y otros.

Más recientemente, otra versión de esta misma canción ha sido localizada en el ms. 531 de la Biblioteca del Palacio Real de Madrid. Fue descubierta

---

[103] Este manuscrito es un cancionero que incluye poemas de María Girón, Magdalena de Bovadilla, Padilla, Silvestre, Laynez, Diego de Carvajal, Garcilaso y otros. Las dimensiones del manuscrito son 205 × 142 mm y consta de 328 folios con letra del siglo XVI.

[104] «Formar quiso el artífiçe dichoso» (B) - «Provò atento el Artífice dichoso» (P).

[105] Consta de 414 folios, de los cuales son útiles 411, con la encuadernación original con gotera y cubierta de piel de cabra. Sus dimensiones son 14 × 21 cms.

[106] «Formar quiso el artífize dichoso» y «Dulçe y bello despojo de la boca». Para Blecua, las variantes que presenta el segundo «no son extraordinarias precisamente, pero sí suficientes para mejorar el texto de París en algunos versos» (Blecua, 1989, p. 227).

[107] Las otras tres versiones son de *B*, *P* y del ms. parisino 373 (Blecua, 1949; Herrera, 1948a, 1975). Para Blecua (1989), las tres versiones manuscritas se aproximan entre sí, y se apartan del texto impreso por Pacheco.

[108] Contiene dos cancioneros independientes, de la misma mano, pero numerados en el siglo XIX como uno solo. El manuscrito procede de la biblioteca de Leon Potier (1656-1744). Sus dimensiones son 203 × 150 mm y consta de 370 folios.

y publicada por Juan Montero, que señala que el manuscrito en el que se encuentra es un cartapacio de poemas diversos reunidos en torno a 1585 por un estudiante salmantino, Francisco Morán de la Estrella (Montero, 1987, p. 120).[109] La canción («Suabe sueño, que con tardo buelo») ocupa los folios 165v a 166v.[110] Aunque no se han podido fechar las distintas versiones de este poema, mediante un estudio textual de las variantes, Juan Montero llega a la conclusión de que el de la Biblioteca Real es el testimonio más primitivo, mientras que *P* representaría el estadio final.[111]

Este mismo investigador ha publicado y estudiado tres poemas de Herrera localizados en un cancionero sevillano de finales del XVI, titulado *Poesias Varias De Diversos Authores em Castelhano* (Montero, 2005). Con signatura F. G. Cod. 3072, y perteneciente a la Biblioteca Nacional de Lisboa, la recopilación pudo ser realizada por un aficionado culto de la capital portuguesa, y, además de poemas del Divino, incluye poemas de escritores sevillanos como Gutierre de Cetina, Baltasar de Alcázar, Juan de las Cuevas, el licenciado Dueñas, Juan de Iranzo o Juan Sánchez de Burguillos. Los textos de Herrera se encuentran en los folios 48 a 49v y ninguno lleva indicación de autoría. De los tres poemas, dos eran ya conocidos y muestran variantes, y el tercero es un posible soneto herreriano desconocido,[112] que se encuentra en el códice en medio de los otros dos. De los poemas ya conocidos, uno es otra versión de la canción «Al sueño»,[113] que se convierte en el poema herreriano con un mayor número de testimonios conocidos;[114] el otro, es uno de los 13 poemas comunes a B-H-P, del que, por primera vez, aparece una versión con variantes.[115]

---

109 Existe una edición moderna de este manuscrito (Morán de la Estrella, 1989).

110 La canción, atribuida erróneamente a «Burguillos», va precedida de otra atribuida por el colector a C.D.H., posiblemente el Conde Haro y Condestable de Castilla (Montero, 1987, p. 120).

111 Por su parte, José Manuel Blecua, en una nota publicada en 1989, declara que la versión de la Biblioteca Real «se aproxima, como es lógico, al del manuscrito B y no al del pintor» (Blecua, 1989, p. 228).

112 «En noche obscura, al áspero desierto».

113 «Suäue Sueño, que con tardo buelo».

114 Se conocen cinco testimonios de esta composición: este, el de la Biblioteca Real (ms. 531), el de un manuscrito parisino (ms. Español 372), el de *B* y el de *P*.

115 «Por vn camino solo, al mundo abierto».

1.1.2.3.2. Impresos

La única composición que se nos ha transmitido de forma impresa en cancioneros de poesías varias es una de las versiones del poema «No bastó el daño al fin y estrago fiero». Esta se encuentra en el folio 185r de la *Segunda parte del Romancero general* (Valladolid, impresa por Luis Sánchez, 1605),[116] y fue descubierta y publicada por Juan Montero acompañada de un estudio de las tres versiones conocidas del poema y sus variantes (Montero, 2010). Esta versión tiene el interés de que se trata del único poema herreriano impreso con interés textual después de 1582 (fecha en la que se publica *H*) y antes de 1619 (fecha en la que se publica *P*).[117] Por otra parte, de las tres versiones conocidas, una de ellas es un autógrafo del propio Herrera, como se verá a continuación.

1.1.2.4. Un caso singular: dos sonetos autógrafos

Dentro de la transmisión de los poemas sueltos de Herrera, destaca el caso singular de dos sonetos que nos han llegado escritos en la letra del propio Herrera y que fueron publicados por Kossoff (1965).[118] Se trata de los sonetos «No bastò al fin aquel estrago fiero», recién mencionado, y «Despues q. Mitradates rindio al hado», que aparecen en *P* con variantes, analizadas por

---

[116] *Segunda parte del Romancero general y Flor de diversa poesía recopilados por Miguel de Madrigal*... Hay una edición moderna al cuidado de Joaquín de Entrambasaguas (1948), donde el poema herreriano aparece en la página 313 del volumen II. Ha sido digitalizado por la BNE en su sección Biblioteca Digital Hispánica, y puede consultase en el siguiente enlace: http://bdh-rd.bne.es/viewer.vm?id=0000171096&page=1 [Consulta: 26/03/2025].

[117] En 1599 se realiza una segunda edición del libro de Fernández de Andrada, bajo el título de *Libro de la gineta*, y se reimprime el poema de Herrera en los preliminares. Se trata, sin embargo, de una reimpresión, y el texto no presenta variantes.

Las conclusiones del trabajo de Juan Montero referidas a la cronología textual y a la autenticidad de *P* se detallan en el apartado 1.2.4.

[118] Estos fueron localizados en un manuscrito que fue propiedad de Bartolomé Gallardo y adquirido por Antonio Rodríguez-Moñino, quien permitió que Kossoff los publicara en su artículo. Hoy el manuscrito se localiza en la Real Academia Española con la signatura RM 6709. El manuscrito es un bifolio cuyas hojas se numeran 630 y 631 respectivamente. Ambos solo están escritos por el recto. Antonio Rodríguez-Moñino publicó posteriormente un estudio del manuscrito e índice de los poemas contenidos (Rodríguez-Moñino, 1968b).

Kossoff.[119] La ortografía que presentan es, de acuerdo con Kossoff, similar a la de *H*, en el sentido de que no se pone punto sobre la «i» y la «j» ni hay apóstrofe en «del», frente a *P* que sí usa los puntos sobre estas vocales y utiliza con frecuencia la forma «d'el». Concluye Kossoff:

> the resemblances are so close that Herrera's identity as the writer of the sonnet MS is virtually undeniable [...]. Further attesting to the autograph nature of the MS is its exact correspondence in spelling, accentuation, capitalization and punctuation with Herrera's practice in the edition of 1582 (Kossoff, 1965, p. 324).

El profesor americano sugiere que la elevada numeración de los folios podría indicar que estos dos poemas pertenecieran a una recopilación mayor de la poesía de Herrera, cuyos folios restantes se hayan perdido. De ser así, esta tendría un volumen similar a *P*, que tiene 447 páginas, pero incluye el doble de líneas por folio. Esto le hace preguntarse a Kossoff por la relación del manuscrito con *P* y su preparación.[120]

Además, nos ha llegado un poema autógrafo que no es de Herrera, las coplas de Pedro de Vera que comienzan «Abre, abre las orejas» (Kossoff, 1966a). Este autógrafo es un buen ejemplo, para Kossoff, de cómo Herrera editaba un texto.

1.2. El drama textual herreriano

El problema textual y de autoría que afecta a la obra poética de Fernando de Herrera (1534-1597) es uno de los más complejos de la poesía del Siglo de Oro.[121] José Manuel Blecua lo presenta como «uno de los problemas más

---

[119] Entre ellas, este investigador destaca las diferencias ortográficas, la no escritura de los acentos en el manuscrito (lo cual es una práctica habitual de Herrera en sus textos de 1580 y 1582, aunque *P* no la sigue), el error de *P* de Mitradates por Mitridates, un mayor número de adjetivos en *P* y de palabras relacionadas con las emociones, una mayor complicación de orden de la oración y las diferencias de puntuación, tono y métrica, pues *P* cambia los endecasílabos de sáficos a comunes (Kossoff, 1965, pp. 319-321).

[120] «Is this one of the Herrera's papers that suffered such a disastrous dispersal and destruction on his death? Did Pacheco see this MS? Did he or someone other than Herrera make the changes noted?» (Kossoff, 1965, p. 321).

[121] Debido a las limitaciones de espacio, no nos detenemos en aspectos biográficos, a no ser que sean de importancia para el drama textual. Por ello, se remite al lector interesado a los textos de Antonio Vilanova (1951, pp. 689-697), Oreste Macrí (1972),

apasionantes y curiosos que conoce la historia de la transmisión textual española» (Herrera, 1975, p. 11 t. I), mientras que, para Cristóbal Cuevas, los textos poéticos herrerianos «figuran entre los más problemáticos de nuestra literatura del Siglo de Oro» (Cuevas, 1985b, p. 87). Las dificultades de transmisión textual de los textos del poeta sevillano, particularmente oscuras dentro de la ya complicada circulación y transmisión que caracteriza a los textos poéticos áureos, han suscitado un intenso y prolongado debate crítico sobre la autenticidad de parte de su obra y la importancia de la poesía herreriana dentro del panorama lírico español del XVI, en el que, si seguimos a Dámaso Alonso y Antonio Vilanova, esta sería fundamental para entender la evolución del lenguaje poético desde Garcilaso a Góngora (Vilanova, 1951).[122] Se presenta a continuación el estado de la cuestión de la polémica conocida como el «drama textual»,[123] que se ha centrado fundamentalmente en la discusión sobre la autenticidad de *Versos* por su carácter póstumo y por las diferencias

---

Manuel Ángel Vázquez Medel (1983), Begoña López Bueno (2014, pp. 13-32), y a la reciente monografía de García Aguilar (2022).

122 Vilanova considera a Herrera «el verdadero precursor del culto de la erudición poética, del hermetismo y de la oscuridad barroca de don Luis de Góngora», y añade que «su doble faceta de poeta intimista y cantor sacro y heroico, acusan un progreso técnico de tal envergadura y una anticipación tan manifiesta del espíritu romántico del barroco, que le convierten en un hito crucial de nuestra historia literaria» (Vilanova, 1951, pp. 710, 714). Ya para Valbuena Prat, Herrera representa «un punto medio entre el estilo de Garcilaso y el de Góngora» (Valbuena Prat, 1960, p. 545) y supone «el puente necesario entre la escuela de Garcilaso y el culteranismo» (Valbuena Prat, 1960, p. 552). No obstante, María Teresa Ruestes considera que, más que un eslabón intermedio entre Garcilaso y Góngora, Herrera ocupa «un lugar eminente y una excepcional significación en la poesía de signo cultista de la lírica española del Siglo de Oro» (Ruestes, 1986, p. XXXVI). Y Begoña López Bueno (2000) recalca que este módulo Garcilaso-Herrera-Góngora sería más evidente en el terreno formal, a través de la tendencia al énfasis retórico, la complejidad en la construcción sintáctica y el empleo de cultismos léxicos, «y menos en la significación profunda de su poesía, sentido en el que se vincula más al mundo garcilasiano [...] que a la posterior visión poética del seiscientos, que deja irremediablemente atrás el sueño dorado de la redención mediante el Eros» (López Bueno, 2000, p. 33).

123 Oreste Macrí comenzó a utilizar esta expresión para referirse al problema textual herreriano y su polémica, llegando incluso a utilizarla como título del capítulo de su monografía que trata esta cuestión (Macrí, 1972). Esta denominación ha sido aceptada y adoptada por los demás estudiosos. Un resumen de la misma puede encontrarse en el prólogo de Cristóbal Cuevas a su edición de la poesía herreriana (Cuevas, 1985b, pp. 87-99). Aquí se desarrolla más ampliamente.

y variantes que presenta con *Algunas obras*, así como las oscuras circunstancias que rodean a la edición, que comienzan por sus textos preliminares, en los que intervienen fundamentalmente el editor, Francisco Pacheco, y los prologuistas, Francisco de Rioja y Enrique Duarte.

1.2.1. Textos preliminares de P

Versos cuenta con dos aprobaciones: la aprobación eclesiástica por Lucas de Soria Galvarro, fechada a 12 de abril de 1617 en Sevilla, y una aprobación civil por Pedro de Valencia, con fecha de 30 de agosto de 1617 en Madrid. Para Juan Montero, esto indicaría que Pacheco pudo terminar la preparación de *Versos* entre 1615 y 1616 (Montero & Cacho Casal, 2014, p. 494). Por otra parte, el libro recibió la licencia y el privilegio el 27 de septiembre del mismo año, pero no será impreso hasta el otoño de 1619, pues la tasa está fechada en Madrid a 12 de noviembre de 1619. Resulta llamativo que está fijada sin contar los cuadernos de preliminares del libro, por lo que estos fueron añadidos en la última fase de composición tipográfica. En el propio privilegio ya se hace referencia a la peculiar composición del libro y al papel de Pacheco como editor:

> Por quanto por parte de vos Francisco Pacheco vezino de la Ciudad de Sevilla, nos fue fecha Relacion que haviades juntado con mucho cuidado las Obras de *Versos* que havia escrito *Fernando de Herrera*. I por ser tan insignes i ornato i lustre de la Nacion i lengua Española, deseabades imprimirlas, i sacarlas a luz, i para ello haviades puesto en orden i con la pureza que su Autor lo havia escrito, muchas de las que haviades recogido i hecho el volumen de que hezistes presentacion, suplicandonos os mandassemos dar licencia para poderlas imprimir (Herrera, 1975, p. 6 t. II).

Este texto plantea algunos interrogantes sobre cómo Pacheco describió su trabajo ante el Consejo de Castilla y, principalmente, sobre cómo fue el proceso de «poner en orden y con la pureza con la que su autor la había escrito» las obras poéticas de Herrera. A continuación, aparece la dedicatoria, redactada por Francisco Pacheco como último responsable del volumen, tratándose de una dedicatoria de enunciación alógrafa si se sigue la terminología de Gérard Genette (Arrendondo et al., 2007). El dedicatario es Gaspar de Guzmán, Conde de Olivares —y futuro Conde-Duque de Olivares—, cuyo escudo aparece calcografiado en la portada de la edición:

> El sacar yo a luz los Versos de Fernando de Herrera (cosa agena de mi Profession) en una Ciudad tan rica de buenos ingenios, manifiesta el no merecido desamparo suyo i la mucha aficion mia. ambas cosas quedan bastantemente satisfechas didicandolos a V. Señoria, a quien justamente reconosco esta obligacion, assi por ser V. Señoria hijo de Sevilla, como por la onra que siempre á hecho al Autor; cuya opinion es digna del ingenio i estimacion de tan gran Principe. Suplico a V. Señoria, que con la generosidad de su animo reciba mi voluntad, encaminada solo a que viva la memoria de los Varones que ilustran nuestra Nacion i Patria.
>
> Guarde Nuestro Señor a V. Señoria muchos i felices Años (Herrera, 1975, p. 9 t. II).

Como puede apreciarse, en el texto redactado por Pacheco vuelve a hacerse referencia al papel de este como editor de *Versos* y lo justifica por dos razones. La primera sería su afición a la poesía y a la obra de Herrera, mientras que la segunda consistiría en combatir el inmerecido desamparo que sufría la obra herreriana en ese momento, cuestión a la que se volverá en unas líneas.[124] Por otra parte, a pesar de que el libro está dedicado al Conde de Olivares, no está claro su papel en la financiación de la obra. Este se había venido defendiendo tradicionalmente hasta un artículo relativamente reciente, en el que Juan Montero y Marta Cacho Casal aportan nuevos indicios para pensar que fue el propio Pacheco el que financió la edición (Montero & Cacho Casal, 2014). De ser así, Pacheco no solo sería el recopilador y editor literario de *Versos*, sino también su costeador. Juan Montero y Marta Cacho Casal sugieren, además, que Pacheco escribiría la dedicatoria con la intención de buscar la ayuda del futuro Conde-Duque para conseguir el puesto de pintor del Rey, anhelado por el suegro de Velázquez.

La única información que tenemos sobre el proceso de preparación de *Versos* se encuentra en estos textos preliminares, caracterizados por la ambigüedad. En primer lugar, en el prólogo de Francisco de Rioja se nos habla del olvido que padecían las obras de Herrera, elogiándose la labor de Pacheco en

---

[124] En un trabajo reciente, Juan Montero (2020b) analiza una epístola de Pacheco a su amigo Pablo de Céspedes y el fragmento de un poema celebratorio de Herrera compuesto por este último e incluido por Pacheco en el *Libro de retratos*. Para este estudioso, ambos textos dan cuenta de la existencia a principios del siglo XVI de un deseo de reivindicar la figura de Herrera y su poesía por parte de estos autores, e interpreta que Céspedes incluso va más allá, pues parece sugerirle a Pacheco que acometa la publicación de un volumen de versos de Herrera.

recoger sus obras perdidas, pero no se nos dan más detalles sobre las causas de esta pérdida y olvido:

> I ombre cuya noticia fue tan grande, cuya lecion tanta i tan varia está oi, como vemos, sin nombre i estimacion. Sus Obras se perdieron; i estos versos, de los muchos que hizo, à podido librar, con increible trabajo i diligencia, Francisco Pacheco, a quien se debe la gloria de que salgan a luz, i devera España la memoria de los Varones Ilustres que á tenido (Herrera, 1975, p. 16 t. II).

El licenciado Enrique Duarte da algunos detalles más en su prólogo.[125] Declara que Herrera tenía preparado un volumen de sus obras poéticas para darlo a la imprenta cuando falleció y que estas se han podido recuperar del «naufragio»[126] gracias a la diligencia de Pacheco:

> I es cierto que su memoria uviera quedado sepultada en perpetuo olvido, si Francisco Pacheco Celebre Pintor de nuestra Ciudad, i afectuoso imitador de sus escritos, no uviera recogido con particular diligencia i cuidado algunos cuadernos i borradores que escaparon d'el naufragio, en que pocos días des- / pues de su muerte perecieron todas sus obras Poeticas; que el tenia corregidas de ultima mano, i encuadernadas para darlas a la Emprenta. Dexo en silencio la culpa d'esta perdida, porque soi enemigo de sacar en publico agenas culpas, i juzgo por merecedor de gran premio, al que con tantas veras â procurado restaurarla, hurtando muchas oras de su mas forçosa y precisa ocupacion; porque no solo copiò una i dos vezes de su mano lo que aora nos ofrece, pero cumpliò lo que faltaba de otros papeles sueltos, que avian venido a manos de diferentes personas, de quien los uvo; i aunque todo ello sea d'el mesmo Autor es cosa cierta, que lo que el tenia escogido, i perficionado para sacar a luz seria de mayor, i de mas acabada perfecion (Herrera, 1975, pp. 25-26 t. II).

La edición de *Versos*, por tanto, sería el resultado del intento de restituir el volumen perdido de Herrera tras su muerte a través de diversas fuentes manuscritas, que supuestamente transmitían poemas de Herrera, y usando «cuadernos i borradores» como base de la edición. Asimismo, además de elogiarse la labor de Pacheco como la persona que llevó a cabo esta difícil tarea, se hace referencia de forma enigmática a unos culpables de la pérdida de la

---

[125] Enrique Duarte es sacerdote, canonista, poeta y amigo de Herrera. Se licenció en Derecho en 1593 y tuvo de testigo a Juan Sáez de Zumeta (Coster, 1908, p. 64; Herrera, 1985, p. 486).

[126] Rioja había abierto su prólogo con otra expresión marina, «correr fortuna», que se relaciona con «naufragio», pues hace referencia a sufrir una tormenta en el mar.

obra poética de Herrera, pero de los que no se añade ninguna información. Resulta también problemática la afirmación de que Pacheco «cumplió lo que faltaba de otros papeles sueltos», que puede interpretarse de dos formas: o bien Pacheco completó la colección con poemas de otras fuentes, o bien completó partes de versos (en este caso, habría realizado lo que en Crítica textual se denomina una contaminación).[127] Esto irremediablemente hace al lector preguntarse sobre el grado de intervención en los poemas, a pesar de que el texto de Duarte citado termine insistiendo en la autenticidad («aunque todo ello sea d'el mesmo Autor»).

Además, las declaraciones de Duarte están rodeadas de alusiones a la polémica de las *Anotaciones*:

> [...] i en los escolios que escrivió a Garcilasso, que, aunque fueron primicias de su mocedad, están llenos de mucha erudición i doctrina. Que, como cosa hasta entonces no tratada en nuestra lengua, no faltaron algunos que, con más agudeza que verdad, quisieron caluniar el intento con que los escrivió [...].
>
> No niego yo la grande ecelencia de los versos de Garcilasso, ni es mi intento escurecer alguna parte de sus devidos loores. Mas no dexaré de culpar a los que piensan que solos aquellos, o sus semejantes, merecen ser estimados, como sino pudiera aver dos cosas de un mesmo género, diversas en el modo, i ambas eccelentes (Herrera, 1975, pp. 23-24 t. II).

Andrea Bianchini, en un artículo titulado «Herrera and Prete Jacopín: The Consequences of the Controversy» (Bianchini, 1978), defiende que lo poco que sabemos sobre los últimos años de Herrera (después de la publicación de *Algunas Obras* en 1582) y la pérdida de su obra poética hasta la edición de Pacheco, junto con las circunstancias oscuras que la rodearon, se deberían a la presión del poder de Juan Fernández de Velasco (Prete Jacopín), Condestable de Castilla, y de sus círculos cercanos. Sugiere que, ante el miedo a las represalias, los amigos de Herrera se desentendieron de él y de su obra. Otros críticos, como Francisco Márquez Villanueva (2001), han planteado también esta hipótesis y cómo se produciría un aislamiento de Herrera en sus últimos años, en el que se habría fraguado un clima hostil hacia él y su obra. Con esta pretende explicar la pérdida de sus poesías tras su muerte

[127] Las interpretaciones por las que se decantan los críticos serán vistas más adelante en el repaso histórico.

y las enigmáticas referencias de Duarte a los culpables de la pérdida.[128] Sin embargo, la única información que tenemos son las palabras de Rioja en su prólogo, que habla de «injurias aun de los mas amigos» (Herrera, 1975, p. 12 t. II), poniendo el foco en los amigos del propio Herrera.[129]

Además, algunos críticos han resaltado y estudiado cómo estos prólogos podrían estar condicionados en parte por las polémicas gongorinas,[130] pues con la defensa de la oscuridad y del cultismo herreriano pretenderían

[128] Este crítico señala: «Al final de la década de 1580, iniciada con la muerte de la condesa de Gelves en 1581, apenas si Herrera escribe ya versos, absorto por una nueva dedicación a trabajos históricos y visiblemente eclipsado en el ámbito cultural de la ciudad que lo abandonará en la estacada, sin duda con satisfacción de no pocos. Muere el poeta en la oscuridad [...]» (Márquez Villanueva, 2001, p. 299).

[129] A este respecto, en un manuscrito que recoge sonetos de Juan de Arguijo comentados por Francisco de Medina, se halla una referencia despectiva hacia Herrera: «Bendita sea la verdad, que a restituido su figura ala acusada conjuncion, i Dios perdone al Divino que tanto pretendio amenguarla» (Arguijo, s. f., f. 399v). No está numerado y por esta razón no se indica número de página, sino solo la numeración del folio.

[130] Para José María Micó (1997), uno de los objetivos de los editores sería reivindicar a Herrera, cuya relevancia en la polémica iniciada por las *Soledades* se reducía a ser utilizado por los partidarios de Góngora entre las diferentes autoridades que sacaban a relucir para justificar el estilo gongorino. Frente a este papel utilitario al que se había reducido al Divino, los editores de *P* pretenderían reivindicar su figura y su importancia para la poesía española, presentándolo como primero y principal en la latinización del castellano, en el dominio de los hipérbatos o en la oscuridad deliberada. Esta intención le crea a este estudioso motivos de desconfianza frente a los textos de 1619, sobre todo al compararlos con las *Anotaciones*: «Las *Anotaciones* apenas nos ayudan a entender la estética gongorina, y por eso tenemos que extrañarnos ante el cultismo desproporcionado, los constantes hipérbatos, el arcaísmo inverosímil de ese Fernando de Herrera póstumo y gongorizante de 1619 que es uno de los mayores misterios de la literatura española» (Micó, 1997, p. 278). La relación de los preliminares de *P* con la polémica gongorina ha sido analizada con más detenimiento por Juan Manuel Daza Somoano (2008). Este investigador señala cómo Herrera es utilizado en la polémica no solo por los partidarios de la nueva poesía, sino también por los detractores, bien para atacar los elementos cercanos al cultismo en la poesía herreriana (caso de Quevedo), o bien para ensalzar a Herrera como modelo de poeta renacentista, seguidor de Garcilaso, y en oposición a los excesos del cultismo (caso de Lope de Vega). Frente a este panorama en que Herrera es ninguneado y su poesía utilizada e interpretada para servir a intereses ajenos, los editores de *Versos* reclaman su importancia frente al triunfo de Góngora: «Tanto Duarte como Rioja pusieron el énfasis en los rasgos poéticos herrerianos que más lo acercaban a la poesía gongorina para resaltar que no fue un "mero eslabón" en la secuencia histórico-literaria del cultismo» (Daza Somoano, 2008, p. 165).

reivindicar a Herrera como auténtico iniciador de la nueva poesía y la línea cultista que luego seguiría Góngora (Daza Somoano, 2008; Micó, 1997). Para Valentín Núñez, ambas polémicas, la de las *Anotaciones* y la cultista, estarían relacionadas, pues en las ediciones de poetas renacentistas realizadas en el XVII, los editores no dudan en criticar al sevillano, tanto por considerarlo eslabón en la evolución cultista (caso de Quevedo al editar a Francisco de la Torre, como se verá a continuación en el punto 1.2.2), como por su osadía al atreverse a comentar y corregir a Garcilaso (caso de Tamayo de Vargas y Faria e Sousa). Por tanto, la polémica que las *Anotaciones* generaron continuaría, aunque de forma soterrada, en el XVII, y enlazada con la consideración de Herrera como poeta y su lugar como primer autor cultista (Núñez Rivera, 2010).[131] Y para Begoña López Bueno, la edición póstuma —que constituiría una maniobra del grupo de escritores sevillanos, al amparo de Gaspar de Guzmán, futuro Conde-Duque, para editar un nuevo Herrera que presentara una alternativa a la poesía de Góngora dentro de la línea cultista— provocó que apareciera una visión dual de su poesía: el Herrera de 1582, más cercano a la poesía renacentista, y el Herrera de 1619, más cercano al barroco y a la línea cultista de Góngora. Como consecuencia, dentro de la polémica gongorina, Herrera podía ser utilizado según interesara tanto como alternativa a Góngora dentro de la poesía cultista, como para antídoto de la nueva poesía, incluso por autores coetáneos (López Bueno, 2012).

En definitiva, *Versos* —incluso el propio título del libro («emendados i divididos por el en tres libros»)— y sus textos prologales se presentan cargados de interrogantes y enigmas, algunos de los cuales fueron señalados por José Manuel Blecua.[132] Además, hay un prólogo supuestamente herreriano cuya

---

[131] «Para los editores Herrera quiso usurpar, por envidia y vanagloria, el puesto principal que le pertenecía por entero a Garcilaso. Y eso se consideró una osadía y como tal pasó a los prólogos y notas en calidad de tópico recurrente. La superación poética de Herrera sobre Garcilaso la llevó a la práctica Francisco Pacheco con la enigmática edición de 1619. En ella los textos del sevillano se acercan en muchas características a los modos cultistas. Y ahí estaba el terreno abonado para que la discusión sobre Herrera se centrara, no ya en su labor de comentarista de Garcilaso, sino en su calidad como poeta» (Núñez Rivera, 2010, p. 211).

[132] Estos se recogen en el punto 1.2.3. Principalmente, el maestro Blecua cuestiona por qué no se menciona en estos textos prologales *Algunas Obras* y señala como error la afirmación de Duarte sobre las *Anotaciones* como obra de mocedad (Herrera, 1975, p. 22 t. II), si bien para Macrí esta no es extraña si se tiene en cuenta el contexto histórico

autenticidad ha sido puesta en entredicho por este crítico, entre otros, a pesar de que Duarte declara que proviene de un «pequeño papel (que a caso hallé entre los mios, escrito de letra de Fernando de Herrera) de unos Periodos desatados» (Herrera, 1975, p. 26 t. II). Como consecuencia, estos testimonios han hecho desconfiar a algunos críticos, si bien, sin duda, lo que ha causado más sospechas ha sido el poema del propio Pacheco que abre el libro, que reza: «Goza, ô Nacion osada, el don fecundo / que t'ofresco, en la forma verdadera / qu'imaginè, d'el culto i gran Herrera; / i el fruto de su ingenio, alto i profundo» (Herrera, 1975, p. 31 t. II). La interpretación de este «en la forma verdadera / qu'imaginè» ha generado diferentes posturas. Para los defensores de la autoría herreriana, el verbo 'imaginè' equivaldría a 'copié', siguiendo el uso de la palabra en los tratados de pintura de la época, mientras que los que la niegan lo han interpretado como 'inventé'.[133]

En cualquier caso, lo que sí queda claro es el interés de Pacheco por recuperar la obra y la figura de Herrera tanto en el ámbito sevillano en el que habría caído en el olvido, como en el ámbito nacional, proponiendo a Herrera como un escritor «capaz de competir en dignidad literaria con los mejores antiguos y modernos de otras partes de Europa» (Montero & Cacho Casal, 2014, p. 502).

1.2.2. De Quevedo a Coster

Francisco de Quevedo (1580-1645) fue el primero en desconfiar y atacar la edición preparada por Pacheco, en el prólogo de su edición de las poesías

de la época. Curiosamente, contrastando con la ausencia de referencias a *H* en *Versos*, Pacheco sí menciona el primer volumen de poemas herrerianos en el *Libro de retratos*: «i un breve tratado de versos, que està contenido en el que yo hize imprimir» (Pacheco, 1886). Esta afirmación de Pacheco, sin embargo, no es totalmente cierta, ya que en *P* faltan la égloga venatoria («D'aljava i arco tu Diana armada») y dos sonetos de *H*, el LXV («Ya el rigor importuno i grave ielo») y el LXVII («O breve don d'un agradable engaño»). El soneto LXV está dedicado al canónigo Francisco Pacheco, tío del pintor, por lo que resulta extraño que no fuera incluido en *P*, como ha argumentado Blecua, aunque tampoco hay ni retrato ni elogio del canónigo en el *Libro de retratos*.

133 Además, para Juan Montero, este soneto es revelador para el plan de la obra, consistente en «rescatar póstumamente la poesía de Herrera, en su mayor parte inédita, y ofrecerla desde Sevilla a toda la nación española como modelo acabado de perfección, reivindicando así para la patria chica el papel director en cuestiones literarias que el propio Herrera quiso ganarle cuando en 1580 publicó sus *Anotaciones* a Garcilaso» (Montero, 2016, p. 19).

de Francisco de la Torre (ca. 1534-ca. 1594), que publicó en Madrid en 1631 (Quevedo, 2003). En ella, en primer lugar, intenta demostrar que Herrera imitó y hasta plagió en su poesía la de Francisco de la Torre:

> Fernando de Herrera, doctísimo y elegantísimo escritor, y que como se leerá en estas obras, tuvo por maestro y ejemplo a Francisco de la Torre, imitando su dicción y tomando su frasis y voces tan frecuente que puedo escusar el señalarlas, pues quien los leyere verá que no son semejantes, sino uno (Quevedo, 2003, p. 176).

La evidencia de la imitación que defiende Quevedo no le impide, con todo, señalar diversos ejemplos léxicos y estilísticos que para él prueban dicha imitación, después de lo cual pasa a concluir:

> Advierto que el divino ingenio de Herrera sacó en su vida las rimas, que se leen en pequeño volumen, limpias de las más destas voces peregrinas que se leen en la impresión que después se hizo por Francisco Pacheco —pintor docto y estudioso y de grande virtud— en mucho mayor volumen. Creo fue el intento darnos de tan grave y erudito maestro hasta lo que él desechó escrupuloso (Quevedo, 2003, p. 181).

Por tanto, finalmente Quevedo concluye que el problema de la edición de *Versos* no es un problema de autoría, pues no pone en cuestión que los poemas incluidos sean del Divino, sino que acusa a Pacheco de publicar en la edición borradores y versiones de poemas descartados por Herrera. En este sentido, se conserva un ejemplar de *Versos* que perteneció a Quevedo, el del Seminario Diocesano de Vitoria perteneciente a la donación de José María Álava. Este cuenta con numerosas y muy interesantes anotaciones del escritor madrileño, que han sido publicadas por Astrana Marín (1932).[134] Es también de gran interés la interpretación de Peter M. Komanecky (1975), quien tuvo acceso

[134] Estas notas tratan sobre la supuesta imitación (podría sugerir incluso plagio) que realizaría Herrera de Francisco de la Torre («De la Torre primero lo aprendió»), otras sobre la intervención de Pacheco en la edición («Este dejó Herrera, y es de las manchas que le ha sacado a luz el pintor», «El pintor ha destruido este soneto, que Herrera le imprimió de mejor lima»), y otras en las que se critican vocablos y expresiones extraños u oscuros («Voz felizmente introducida», «Oscura locución no alentada»). Resulta llamativo que en ninguna de estas notas elogia a Herrera o los textos de *P*, sino que todas resultan ser críticas o correcciones e incluso ataca la supuesta elegancia del estilo herreriano: «Baja manera de hablar», «¿Esto es elegancia?» (Astrana Marín, 1932). La editora de la poesía de Francisco de la Torre, María Luisa Cerrón se reafirma en la idea de que Herrera lo plagió (Torre, 1993).

a una copia de este ejemplar anotado, además de a las propias declaraciones de Quevedo en su edición de Francisco de la Torre.[135] Tras estudiar ambos materiales, Komanecky defiende, frente a la opinión de los detractores de la autoría herreriana, como José Manuel Blecua, que el objetivo de Quevedo en este texto no es poner en tela de juicio la autoría herreriana, sino criticar la edición de Pacheco por su mayor cercanía al estilo poético de Góngora:

> [...] the real point Quevedo was trying to make was not that the poems as they appear in Pacheco's edition were apocryphal [...] but rather that Herrera should not have developed a more 'baroque' style in his later years, and if he did, then he was worthy of the strongest possible censure (Komanecky, 1975, p. 125).[136]

En cualquier caso, la desconfianza hacia *P* aumentó cuando, a principios del siglo XX, Adolphe Coster realizó la primera edición crítica de *Algunas obras* (Herrera, 1908) y publicó su monografía sobre Fernando de Herrera (Coster, 1908). En el prólogo a su edición, Coster califica *Versos* como «homenaje cariñoso tributado por el afamado pintor Francisco Pacheco a la memoria de su insigne paisano» (Herrera, 1908, p. 11), pero defiende que los poemas publicados en ese volumen no tienen carácter auténtico, pues recogería poemas deteriorados por copistas y correctores, o rechazados por el propio Herrera. Para argumentar esta hipótesis, señala cambios en el texto, la mayoría consistentes en supresiones en los poemas y en sus títulos a las que califica como «a veces extrañas» (Herrera, 1908, p. XII). Otro factor de la edición de 1619 que le causa desconfianza es su ortografía, más similar a la de las *Anotaciones* que a la de *Algunas Obras*.[137] Estas razones le llevan a concluir que Pacheco seguramente no manejó *H*:

---

[135] Para su artículo, Komanecky se sirvió tanto de las notas publicadas por Astrana Marín (que habían sido publicadas defectuosamente según Komanecky) como de una copia en microfilm del ejemplar de José María Álava que le proporcionó el profesor James O. Crosby (Komanecky, 1975, p. 124).

[136] De hecho, la principal preocupación de Quevedo parece ser ensalzar a Francisco de la Torre como modelo a seguir frente a Herrera, al que de algún modo desacredita o, al menos, despoja de originalidad poética, al afirmar tajantemente que se trata de un imitador del primero. Su última motivación parece consistir en ensalzar el paradigma poético castellano, al que él pertenecía, frente al paradigma poético andaluz, que estaría representado en un primer momento por Herrera y, posteriormente, por Góngora.

[137] La cuestión de la ortografía herreriana se trata más ampliamente en el capítulo 2.2.1.

> [...] todo lo cual hasta deja sospechar que acaso Pacheco no tuvo entre las manos la edición de 1582 harto rara, si, como lo creo, no fue puesta en venta, ya que no lleva la tasa acostumbrada. Resultando pues claro que la edición de 1582 es la única auténtica y tiene además la ventaja de señalar las poesías de las que se gloriaba más el divino vate sevillano no me pareció excusado volver á imprimirla (Herrera, 1908, p. XII).[138]

En su monografía, el crítico francés dedica un capítulo a la edición de Pacheco, en el que cuestiona la aparente aceptación de la crítica hacia *P*, plantea que esta edición podría contener borradores primitivos de Herrera y desconfía del trabajo editorial realizado por Pacheco:

> On ne saurait donc considérer l'édition de 1619 comme authentique; elle est faite assurément de textes appartenant bien à Herrera, mais défigurés par des copistes, ou rejetés par le poète lui-même; et je crois avec Quevedo que c'est dans les textes de 1582 seuls qu'il faut chercher l'expression définitive de la pensée de notre poète (Coster, 1908, p. 198).

A pesar de estas afirmaciones, unos años más tarde, en 1914, Coster decide publicar *P* y reconoce el interés de los poemas publicados por Pacheco[139] (Herrera, 1914b). En esta nueva edición, Coster matiza su anterior postura, y, aunque insiste en que su opinión hacia *P* sigue siendo la misma, comienza su prólogo haciendo referencia al *Libro de retratos* de Pacheco (en el que *H* está mencionado), el pintor pasa a ser el «fiel Pacheco» (Herrera, 1914b, p. 5) y enfatiza Coster el afán perfeccionista de Herrera y su tendencia a limar continuamente sus versos.[140] El crítico francés se muestra convencido de que «dicha edición [la de Pacheco] no corresponde en nada á la que el autor había preparado» (Herrera, 1914b, p. 11), pero unas líneas más abajo recalca:

> La labor de Pacheco tiene gran importancia. No se puede dudar de que casi la totalidad de los poemas que publicó son verdaderamente de Fernando de Herrera [...] y ciertas poesías que conocemos sólo gracias á Pacheco, son de las más hermosas que haya escrito Herrera (Herrera, 1914b, p. 12).

---

[138] La suposición de Blecua de que *H* no se puso a la venta está seguramente basada en estas líneas de Coster.

[139] Resulta llamativo que toda la crítica posterior, al citar a Coster, lo hacen siempre por su edición de 1908, y la de 1914 parece haber quedado en el olvido.

[140] Coster destaca la «paciencia y tenacidad con la que enmendó y retocó sus versos» (Herrera, 1914b, p. 6).

También apunta al interés de las variantes de *P* con respecto a *H*, que aumenta, a su juicio, si tenemos en cuenta el perfeccionismo de Herrera y su tendencia a corregir sus textos.

A pesar de sus declaraciones, da la impresión de que Coster tiene dudas con respecto a la valoración e incluso la autoría de *P*. Por un lado, parece que no quiere contradecir su postura de 1908 y se muestra reticente a aceptar la autoría; pero, por otro, declara que casi la totalidad de los poemas son de Herrera y que las variantes son de interés por la tendencia de Herrera a limar sus textos continuamente, *ergo* sí parece estarse planteando la autoría herreriana. Quizás, además del miedo a desdecirse, sus reservas se deben a criterios estéticos, pues dedica parte de su prólogo a separar a Herrera de las «peligrosas teorías [...] acabando en los excesos nefandos del conceptismo y del culteranismo» (Herrera, 1914b, p. 7), y presenta a Herrera como un autor que sabe escribir poesía sin «que saliese fuera de los justos límites» (Herrera, 1914b, p. 7). Parece claro que, para Coster, Herrera es un poeta renacentista, ajeno a lo que él considera excesos del Barroco y eso podría llevarle a sentir más reparos con respecto a *P*, por el mayor componente barroco de los textos de 1619.

1.2.3. 1948-1975

En 1948, la publicación del manuscrito *B* por parte de José Manuel Blecua (Herrera, 1948a) marca un nuevo hito en el desarrollo del «drama textual», si bien desde Coster hasta esta fecha otros estudiosos habían dado su parecer sobre la cuestión, entre los que destacan Vicente García de Diego, que publica una edición de la poesía de Herrera (Herrera, 1914a),[141] y Valbuena Prat

[141] En la introducción, este estudioso indica que reproduce en la medida de lo posible los textos de *H*, solo recurriendo a *P* cuando un texto no está en la edición de 1582. Lo justifica porque la edición de Pacheco «no obstante la terminante declaración inserta en su portada de estar enmendada por su autor, no ofrece garantía alguna, y muchas al menos de sus correcciones no son de Herrera» (Herrera, 1914a, p. 23). A continuación, comenta que se ha realizado un examen de variantes en las notas de la edición, cuyo resultado «probará que muchas de las variantes no son de Herrera, que los "cuadernos" los recogió Pacheco de cualquier parte y que, por tanto, perdido el crédito de aquella rotunda afirmación, y no siendo posible reconstruir en otros casos las enmiendas ajenas y las del verdadero autor, hay que apelar decididamente al texto primitivo, aunque con ello renunciemos á las mejoras que indudablemente en algunos versos —no sabemos en cuáles— había introducido la edición de 1619» (Herrera, 1914a, p. 24). En definitiva, García de Diego sigue la línea iniciada por Quevedo-Coster, que prefiere la edición de 1582 a la de 1619,

(Valbuena Prat, 1960), el primero que abogó en favor de la edición póstuma,[142] según Begoña López Bueno (López Bueno, 2000, p. 38).

Con la publicación del manuscrito *B* en 1948 por José Manuel Blecua (Herrera, 1948b), se descubre que muchos poemas de *P* que no aparecían en *H* sí estaban en este manuscrito y se confirma la tendencia de Herrera a corregir sus escritos,[143] como ya se decía desde antiguo. Así, Rioja —«i volvió a escrevir la misma batalla naval con mas cuidado que antes (diligencia que hizo también en sus Versos)» (Herrera, 1975, p. 13 t. II)—, el propio Pacheco —«Fue Fernando de Herrera mui sugeto a corregir sus escritos, cuando sus

---

y coincide con Coster en poner en tela de juicio la autoría herreriana y la actuación de Pacheco como editor.

142 Este crítico plantea el problema textual y cuestiona las opiniones de Coster en contra de la fiabilidad de *P* y la necesidad de limitarse a *H*. Valbuena Prat señala la posibilidad de que los amigos del poeta poseyeran copias de las nuevas redacciones de las composiciones y muestra preferencia por el texto de 1619 frente al de 1582, que considera más poético, todo lo cual le lleva a concluir: «Aunque no pudiéramos asegurar lo que hubiera de auténtico en la reimpresión póstuma, sí afirmaríamos que las variantes superan al primer texto. Como los argumentos de Coster no nos parecen definitivos ni mucho menos, creemos que se utilizó por Pacheco un texto que suponía las correcciones del mismo Herrera hechas al final de su vida, en las que la poesía española había ganado en profundidad y selección formal» (Valbuena Prat, 1960, p. 543).

En cualquier caso, los criterios estéticos de cada crítico o, por lo menos, su visión del lugar que ocupa Herrera dentro de la historia de la poesía española, parecen resultar de cierta importancia en el rechazo o aceptación de la autoría herreriana de los textos de 1619, más cercanos al Barroco. Como se ha visto más arriba, Coster, que considera a Herrera como un poeta renacentista, afirma que *H* es la única edición auténtica, mientras que Valbuena Prat, para quien Herrera se encontraría a caballo entre el periodo renacentista y el barroco, reivindica los textos y variantes de *P*. Años más tarde, Antonio Vilanova, que sigue fundamentalmente a Valbuena Prat y, como se ha visto más arriba, defiende a Herrera como precedente del Barroco, apoya también la autoría herreriana de *P*, que para él, se deduce claramente de los textos preliminares de la edición, de la que no se trasluce «en modo alguno que el texto de Pacheco carezca de toda autoridad y mucho menos que el colector le haya desprovisto de toda garantía retocando arbitrariamente el texto y alterando versos a su antojo»; y concluye: «la superioridad estética de muchas versiones de la edición de Pacheco [...], la altísima calidad lírica de infinidad de composiciones que conocemos exclusivamente a través de su texto y la incontestable autenticidad de todos los poemas que en ella se contienen le otorga una importancia insoslayable en el conjunto de la obra poética herreriana» (Vilanova, 1951, pp. 708, 709).

143 Sobre esta, Blecua apunta: «Es lógico que Herrera, tan preocupado por el estilo, corrigiese con harta minuciosidad sus obras poéticas» (Herrera, 1948b, p. 21).

amigos a quien los leia le advertían, aunque fuesse reprovando una obra entera; la cual rompia sin duelo» (Pacheco, 1881)— y más extensamente Duarte:[144]

> I esta fue la causa, de que Fernando de Herrera pareciesse tan dificil, i tardo en aprovar las obras, que via, no porque admirasse las suyas, que de ninguna cosa estaba mas lexos; porque, como a ombre a quien el uso i exercicio de aquellas cosas avia dado una mui entera noticia de los precetos mas ocultos de l'arte, le satisfazian pocas, i sus oidos como capaces de otras mayores desseavan siempre alguna de consumada perfecion; de que pueden dar testimonio los borradores de sus Versos, que despues de limados muchas vezes, i en espacio de años enteros, apenas le contentavan; i assi desechó muchos, que pudieran ser estimados de los mas entendidos en esta profession (Herrera, 1975, p. 23 t. II).

De este modo, el problema textual y de autoría se ve agravado por la tendencia y obsesión de Herrera por corregir sus textos constantemente, perfeccionismo al que Blecua se refiere como «rigor poético». En cualquier caso, a partir del hallazgo y publicación de *B*, en la década de los 50 surgieron numerosos estudios sobre la lengua poética y los textos de Herrera, en los que las diferencias que presenta *P* con respecto a *H* dividieron a la crítica en dos grandes grupos, con dos posturas claramente enfrentadas:

Por un lado, el primero se iniciaría con la postura de Adolphe Coster (Coster, 1908; Herrera, 1908), seguido de Vicente García de Diego (Herrera, 1914a), y cuyo principal defensor ha sido el reconocido estudioso José Manuel Blecua (1954, 1958, 1975). Se han adherido otros críticos como A. David Kossoff (1957a, 1957b, 1965, 1966a, 1966b), Cristóbal Cuevas (1985b), María Teresa Ruestes (1986), Victoriano Roncero (1992) o Begoña López Bueno (2000), que apuntan a *H* como único texto auténtico. Por tanto, niegan la plena autoría herreriana de *P* y sospechan de una segunda mano, presumiblemente la de Pacheco, el editor, que además de pintor era poeta y gran admirador de Herrera.

Por otro, los hispanistas italianos Salvatore Battaglia (1954), Oreste Macrí (1955b, 1959, 1972) e Inoria Pepe Sarno (1981, 1982, 1983, 1984, 1986a, 1986b, 1986c, 1990, 1998) defienden la autoría herreriana de *P*. Para ellos, las variantes serían de Herrera y mostrarían el estadio final de una evolución poético-estilística de signo prebarroco.

---

[144] El texto citado se encuentra en la página 76 contando desde la portada, pero el manuscrito no se encuentra numerado.

En un primer momento, el debate se centró en la cronología de los textos, pues los partidarios de *P* defendían que era posterior a *H* y, por tanto, el texto definitivo, mientras que Blecua y los otros estudiosos se mostraban seguros de que *P* eran manuscritos primitivos de Herrera descartados en *H*.

El debate se inició con el artículo «Una lanza por Pacheco, editor de Fernando de Herrera» de Gallego Morell (1951). Este estudioso abre su artículo planteando los antecedentes del problema textual, reconoce que los recelos frente a *P* han provocado que los editores modernos prefieran publicar el texto de *H*, pero subraya que, a su juicio, muchas de las mejores composiciones se encontrarían en la edición de 1619, por lo que esta decisión impide conocer completamente al poeta Herrera (Gallego Morell, 1951, p. 133). A continuación, realiza un análisis de la utilización de *largo* y *luengo* en las ediciones de 1582 y 1619 (complementado con la aparición de estos términos en obras prosísticas de Herrera, como el *Tomás Moro*), que le lleva a concluir que «resulta inaceptable la tesis de los borradores primitivos como únicos manejados por Pacheco» (Gallego Morell, 1951, p. 138), pues si bien *luengo* solo aparece en la edición poética de 1619, también se encuentra en tres ocasiones en el *Tomás Moro*, de 1592. Esto indicaría que, lejos de ser una expresión utilizada por Herrera en sus primeros borradores y descartada en 1582, el último Herrera emplearía *luengo*.[145]

José Manuel Blecua ya había realizado en el prólogo de *Rimas Inéditas* sus primeras valoraciones sobre los textos de 1619:

> [L]a edición no es fiel, según demostró A. Coster [...]. En la edición de 1619 se notan curiosos cambios [...]. Ni siquiera debió de tener a mano la edición del mismo Herrera [...]. El gran Quevedo estuvo muy acertado al juzgar la labor del suegro de Velázquez [...]. El mismo Rioja, que debió de ayudar a Pacheco, viene a confesar que la edición no era completa (Herrera, 1948b, p. 11).[146]

---

[145] Pueden encontrarse también tres ejemplos de *luengo* y sus derivados en las *Anotaciones*, como señala Inoria Pepe Sarno (1982), cuya postura se expondrá en el punto 1.2.4. Véase también el análisis de corpus y computacional del empleo de *luengo* y sus derivados en mi estudio (Hernández-Lorenzo, 2021).

[146] Blecua se refiere a estas palabras de Rioja: «i estos versos, de los muchos que hizo, à podido librar, con increible trabajo i diligencia, Francisco Pacheco» (Herrera, 1975, p. 16 t. II).

Tres años más tarde del trabajo de Gallego Morell, publica «Los textos poéticos de Fernando de Herrera» (Blecua, 1954). En este trabajo reclama la importancia de *H* como único texto definitivo y defiende que *P*, aunque auténtico, estaría constituido por manuscritos anteriores a *H*. A continuación, intenta demostrarlo con un análisis de variantes entre las dos ediciones, que le lleva a concluir que *H* es la versión definitiva y, en consecuencia, el testimonio más válido. Reconoce, además, que, para poder realizar la edición crítica definitiva de Herrera, es necesario resolver el problema textual.

En el mismo año aparece uno de los artículos decisivos de la polémica, «Per il testo di Fernando de Herrera» de Salvatore Battaglia (Battaglia, 1954). Este trabajo, la única contribución del estudioso italiano al debate sobre los textos herrerianos, supuso un punto de inflexión en la discusión sobre la cronología de estos. Battaglia introduce esta cuestión, pero poniendo énfasis en un punto no considerado anteriormente por la crítica, lo que él llama «la ricerca stilistica» de Herrera (Battaglia, 1954, p. 51). De esta forma el perfeccionismo de Herrera y su obsesión por corregir continuamente sus textos aparecen bajo una nueva luz, la de un poeta en busca de esos versos de «consumada perfecion», en palabras de Duarte.[147]

Para Battaglia, las valoraciones de Coster, a las que califica de «prejuiciosas», han afectado negativamente a las posteriores investigaciones del estilo de Herrera y a la valoración de la edición póstuma (Battaglia, 1954, pp. 54-56).[148] El estudioso italiano señala un hecho crucial, que Pacheco conoció *H*, pues menciona la edición en su *Libro de retratos* (Battaglia, 1954, p. 57) y aboga por la necesidad de tomar en consideración la edición de 1619 para entender la evolución formal y estilística[149] (fruto de la «ricerca stilistica») de Herrera, a

---

147 En este sentido, puede encontrarse un paralelismo entre Herrera y otro poeta sevillano que escribe tres siglos después, Gustavo Adolfo Bécquer (1836-1870). Aunque no hay constancia de que Bécquer corrigiese sus textos llegando al extremo de Herrera, su «pasión de explorar» —en palabras de Robert Pageard (1995)— en el terreno de lo literario y lo lírico puede compararse a la «ricerca stilistica» de Herrera.

148 Battaglia arremete también contra Vicente García de Diego en nota a pie de página, quien considera que ha hecho «il danno maggiore all'edizione Pacheco» (Battaglia, 1954, p. 54).

149 Para Battaglia, esta «evoluzione stilistica [...] non ha avuto altra ambizione che di epurare e trasfigurare il proprio linguaggio» pues Fernando de Herrera «intese creare per sé e per la cultura lirica della sua nazione un linguaggio nuovo, non più provinciale ma europeo,

través de la etapa representada por esta edición, así como para poder trazar y reconstruir esta evolución en su totalidad:

> Negando attendibilità all'edizione del 1619, lo studioso di Herrera doveva rinunziare a individuare l'evoluzione formale di questo esemplare canzoniere e si proibiva di riconstruire una delle esperienze stilistiche più rare, qual è quella del «divino»; che fu, e volle esssere, prima di tutto, maestro di stile. La storia dell'Herrera è tutta compressa in questa lenta, difficoltosa e costante maturazione stilistica (vocabolario, sintassi, versificazione) che proprio la stampa postuma del 1619 ci documenta con così abbondante ricchezza (Battaglia, 1954, pp. 55-56).

Seguidamente, defiende que *P* no recogería manuscritos primitivos, al contrario de lo que venía sosteniendo buena parte de la crítica, especialmente Coster o José Manuel Blecua, sino que se trataría del estadio final de la evolución estilística de Herrera. Para demostrarlo, presenta un análisis estilístico de variantes de los poemas comunes a *B*, *H* y *P*, que le lleva a la conclusión de que el orden cronológico es B → H → P, pues concuerdan las dos más próximas frente a la otra (B+H / P) y no concuerdan los extremos (B+P / H). Por otra parte, las composiciones descartadas por Herrera en *H*, pero que pasan de *B* a *P* han sido sometidas, según Battaglia, a una «energica revisione» (Battaglia, 1954, p. 71). También de su análisis estilístico de las variantes, Battaglia concluye que el texto de *P* ha mejorado siempre respecto de *H* y, por tanto, teniendo esto en cuenta junto a todo lo anterior, «[c]ontinuare a preferire, in queste condizioni, il testo di H a svantaggio di P, sembrerebbe efetto di una strana allucinazione» (Battaglia, 1954, p. 81). Cierra Battaglia su artículo insistiendo en la importancia de la edición de 1619 para entender la poesía herreriana y su evolución estilística.

En 1955, Oreste Macrí publica algunos sonetos de Fernando de Herrera traducidos al italiano usando como texto base el de la edición póstuma, de forma que recurre únicamente a *H* o *B* cuando el poema no se encuentra en *P* (Macrí, 1955b).[150] En el mismo año, el profesor florentino publica otro

---

capace di affrancare la poesia spagnola dalla prosastica e arcaica espressione medievale per arrivarla verso gli ariosi orizzonti del Rinascimento» (Battaglia, 1954, p. 74).

150 Macrí acompaña esta edición de una nota final en la que realiza un repaso de las fuentes herrerianas (principalmente, Garcilaso, los autores de la Antigüedad Clásica, y autores italianos renacentistas) y un recorrido por la vida y etapas de escritura poética de Herrera, así como de sus obras perdidas. Se detiene, además, en la influencia de Herrera en poetas posteriores, los elogios que le dedican otros escritores de la talla de Cervantes o Lope de Vega, y de su importancia tanto para autores barrocos como

trabajo (Macrí, 1955a) con un resumen de la polémica hasta el momento y un análisis del léxico herreriano y su evolución hacia *P* organizado por campos semánticos.[151] Con este pretende aportar nuevos argumentos para apoyar la existencia de una evolución de estilo del mismo autor en los textos de Herrera, ya apuntada por Battaglia en el estudio mencionado previamente.

En 1957 ven la luz dos artículos de A. David Kossoff, «Algo más sobre *largo-luengo* en Herrera» (Kossoff, 1957a) y «Algunas variantes de versos de Herrera» (Kossoff, 1957b). En el primero, el profesor americano hace algunas aportaciones con respecto al análisis de *largo* y *luengo* en el trabajo de Gallego Morell. Es cierto, como indica Gallego Morell, que *luengo* no aparece en 1582, y sí es muy frecuente en 1619, pero Kossoff apunta que *largo* no es exclusivo de *H*, pues cuenta cuatro casos en *P*. Por otra parte, apunta a otro doblete de términos con uso similar, el caso de *esplendor* y *resplandor*.[152] Kossoff defiende la tesis de Coster y Blecua, arremete contra las conclusiones de Gallego Morell, que, a su juicio, no prueban nada, y no se posiciona con respecto a la cronología, sin defender ni rechazar la propuesta cronológica de Battaglia.

En el segundo artículo, Kossoff analiza algunas variantes de los textos poéticos de Herrera, principalmente poemas coincidentes entre *H* y *P*, *B* y *P*, para intentar establecer su cronología. Al final del estudio, defiende la relación de *B* y *H* frente a *P*.

Al año siguiente, Blecua vuelve a la carga con su artículo «De nuevo sobre los textos poéticos de Herrera» (Blecua, 1958). En este trabajo, el reconocido hispanista acepta la cronología propuesta por Battaglia y defendida por Macrí:

> La publicación de ese manuscrito [*B*] ha permitido a los profesores Battaglia y Macrí establecer sin ningún género de duda que los textos editados por Pacheco son siempre posteriores a los impresos por el mismo Herrera [...]. No hay duda posible: los textos editados por Pacheco son posteriores a 1582 (Blecua, 1958, pp. 387-388).

Góngora, Quevedo o Gracián como para escritores y movimientos artísticos posteriores como Meléndez Valdés, Bécquer o el Modernismo.

151 Este estudio, al igual que otros del profesor Oreste Macrí, se incluyó posteriormente traducido al español en la monografía *Fernando de Herrera* (Macrí, 1972).

152 Véase el análisis de corpus y computacional de estos términos en mi estudio (Hernández-Lorenzo, 2021).

A partir de este momento, la crítica ha aceptado casi de forma unánime que la cronología es la propuesta por Battaglia,[153] y Blecua traslada el problema a la autenticidad de *P*: «¿No pudieron [los textos de 1619] ser retocados por Pacheco, que no era mal poeta, ni mucho menos? Este es el problema» (Blecua, 1958, p. 388). En esta línea, el maestro Blecua centra sus argumentos en expresar sus sospechas con respecto a la edición publicada por Pacheco, que él mismo resume al final en los siguientes puntos:

En primer lugar, en 1582 Herrera, poeta consciente y escrupuloso, hace una selección de su poesía y publica lo que cree más limado y perfecto, y no tenemos constancia documental de que el Divino escribiese o retocase poemas después de 1582.

En segundo, si la edición de Pacheco está hecha a base de cuadernos, papeles sueltos y borradores que escaparon del «naufragio» de sus obras poéticas y reunidos con gran esfuerzo por el pintor, ¿es posible que la división en tres libros sea de Herrera?; *P* no menciona la edición de 1582 y parece no tenerla presente, y el propio Duarte comete un error importante al hablar de la vida de Herrera, calificando las *Anotaciones* como obra de juventud.

En tercero, para Blecua, los textos de *P* muestran una coherencia estilística evidente, aunque los poemas pueden fecharse en diversas fechas, que podría relacionarse con los versos del poema prologal de Pacheco (especialmente con el problemático «en la forma verdadera / qu'imaginè») y con su énfasis desde la portada del libro en que los versos están enmendados.[154]

En cuarto, el presunto prólogo herreriano de *Versos* es «un centón de "periodos sueltos"» (Blecua, 1958, p. 405), demasiado diferente, a juicio de Blecua, del resto de prólogos escritos por Herrera; y la edición presenta defectos, señalados por Coster y Kossoff, entre los que destaca la no inclusión del soneto dedicado al canónigo Pacheco, tío del pintor, o la duplicación de poemas.

En quinto, el estudio de las variantes comunes a *B*, *H* y *P* demuestra que los textos de *P* son posteriores a 1582, pero no la autoría de Herrera.

En sexto, las fechas de casi todos los poemas no van más lejos de 1582, y el temple anímico de los textos de *P* es el mismo que en *H*, de forma que no se

153 A excepción de Ricardo Senabre (1985), cuya postura se analizará unas líneas más abajo.

154 Este énfasis estaría motivado, según Blecua, por el deseo por parte del pintor sevillano de defenderse de las sospechas sobre la autenticidad de la obra que pudieran tener críticos o estudiosos posteriores, como Quevedo.

aprecian los efectos de la muerte de la condesa de Gelves, su amada, en 1580, por lo que Blecua se pregunta si pudo ser Pacheco el autor de las enmiendas.

En séptimo, según Blecua, los textos manuscritos de Herrera descubiertos y publicados después de 1619 se aproximan más a los anteriores a esta fecha que a los de *P*; hay contradicciones estéticas —«el barroquismo que caracteriza a los textos de Pacheco»[155] (Blecua, 1958, p. 391)— y lingüísticas, como, por ejemplo, el uso de cultismos, arcaísmos[156] o de los pronombres *vos* por *os*, pues Herrera no había usado *vos* como objeto directo antes de 1619, y, en cambio, es muy frecuente en *P*.[157]

Por último, en los textos de *P* se suprimen nombres propios —como el nombre de Francisco de Medina, gran amigo de Herrera y prologuista de las *Anotaciones*, en la elegía «La flor de mis primeros años pura»—, algunas estrofas de las canciones y se alteran rimas, todo ello sin razón evidente a juicio de Blecua (Blecua, 1958, pp. 405-406).

Es notable cómo, a lo largo de su artículo, el reconocido hispanista centra su argumentación en sus sospechas sobre la autenticidad de la obra y sobre la existencia de una mano ajena a la de Herrera. Como principal candidato a realizar esta intervención ajena al autor en sus poemas apunta repetidamente a Pacheco (Blecua, 1958, pp. 383, 384, 388, 391, 396, 405, 406, 407), formulando la hipótesis de que el editor realizaría correcciones en los textos de

---

155 Aquí Blecua se deja llevar por sus preferencias estéticas, y unas páginas más adelante declara: «Herrera es un poeta típicamente renacentista» (Blecua, 1958, p. 396).

156 En este sentido, Blecua presenta una lista de veintiocho palabras que solo encuentra en *P* y que a su juicio no encajan en un poeta renacentista como Herrera. La mayoría tienen una frecuencia muy baja en *P*, con la excepción de *arabio* y sus derivados, que alcanzan los cinco casos, y de *cuitoso* y sus derivados, que llegan a los doce. Cabe también destacar que no todas esas palabras son realmente exclusivas de *Versos*, pues se localiza un caso de *apriesa* en *H*, un caso de *afijada* en los poemas sueltos, un caso de *atronados* en la *Relación de la guerra de Cipre*, un caso de *confortados* en los poemas sueltos, tres casos de *arabia* (dos en los poemas sueltos y uno en la *Relación de la guerra de Cipre*), un caso de *arabio* en los poemas sueltos y un caso de *fenisa* en los poemas sueltos.

157 Para Blecua, el uso del pronombre *vos* por *os* en *P* contradice la Historia de la lengua española, pues ningún poeta culto desde finales del siglo XV lo emplea. Sin embargo, el reconocido hispanista comete un error, pues asegura que no hay más de tres casos de *os* en *P*, que quedaría sustituido en todos los demás casos por *vos* (Blecua, 1958, p. 399), y la realidad es que pueden contarse 29 casos de *os* en los textos de 1619, hecho del que ya se dio cuenta Macrí (1959, p. 158).

Herrera para adaptarlos al gusto más barroco del momento de publicación.[158] Concluye Blecua con esta síntesis sobre el problema de autoría y la presunta intervención de Pacheco:

> [...] solo admitiendo la posibilidad de que Pacheco emendase en la «forma verdadera» que imaginó la obra poética de Herrera tienen respuesta las muchas interrogaciones planteadas a lo largo de estas páginas [...]. Su único defecto consistió en que se le fué la mano y restauró a veces con demasiados tintes viejos y nuevos las versiones que le ofrecían los cuadernos, borradores y papeles sueltos remitidos con tanta diligencia (Blecua, 1958, pp. 406-407).

Macrí responde a Blecua al año siguiente, con su artículo «Autenticidad y estructura de la edición póstuma de *Versos* de Herrera» (Macrí, 1959). Al comienzo de este trabajo, el profesor italiano celebra que Blecua haya aceptado la tesis de la cronología textual de Battaglia, si bien han surgido las dudas del maestro barcelonés sobre la autenticidad de los textos de 1619, dudas a las que el erudito florentino se propone responder. Para Macrí, el objetivo fundamental en este problema es el interés de los textos herrerianos para la evolución de la lengua poética en la poesía áurea,[159] esto es,

> buscar un sentido en la evolución interior de los textos herrerianos, que supere la posición italianista y manierista —aunque depurada— de *Algunas Obras*, y averiguar la existencia de un intermediario entre las generaciones postgarcilasianas y las de Góngora y de Quevedo. [...] ¿puede el texto de Pacheco —si es auténtico— satisfacer a una fijación y conclusión de la corriente de cambios y enmiendas e integraciones que se ha observado en las composiciones de segura autenticidad? (Macrí, 1959, p. 3).

---

158 «[...] los textos de Pacheco presentan la mixtura más informe y extraña que conoce la poesía española del siglo XVI, y sólo un editor que en 1619 (en pleno furor culterano) quiere dar un tinte nuevo y viejo a la vez a la poesía, "en la forma verdadera que imaginó", puede atreverse a cambiar sistemáticamente el pronombre *os* en *vos*» (Blecua, 1958, p. 396).

159 Macrí se coloca dentro de lo que él llama la tradición crítica valorativa de Valbuena Prat, Battaglia, Gallego Morell y Vilanova, que, en oposición a la de Quevedo, Coster y Blecua, pretende considerar *P* «como meta del drama textual y del finalismo de la obra poética herreriana hacia lo culterano y conceptista» (Macrí, 1959, p. 3).

A continuación, Macrí rebate extensamente los puntos cuestionados por Blecua en su último artículo. Sus argumentos pueden resumirse en los siguientes:

En primer lugar, frente a lo limado y perfecto de la edición de 1582 y a la falta documental, Macrí considera que el hecho de publicar en *H* una selección de sus mejores poemas, no excluye que Herrera siguiera escribiendo poesía en los 15 años siguientes hasta su muerte. Además, el eminente hispanista italiano sugiere que la preferencia de Blecua por *H*, y por extensión la postura de Quevedo-Coster-Blecua, se debe a criterios estéticos, pues estos estudiosos poseerían «gusto neorrenacentista y antibarroco» (Macrí, 1959, p. 4). Por otra parte, señala que la propia edición de *Versos* ofrece la constancia documental de que Herrera siguió retocando sus poemas, lo cual también respaldan los preliminares de la edición de 1619 y el *Libro de retratos* de Pacheco.

En segundo lugar, en cuanto a los datos editoriales de *P*, Macrí realiza una interpretación diferente del prólogo de Duarte, y concluye que Pacheco le enseñaría a Duarte los papeles originales y le haría cotejar su labor de editor para convencerlo de que escribiera el prólogo. Para el profesor italiano, la intervención de Pacheco como editor consistió en copiar muy cuidadosamente los poemas de los cuadernos y borradores autógrafos de Herrera y en «cumplir lo que faltaba» en estos, que copiaría de los papeles sueltos.[160] En cuanto a la falta de mención de *H* en los textos preliminares de *P*, Macrí responde que *Algunas Obras* sería poco conocida,[161] y en cambio se sabía de Herrera por las *Anotaciones* y el eco de la controversia que estas suscitaron, y por las poesías que circularían manuscritas.[162] Además, en el caso de Duarte, este estaría más interesado en realzar la importancia y novedad de la edición de *Versos* frente al olvido en que estaba sumido el Divino. El supuesto error que detectaba Blecua cuando Duarte califica a las *Anotaciones* como obra de

[160] Macrí resalta la importancia de la existencia de estos papeles sueltos, que para él confirma la existencia de una tradición de lectura previa y de personas que poseían y conocían los poemas correctos y nuevos, por lo que podían controlar la obra editorial de *Versos* (Macrí, 1959, p. 7).

[161] En esto Macrí sigue la opinión de Coster de que esta edición seguramente no fue puesta a la venta (Macrí, 1959, p. 9).

[162] Sin embargo, uno de los sonetos en los que se apoya Macrí para hacer esta afirmación («Esplendores, celajes, rigoroso»), atribuido tradicionalmente a Barahona de Soto, no fue escrito por este autor, ni el objeto de la crítica del poema es la poesía de Herrera, como ha demostrado José Lara Garrido (1981).

juventud se explica, para Macrí, porque en esta época no existe la preocupación de exactitud bibliográfica, especialmente para presentar a un poeta que había caído en el olvido.

En tercer lugar, sobre la coherencia estilística de *P*, el profesor de Florencia recuerda que hay un número importante de poemas provenientes de *B* y *H* que no se corrigieron frente a otros que sí resultaron enmendados. Por otra parte, sobre los polémicos versos prologales de Pacheco, se arguye que el sentido del verbo *imaginar* como 'inventar' es inverosímil en este momento histórico y contrario al ideario poético renacentista. Se añade que en el pensamiento artístico del pintor Pacheco, el sentido de *imaginar* se funda sobre la imitación de la naturaleza y, para probarlo, se citan pasajes del *Arte de la pintura* con este significado.[163] En cuanto a la declaración en el título de la edición, de que los textos han sido «emendados i divididos por el», Macrí defiende que Pacheco encontró las enmiendas y la división en tres libros en

---

163 «[E]l pintor que imita, mira al *original*, y por la obra de arte pasa su *figura* en la *imagen* que hace… la arte del pintor ordenó que se pintasen *imágenes* de las cosas para que en ellas estuviese su *figura* y *semejanza* […]. Es… la idea un concepto o *imagen* de lo que se ha de obrar, y a cuya *imitación* el artífice hace *otra cosa semejante*, mirando como a *dechado la imagen* que tiene en el entendimiento […] la *imitación* se junta a la pintura inseparablemente, y *finge* las cosas *como son en realidad*… la *conformidad* y *correspondencia* de unas cosas con otras […].

La formación de las *imágenes*, o ideas, camina por los pasos que diré: cuanto se ofrece a los ojos envía de sí especies a la vista, que forma *imágenes de los objetos presentes*; lo mesmo hacen los otros sentidos exteriores, si bien no se vale el pintor más que de lo que entra por los ojos: que como no *imita* sino con líneas y colores, no puede *imitar si no lo visible*. Y aunque Plinio dice que pintó Apeles lo que no se puede pintar, relámpagos y rayos, no se pintaron si no *en la forma que son visibles*; el relámpago con luz escasa, el rayo con fuego y humo. A este modo, cuando el artífice pinta la historia o caso que oyó, es *debaxo de aquella forma que se dexa ver*. Es la pintura historia de los ojos, cuyo objeto, mediante la luz, son líneas y colores y, consiguientemente, *lo que no es visible cae fuera de la esfera desta arte*» (Macrí, 1959, pp. 10-11). Por otra parte, el adjetivo 'verdadero' también está relacionado con la imitación artística (especialmente pictórica) en el *Arte de la pintura*: «[E]sta última perfección toca al pintor, y que está la figura necesitada para conseguir la *verdadera imitación* de lo natural […]. [P]ara conseguir verdaderamente la *verdadera imitación* de todas las obras, principalmente de la naturaleza […]. Gentílica opinión jusgar pudiera / tu *copia verdadera*» (Macrí, 1959, pp. 11-12).

los borradores a los que pudo acceder y las copió, tarea para la cual pudo usar como punto de referencia *H* y quizás también los papeles sueltos.[164]

En cuarto lugar, para Macrí, en la Prefación de Herrera se nota «el mismo motivo y tono de modestia y esquivez y deseo de perfección» (Macrí, 1959, p. 14), si bien aparecen algunos motivos nuevos, pero dignos del autor, como el deseo de gloria. En cuanto a los supuestos defectos de la edición, la falta de poemas en *P* con respecto a *H* es comprensible si se tiene en cuenta el carácter antológico de *H*; con todo, *P* es la colección más amplia.[165] Los sonetos duplicados representan para Macrí una prueba del modo exacto y escrupuloso con el que Pacheco copió los autógrafos y señala que en *B* también hay parejas de sonetos duplicados.[166] Frente al caos en la estructura de *Versos* que critica Blecua, el académico florentino cree ver un cierto orden en esta, pues, por ejemplo, *B* se utiliza cada vez menos al pasar del primer al tercer libro de *P*, mientras que sube el número de composiciones de *H*.[167]

En quinto, tras un análisis de las variantes comunes, Macrí concluye que la estructura de *P* solo puede ser obra de Herrera, ya que la procedencia de los poemas parece ser un factor a tener en cuenta y tan solo Herrera tendría presente toda su obra poética para seleccionarla, enmendarla y dividirla en libros.[168]

---

[164] Según Macrí, pudo usar estos dos últimos para insertar en su edición los poemas que no han sido corregidos en *P* (Macrí, 1959, p. 13).

[165] Coster (Herrera, 1908) y Blecua (1958) señalaron también la falta de la égloga venatoria, la cual Macrí explica basándose en el prólogo de Rioja, porque ese poema formaría parte de un corpus distinto de los *Versos* en metro petrarquista (Macrí, 1959, p. 15). Por otra parte, la no inclusión del poema dedicado al canónigo Pacheco, tío del pintor, puede explicarse, según el profesor italiano, por una polémica anticultista en la que también tomó parte Barahona de Soto con un soneto atribuido (Macrí, 1959, p. 16). Esto último, sin embargo, como ya se ha comentado, ha sido desmentido (Lara Garrido, 1981).

[166] Para Macrí, además, sería inverosímil que Pacheco dejara dobles lecciones si fuera él mismo el autor de las variantes (Macrí, 1959, p. 17).

[167] Macrí concluye que «la autenticidad y originalidad trasluce a través de toda la estructura de *Versos*» (Macrí, 1959, p. 17).

[168] Para Macrí, los poemas de *B* que pasaron a *H* fueron corregidos en una medida casi igual a los poemas de *H* que pasaron a *P*, mientras que las composiciones de *B* que pasaron directamente a *P* sufrieron una cantidad doble de enmiendas (Macrí, 1959, p. 21).

En sexto, para Macrí, en el libro tercero de *P* se encontrarían las composiciones posteriores a 1582, actuando como «un espejo del borrador de la última obra poética de Herrera» (Macrí, 1959, p. 23).[169] Además, lejos de carecer de un cambio de temple anímico, Macrí defiende que en los poemas de *P* se aprecia no ya un cambio, sino una evolución hacia el Barroco, y que este barroquismo estaría ya presente en la parte final de *H*.

En séptimo, según Macrí, *P* no se parece al resto de la poesía de Herrera porque no nos han llegado poemas de ese periodo, ya que los poemas manuscritos publicados serían muy anteriores. Asimismo, las contradicciones estéticas y lingüísticas que critica Blecua pueden explicarse, para Macrí, por diversas razones,[170] siendo una de las más importantes la influencia e importancia que ejercería la poesía medieval en el último Herrera.[171] Además, el uso de *vos* por *os* en *P* estaría regido por una serie de razones estilísticas y expresivas, y demostraría «el escrupuloso cuidado con el que Pacheco recogió la obra del

---

[169] Añade Macrí que «Aquí finalmente se encuentra la cumbre del espíritu herreriano evolucionando hacia lo pindárico-barroco, hacia la compenetración y fusión de elementos eróticos, heroicos y patrióticos, el sentido bíblico-estoico de la vida y el tema del desengaño universal anunciando el conceptismo quevedesco» (Macrí, 1959, p. 23).

[170] Por ejemplo, con respecto a los neologismos y arcaísmos que señala Blecua, Macrí muestra cómo Herrera ya había introducido en obras anteriores términos no empleados anteriormente o desusados por arcaicos, y además defiende su uso en las *Anotaciones* y la respuesta a Prete Jacopín. La tipología de palabras (latinismos, italianismos y arcaísmos) encaja, según Macrí, con los criterios teóricos y prácticos con los que Herrera escogía su léxico. Asimismo, el profesor italiano apunta que las poesías manuscritas enmendadas o nuevas cercanas a la redacción de *P* circularían antes de 1619, pues esto explicaría las referencias a esta en el soneto atribuido a Barahona de Soto o el hecho de que Góngora adopte términos de *P*, imitando a Herrera, antes de la publicación de la edición póstuma, y concluye: «De aquí se explica la continuidad y, antes bien, trasfusión de la poesía herreriana y culterana durante los años 1582-1619. No hubieran bastado ni las *Anotaciones* ni la pequeña y casi clandestina antología de 1582. Pacheco no hizo más sino sellar y fijar con un acto editorial una larga y oscura tradición manuscrita» (Macrí, 1959, p. 165).

[171] La hipótesis de Macrí es que se produciría un aislamiento de Herrera en los últimos años de su vida que le haría volver la vista hacia los maestros medievales. De hecho, Macrí señala la existencia de una corriente lingüística arcaizante a la que pertenecían Herrera y algunos de sus amigos (Macrí, 1959, pp. 154-155). En este sentido, el profesor Smith ha planteado que los arcaísmos que encontramos en la poesía de Herrera y su conocimiento e imitación de la literatura medieval podrían deberse a su contacto con Argote de Molina, gran conocedor de esta y apasionado por el español y los textos medievales (C. C. Smith, 1956).

maestro, conservando *vos* (aunque pudiera parecer una torpe antigualla en los tiempos de la edición)» (Macrí, 1959, p. 160).[172]

Por último, las supresiones de nombres propios y dedicatorias tienen justificación,[173] para Macrí, por las particularidades de los poemas, «el carácter selectivo de la colección» (Macrí, 1959, p. 184) y razones personales e íntimas de Herrera.[174] Por su parte, la eliminación del envío de las canciones respondería a un criterio ya presente en *Algunas Obras* y expuesto en las *Anotaciones*, y las rimas alteradas se explican por el estado de los autógrafos primitivos, que Pacheco respetó.

A pesar de estas explicaciones de Macrí y de sus esfuerzos en perfilar y mostrar la evolución estilística herreriana de *B* a *P*, que culminaron en la publicación de su monografía *Fernando de Herrera* (Macrí, 1972), donde se recogieron todos estos trabajos, su postura no ha convencido a los críticos en contra de la autoría o, por lo menos, reticentes a aceptarla. En 1965, Kossoff publica un nuevo artículo (Kossoff, 1965) en el que presenta dos nuevos poemas autógrafos herrerianos,[175] que ya se conocían por *P*, y defiende que las variantes apoyan la hipótesis de la intervención de una mano ajena:

---

172 Macrí realiza un detenido estudio de estas variantes (Macrí, 1959, pp. 158-159), además del uso de *largo* y *luengo*, en el que llega a una conclusión similar (Macrí, 1959, pp. 161-164).

173 También Macrí resalta que era habitual que los poetas áureos variaran, suprimieran o añadieran dedicatorias y argumenta que con más razón lo haría Herrera con tal espacio de años (Macrí, 1959, p. 176).

174 Para el caso de la mención de Francisco de Medina, según Macrí, no se trata de una dedicatoria, sino de un vocativo accidental respecto a un tema mayor, consistente en la lucha personal entre razón y sentimiento. El vocativo sería suprimido para darle más realce al tema, por un lado, y, por otro, Macrí sugiere que podrían haber influido también razones más íntimas, como el aparente abandono de Medina y otros amigos tras la Controversia de las *Anotaciones* (Macrí, 1959, pp. 175-177).

175 Se trata de los poemas «No bastò al fin aquel estrago fiero» y «Despues que Mitradates rindio al hado», extraídos del manuscrito autógrafo de A. Rodríguez-Moñino, folios 630 y 631 respectivamente, y presentes también en el libro III de *P* como soneto LXXI y soneto XXIX. Blecua los edita siguiendo a Kossoff y los numera en su edición como 81 y 82, respectivamente (Herrera, 1975, p. 241, t. I).

> This seemingly slight difference in the text, though it does not prove, strongly suggest that someone else, perhaps not so widely-read a humanist as the poet, changed the spelling to the commonly accepted use (Kossoff, 1965, p. 319).[176]

Y añade más adelante: «Nothing in this newly presented documentary evidence confirms Pacheco's claim on the title page; rather the evidence of this MS suggest the contrary» (Kossoff, 1965, p. 321). Kossoff se detiene también en aspectos ortográficos de los textos (y señala que la del manuscrito es similar a la de *H*, mientras que *P* presenta con ambas diferencias significativas) y en aspectos métricos, donde apunta que *P* cambiaría los endecasílabos de sáficos a comunes. El profesor de la Brown University caracteriza a *P* como «more concrete [...], denser in details, more intense and exalted in expression, and contains more erudite circumlocutions» (Kossoff, 1965, p. 320).

Un año más tarde, Kossoff publica otro trabajo con un nuevo autógrafo de Fernando de Herrera (Kossoff, 1966a), y concluye que lo interesante de este descubrimiento son las diferencias ortográficas que presenta con respecto a *P*, pues para él representa «otro testimonio más que desautoriza la tan discutida autenticidad de esta edición de Pacheco» (Kossoff, 1966a, p. 284).

Pero, sin lugar a dudas, la mayor aportación del hispanista norteamericano para el drama textual, y el estudio del estilo poético herreriano en general, es el *Vocabulario de la obra poética de Herrera* (Kossoff, 1966b), que publica en el mismo año, y sigue siendo hoy una referencia fundamental para conocer el léxico herreriano y su sentido y significado. En la introducción al mismo, Kossoff plantea el problema de las variantes de los textos poéticos herrerianos y dibuja detenidamente su postura. Según esta, deben considerarse como obras canónicas del poeta los textos publicados por él mismo en vida, es decir, *H*, los poemas incluidos en las *Anotaciones* y la canción por la victoria de Lepanto incluida en la *Relación de la Guerra de Cipre* (1572). A estos deben añadirse en segundo lugar, los poemas sueltos, incluyendo el manuscrito *B*, sobre los que Kossoff expresa dudas con respecto a la cronología. En tercer lugar, pone la edición de 1619, de la que comenta que «sólo difícilmente se puede creer enteramente de mano de Herrera» (Kossoff, 1966b, p. VI). Resume las razones de su desconfianza acerca de la plena autenticidad de *P* en varios puntos: primero, considera que de los preliminares se infiere que la procedencia de los textos

---

[176] En este caso, se refiere concretamente a la aparición de Mitridates en *P* frente a Mitradates en el manuscrito autógrafo.

que conforman la edición es dudosa; segundo, la ortografía de *P* muestra, a su juicio, la intervención de una mano normalizadora; tercero, considera que la forma correcta de interpretar los polémicos versos de Pacheco («en la forma verdadera / qu'imaginè») es con el significado actual y no le convencen los ejemplos de Macrí ni el sentido de 'copiar' que el profesor italiano propone; cuarto, señala que hay errores o usos sospechosos en *P*, que, para él, no pueden ser de Herrera; quinto, detecta cambios de ritmo en los poemas, hecho que, a su juicio, sugiere que otro poeta haya intervenido en la composición de las variantes; sexto, cree que el contexto en el que *Versos* se publica, cuando ya se han difundido las *Soledades* y el *Polifemo*, invita a pensar que Pacheco o Rioja sintieran la necesidad de modernizar a Herrera para adaptarlo al gusto de la época y para que tuviera más aceptación entre el público del momento; séptimo, en *P* se hallan cultismos extraños; y octavo y último, hay una mayor densidad de arcaísmos en *P*. A pesar de todas estas razones, Kossoff concluye:

> Con todo, no se puede descartar el texto de Pacheco. Muchas poesías son idénticas, otras muchas muy parecidas, y sabemos que Herrera corregía sus poesías varias veces. Sencillamente, no sabemos hasta qué punto otro u otros han intervenido en la edición póstuma (Kossoff, 1966b, p. VIII).

Por otra parte, Blecua se reafirma en la postura de su último artículo en su edición de la poesía de Herrera (Herrera, 1975). En su introducción (Blecua, 1975), dedicada en una gran parte a la cuestión textual, comienza insistiendo en que los problemas de *P* afectan no solo a la poesía de Fernando de Herrera, sino también a la poesía y a la lengua poética del Siglo de Oro, y hasta a la propia Historia de la lengua española. También hace también referencia a su prolongada discusión con Macrí sobre la autenticidad de *P*: «Mis razones no convencieron al ilustre hispanista; pero las suyas tampoco han hecho rectificar mi posición», e insiste en que

> hace falta mucha fe para aceptar con tanta sencillez que esas enmiendas son del propio Herrera. [...] sí se puede pensar, y demostrar, además, que fue el propio Pacheco quien estructuró [...] esos versos, a no ser que mientan los testimonios de Rioja y Duarte en los prólogos de esta edición (Blecua, 1975, pp. 18, 19, 21).

A continuación, el maestro barcelonés repasa los argumentos de su artículo (1958), los contraargumentos de Macrí (1959) y vuelve a defender su postura. En todo el texto destaca especialmente la insistencia en que sus conclusiones y razones no se deben a criterios estéticos, como le achaca Macrí, sino a datos y problemas existentes en la edición de Pacheco.[177] Otra idea que aparece repetidamente y donde se reafirma en lo expuesto en su último artículo es la de considerar que las variantes se deben a la intervención del pintor. Por ello, este estudioso vuelve a insistir en la portada, la afirmación de que los versos están «emendados i divididos por el en tres libros» y la falta de referencias a *H* en los textos preliminares, para lo que la explicación de Macrí no le convence, pues *Algunas obras* contiene un número muy considerable de poemas y de la que él mismo localizó diez ejemplares. Por tanto, para Blecua sigue siendo incomprensible que no se cite esta edición.

Además, este crítico concede que seguramente entre los cuadernos y borradores que menciona Duarte habría autógrafos de Herrera, pero opina que las afirmaciones de aquel (entre las que se detiene especialmente en «al que con tantas veras à procurado restaurarla») se refieren a restaurar o renovar la obra de Herrera. Además, esto se relaciona con el soneto de Pacheco y el polémico «en la forma verdadera / qu'imaginè». Blecua repasa el contraargumento de Macrí y considera que el texto del *Arte de la pintura* que cita el profesor italiano no apoya el sentido de 'copiar', sino el de 'inventar'.[178]

Otra cuestión problemática son los poemas duplicados que, para Blecua, son otra prueba más de la intervención de Pacheco. Para que se pudiera atribuir a Herrera la estructura de *Versos*,[179] el pintor debería haber encontrado un índice escrito por el poeta de lo que había de incluirse en cada libro o sección, por lo que resulta extraño que haya poemas duplicados, un fallo que, según

[177] «Estos son datos muy reales, que no dependen de mi gusto particular o de pertenecer a una determinada generación, como dice, equivocándose, mi docto amigo Oreste Macrí [...]. Y no porque la postura de Quevedo, Coster y Blecua (ahora también Kossoff) "estribe en un gusto neorenacentista y antibarroco", como asegura con toda seriedad el profesor Oreste Macrí, sino por graves razones que arrojan unos datos muy serios, y que ni Quevedo ni Coster, ni Kossoff han inventado, ni mucho menos yo» (Blecua, 1975, pp. 17, 31). Sin embargo, en algún momento de su argumentación, vuelve a incidir en que «Herrera es un poeta típicamente renacentista» (Blecua, 1975, p. 44).

[178] «[L]o que Pacheco dice ahí es que "el artífice hace otra cosa semejante, mirando como a dechado, la imagen que tiene en el entendimiento", pero no copiando, sino reelaborando, y esa reelaboración se hace con el pensamiento o la imaginación» (Blecua, 1975, p. 26).

[179] Recientemente, Pedro Ruiz Pérez (2021, 2022) ha defendido que esta estructura solo puede ser obra de Herrera, como se verá en el apartado 1.2.4.

el hispanista, cometen los editores, no los autores. Por eso, frente a Macrí, que considera absurdo que Pacheco incluyera poemas duplicados siendo el pintor el autor de las enmiendas, Blecua piensa que estas duplicaciones solo se explican si se considera que Pacheco corrigió poemas de diferentes cuadernos y borradores y que al reunir y ordenar el material no se dio cuenta de que publicaba algunos poemas dos veces.

También repite sus sospechas sobre el prefacio, por sus diferencias con el de *H*. Insiste en que Duarte ignoraba, junto con Rioja y Pacheco, la edición de 1582, y declara que no puede disculparse

> que se amañasen torpemente unos «periodos desatados» y se olvidasen muchos poemas, que debieron circular manuscritos entre «papeles sueltos», puesto que han llegado hasta hoy y el propio Pacheco copió en su *Libro de retratos* y no publicó en los *Versos* (Blecua, 1975, p. 30).

Otra cuestión que sigue resultando problemática para Blecua es la de la cronología, pues, si se atiende a las dataciones seguras de poemas de las que disponemos y se tiene en cuenta que los textos de *P* son inequívocamente posteriores a 1582, solo se puede llegar a dos conclusiones sobre la actividad poética de Herrera entre 1582 y 1597: que, o bien el Divino escribió poemas que se han perdido, o bien se dedicó a pulir y retocar la obra anterior. Para Blecua, la primera es improbable, ya que solo nos ha llegado un poema que se pude fechar con seguridad después de 1582 y los rasgos estilísticos de los poemas que nos han llegado en recopilaciones posteriores a 1582 (como *M* y *D*) no coinciden con los de *P*. Además, rebate la afirmación de Macrí de que los textos de *P* circularían manuscritos, defendiendo, por un lado, que no se ha podido encontrar una copia de poemas corregidos entre 1582 y 1597 y las que han aparecido son de poemas anteriores a 1582, y argumentando, por otro, que el poema atribuido a Barahona de Soto en el que se basa Macrí parece estar más relacionado con la polémica gongorina, que con Herrera.[180] Para Blecua, el hecho de que no hayan llegado copias manuscritas de los poemas de *P* es otra razón más que apoya la tesis de que el barroquismo de la edición se deba a correcciones de

[180] En este sentido, José Lara Garrido defiende en uno de sus trabajos que este poema no es en realidad de Barahona de Soto, y que de ningún modo está referido a la poesía de Herrera, sino que estaría relacionado con las sátiras a la «nueva poesía» y el objeto de la crítica podría ser Francisco de Rioja o el propio Góngora (Lara Garrido, 1981).

Pacheco para acercar el estilo de los poemas al gongorino.[181] Además, Blecua sigue defendiendo que la intervención de una mano ajena se confirma por la uniformidad del «temple de ánimo» a lo largo de todos los poemas, el cual, desde su punto de vista, Macrí confunde con una evolución hacia lo prebarroco y culterano, pero que por el contrario se reafirma por el hecho de que todos los textos corregidos tienen las mismas características internas y externas, sea cual sea su fecha de composición.[182]

Por otra parte, Blecua repite sus sospechas sobre la mezcla de cultismos y arcaísmos, la cual considera muy extraña. Según este estudioso, las declaraciones del propio Herrera en las *Anotaciones* muestran que «Herrera es un poeta típicamente renacentista, capaz de recomendar [...] el uso de voces viejas y nuevas, siempre que se guarde un límite y no se caiga en la afectación» (Blecua, 1975, p. 44). Para Blecua, el listado que provee Macrí de cultismos usados por Herrera en sus obras hasta 1582 no prueba nada porque están diseminados en cientos de páginas, mientras que los de *P* están amontonados a veces en un único poema y en conjunción con arcaísmos. En relación a estos aparece el uso de *os* / *vos*,[183] en el que, desde el punto de vista de Blecua, *P* es

---

181 Blecua insiste en que la posibilidad de que Pacheco corrigiera a Herrera no es descabellada, como le parece a Macrí, pues casos similares han ocurrido desde Quevedo hasta Bécquer (Blecua, 1975, p. 35).

182 Blecua afirma que «sólo una persona ajena, y no el propio autor, pudo enmendar tantos versos, conservando el temple de ánimo y la temporalidad» (Blecua, 1975, p. 38).

183 Un ejemplo de este uso de *vos* puede apreciarse en el siguiente verso del soneto CXXI del libro I de *P*: «tanto vos ónro umilde i vos adoro». Un análisis rápido de los casos de *os* frente a *vos* como complemento directo en *P*, pone de manifiesto que, efectivamente, *vos* es mucho más frecuente, pues constituye más de un 64 % de los casos de ambos, mientras que los casos de *os* representan aproximadamente un 36 %. Muchos de los casos de *vos* como complemento directo pertenecen a poemas exclusivos de *P*, pero también se introduce en poemas corregidos procedentes de *B* y de *H*. Lo más llamativo es que en tres poemas de *Versos*, curiosamente los tres del libro tercero, aparecen ambas formas, separadas a veces por pocos versos: en la elegía V, poema exclusivo de *P*, aparece *vos* en el verso 29 como complemento directo («que possessor vos hizo en lédo estado»), mientras que en los versos 27 («cuando por ella *os* vistes mas perdido») y 30 («d'el bien, qu'en esperança os ofendia») se usa *os*; en la canción IV, poema corregido proveniente de *H*, se usa *vos* en el verso 67 («que si bien vos inflama»), pero *os* en el 72 («la que consigo os alçarà enel Cielo»); por último, en la elegía IX, se utiliza *os* en el verso 108 («i el oro, qu'os enlaza en nudo estrecho») y *vos* en el 156. Aunque se trata de una cuestión compleja, que necesita de un estudio más profundo, esto último nos lleva a plantear la hipótesis de que Herrera las interpretara como dos formas diferentes

incongruente con la Historia de la lengua española. Tampoco en este asunto le convencen las explicaciones de Macrí y arguye que el análisis del profesor florentino sería válido para un poeta de finales del siglo XV, pero no para el caso de Herrera, quien no había usado esa forma anacrónica de *vos* hasta 1582, y, en definitiva, no demuestra que Herrera sea el autor de las correcciones.

También persisten las sospechas del profesor barcelonés sobre la sustitución de *largo* por *luengo*, que, para él, no puede explicarse solamente basándose en que *luengo* aparece en obras de Herrera, sino que debe tenerse en cuenta dentro del corpus poético en el que ocurre, acompañado de arcaísmos y vulgarismos, y, por tanto, se debería a la intervención de Pacheco, que pretende darle un aire viejo y nuevo a la vez a los textos de Herrera. La explicación de Macrí de que Herrera responde con este fenómeno a una corriente arcaizante tampoco le convence, pues dice que esta no se halla documentada en la poesía del siglo XVI. Blecua argumenta también que la mezcla de arcaísmos y cultismos no se da en los poemas publicados por el propio Herrera ni en los manuscritos que nos han llegado,[184] y concluye respondiendo a Macrí:

> Yo no digo que Pacheco ridiculice a Herrera [...]. Lo que pretendo es demostrar que un poeta muy consciente y muy preocupado por su quehacer poético, buen lector de poesía y buen conocedor del español, fuese o no 'periférico', no podía cambiar un verso publicado por él mismo «tanto por vos padesco, tanto os quiero», en «tanto peno por vos, tanto vos quiero», porque era ya retroceder puramente a

---

e intercambiables del mismo pronombre, que elegiría en función de razones que necesitan de un mayor estudio.

[184] Sin embargo, es importante tener en cuenta que las palabras de las listas de Macrí con términos exclusivos de *P* como variantes (catorce) o palabras nuevas (ventiocho, pero no las mismas de Blecua) y que Blecua reproduce para ejemplificar sus argumentos tienen una frecuencia bajísima en los textos de 1619, y solo *eterio* y *deslazar* alcanzan a tener cinco casos cada una en los poemas de *Versos*. Además, algunas de estas palabras sí aparecen en el resto de la obra herreriana, pues se localiza un caso de *crespado* en los poemas sueltos, uno de *avenir* (*aviene*) en el *Tomás Moro*, uno de *Titanio* en *H* (*Titania*) y tres de *deslazar*, uno en *H* (*deslazada*) y dos en los poemas sueltos (*deslazado* y *deslazar*). Es innegable que estas listas de palabras (tanto la de Blecua como las de Macrí) requieren de un estudio más detallado, enmarcándolas en lo que hoy vamos sabiendo sobre el estado de la poesía española en las últimas décadas del XVI. Por nuestra parte, en un estudio anterior, hemos realizado un análisis del léxico de *P* que tiene un uso estadísticamente más significativo dentro del conjunto de la obra poética herreriana y utilizando las metodologías de estudios de corpus (Hernández-Lorenzo, 2021).

los siglos XIV y XV y violentar la lengua normal del Renacimiento hasta un grado intolerable (Blecua, 1975, p. 55).

Para terminar, Blecua destaca las omisiones inexplicables que se producen en algunos poemas, como la supresión de nombres propios o incluso estrofas,[185] además de rimas estropeadas por las correcciones de *P*. Y concluye: «Estos son los datos que se desprenden de los textos de Pacheco, y que un editor objetivo debe tener en cuenta a la hora de plantearse hasta la forma de presentar la obra poética completa de Herrera» (Blecua, 1975, p. 60). Reconoce la labor de Macrí en estudiar el paso de unas variantes a otras en su monografía, pero insiste en que no prueban nada pues «si se parte de la autenticidad o no, los resultados para la historia de la lengua de Herrera y de la poesía de los siglos XVI y XVII son distintos» (Blecua, 1975, p. 60).

1.2.4. 1975-hoy

Posteriormente a la edición de José Manuel Blecua (Herrera, 1975),[186] las dos líneas a favor y en contra de la autoría herreriana han tenido cabida. Por un lado, en los años 80 y 90, se entrevé la posibilidad de avanzar en esta cuestión utilizando la metodología de Battaglia, esto es, el análisis crítico de las variantes entre los diferentes testimonios y textos sueltos y, en ocasiones, desconocidos del Divino.[187] En este sentido, destacan las contribuciones al debate de la profesora italiana Inoria Pepe Sarno (1981, 1982, 1983, 1986a, 1986b, 1990, 1998), quien pretende demostrar con sus estudios la autoría herreriana de las variantes de

[185] Blecua resalta la desaparición en *P* del nombre de Francisco Medina, amigo de Herrera y prologuista de las *Anotaciones*, de la elegía «La flor de mis primeros años pura», y la desaparición de una estrofa de la canción IV. En cuanto a las explicaciones que ofrece Macrí, Blecua considera que otros poemas juveniles y convencionales que pasaron a *P* no sufren omisiones tan personales, y, que el hecho de que en *P* abunden las dedicatorias frente a *H* no es significativo, pues estas dedicatorias estaban ya presentes en *B*.

[186] En una publicación posterior, Blecua (1989) se sirve de la aparición de dos nuevas versiones de los poemas «Formar quiso el artífice dichoso» y «Dulçe y vello despojo de la boca» en el manuscrito de la Biblioteca Bartolomé March y de una nueva versión de la Canción al Sueño en el manuscrito del Palacio Real para rechazar la plena autoría herreriana de *P*, pues, según él, todas las versiones manuscritas se aproximan entre sí, y se apartan de los textos de *P*.

[187] En los últimos años, han salido a la luz algunos nuevos poemas o testimonios herrerianos, entre los que cabe destacar los publicados por José Cebrián (1992), Juan Montero (1987, 2005, 2010, 2011) y Francisco J. Escobar (2007).

P. Por otro, los editores modernos, principalmente Cristóbal Cuevas (Herrera, 1985), María Teresa Ruestes (Herrera, 1986, 2024), Victoriano Roncero (Herrera, 1992) y Begoña López Bueno (Herrera, 2014), se han alineado junto con Blecua, y muchos han decidido excluir *P* de sus ediciones críticas por la problemática que presenta.[188] Y, al margen de todo esto, Ricardo Senabre ha defendido la autenticidad de las variantes de *P*, basándose en que serían anteriores a las versiones de los textos de 1582 y rechazando la tesis cronológica de Battaglia (Senabre, 1985, 1989, 1999). Sin embargo, su postura no ha tenido aceptación entre la crítica ni ha tenido mayor repercusión.[189]

---

[188] Otro editor de la poesía herreriana, Manuel Ángel Vázquez Medel (1983) considera que los textos de *Algunas obras* son los únicos que ofrecen todas las garantías de autenticidad, pero dado que solo conocemos muchas composiciones por *P* y otras fuentes, acude a la edición póstuma cuando no existe versión del poema en *H*. En su reciente y nueva edición crítica, María Teresa Ruestes (2024) adopta una postura similar y, si bien publica fundamentalmente *H*, decide añadir en su edición diez composiciones representativas de su poesía, entre las que incluye cuatro sonetos de la edición de 1619 por reflejar lo que pudo ser la evolución de la lengua poética herreriana.

[189] El estudioso Ricardo Senabre es el único que no ha aceptado la tesis de la cronología de Salvatore Battaglia. En un primer trabajo sobre el drama textual (Senabre, 1985), Senabre introduce como tercera hipótesis una idea que ya había sido introducida por Coster y Blecua, y finalmente descartada, como se ha visto más arriba, la de que los textos de *P* correspondieran a borradores y versiones primitivas de algunos de los poemas de *H*. Para este estudioso, por tanto, el problema no es de autenticidad, pues las variantes serían herrerianas, sino de cronología, y defiende esta hipótesis mediante el análisis de algunas de las variantes de poemas comunes a *H* y *P*: «A la vista de todo esto, parece dudoso que las variantes de *P* se deban a correcciones últimas del poeta, porque es obvio que estropean el texto de *H* [...]. No parece necesario suponer que otra mano haya alterado el texto. Lo que hay es una redacción primitiva, representada por *P*, retocada y pulida para incluirla en la edición de 1582. Pacheco publicó en muchos casos borradores o versiones no depuradas» (Senabre, 1985, pp. 183-184).

Para Senabre, *H* posee una mayor economía expresiva y precisión, mientras que *P* es una versión primitiva de la que se han eliminado imperfecciones e incongruencias. Por tanto, este hispanista no discute la autoría o autenticidad de *P*, pero toma *H* como texto definitivo. En sus siguientes trabajos (Senabre, 1989, 1999), el profesor salmantino insiste sobre la necesidad de tomar también en consideración el carácter experimental de la lírica herreriana en relación con las teorías poéticas renacentistas. Para Senabre, Herrera es «un autor para quien lo poético del texto reside en la *elocutio*, en la novedad de los rasgos formales y lingüísticos, y por ello descubriremos en la obra de Herrera un continuo afán de experimentación» (Senabre, 1999, p. 37). Este estudioso dedica una parte importante de sus trabajos a las innovaciones métricas que realiza Herrera como poeta experimental, que funcionan especialmente en el plano de lo fónico y la

Cristóbal Cuevas se une también a la postura de Blecua (Cuevas, 1985b). Tras realizar un resumen de la cuestión textual, si bien piensa que la preferencia de

---

sonoridad, pues «la poesía, para Herrera, no depende del metro, sino de la sonoridad» (Senabre, 1999, p. 40). En este sentido, vuelve a incidir sobre la superioridad estética de *H* frente a *P*, que, a su juicio, demuestra que *P* está formado por borradores primitivos desechados por Herrera en la edición de 1582, y concluye: «Si consideramos que los textos de *P* son borradores o redacciones anteriores a las de *H*, la conclusión se impone: no es Herrera el poeta renacentista que, poco a poco, va introduciendo en su obra rasgos que prefiguran la estética barroca [...]. Sería difícil hallar un poeta más profundamente impregnado del espíritu renacentista» (Senabre, 1999, p. 46).

Es decir, si bien acepta la autenticidad de *P*, al considerarlos borradores primitivos y calificar *H* como versión definitiva, Senabre le otorga a Herrera el mismo papel dentro de la evolución de la poesía áurea que Coster y Blecua, el de un poeta típicamente renacentista.

A pesar de todo, la postura de Senabre no ha convencido al resto de la crítica, que ha admitido la tesis de Battaglia, y a día de hoy, el profesor salmantino es el único que sigue defendiendo que *P* está constituido por borradores y versiones primitivas. Sin ir más lejos, Bienvenido Morros (1985) critica la subjetividad de la posición de Senabre por basarse únicamente en la supuesta superioridad estética de *H* frente a *P*, y defiende que de un detenido examen de las variantes (así como de las concordancias con los modelos italianos de Herrera) se desprende inequívocamente que el orden es *H-P*. Sí se muestra de acuerdo Bienvenido Morros con Ricardo Senabre en la superioridad estética de *H* frente a *P*, disintiendo con Inoria Pepe Sarno. El interés de este artículo reside, asimismo, en poner el foco de atención sobre la influencia de la poesía italiana en Herrera, sus modelos italianos y cómo estos podrían arrojar nueva luz en la polémica. En este sentido, resalta la importancia que tuvieron en la España del XVI las *Fiori* y las *Rime scelte* de los poetas italianos y cómo en pasajes de *H* se aprecia la huella directa de Pietro Bembo, de cuya poesía Herrera ya muestra conocimiento en las *Anotaciones*. Para Bienvenido Morros, es evidente cómo las variantes de *P* persiguen esconder o matizar la influencia de estos poetas disfrazándola «con otros ligámenes lingüísticos petrarquescos un tanto extraños ahí» (Morros, 1985, p. 150), de forma que la fuente no sea tan fácilmente reconocible. *H* estaría, de este modo, más cercana a sus modelos que *P*. La primera se atiene más a los tópicos de los poetas petrarquistas, mientras que *P* quiso transformarlos. En conclusión, las fuentes italianas serían fundamentales para descubrir «en qué términos llegó a producirse en la obra poética del sevillano el uso de las *Fiori* y *Rime scelte* de los italianos [...], cómo su poesía se hizo las más de las veces al arrimo de la boga que tuvieron aquí las antologías de los petrarquistas, y [...] para hacer hincapié en que la dependencia tan estrecha de algunos versos de *H* para con otros de Bembo, los Tasso o Varchi difícilmente harían pensar en un estema —según propone Ricardo Senabre— *P* → *H*: si el filólogo suele regirse por cierto criterio (absolutamente infalible) de verosimilitud, sin duda, es mucho más razonable concluir [...] que *P* desciende de *H*» (Morros, 1985, p. 153).

Blecua por *H* obedece a motivos estéticos, se muestra a favor de los argumentos del grupo Coster-Blecua, que, a su juicio, son difíciles de refutar. En esta línea, Cuevas cree muy probable que los editores intervinieran en los textos, que serían de muy diversa procedencia y mostrarían diferentes estadios de redacción, pero muestran en la edición una sorprendente coherencia, que delata, para él, la existencia de una mano organizadora. Por tanto, concluye que

> aunque la poesía de P sea herreriana en lo esencial —y pasando por alto el hecho de que contenga poemas desechados por el Divino—, ha sido manipulada, en mayor o menor grado, en cuanto a selección de poemas, ortografía y, seguramente, rasgos estilísticos. [...] la intervención de una mano regularizadora es evidente. La de una mano actualizadora —que explicaría el hecho de que muchos poemas de 1619 *sapiunt Gongoram*— es posible. Hasta qué grado sucede esto, no lo sabemos. Hay que afrontar, sin embargo, el hecho de que por mucho que al crítico sensible le cueste admitirlo, hoy por hoy no podemos utilizar sin resquemores el texto de P para un estudio puramente formal [...] de la poesía de Fernando de Herrera (Cuevas, 1985b, p. 99).

A pesar de sus dudas con respecto a *P*, este crítico publica los poemas de 1619 en su *Poesía castellana original completa* (Herrera, 1985).

En cambio, María Teresa Ruestes solo publica en su edición de *Poesía* de Herrera los poemas sueltos y *Algunas obras* (Herrera, 1986). En su introducción, dedica un apartado a la cuestión de las variantes, en el que parte de la tendencia de Herrera a corregir sus textos poéticos para plantear a continuación los problemas que presentan la edición póstuma y sus textos: «Los poemas que se incorporan a P. plantean numerosas dificultades, puesto que en esta edición se dan variaciones sumamente raras e inexplicables» (Ruestes, 1986, p. XLIV). Señala que, al contrario de lo que declara Pacheco,[190] en *P* faltan poemas de *H*, y subraya muchos de los problemas ya indicados por Blecua.[191] Para esta estudiosa, además, las enmiendas de *P* suponen un cambio de visión en el ámbito de la matización y del simbolismo. Todas estas razones alientan sus sospechas sobre la autenticidad integral de *P*. Por ello, se basa

[190] Pacheco se refiere a *H* en su *Libro de retratos* de la siguiente forma: «un breve tratado de versos, que està contenido en el que yo hize imprimir» (Pacheco, 1886).

[191] Como la supresión de nombres propios y estrofas, la duplicación de poemas, el mayor componente barroco de las enmiendas de *P* tanto en el plano morfológico, como en el sintáctico, además de a nivel estilístico y la contradicción que cree ver entre estas variantes y los preceptos del propio Herrera en las *Anotaciones*.

en la edición de Blecua y decide publicar únicamente algunos poemas de *P* a modo de apéndice

> para que el lector pueda comparar las notables divergencias lexicales, sintácticas y estilísticas entre un poema procedente de los textos manuscritos o publicados por el propio poeta y la versión que nos ofrece la colección de 1619 (Ruestes, 1986, p. LXIII).

Victoriano Roncero excluye definitivamente a *P* de sus *Poesías*, publicando únicamente *H* y «poemas varios» (Herrera, 1992). En el apartado dedicado al drama textual dentro de su introducción, parte de la pérdida de los papeles de Herrera y de cómo Pacheco tuvo que servirse de manuscritos y papeles sueltos de amigos del poeta para pasar seguidamente a las divergencias que muestran las variantes de *P* con respecto a *H* y a plantear la sospecha sobre el grado de intervención de Pacheco en los poemas. Consecuentemente, repasa profusamente los reparos a la autenticidad de la obra que muestran Quevedo, Coster y Blecua, deteniéndose especialmente en los argumentos de este último, que considera definitivos e «incontestables». Y concluye: «Estas convincentes razones han llevado a la mayor parte de los críticos a aceptar la manipulación del texto por una mano distinta a la de nuestro poeta» (Roncero López, 1992, p. 84).

En su muy cuidada edición de poesía de Herrera, Begoña López Bueno decide publicar únicamente *Algunas obras* (Herrera, 2014). En su estudio preliminar, a propósito de la tendencia de Herrera a corregir sus textos se detiene brevemente en el drama textual, cuyas bases expone, y opina que se trata de un problema por el momento «irresoluble», pero de «muy graves consecuencias para el estudio riguroso de la poesía de Herrera en su totalidad» (López Bueno, 2014, pp. 23-24). La posición de esta estudiosa con respecto a la autenticidad de la edición póstuma aparece más extensamente en otro de sus trabajos (López Bueno, 2000), en el que coincide con la opinión anteriormente expuesta de Cristóbal Cuevas. Tras repasar la polémica y las razones de los diferentes críticos, sostiene que los argumentos de los que consideran *H* como único texto auténtico son de tal peso que

> el estudioso que se acerca a la obra poética de Herrera, debe hacerlo con una buena dosis de cautela, no dejándose llevar por preferencias estéticas, sino por criterios de orden filológico y textual. Con arreglo a ellos, *Algunas obras* tiene la certeza de ofrecerse con total aprobación y supervisión del autor. Por contra, la autenticidad de *Versos* es argumentable (López Bueno, 2000, p. 38).

Paralelamente a la publicación de estas ediciones, la profesora Inoria Pepe Sarno publica una serie de estudios en los que intenta demostrar la autoría herreriana de *P* y su evolución hacia una estética barroca a través de un detenido análisis de las variantes. En 1981, realiza un primer análisis filológico de las variantes del poema «Aora que cubrió de blanco velo», común a *B* y *P* (Pepe Sarno, 1981),[192] del que concluye: «niente lascia supporre l'intervento di una mano estranea» (Pepe Sarno, 1981, p. 123).

Seguidamente, la estudiosa italiana publica una serie de artículos, titulados «Se non Herrera, chi?» (Pepe Sarno, 1982, 1983, 1984, 1985, 1986c), en los que analiza las variantes de los poemas comunes a *H* y *P* (inspirada por el análisis de Battaglia de los poemas comunes a *B*, *H* y *P*)[193] y cuyo cometido es expuesto en la introducción de este modo: «mi propongo di esaminare sistematicamente tutte quelle composizioni che passano da H a P e che comunque presentano varianti, qualunque sia il loro numero» (Pepe Sarno, 1982, p. 36). Su análisis le lleva a clasificar las variantes herrerianas en dos grupos: variantes *in praesentia* (que funcionan en el eje sintagmático y afectan a la forma de expresión)[194] y variantes *in absentia* (que se mueven en el ámbito paradigmático e influyen en el contenido).

Dentro de las variantes *in praesentia*, señala las modificaciones tendentes a eliminar fonemas iguales en contacto o muy cercanos (que tendría que ver con el rechazo de la cacofonía tal y como aparece expresado en las *Anotaciones*, y

---

192 Para Inoria Pepe Sarno, del análisis filológico de las variantes de este poema se deduce claramente que la versión de *P* es posterior a la de *B*, y se apoya en las *Anotaciones* y en la teoría poética de Herrera para mostrar la evolución en la escritura herreriana que se produce de una versión a la otra: «Il sonetto di P rappresenta certamente, dal punto di vista formale e strutturale, una fase successiva rispetto a B. È un sistema che tende all'esasperazione dei contraste di matrice petrarchesca, che si giova di una più profonda rifflessione sulle possibilità della lingua, di una più spiccata sensibilità per il ritmo del verso, di un più sapiente dosaggio degli elementi fonici. Insomma, si trata di un sistema elaboratissimo nel quale si rispecchia non soltanto l'ideale herreriano della composizione del sonetto, già presente nelle *Anotaciones*, ma anche quell'assiduo lavoro di revisione e di lima che sembra caratterizzare tutta l'attività poetica di Herrera, specialmente nell'ultimo decennio precedente la morte» (Pepe Sarno, 1981, p. 122).

193 En otros trabajos esta estudiosa también señala como referentes en este sentido dentro del campo de los estudios de variantes los trabajos de Contini sobre Petrarca, de Segre sobre Machado y de Macrí sobre el mismo Herrera (Pepe Sarno, 1986a, p. 411).

194 La profesora italiana señala que estas serían más evidentes y, en la mayoría de los casos, tendrían efectos más limitados sobre el resto de la composición.

que se resuelve habitualmente con el desplazamiento o la eliminación de uno o más fonemas), la cuestión de *os / vos*[195] y el aumento de aliteraciones en *P*.[196]

En el grupo de variantes *in absentia* (si bien reconoce la imposibilidad de trazar una línea separadora clara entre las variantes de tipo sintagmático y las de carácter asociativo o paradigmático), incluye las modificaciones que, aunque motivadas por situaciones sintagmáticas, entran en el ámbito de lo paradigmático por la elección que se realiza entre lexemas, como la sustitución de un término para evitar la cercanía de grupos fónicos similares o iguales, o que se reemplace un sintagma por la presencia cercana del mismo o bien de un políptoton; dentro de este grupo introduce también el caso de *largo / luengo*,[197] la eliminación de elementos plenonásticos o superfluos de

---

195 De su análisis de las variantes, la profesora Pepe Sarno concluye que la mayoría de los casos de sustitución de *os* por *vos* tienen como objetivo eliminar el contacto de la vocal inicial de *os* con una *o* precedente, mientras que en otros se pretendería alejar fonemas iguales (*-os os*), o eliminar el contacto *-i os*. Para la estudiosa italiana, este fenómeno subraya la atención que Herrera presta siempre al componente sonoro de su poesía y recuerda cómo en las *Anotaciones* el Divino dedica gran espacio a resaltar las características fónicas y sonoras de la poesía de Garcilaso. Sobre esta cuestión, concluye la estudiosa: «Se poi si considera che l'uso di *vos* [...] ha una lunga tradizione nella letteratura spagnola, non può sorprendere che Herrera, profondo conoscitore della poesia contemporanea e medievale, vi faccia ricorso quando esigenze formali lo impongano, nella assoluta libertà che egli rivendica più volte al poeta» (Pepe Sarno, 1986c, p. 48).

196 Para Inoria Pepe Sarno, «Il tessuto sonoro che in P si affina e si decanta e si arrichisce di nuovi effetti melodici, si propone come frutto, logico e psicologico [...], di acute intuizioni, ma anche di una ricerca approfondita delle potenziali capacità della lingua nel suo aspetto più palese, quello del significante, in grado di creare, prima ancora di articolarsi in sistema di significati, effetti e contenuti già di per sé significativi» (Pepe Sarno, 1986c, p. 49).

197 Para esta cuestión, Inoria Pepe Sarno argumenta que solo las tres ocurrencias de *luengo* que pueden encontrarse en las *Anotaciones* ya avalan suficientemente su utilización en el léxico herreriano, recurre a Macrí para caracterizar *luengo* como un término «de forma y sentido más latinos e italianos donde se precisaba expresar la "dimensión de espacio y tiempo (exterior o interior)"» (Macrí, 1972, p. 212), y concluye, en la misma línea que el profesor de la Universidad de Florencia, que en *P largo* convive con *luengo*, *grande*, *ancho* y otros sinónimos por necesidades expresivas.

la tendencia rítmica o lógica de la frase poética,[198] una serie de recursos relacionados con la mayor participación emotiva del yo narrante en el discurso poético,[199] y el uso de arcaísmos, cultismos y neologismos,[200] que constituyen una absoluta novedad de *P*.

El análisis de todas estas variantes y especialmente la relación que la estudiosa encuentra de estos procedimientos con la teoría poética de Herrera[201] le hacen concluir que el Divino es el autor de las enmiendas y sugiere que quizás algunas de las modificaciones hayan surgido de lecturas públicas de los poemas a amigos en tertulias literarias. Para la hispanista italiana, no cabe duda, las variantes son de mano de Herrera, y se caracterizan por la

198 Estas supresiones vendrían acompañadas de adquisiciones de más envergadura, en primer lugar, a nivel métrico, en el sentido de que las intervenciones evitan rimas demasiado fáciles o repetidas, o bien inciden sobre el ritmo del verso como los cambios de endecasílabo *a minore* a endecasílabo *a maiore* —esta reducción de los endecasílabos *a minore* y aumento de los *a maiore* en *P* fue ya señalado por Macrí con datos concretos (Macrí, 1972, p. 363)—. Estos, según la estudiosa, contribuyen a adecuar el verso a la solemnidad de la materia tratada. Estas se relacionan también con intervenciones a nivel morfosintáctico y semántico, principalmente la aparición de encabalgamientos e hipérbatos: «È questo, comunque un gioco di rimandi, richiami, opposizioni che, dal livello fonico e morfosintattico e metrico, pervadono il livello semantico e viceversa; è un gioco che era presente in H, ma P lo rende più complicato e complesso» (Pepe Sarno, 1986c, pp. 52-53).

199 Para Inoria Pepe Sarno, *P* concede una mayor intimidad al discurso amoroso alrededor de Luz, confiere más vida a la imagen de la mujer, que *H* había creado bella y distante, acentúa el dramatismo de la situación y los estados de ánimo y otorga al paisaje sentimientos del yo narrante. Esto se consigue mediante la utilización de adjetivos con gran poder evocativo o que amplían el espectro de colores y de los atributos de la belleza de la mujer o permiten connotaciones de mayor alcance semántico, y señala, además, la gran importancia de esta categoría morfosintáctica en la poesía herreriana, ya evidente en las *Anotaciones*. Otro recurso relevante con este fin sería la gradación, a través del uso de adjetivos y sustantivos, que profundiza en las situaciones poéticas ya presentes en *H*.

200 Los arcaísmos, como los cultismos y neologismos, responderían, para la hispanista italiana, a exigencias de diverso carácter impuestas por el texto en ocasiones, en el sentido de la defensa del propio Herrera en las *Anotaciones* de absoluta libertad en la elección del vocabulario para representar los pensamientos y sentimientos. Además, también en las *Anotaciones*, Herrera sugiere que «tienen gracia semejante a la novedad, demás de la dinidad que les da l'antigüedad mesma. Porque hacen más venerable y admirable la oración» (Herrera, 2001, p. 586).

201 «Che necessità abbiamo di invocare interventi estranei quando lo stesso Herrera sembra indicarci la via per arrivare a comprendere i meccanismi, più o meno palesi, attraverso i quali modifica la propria opera?» (Pepe Sarno, 1986c, p. 57).

intensificación de tendencias presentes en *H* produciéndose una progresiva intelectualización de rasgos estilísticos a todos los niveles:

> [...] la lunga consuetudine acquisita con la sua poesia, l'analisi minuziosa che ho condotto, gli stretti rapporti interni che ho individuato, la sostanziale conferma che proviene dalle *Anotaciones* mi tolgono ogni dubbio circa la paternità herreriana delle modifiche apportate al testo di H [...]. Sì, Herrera è, secondo me, l'autore delle varianti di P. Perché altri avrebbe dovuto sostituirsi allo stesso poeta, se tutti i procedimenti messi in atto in P sono rintracciabili, sia pure in misura più cauta, in H e trovano giustificazione teorica nelle *Anotaciones*? [...] Insomma, mentre H, in parte, aderisce ancora ai canoni della poesia rinascimentale, P segna un ulteriore avanzamento verso una posizione marcatamente manierista e prebarocca. L'accentuato uso dell'aliterazione, il gioco di richiami fonici e opposizione semantiche, il frequente ricorso alle endiadi in una sovrabbondanza di connotazioni, l'incremento della presenza dell'io poetico e della sugestione del colore o del sentimento, mi sembra portino ad affermare questa progressiva manifestazione manierista della poesia herreriana (Pepe Sarno, 1986c, pp. 57-59).

Esta misma postura ha sido defendida por la profesora italiana tanto en el trabajo presentado en el VIII Congreso de la Asociación Internacional de Hispanistas (Pepe Sarno, 1986a), cuyo objeto de análisis son dos sonetos comunes a *H* y *P* que participan del símil entre la amada y la Aurora;[202] como en el resto de sus trabajos, en los que analiza una canción herreriana presente en *H* y *P* (Pepe Sarno, 1986b),[203] una serie de sonetos épicos-históricos (Pepe

202 Los sonetos «Cual rocïada Aurora en blanco velo» y «D'el fresco seno ya la blanca Aurora». Tras el análisis de las variantes, la autora concluye que «una operación de rigor lógico del discurso poético preside a todas estas modificaciones. Con P estamos en un sistema que somete a revisión todo el caudal lingüístico, fónico, rítmico, semántico y figural de H, para ajustarlo a ese ideal de perfección del soneto que está expresado en las Anotaciones» (Pepe Sarno, 1986a, p. 418).

203 La canción «Cuando con resonante», en la que se centra especialmente en el personaje de don Juan de Austria. En este trabajo vuelve a distinguir las variantes en los dos grupos de *in praesentia* (plano sintagmático) e *in absentia* (plano paradigmático). Dentro del último grupo, es significativo cómo gracias a las variantes el personaje de don Juan, «che già in H presentava caratteristiche positive, viene modificato in P, attraverso una sorta di affabulazione, mediante l'eliminazione di tutte quelle connotazione che, direttamente o indirettamente, potevano appena opacizzarne la gloria» (Pepe Sarno, 1986b, p. 72). La profesora italiana termina este trabajo insistiendo de nuevo en cómo las *Anotaciones* explican muchos de los cambios producidos en el paso a *P*.

Sarno, 1990),[204] y el soneto «Oh soberbia y cruel en tu belleza» (Pepe Sarno, 1998);[205] llegando a la misma conclusión: «estoy convencida de que Herrera, y sólo él, pudo trastornar su propia obra y, contemporáneamente, volver a ajustarla en una trayectoria poética rigurosa hacia la perfección formal» (Pepe Sarno, 1986a, p. 418).

Además de los estudios de la profesora italiana, destacan también los de Juan Montero, en los que la metodología utilizada es fundamentalmente el análisis filológico de las variantes a través de la crítica textual (Montero, 1987, 2005, 2010, 2011, 2022), con algún estudio centrado en otros aspectos de la transmisión textual (Montero, 2021). En un primer artículo de 1987, este estudioso saca a la luz una nueva versión de la canción «Al sueño» y analiza las variantes con las otras tres versiones conocidas hasta el momento (Montero, 1987). Este análisis filológico le lleva a dos conclusiones fundamentales: en primer lugar, que la versión descubierta (*R*) es la primitiva; y, en segundo, que el hecho de que las variantes de *P* estén conectadas de algún modo con las demás versiones juega a favor de la autenticidad herreriana del texto de 1619, si bien no hay datos para fecharlo de forma rigurosa.[206]

---

[204] Los sonetos «Temiendo tu valor, tu ardiente espada» y «Esta desnuda playa, esta llanura». El primero es común a *B*, *H* y *P*, y el segundo común a *H* y *P*. En este trabajo, sin embargo, la estudiosa no pretende llegar a conclusiones sobre el drama textual, sino «sottolineare come nel panorama della letteratura cinquecentesca [...], Fernando de Herrera abbia coltivato una poesia nella quale, sia pure non organicamente, la storia di Spagna e i suoi protagonisti sono tramandati "a la eternidad de la memoria"» (Pepe Sarno, 1990, p. 319).

[205] Este aparece tanto en *B* como en las *Anotaciones*. Se trata de un poema sobre la pérdida de la belleza con el paso del tiempo y el arrepentimiento de la mujer, dentro de la tradición del tópico del *carpe diem* y *collige virgo rosas*. Para Inoria Pepe Sarno, en la versión de las *Anotaciones*, posterior a la de *B*, el mensaje horaciano se diluye en favor de la premonición de la llegada de la muerte, preludiando el Barroco (Pepe Sarno, 1998, p. 402).

[206] Las cuatro versiones de la canción «Al sueño» manejadas en el artículo son la nueva versión, de la Biblioteca del Palacio Real de Madrid (*R*), la de la Bibliothèque de France (*Pa*), la de *B* y la de *P*. El análisis filológico de las variantes muestra que *R* está claramente emparentada con *Pa* y *B*, así como que la cadena cronológica sería *R-Pa-B-P*. Juan Montero señala cómo un factor de importancia en las correcciones en el paso a *P* es la necesidad de hacer más inteligible la alusión mitológica de la identidad de Pasitea, y subraya cómo se produce un proceso coherente de revisión textual desde *R* hasta *P* tanto en el plano métrico, como en el semántico, con la corrección de los versos donde el tema poético aparecía de forma más abstracta y la creación de una

Unos años más tarde, este investigador publica un nuevo estudio (Montero, 2005) en el que analiza dos nuevas versiones de poemas de Herrera y un posible nuevo soneto herreriano,[207] entre los que se encuentra una nueva versión (si bien incompleta) de la canción «Al sueño», reuniendo cinco testimonios del poema,[208] y otra versión del soneto «Por un camino solo, al Sol abierto», que destaca por ser uno de los poemas comunes a *B-H-P*, de los cuales no se había encontrado hasta el momento una cuarta versión. Pese a que el análisis de las variantes de este último texto no arroja ningún dato definitivo para la autoría, se resalta cómo los versos más reelaborados en el paso de *B H* a *P* coinciden con los más revisados en el paso de *L* a *B H*, lo que sugiere que fueron realizados por la misma persona (Montero, 2005, p. 611).[209]

---

gradación temporal en la versión de *P*. Se resalta, además, cómo las variantes de *P* se encuentran encadenadas, lo que muestra inequívocamente que la revisión del poema ha sido acometida globalmente. Se añade también a favor de la autoría herreriana el hecho de que algunas de las variantes de *P* acerquen más el poema a las declaraciones sobre el sueño incluidas en las *Anotaciones*. Tras tomar todos estos datos en consideración, el profesor Juan Montero concluye que «la canción "Al sueño" nos muestra que entre los poemas editados con variantes por Pacheco figuran efectivamente versiones últimas, ejecutadas en algún momento por el propio Herrera» (Montero, 1987, p. 132).

207 Este se encuentra entre los otros dos poemas, que son inequívocamente herrerianos, pues se trata de versiones de otros poemas conocidos, por lo que Juan Montero considera que debe considerarse que los tres pertenecen al mismo autor, en cuyo caso se trataría de otro de los escasos poemas de Herrera que se han transmitido al margen de las tres grandes colecciones del Divino, lo cual refleja para este estudioso el celoso control que Herrera ejercería sobre la transmisión manuscrita de sus textos poéticos.

208 La nueva versión (*L*) hace de la canción «Al sueño» el poema herreriano del que más redacciones se conservan en la actualidad, con un total de cinco. El análisis de las variantes muestra que *L* está claramente emparentado con *R* y *Pa*, por lo que aportaría otro estadio de la redacción primitiva del poema, que sería luego revisada por Herrera en 1578 para la colección de *B* (Montero, 2005, pp. 608-609).

209 El análisis de las variantes muestra que *L* se trata de una versión primitiva, estableciéndose la cadena textual *L-B-H-P*, lo cual lleva a varias conclusiones de interés relacionadas no solo con la cronología de los textos y el proceso de corrección realizado en estos por Herrera, sino también con la difusión de los mismos: «Herrera no quedó muy satisfecho del resultado alcanzado en *L*, como demuestra la intensa revisión que sufrió el poema en su paso a *B H*. [...] *L* representa un estadio textual muy primerizo, y que tiene su origen en una temprana y [...] muy restringida difusión de los poemas herrerianos en fechas que deben de ser bastante anteriores a 1578, año en el que se recopiló la colección *B*» (Montero, 2005, p. 611).

Una nueva versión del poema «No bastò al fin aquel estrago fiero», descubierta en la *Segunda parte del Romancero General* (Valladolid, 1605), es el objeto de estudio del siguiente trabajo de Juan Montero (2010). Este hallazgo supone una importante novedad, pues es el único texto herreriano con interés textual impreso entre 1582 y 1619 (es decir, entre la fecha de publicación de la edición autógrafa, *H*, y la polémica edición póstuma, *P*) que se conoce en la actualidad. Con este se cuentan, además, tres testimonios de este poema que gira en torno a la figura de Dido. Para su análisis textual, establece como hecho sólido, como otros críticos, la tesis cronológica de Battaglia. Montero concluye del análisis de las variantes que, por un lado, se confirma la autenticidad de la versión de *P*, avalada por el *usus scribendi* herreriano y la lógica en el proceso de correcciones, mientras que, por otro, *P* no representaría la redacción final, papel que le corresponde al autógrafo sacado a luz por Kossoff,[210] y apunta: «O sea, que al editar ese poema como lo hizo, Pacheco estaba usando una fuente herreriana, pero que no representaba la voluntad final del autor» (Montero, 2010, p. 262).

En otro trabajo este estudioso analiza las variantes de los sonetos herrerianos «Formar quiso el artífize dichoso» y «Dulçe y bello despojo de la boca» (Montero, 2011), que le sirven para establecer la línea cronológica de las diferentes versiones,[211] aunque no pueden llegarse a conclusiones sobre *P*.[212]

Con motivo del centenario de *Versos*, Juan Montero publicó otro trabajo en el que repasa el estado de la cuestión del drama textual y vuelve a examinar

210 Esta composición, que puede agruparse dentro de la numerosa tradición de textos donde la reina fenicia está en el centro temático, se encuentra en la sección de poesía italianizante *Flor de diversa poesía*, y se conservan tres versiones de la misma: esta que saca a la luz el artículo (recogida por Madrigal en el *Romancero General*, a la que Juan Montero llama *M*), la de *P* y el autógrafo publicado por Kossoff (1965) —a la que Juan Montero se refiere como *A*—. Si bien no es posible fijar la datación de las variantes, el análisis de estas le lleva a concluir que la cadena cronológica es *M-P-A*.

211 Mediante el cotejo de las nuevas versiones con las ya conocidas llega a la conclusión de que, pese a que ambas constituyen redacciones primitivas, el texto de la nueva versión es más fiable que el parisino, pues este último contiene una serie de descuidos e innovaciones quizás debidas a una transmisión memorística del texto (Montero, 2011, p. 78).

212 Además de los artículos citados, este estudioso dedica otro trabajo al poema herreriano «Si de la bella y dulce Lumbre mía», el cual pone en contexto, explica y le realiza una enmienda (Montero, 1991). En otro estudio, realiza una enmienda a una de las canciones herrerianas (Montero, 2007a).

los testimonios textuales de los últimos años (Montero, 2021), que le llevan a determinar que Pacheco no solo conoció y tuvo en cuenta *H* en la preparación de *P*, sino que seguramente también manejó *B* o algún manuscrito similar, además de alguna fuente emparentada con *M* y *D*, y papeles en los que figuraban los poemas que solo conocemos por su versión en *P*. Además, Juan Montero señala la existencia de una carta a Herrera del poeta Baltasar de Escobar remitida desde Roma hacia 1589, en la que este último hace referencia a que Herrera «junta sus rimas para estamparlas», lo cual consistiría un indicio de que Herrera estaba preparando hacia 1590 la recopilación última de su poesía para llevarla a la imprenta.[213] A este testimonio añade que las notas del ejemplar de *H* de Enrique Montero, supuestamente herrerianas según Blecua, ofrecen algunas lecturas que, según Juan Montero, coinciden o se asemejan a las que ofrece *P*.[214]

Por último,[215] en su estudio más reciente (Montero, 2022), examina los testimonios de la *Elegía a la muerte de don Pedro de Zúñiga*.[216] Concluye que

---

[213] Para Montero, «la expresión "que junta sus rimas para estamparlas" no parece convenir tanto a la naturaleza de *Algunas obras* como a la de una recopilación menos selectiva. De hecho, parece que Escobar se refiere más bien a un volumen de *Obras* o *Rimas* en el que Herrera hubiera decidido ofrecer la imagen definitiva última de su actividad como poeta ("privarnos con esto de ver más versos suyos") para dedicarse en adelante a la tarea de historiador» (Montero, 2021, p. 122). Asimismo, este estudioso relaciona esta carta con el soneto de Baltasar de Escobar «Así cantaba en dulce son Herrera», que considera no un poema funesto por la muerte de Herrera, sino un poema preparado para ir en los preliminares de la edición definitiva de su poesía que estaba preparando Herrera (Montero, 2020, p. 334).

[214] Y añade: «si tales notas son de Herrera, como apunta Blecua, tendríamos ahí de puño y letra del *Divino*, los primerísimos indicios de la revisión de algunos versos de H en la dirección que conduce a P. Y eso sería una primera señal de que, a ojos de Herrera, *Algunas obras* constituiría una etapa de su labor poética, pero no la conclusión y cierre de la misma» (Montero, 2021, p. 129).

[215] Recientemente, Isabella Tomassetti ha publicado dos trabajos en los que analiza desde la Filología de autor el poema octosilábico «Ufano muero en mis males», para el que propone una enmienda, y recalca los problemas metodológicos de la edición de 1619 (Tomassetti, 2023; Tomassetti & Marini, 2024).

[216] Se trata de un poema común a B-P: «Luego que me hirió el profundo pecho» (B) - «Luego qu'el pecho me hirio el esquivo» (P). Además, se recogen tres versos en las *Anotaciones*, lo cual indica que en 1579 Herrera ya había comenzado a revisar el poema y permite observar un estado intermedio de redacción entre los dos testimonios que se nos han transmitido de forma íntegra (Montero, 2022).

la versión de *Versos* es inequívocamente de mano herreriana:[217] «creemos que no cabe albergar dudas sobre la plena autoría herreriana de la versión P, ni siquiera en algún detalle controvertido [...] pues también esto se puede explicar y contextualizar en el marco del proceso de reescritura» (Montero, 2022, p. 190). Sin embargo, no puede asegurarse que el testimonio publicado en 1619 corresponda a la voluntad final del autor. Llega a conclusiones similares en sus estudios Pedro Ruiz Pérez (2021, 2022), en los que, a través del análisis de la *dispositio* textual,[218] y tras examinar las declaraciones prologales desde la perspectiva de la materialidad del libro y en el contexto de la imprenta sevillana, defiende que la disposición textual y todo el material de *Versos* sería de procedencia herreriana, si bien incluiría algunos errores y descuidos de Pacheco.[219]

1.2.5. Conclusión provisional

Como ha podido comprobarse de la lectura de este capítulo, la cuestión del drama textual que afecta a los textos poéticos herrerianos, y especialmente, a la polémica edición póstuma, representa un problema arduamente complicado que ha dividido la opinión de la crítica durante siglos y para el que no se cuenta hoy con una solución definitiva.

---

[217] Para Juan Montero, los cambios han redundado, además, en importantes mejoras, «no cabe otra conclusión que catalogar como autoriales las variantes estudiadas. La revisión desvela, en definitiva, una reescritura meticulosa y tenaz, hasta hacer de un poema más bien mediocre un dechado de la maestría alcanzada por el poeta en el manejo de los recursos expresivos, así como de la madurez conceptual con que afrontó la revisión de su obra después de 1582» (Montero, 2022, p. 190).

[218] Sobre esta sostiene: «[...] al menos en su diseño general, *Versos* mantiene y respeta la decisión autorial, por cuanto es reveladora de un complejo y denso sentido poético, tanto más coherente con todo lo que conocemos de Herrera cuanto alejado de las posibilidades de un Pacheco que solo hubiera tenido ante sí un conjunto de "papeles sueltos" y no hubiese contado con algo muy cercano a lo que debió de ser ese cuaderno en el que el poeta había reunido y ordenado sus textos y se hallaba a las puertas de la imprenta» (Ruiz Pérez, 2021, p. 256).

[219] Ruiz Pérez concluye: «que se hace patente que Herrera dejó ultimado para la imprenta un cuaderno ordenado y corregido. De haberse conservado en su integridad, la edición final no hubiera presentado algunos de sus indiscutibles descuidos (composiciones repetidas, versiones desechadas o desechables...), atribuibles a las limitaciones de Pacheco. Con todo ello no es sostenible que el pintor no trabajara sobre una base suficientemente sólida de procedencia herreriana» (Ruiz Pérez, 2022, p. 123).

No obstante, es cierto que ha habido avances de importancia, entre los que destaca el trabajo de Salvatore Battaglia, tras el cual ha sido aceptado por casi la totalidad de la crítica que la cronología textual es $B \rightarrow H \rightarrow P$ (Battaglia, 1954), trasladándose el debate, tras la aceptación de Blecua (1958), definitivamente a la autenticidad de la edición póstuma. Por su parte, Macrí ha reunido una gran cantidad de materiales en su monografía con el intento infructuoso de convencer a Blecua y al resto de la crítica, pero que constituyen una fuente de gran interés para el estudio de la lengua poética herreriana (Macrí, 1972).

Y más recientemente, los estudios lingüísticos y a través de la filología y la crítica textual de las variantes, así como la aparición de testimonios y poemas desconocidos, han aportado datos de sumo interés y permitido avanzar en la cronología y autoría de composiciones concretas. Es especialmente significativo el hallazgo del soneto de Herrera impreso en el *Segundo Romancero general*, único texto poético del Divino impreso entre 1582 y 1619 que nos ha llegado, y que ha permitido saber que *P* no siempre publica el estadio final de los textos de Herrera (Montero, 2010).

A pesar de todo esto, el problema sigue y los editores modernos de la poesía de Herrera, como se ha visto, han seguido y siguen hoy las pautas de Blecua, tomando como modelo su edición de la poesía herreriana (Herrera, 1975), y en muchas ocasiones sin considerar los textos de 1619 por los problemas de autenticidad que plantea la edición (Roncero López, 1992; Ruestes, 1986). Parece claro que no se pueden alcanzar conclusiones definitivas con la metodología utilizada hasta ahora y los propios estudiosos reconocen la necesidad de utilizar un enfoque más amplio que permita trabajar con un corpus mayor de la poesía de Herrera.

2. Digitalización de la obra poética de Herrera y Pacheco

2.1. Digitalización de textos literarios hispánicos[220]

Como indica Xavier Agenjo al comienzo de su artículo sobre bibliotecas virtuales publicado en *Ínsula*, «[l]a digitalización ha pasado de ser un procedimiento de preservación [...] de los fondos bibliográficos a convertirse en una herramienta magnífica para los investigadores» (Agenjo, 2015, p. 13). En la misma línea, Sagrario López Poza y Ángeles Saavedra señalan cómo al comenzar el siglo XXI,

> las bibliotecas digitalizaron masivamente libros antiguos con fines de preservación y a la vez para difundir el patrimonio en Internet (a veces en colaboración con Google) y se produjo un gran impulso cuando la Unión Europea estimuló —y dio importantes subvenciones para ello— la digitalización del patrimonio bibliográfico (López Poza & Saavedra Places, 2014, p. 290).

Entre algunos de estos recursos que ofrecen grandes cantidades de materiales digitalizados en España destacan la Biblioteca Virtual de Patrimonio Bibliográfico,[221] la Biblioteca Virtual de Prensa Histórica[222] o la Biblioteca

---

[220] En este subcapítulo se realiza un repaso o síntesis de la situación actual en la digitalización de textos literarios hispánicos, sin un propósito exhaustivo, y prestando una atención especial a aquellos recursos y proyectos relacionados con la literatura española áurea. Para una panorámica más general de la historia de la digitalización de fuentes primarias, véanse los completos trabajos de Melissa Terras (2011) y Stefano Bazzaco (2020, 2022).

[221] Web: http://bvpb.mcu.es/es/inicio/inicio.do [Consulta: 29/03/2025].

[222] Web: http://prensahistorica.mcu.es/es/inicio/inicio.do [Consulta: 29/03/2025].

Digital Hispánica de la Biblioteca Nacional.[223] Sin embargo, a pesar de los esfuerzos realizados, las digitalizaciones de materiales textuales que ofrecen estas colecciones están pensadas (y preparadas) para la preservación de los documentos y para la consulta por parte de los investigadores sin tener que desplazarse a la biblioteca o archivo donde se encuentra el documento físicamente, pero no para que esos textos puedan ser reutilizados o procesados en una investigación posterior. Esto es así hasta tal punto que, incluso en los casos en los que se ofrece un OCR del documento, este es tan sucio que resulta menos costoso en términos de tiempo transcribir el documento que limpiar y corregir los numerosos errores del texto resultante del reconocimiento de caracteres.[224] Este trabajoso proceso lo explica José Calvo en su artículo sobre la digitalización de textos de la Edad de Plata:

> Encontrar imágenes o PDFs de cada página de un libro digitalizado queda muy lejos de poder aplicar a este contenido técnicas de análisis textual: el investigador debe recolectar y ordenar las diferentes partes (si no lo estaban), aplicar algún programa de reconocimiento de caracteres (si no se ha hecho o si el resultado es deplorable), asegurarse de que el resultado es aceptable, limpiarlo de paratextos innecesarios para el análisis y finalmente convertirlo en texto plano o (si el análisis lo necesita) en XML-TEI. Este es el trabajo que el investigador tiene por delante si comienza su trabajo con digitalizaciones provenientes de la BNE, Internet Archive o Google Books [...] (Calvo Tello, 2017b, p. 78).

Como consecuencia, a pesar de los esfuerzos realizados por entidades públicas y privadas, la situación de la digitalización de textos hispánicos es a día de hoy insuficiente, y resulta sorprendentemente inferior a la existente con textos en otras lenguas europeas. De la gran abundancia de textos digitalizados en formatos adecuados (XML-TEI, texto plano Unicode UTF-8, o, en detrimento de los anteriores, PDF) y accesibles en inglés dan cuenta numerosas iniciativas

223 Web: https://bdh.bne.es/bnesearch/Inicio.do [Consulta: 29/03/2025].

224 Esto ha provocado que muchos investigadores miren con desconfianza estas tecnologías: «los humanistas empezaron a percibir los sistemas de reconocimiento como instrumentos no fiables para la investigación porque proporcionaban transcripciones repletas de errores, lo cual tuvo como consecuencia una neta distinción entre *clean transcription*, es decir, la transcripción manual realizada con métodos tradicionales, y *dirty OCR*, o sea, los textos generados de forma automatizada» (Bazzaco et al., 2022, p. 76). En los últimos años, en cambio, los avances en el entrenamiento de modelos de HTR (*Handwritten Text Recognition*) han abierto otra vía de digitalización masiva con resultados mucho más prometedores (Bazzaco, 2020; Bazzaco et al., 2022).

—sirvan como ejemplos el Proyecto Gutenberg[225] o el Proyecto Perseo[226]— y repositorios que incluso ofrecen ingentes cantidades de textos etiquetados en XML-TEI, como Oxford Text Archive.[227] Otras lenguas como el alemán cuentan también con repositorios de textos XML-TEI de gran envergadura, como TextGrid.[228]

La importancia de la creación de corpus de textos ya fue reivindicada por Elisabeth Burr en el congreso de la EADH en 2018 dentro de su conferencia plenaria «Why Digital Humanities, and How?». En esta denunció cómo la elaboración de corpus digitales ha sido y sigue siendo infravalorada, a pesar de su papel clave para la investigación en Humanidades Digitales.

Efectivamente, para poder llevar a cabo este tipo de investigación, disponer de textos digitalizados de buena calidad resulta fundamental,[229] no solo porque contribuye a su preservación y porque resulte más cómodo y ágil consultarlos a través de la World Wide Web que desplazarse adonde se encuentra el libro físico, sino porque determinadas ramas de las Humanidades Digitales, las llamadas enfoques cuantitativos,[230] entre las que se encuentra la Estilometría, además de otras metodologías como Topic Modelling (Blei et al., 2003) y Word Embeddings (Mikolov et al., 2013), necesitan grandes cantidades de textos. Como explica José Calvo, «la digitalización es una manera de conseguir *big data* con la que aplicar metodologías de *distant reading*» (Calvo Tello, 2017a,

---

225 Web del Proyecto Gutenberg: https://www.gutenberg.org/ [Consulta: 29/03/2025].

226 Web del Proyecto Perseo: http://www.perseus.tufts.edu/hopper/ [Consulta: 29/03/2025]. Otras iniciativas que ofrecen gran cantidad de textos digitalizados y en acceso abierto (Sorli Rojo & Merlo Vega, 2000) son Bartleby (https://www.bartleby.com/index.html [Consulta: 29/03/2025]), Athena (http://athena.unige.ch/athena/ [Consulta: 29/03/2025]) o Bibliomania (http://www.bibliomania.com/ [Consulta: 29/03/2025]).

227 Web del repositorio: https://ota.ox.ac.uk/ [Consulta: 29/03/2025].

228 Web del repositorio: https://textgrid.de/en/ [Consulta: 29/03/2025].

229 La correcta preparación del corpus es también importantísima, pues la calidad de los resultados dependerá en buena medida de esta. En este sentido es muy recomendable el artículo de José Calvo (2019) sobre cómo diseñar corpus textuales para análisis cuantitativos.

230 Para una explicación más detallada de los enfoques cuantitativos en Humanidades Digitales, véanse el clásico capítulo de Hoover (2008) y el más reciente de Jockers y Underwood (2016) en el último *Companion*. Es también muy recomendable el capítulo de Schöch (2017) en la monografía alemana. Para una lectura en español, puede consultarse mi estudio (Hernández-Lorenzo, 2022a, pp. 157-158).

p. 77).[231] Además, este investigador resaltó en su charla «Edición digital para estudios literarios cuantitativos. Ejemplos y necesidades» —pronunciada durante las jornadas *La edición digital de textos: estado actual y perspectivas*, celebradas en la Biblioteca Nacional de España en diciembre de 2017— cómo las tecnologías punteras que se están desarrollando en la actualidad, como el *Deep Learning* o Aprendizaje profundo (Chollet, 2018), cada vez demandan más textos (Calvo Tello, 2017a). Este investigador también considera que la falta de textos digitales en español está teniendo un gran impacto en la investigación, ya que, por un lado, muchos de estos proyectos punteros terminan por trabajar con textos en inglés o en alemán porque no disponen de suficientes textos en nuestra lengua, y, por otro lado, la escasez de textos está suponiendo un lastre para la investigación en Humanidades Digitales en el ámbito hispánico. Ciertamente, esta escasez de textos es una de las causas de que actualmente contemos con menos estudios que aplican la Estilometría a textos hispánicos que a otras tradiciones literarias, y nuestros trabajos resultan, por lo general, de menos envergadura que los de nuestros colegas ingleses y alemanes, que aplican estas técnicas sobre cientos e incluso miles de textos.

En cuanto a los recursos que ofrecen colecciones de textos digitalizados en español, el caso más conocido y de mayor importancia es la Biblioteca Virtual Miguel de Cervantes (Bia & Pedreño, 2001).[232] Considerada la mayor colección en Internet de textos en español, se trata de un referente básico para el acceso digital a la cultura española. Sin embargo, adolece de dos problemas de importancia: el primero es que, a pesar de tener una gran cantidad de textos etiquetados en XML-TEI, estos no se encuentran accesibles a los investigadores, que han de contentarse con el HTML que se ofrece en la web, y que, al dividir el texto, dificulta su descarga. El segundo es que, en el proceso de construcción de esta biblioteca, se privilegió la cantidad sobre la calidad y algunos de los textos que ofrece no son rigurosos o de confianza. Esto último lo ha demostrado José Manuel Fradejas con su estudio sobre

---

[231] En otro de sus trabajos, este investigador puntualiza: «Aunque las Humanidades (Digitales o no) difícilmente pueden trabajar con cantidades de datos que otras áreas considerarían big data [...], la cantidad de datos disponibles o deseados se ha multiplicado» (Calvo Tello, 2019, p. 116). Y añade que para aquellas épocas o géneros literarios de las que no se cuenten con suficiente material textual, será muy complicado aplicar estas tecnologías.

[232] Web: http://www.cervantesvirtual.com/ [Consulta: 29/03/2025].

un texto de cetrería digitalizado por la Cervantes, que resulta ser inequívocamente de una fuente distinta a la que cita la Biblioteca (Fradejas Rueda, 2016b). A pesar de estos problemas, la escasez de textos obliga a menudo al investigador a recurrir a esta biblioteca virtual.

Otros proyectos que ofrecen textos codificados en (X)HTML son Wikisource o ePubLibre.[233] El primero es un repositorio multilingüe emparentado con Wikipedia, que almacena textos en diferentes lenguas, entre ellas el español. El segundo es descrito por José Calvo como un «proyecto de publicación de libros electrónicos que hasta la fecha ha publicado unos 26.000 eBooks, principalmente en español» (Calvo Tello, 2017a, p. 80). También apunta que «[l]a información sobre personas e instituciones responsables es escasa en su página web, probablemente debido a los posibles problemas legales por infracción de propiedad intelectual» (Calvo Tello, 2017a, pp. 80-81).

Puede distinguirse otro grupo, señalado por José Calvo Tello (2017a; 2019; 2021), y que estaría compuesto por proyectos que han codificado y publicado textos literarios de un género, época o autor concreto, o en una cantidad reducida. En este grupo pueden incluirse Teatro español del Siglo de Oro (Simón Palmer, 1997),[234] la colección Clásicos Hispánicos (Jauralde Pou, 2012),[235] la Biblioteca Digital Artelope (Oleza Simó, 2013),[236] IMPACT-es Diachronic Corpus (Sánchez-Martínez et al., 2013),[237] Moralische Wochenschriften (Semlak, 2014),[238] el corpus Lazarillo (De la Rosa, 2016),[239] el corpus ADSO o Corpus of Spanish-Golden Age Sonnets (Navarro-Colorado et al., 2016),[240] el corpus DISCO o Diachronic Spanish Sonnet Corpus (Ruiz Fabo et al., 2017;

233 Web de Wikisource: https://es.wikisource.org/wiki/Portada [Consulta: 29/03/2025].

234 Web de Teatro español del Siglo de Oro: http://teso.chadwyck.com/ [Consulta: 25/09/2019]. Actualmente solo puede accederse a través de la plataforma ProQuest.

235 Web: http://www.clasicoshispanicos.com/ [Consulta: 29/03/2025].

236 Web de Artelope: https://artelope.uv.es/ [Consulta: 29/03/2025].

237 Web de IMPACT-es Diachronic Corpus: https://www.digitisation.eu/knowledge/language-resources/impact-es-2/ [Consulta: 29/03/2025].

238 Web de Moralische Wochenschriften: http://gams.uni-graz.at/archive/objects/container:mws-es/methods/sdef:Context/get?locale=de&mode=&context=es. [Consulta: 29/03/2025].

239 Forma parte de la tesis doctoral de este investigador, accesible en el siguiente repositorio: https://ir.lib.uwo.ca/etd/3406/ [Consulta: 29/03/2025].

240 Web: https://github.com/bncolorado/CorpusSonetosSiglodeOro [Consulta: 29/03/2025].

Ruiz Fabo et al., 2021),[241] el corpus de fábulas mitológicas del Siglo de Oro (Rojas Castro, 2017),[242] el corpus BETTE o Biblioteca Electrónica Textual del Teatro Español (Santa María Fernández et al., 2017),[243] los corpus de novelas del XIX-XX de CLiGS Textbox[244] (Schöch et al., 2019) y CoNNSA (Calvo Tello, 2021).[245] Puede añadirse la obra de Góngora publicada por el proyecto Todo Góngora[246] (Micó, 2015) y por el grupo Polemos del OBVIL (Blanco, 2017),[247] el corpus alfonsí del proyecto 7Partidas Digital (Fradejas Rueda, 2022a),[248] y los más recientes corpus multilingües DraCor[249] (Fischer et al., 2019) y ELTeC (Schöch et al., 2021).[250]

Sin embargo, no todos estos proyectos ofrecen los textos de forma abierta y gratuita. Teatro español del Siglo de Oro exige una suscripción o comprar los libros electrónicos. El investigador interesado en el teatro del Siglo de Oro puede, en cambio, acceder de forma gratuita[251] a los textos del Canon

---

241 Web: https://github.com/pruizf/disco/tree/v5.0 [Consulta: 29/03/2025]. Véase también el repositorio permanente de este corpus en Zenodo a través del siguiente DOI: 10.5281/zenodo.7675512. Este corpus cuenta, además, con una interfaz gráfica de análisis a través de la plataforma DISCOver: https://prf1.org/disco/ [Consulta: 29/03/2025].

242 Web: https://github.com/arojascastro/fabulasmitologicas [Consulta: 29/03/2025].

243 Web: https://github.com/HDAUNIR/BETTE/tree/1.00 [Consulta: 29/03/2025]. Véase también el repositorio permanente de este corpus en Zenodo a través del siguiente DOI: 10.5281/zenodo.1010140.

244 Web: https://github.com/cligs/textbox [Consulta: 29/03/2025].

245 Accesible en: https://github.com/cligs/conssa [Consulta: 29/03/2025].

246 Web: https://arxiu-web.upf.edu/todogongora/index.html [Consulta: 29/03/2025].

247 Web: https://obvil.sorbonne-universite.fr/corpus/gongora/ [Consulta: 29/03/2025]. También publicado en Github: https://github.com/gongoradigital [Consulta: 29/03/2025].

248 Web del proyecto: https://7partidas.hypotheses.org/ [Consulta: 29/03/2025]. Los textos están codificados en XML-TEI y publicados en GitHub y Zenodo: https://zenodo.org/record/1299569 [Consulta: 29/03/2025].

249 Web de DraCor: https://dracor.org/ [Consulta: 29/03/2025].

250 Web de ELTec: https://www.distant-reading.net/eltec/ [Consulta: 29/03/2025].

251 Existe un corpus mayor de teatro del Siglo de Oro, desarrollado por Álvaro Cuéllar y Germán Vega-Luengos, pero los textos no se encuentran accesibles, sino que únicamente permiten realizar determinadas consultas dentro del mismo: https://etso.es/texoro [Consulta: 29/03/2025].

60[252] (Oleza Simó, 2014) o del Golden Age Spanish Plays Corpus (Hernández-Lorenzo & Byszuk, 2023).[253]

Con respecto a los corpus que ofrecen el acceso gratuito a los textos, destaca IMPACT-es Diachronic Corpus (Sánchez-Martínez, 2013), un conjunto de corpus producido conjuntamente por la Universidad de Alicante y la Biblioteca Virtual Miguel de Cervantes. Incluye un corpus de obras de diversos autores preparado por la Universidad de Alicante y etiquetados parcialmente en XML-TEI,[254] y un corpus de la Biblioteca Virtual Miguel de Cervantes y la Universidad de Alicante con textos en XML-TEI y etiquetados parcialmente morfosintácticamente.[255]

Tanto Moralische Wochenschriften (Semlak, 2014) como el corpus de CLiGS Textbox (Schöch et al., 2014), el proyecto DraCor (Fischer et al., 2019)

---

252 Web: https://www.cervantesvirtual.com/obra/canon-60-la-coleccion-esencial-del-tc12-teatro-clasico-espanol/ [Consulta: 29/03/2025].

253 Web: https://github.com/JoannaBy/La-Segunda-Celestina/tree/master [Consulta: 29/03/2025]. Véase también el repositorio permanente de este corpus en Zenodo a través del siguiente DOI: 10.5281/zenodo.5879010.

254 Este incluye autores como Garcilaso, Boscán, Calderón, Quevedo, San Juan de la Cruz, Lope de Vega, Santa Teresa o Sor Juana, y obras como el *Guzmán de Alfarache*, el *Lazarillo*, el *Polifemo*, el *Quijote*, el *Libro de la invencion liberal y arte del juego del Axedrez* de Ruy López de Sigura, las *Obervaciones astronomicas y phisicas hechas de orden de S.M. en los Reynos del Peru* de Jorge Juan y el diccionario de la RAE de 1726.

255 Este incluye el *Oráculo manual y arte de la prudencia* de Baltasar Gracián, *La lozana andaluza*, *La Celestina*, *Las mocedades del Cid*, la obra completa de Juan Boscán, el *Laberinto de Fortuna*, el *Dialogo de la dignidad del hombre* de Fernán Pérez de Oliva, *La serrana de la Vera* de Luis Vélez de Guevara, la Segunda Celestina de Feliciano de Silva, numerosas obras de Juan Ruiz de Alarcón y Mendoza (*La industria y la suerte*, *Mudarse por mejorarse*, *Todo es ventura*, *Los empeños de un engaño*, *La cueva de Salamanca*…), poesías de Francisco de la Torre, el *Dialogo de mujeres* de Cristóbal de Castillejo, varias obras de Juan Cortés de Tolosa (*La comadre*, *El nacimiento de la verdad*, *El desgraciado*, *Novela de un miserable llamado Gonzalo*), la *Tragedia de la honra de Dido restaurada* de Gabriel Lobo Lasso de la Vega, las *Obras morales y de devoción* de Cristóbal de Castillejo, numerosas obras de Cervantes (*Persiles y Sigismunda*, *Viaje del Parnaso*, la *Galatea*, el *Quijote*, *Ocho comedias y ocho entremeses nuevos*, la *Comedia famosa del gallardo español*, la *Comedia famosa de los baños de Argel*, la *Comedia famosa intitvlada el rvfian Dichoso*, las *Novelas exemplares*…), varias obras de Diego Sánchez de Badajoz (la *Farsa racional del libre alvedrío*, la *Farsa de Abraham* y la *Farsa de la muerte*), un buen puñado de églogas de Juan del Encina (*Égloga representada en la noche postrera de Carnal*, *Égloga de Mingo, Gil y Pascuala*, *Égloga de las grandes lluvias*, *Égloga de Plácida y Victoriano*, *Égloga de Cristino y Febea*) o la *Comedia del Príncipe Ynocente* de Lope de Vega, entre otros.

y el corpus europeo ELTeC (Schöch et al., 2021) son corpus multilingües, que ofrecen textos de un mismo género y época, pero en diferentes idiomas. El primero es un proyecto de la Universidad de Graz (Austria) que recoge textos en inglés, alemán, francés, español, italiano y portugués del género periodístico de los *Spectateurs* en (X)HTML y XML-TEI. El segundo recoge textos narrativos franceses, italianos, españoles e hispanoamericanos del XIX-XX, que se ofrecen en el repositorio de GitHub de este grupo de investigación tanto en texto plano como codificados en XML-TEI.[256] El tercero, *Drama Corpora Project* (DraCor), ofrece corpus teatrales de diferentes tradiciones literarias europeas y preparados por distintos grupos de investigación en distintos formatos (entre ellos, XML-TEI), contando actualmente con un corpus de obras calderonianas (Calderón Drama Corpus), además de incluir el corpus BETTE, ya mencionado.[257] El cuarto, *European Literary Text Collection* (ELTeC), es uno de los resultados de la COST Action «Distant Reading for European Literary History» (CA16204) y contiene diez corpus etiquetados en XML-TEI de novelas del XIX en diez lenguas europeas, entre ellas el español.

En cuanto a corpus centrados en poesía del Siglo de Oro, son especialmente destacables los corpus ADSO y DISCO, que recogen en total más de 4000 sonetos áureos en XML-TEI. Ambos publican sus textos y código en la plataforma GitHub.

Además de estos recursos, algunas bibliotecas virtuales, como PHEBO, ofrecen textos disponibles en abierto, pero en formato PDF.[258]

---

[256] GitHub (https://github.com/) es un repositorio que se ha hecho muy popular entre los investigadores y grupos de investigación en Humanidades Digitales para compartir corpus, códigos y diversos materiales. Su uso se ha potenciado en los últimos años gracias a la integración de GitHub con Zenodo (https://zenodo.org/). Este último es un proyecto europeo apoyado por el CERN (*Conseil Européen pour la Recherche Nucléaire*) para que los datos de investigación de archiven de forma abierta y a largo plazo. Esta integración permite que los datos incluidos obtengan identificadores permanentes (DOI).

[257] Este ha sido preparado por investigadores de la Universidad de Tübingen y de la Universidad de Viena y puede accederse directamente en este enlace: https://dracor.org/cal [Consulta: 29/03/2025].

[258] El proyecto SILEM también ha codificado distintas colecciones textuales, entre ellas la biblioteca digital de polémicas, en lenguaje XML-TEI (http://www.uco.es/servicios/ucopress/silem/index.php/bibliotecas [consulta: 29/03/2025]), pero no permite la descarga de los textos en este formato, sino que la información codificada puede filtrarse a través del metabuscador de la Red Aracne, a la que pertenece el proyecto: https://www.

A la vista del estado actual de la digitalización de textos literarios hispánicos, coincido con José Calvo (2017a, pp. 78, 91) en que la comunidad investigadora en Humanidades Digitales hispánicas se beneficiaría enormemente de la existencia de un repositorio generalista que dé acceso a textos literarios en formatos adecuados, es decir, texto plano Unicode UTF-8 e, idealmente, XML-TEI. De este modo, sería mucho más sencillo acceder a los corpus ya disponibles y se fomentaría que los datos se compartieran de forma abierta, lo que resulta fundamental para el progreso de la investigación. Hasta entonces, como insiste este humanista digital, los investigadores que trabajemos con textos literarios hispánicos tendremos más dificultades para aplicar metodologías digitales cuantitativas como la Estilometría frente a nuestros compañeros especialistas en literaturas en otras lenguas europeas muy extendidas.[259]

2.2. Digitalización del corpus poético herreriano

Comparado con la situación general de la digitalización de textos de literatura hispánica, el estado de la digitalización de la obra poética de Herrera no resulta más halagüeño. A pesar de la relevancia del cantor de Luz dentro de la Historia de la Literatura española como uno de los poetas más importantes del Siglo de Oro, cabeza de la escuela poética sevillana, y e incluso el papel que parte de la crítica le ha atribuido como puente en la evolución del lenguaje poético desde el Renacimiento al Barroco, resulta muy difícil encontrar digitalizaciones de los textos de su poesía.

En el caso de la Biblioteca Virtual Miguel de Cervantes, aunque existe un portal dedicado a la figura de este escritor, la digitalización de su poesía consiste en enlaces que remiten a ediciones escaneadas como imagen, lo cual resulta útil para la consulta sin tener que desplazarse a ver el texto físico, pero impide que puedan realizarse búsquedas, concordancias o cualquier tipo de

red-aracne.es/presentacion [Consulta: 29/03/2025]. Para ampliar la lista de colecciones digitales y corpus en español ofrecida aquí, es útil la consulta del completo catálogo de colecciones digitales y corpus de textos en español realizado por José Calvo (2016a).

259 Un dato positivo en los últimos años son los significativos avances que se han producido en tecnologías automáticas de reconocimiento de textos, como las ofrecidas por la plataforma Transkribus, que ofrece actualmente varios modelos en abierto para manuscritos e impresos hispánicos (Bazzaco, 2020; Bazzaco et al., 2022; Cuéllar, 2021).

procesamiento posterior con el texto. Como consecuencia, hasta hace poco,[260] la Cervantes Virtual solo ofrecía el texto de sonetos de Herrera como parte de la Biblioteca del Soneto, editados por Ramón García González.[261] De aquí pasó a formar parte también del corpus ADSO, que reúne estos textos. Sin embargo, tanto en el corpus ADSO como en la BVMC los poemas han sido extraídos casi al completo de la obra poética que presenta problemas de autoría, es decir, *P* —aunque hay algún poema con el texto de *H*[262]— y todos aparecen atribuidos a Herrera, sin prestar atención a los problemas que constituyen el drama textual.[263]

Por otra parte, Herrera no está entre los autores incluidos en IMPACT-es Diachronic corpus, y su ausencia resulta sorprendente frente a la abundancia de escritores áureos. Es decir, frente a otros grandes poetas de importancia de este periodo, Herrera se estaba quedando atrás en la innovación de las Humanidades Digitales.

En definitiva, esta ausencia de textos del conjunto de la obra poética herreriana respetuosos con las diferentes fuentes y en un formato adecuado hizo necesario comenzar por digitalizar su obra poética con el objeto de disponer de un corpus preparado para la posterior aplicación de las técnicas de Humanidades Digitales en este volumen.

---

[260] Recientemente, ha aparecido en el portal de Fernando de Herrera de Cervantes Virtual una versión en HTML de los poemas de *H*, cuya fuente, según la Biblioteca Virtual, es la edición de Cristóbal Cuevas (Herrera, 1985).

[261] Web: http://www.cervantesvirtual.com/obra-visor/sonetos--14/html/?_ga=2.30462396.2091672662.1558812270-1996536981.1558812270 [Consulta: 29/03/2025].

[262] El poema «Aura suave y mansa de Occidente» aparece con el texto de *H*, en el que el primer verso es «Aura mansa y templada de Occidente» [153]. Me parece posible que los sonetos estén tomados (y modernizados) del volumen II de la edición de Blecua (Herrera, 1975), pues aparecen con el texto de *P* y mismo orden que en 1619, y, en el caso del poema anterior, Blecua remite a *H* y al primer volumen donde ya lo ha publicado indicando las variantes de *P* a pie de página. El recopilador, sin embargo, no tiene estas en cuenta y copia el texto de *H* tal cual.

[263] Para una detallada exposición de este, véase el capítulo 1.2.

2.2.1. El sistema gráfico de la escritura herreriana[264]

Una cuestión de los textos herrerianos que ha debido tenerse en cuenta para la digitalización de estos es el peculiar sistema gráfico de la escritura herreriana. Este es descrito por Blecua (1975, pp. 60-63) en su edición y ha sido extensamente estudiado por Macrí en su monografía (Macrí, 1972, pp. 432-471).

La nueva ortografía herreriana se elaboraría entre 1572 (año de la *Relación de la Guerra de Chipre*) y 1580, cuando la adopta en las *Anotaciones*. Se trata de una ortografía que se caracteriza, de acuerdo con Macrí, «por el acuerdo entre grafía fonética, como imagen de la pronunciación culta sevillana, y grafía etimológica en los límites consentidos por el sistema sincrónico tomado como válido y viviente en el uso» (Macrí, 1972, pp. 435-436). El último propósito de Herrera consistiría en «seleccionar y construir una lengua nacional [...] adecuada al prestigio universal del Reino y del Imperio español» (Macrí, 1972, p. 433).

Los rasgos ortográficos herrerianos se encuentran extensamente descritos por Macrí (1972, pp. 444-471). Algunos de los más llamativos y distintivos —y especialmente relevantes a la hora de acometer la digitalización de su poesía— son los siguientes:

En primer lugar, las letras *i* y *j* aparecen tanto en las *Anotaciones* como en *H* sin el punto. Tenemos constancia, en este sentido, de que Herrera obligó al impresor a fundir tipos nuevos para que estas letras pudieran estamparse de este modo. La razón de este rasgo que, a primera vista, puede parecer extraño, es que el punto diacrítico lo utilizará para indicar la dialefa. Sin embargo, se trata de un rasgo ortográfico muy difícil de mantener en cualquier traslación a texto electrónico, y los editores de Herrera, por lo general, han optado por no hacerlo. Blecua lo justifica también «porque una tradición de siglos ha creado un hábito» (Blecua, 1948, p. 62). Por contraposición, en el impreso de 1619, ambas letras sí que aparecen con el punto, según Macrí, «por comodidad tipográfica» (Macrí, 1972, p. 444), además de por cambios a la hora de indicar cuestiones métricas, como la diéresis.

Otro de los más importantes y, sin duda alguna, único de Herrera, es la utilización de los puntos diacríticos para marcar la dialefa. Así se lleva a cabo

---

[264] El objetivo de este apartado no es realizar una descripción exhaustiva del sistema gráfico herreriano, que el lector interesado puede encontrar en la monografía de Macrí (1972), sino resaltar algunos de los aspectos más significativos de cara a la digitalización de su obra.

en *H*, en la que se coloca un punto sobre cada una de las dos vocales.[265] En la imprenta tuvieron que fundirse tipos nuevos con estas letras a petición de Herrera. Por contra, la diéresis se indica con dos puntos sobre la vocal fuerte[266] (véase la tabla 1). En *P*, sin embargo, la norma ortográfica cambiaría, ya que se encuentran ejemplos de diéresis marcada por un único punto encima de la vocal.[267]

Tabla 1: Norma ortográfica en *H* referente a la dialefa y a la diéresis. Como puede observarse, para la dialefa se utiliza un único punto diacrítico encima de la vocal, mientras que para la diéresis se utilizan dos puntos. La *ï* no aparece en *H*, sino en *P*, en el que hay un caso, «Brïaréo»

Dialefa	Diéresis
ȧ	ä
ė	ë
i	ï
ȯ	ö
u̇	ü

[265] Algunos de los casos y ejemplos que pueden encontrarse en *H* son los siguientes: contacto *a-a* (soneto XIV, v. 4, «**ȧ ȧ**brir comiença esta honda vena»); contacto *a-o* (soneto XV, v. 13, «i con l**ȧ ȯ**nra de saber, penando»); contacto *e-a* (soneto XXVI, v. 6, «m**ė ȧ**lço a pena, i a mi antigua guerra»); contacto *e-o* (elegía VII, v. 150, «cuanto aparta d**ė ȯ**tras i destierra»); contacto *e-u* (égloga venatoria, v. 71, «por entr**ė u̇**na i otra espessa rama»); contacto *i-a* (elegía I, v. 28, «Digo, Luz de m**i ȧ**lma, pura estrella»); contacto *i-e* (elegía I, v. 70, «Assi le digo, i viendo el Or**iė**nte»); contacto *i-o* (soneto LXII, v. 12, «All**i ȯ**s háblo, alli uspíro i muero»); contacto *o-a* (elegía III, v. 35, «vencer tu amor, per**ȯ ȧ**l fin no puedo»); contacto *o-e* elegía VI, v. 34, «Grande trabaj**ȯ ė**s, aunque no es vano»); contacto *u-a* (elegía III, v. 4, «I t**u̇ ȧ**lça de la mida hondura»); contacto *u-i* (soneto V, v. 8, «las furias de t**u̇ i**mpetu refrena»).

Macrí apunta que en los siguientes casos no se coloca el signo diacrítico sobre una de las dos vocales: «sobre la A (*A ėste*, *A u̇n*); cuando una de las dos vocales tiene otro signo (*no ȧ*; *que ȧi*); si se interpone un signo de pausa (*Sol puro; Aura. Luna*; *Luzes d'oro*); si *-o* se halla ante *ue-*, *ie-* (*rico uerto*, *vuestro ierro*)» (Macrí, 1972, p. 448).

[266] Algunos de los casos y ejemplos que pueden encontrarse en *H* son los siguientes: contacto *ia* (soneto XVII, v. 13, «firme a mi mal, qu'el var**iä**r del cielo»); contacto *ie* (canción I, v. 11, «i do el limite roxo d'Or**ië**nte,»); contacto *io* (elegía I, v. 9, «del ans**iö**so afan en los despojos»); contacto *iu* (canción V, v. 27, «Pero en tantos tr**iü**nfos i vitorias»); contacto *ua* (soneto X, v. 5, «Aura s**uä**ve, blanda i amorosa»); contacto *uo* (égloga venatoria, v. 7, «persigue impet**uö**sa»).

[267] Se realiza un análisis de esta cuestión con herramientas computacionales en el apartado 3.2.3.

Asimismo, Herrera emplea tres tipos de acentos: el agudo (´), el grave (`) y el circunflejo (^). Según Macrí, estos se colocan principalmente con carácter distintivo semántico (por ejemplo, con el fin de distinguir la *ô* interjección de la *o* conjunción) y, en algunos casos, etimológico. El circunflejo se usa, además, para indicar la contracción de dos vocales (*vêr*, *fê*).

También distingue entre *c*, *ç* y *z* (*crece*, *vençer*, *esfuerza*, *belleza*); entre *s* sorda y *s* sonora (*osar*, *assì*); y entre *x*, *g* y *j* (*exemplo*, *aljava*, *viage*). Y utiliza *I* para la fricativa prepalatal sonora (caso de *Ioven* o *Iupiter*).

2.2.2. Proceso de digitalización, revisión y corrección del corpus original

2.2.2.1. Creación del corpus en formato DOC

Para la digitalización de la obra poética de Herrera, se eligió la clásica edición de José Manuel Blecua de la poesía herreriana (Herrera, 1975), ya que, además de constituir una obra clásica y de referencia, altamente respetuosa con la ortografía y el texto herrerianos, es la que incluye más textos poéticos del Divino.[268] Se tomó la decisión de mantener la ortografía herreriana como otro indicador de especial interés de la autoría y para realizar estudios sobre las variaciones en esta,[269] y de crear un corpus paralelo con la ortografía modernizada para los análisis que así lo requirieran.[270]

La edición elegida está constituida por dos tomos. El primer tomo incluye los poemas sueltos desde la página 81 hasta la 283, y los poemas completos de *H* desde la página 295 a la 429. El segundo tomo incluye los poemas de *P* desde la página 33 a la 387. Las variantes de poemas comunes a varios testimonios son indicadas por Blecua a pie de página. Cuando estas son muy numerosas y constituyen prácticamente una nueva reescritura del poema, Blecua copia el poema completo a pie de página. Como resultado, muchas de las versiones de *P* de poemas presentes en *H* se encuentran en el primer tomo a pie de página. Las variantes de *B* y las versiones de poemas también se encuentran con frecuencia a pie de página en los dos tomos.

[268] Aunque esta edición no contiene la totalidad de la poesía herreriana que conocemos hoy (pues han aparecido nuevos textos de Herrera después de su publicación), contiene los textos que han sido utilizados hasta ahora en el estudio del drama textual.

[269] Véase el capítulo 3.2.3.

[270] La creación de este se describe en el capítulo 2.2.3.

En primer lugar, ambos tomos fueron escaneados en PDF y, posteriormente, se les aplicó un OCR mediante el programa Adobe Acrobat Pro Version X. El resultado fue guardado como dos ficheros DOC, uno correspondiente al primer tomo y otro al segundo. Con el objetivo de aislar los diferentes corpus de la obra herreriana, se separó el primer tomo en dos archivos DOC diferentes, reuniendo uno de ellos las páginas de poemas sueltos y en el otro las páginas de *Algunas Obras* (*H*). El segundo tomo de la edición de Blecua digitalizado en un tercer archivo incluía las páginas correspondientes a *Versos*, conocido como *P* (véase el esquema de digitalización en la figura 1).

Figura 1 : Esquema de la digitalización de la obra poética herreriana.

El siguiente paso fue una revisión detallada y completa de los tres corpus, mediante la cual se fueron corrigiendo los numerosos errores del OCR. Además de algunos errores habituales de estos *softwares*, como la confusión de determinadas vocales y consonantes, estos tuvieron que ver especialmente con las dificultades para reconocer e incluir en el texto las particularidades ortográficas de la poesía de Herrera. Los signos que el OCR no reconoció y, al no encontrar una forma de automatizarlos, tuvieron que ser introducidos a mano uno a uno fueron la cedilla (*ç*), la tilde grave (`), el acento circunflejo (^) y los puntos diacríticos encima de las vocales que Herrera utiliza para indicar la dialefa (*ȧ*, *ė*, *ȯ*, *u̇*). Estos últimos fueron introducidos mediante la opción en Microsoft Word 2010, Insertar > Símbolo > Más símbolos > fuente «texto normal», subconjunto combinación de marcas diacríticas > «Combining dot above».

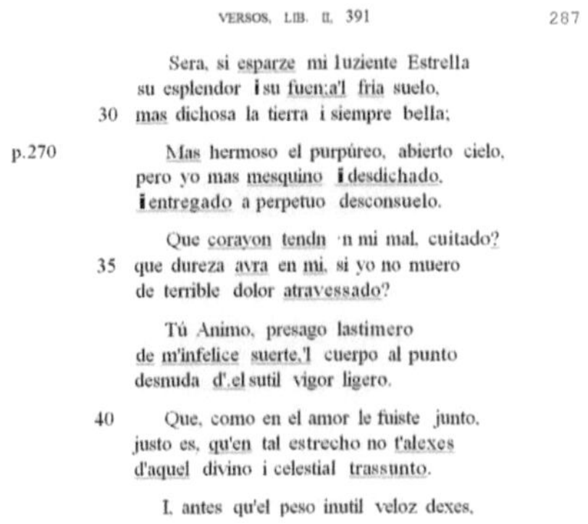

VERSOS, LIB. II, 391 287

Sera, si esparze mi luziente Estrella
su esplendor i su fuen;a'l fria suelo,
mas dichosa la tierra i siempre bella;

p.270 Mas hermoso el purpúreo, abierto cielo,
pero yo mas mesquino i desdichado,
i entregado a perpetuo desconsuelo.

Que corayon tendn ·n mi mal, cuitado?
que dureza avra en mi, si yo no muero
de terrible dolor atravessado?

Tú Animo, presago lastimero
de m'infelice suerte,'l cuerpo al punto
desnuda d'.el sutil vigor ligero.

Que, como en el amor le fuiste junto,
justo es, qu'en tal estrecho no t'alexes
d'aquel divino i celestial trassunto.

I, antes qu'el peso inutil veloz dexes,

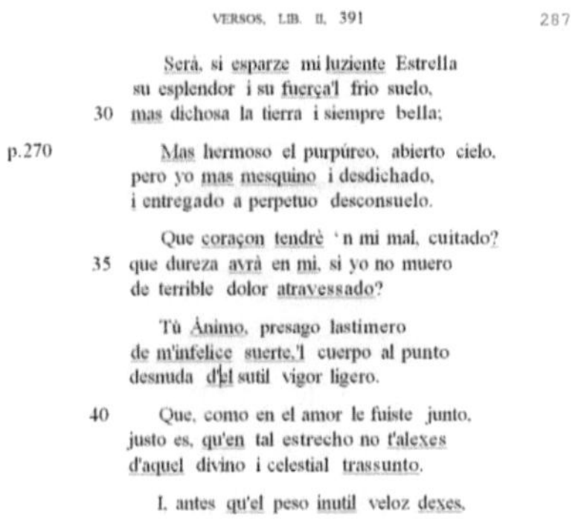

VERSOS, LIB. II, 391 287

Será, si esparze mi luziente Estrella
su esplendor i su fuerça'l frio suelo,
mas dichosa la tierra i siempre bella;

p.270 Mas hermoso el purpúreo, abierto cielo,
pero yo mas mesquino i desdichado,
i entregado a perpetuo desconsuelo.

Que coraçon tendrè ' n mi mal, cuitado?
que dureza avrà en mi, si yo no muero
de terrible dolor atravessado?

Tù Ánimo, presago lastimero
de m'infelice suerte,'l cuerpo al punto
desnuda d'el sutil vigor ligero.

Que, como en el amor le fuiste junto,
justo es, qu'en tal estrecho no t'alexes
d'aquel divino i celestial trassunto.

I, antes qu'el peso inutil veloz dexes,

Imágenes 1 y 2: Capturas de pantalla en Word durante la revisión del OCR. Muestra de *Versos* antes y después de corregir los errores del OCR.

Al terminar esta fase, se habían revisado y corregido cerca de 150 000 palabras en más de 700 páginas (ver tabla 2).[271]

Tabla 2: Corpus inicial en formato DOC. Se trata de una digitalización del libro de Blecua y de los poemas tal y como aparecen en este y con la misma disposición. Como puede observarse, *P* es el texto más extenso, seguido del corpus de poemas sueltos, mientras que el más pequeño es el de *H*

	Palabras (*tokens*)	Páginas
Poemas sueltos (t. I)	42396	204
Algunas obras (t. I)	32251	145
Versos (t. II)	75106	355

2.2.2.2. Creación del corpus en formato de texto plano

Sin embargo, para que el texto pudiera ser procesado correctamente resultaba fundamental que el corpus final se encontrara en formato de texto plano Unicode UTF-8. El texto plano es el único que puede ser procesado correctamente por los *softwares* de explotación de corpus, y Unicode UTF-8 es la

[271] Estos datos complementarios en formato DOC y PDF pueden consultarse en el siguiente repositorio: https://github.com/lamusadecima/Los-textos-poeticos-de-Fernando-de-Herrera.

codificación de caracteres más completa que existe en la actualidad, por lo que es la única que ofrece garantías de que nuestros textos no van a sufrir problemas de codificación.[272] En el caso de Herrera, su utilización era doblemente necesaria para poder incluir todos los rasgos gráficos de su escritura, que no existen en otras codificaciones.

Por esta razón, tras la primera revisión y corrección en Word de todos los textos en formato DOC, cada archivo fue convertido en texto plano (TXT), con el objetivo de que pudiera ser procesado posteriormente por el *software*. La conversión a texto plano se realizó desde Microsoft Word, mediante la opción Archivo > Guardar como > seleccionando en tipo «Texto sin formato» > Guardar. En el cuadro de diálogo resultante, «Conversión de archivo», se selecciona «Otra codificación» y, dentro de la lista, Unicode (UTF-8).

Una vez obtenidos los tres archivos en texto plano UTF-8, se procedió a una segunda revisión del texto, en la que hubieron de ser eliminadas las notas y los encabezados y pies de página, mediante el uso de macros en Ultra Edit, y se introdujeron las pausas versales y estróficas, ya que la mayoría se habían perdido en el paso del texto DOC a TXT. En esta segunda revisión, los errores que escaparon a la primera revisión fueron corregidos tanto en el corpus resultante en texto plano como en los archivos DOC. Los títulos de los poemas se colocaron entre almohadillas (#) con el objetivo de que quedaran marcados frente al resto del texto y pudiera recuperarse esa información u obviarse (e incluso eliminarse, si era necesario) de forma automática en los análisis computacionales.

---

272 Para los textos en español, debemos ser especialmente cuidadosos con la codificación, ya que algunos formatos de codificación textual ampliamente usados no incluyen nuestras tildes ni nuestra *ñ*, pues están pensados para el inglés, en el que estos caracteres no existen.

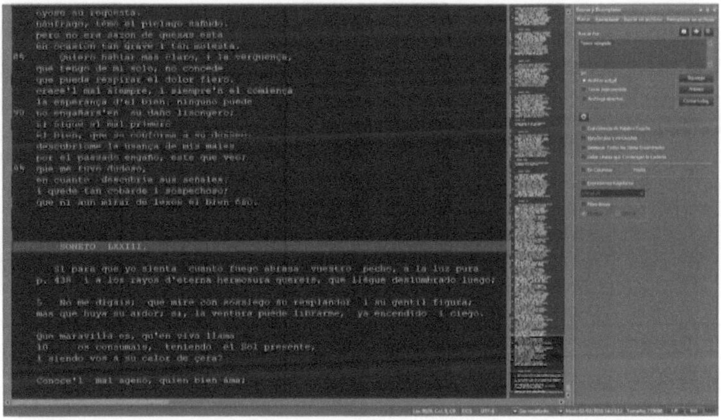

Imagen 3: Captura de pantalla de Ultra-Edit. Proceso de revisión y corrección del corpus en texto plano.

En el caso de *Versos*, mientras se realizaba la segunda revisión, se incluyeron los poemas coincidentes con *Algunas Obras*, que Blecua señala, pero no vuelve a introducir en el volumen correspondiente a *Versos*, así como las versiones diferentes de poemas de *Algunas Obras* que Blecua introdujo en el primer volumen y no vuelve a introducir en el segundo. En el caso de los poemas totalmente coincidentes se copiaron y pegaron desde *Algunas Obras*. En cuanto a los poemas que presentan diferencias, los que constituyen diferentes versiones son incluidos por Blecua en nota en el primer volumen, por lo que se copiaron y pegaron. En cambio, para las composiciones que cuentan con pocos cambios, Blecua indica estas modificaciones en nota a los poemas de *Algunas Obras*, por lo que, tras copiar cada poema de *Algunas Obras*, se introdujeron las variantes de *Versos* una a una. Lo mismo se hizo con los poemas de *B* o sus variantes cuando aparecen en nota a pie de página en los dos tomos. Al concluir la revisión, además, se retiraron a otro archivo en texto plano los once poemas incluidos en *P* que no son de Herrera, para evitar que contaminaran el análisis posterior.[273]

273 «290. Soneto. Del Dotor B. de Cervantes», «318. Soneto. Del Dotor Diego Martín», «360. Soneto. De d. Alvaro de Portugal C.d.G.», «416. Soneto. De Baltasar de Escobar», «432. D'el M. Francisco de Medina», «452. De Filipe de Ribera», «459. De Don Fernando Enriquez de Ribera Marquez de Tarifa», «439. Soneto. De Iuan Antonio del Alcaçar», «269. Soneto. De Alonso Ramirez de Arellano», «197. Soneto de Francisco de Pacheco», «172. (Nota) Soneto. De Luis Barahona de Soto».

Para terminar, se crearon todavía dos corpus más: uno que incluye únicamente los poemas de *B*, y otro que contiene exclusivamente los poemas de *P* que no se encuentran en otros testimonios (*P2*). Los datos del corpus resultante se ofrecen en la tabla 3.[274]

Tabla 3: Corpus resultante en texto plano Unicode UTF-8 con la ortografía original. Cómputo de palabras tokens realizado en Litcon (Hernández-Lorenzo, 2022b), con la opción Wordlist.[275] No se incluyen en el cómputo títulos de poemas ni números de verso

	Palabras (*tokens*)
Poemas sueltos	55211
B	33326
H	18630
P	72216
P2	35476

2.2.3. Creación del corpus paralelo modernizado

2.2.3.1. Planteamiento

El corpus con los rasgos ortográficos originales, si bien es el más respetuoso con la escritura original herreriana, planteaba, sin embargo, algunas dificultades para el análisis computacional posterior. Especialmente, para el análisis contrastivo entre el texto de las distintas ediciones, ya que las palabras que aparecían escritas de forma distinta eran percibidas por el *software* como palabras diferentes. Por otra parte, entorpecía el proceso de etiquetado morfológico-sintáctico del texto, así como el posterior procesamiento de este en el *software* R y la aplicación de técnicas estilométricas. Por ello, finalmente,

[274] El corpus obtenido puede consultarse en el siguiente repositorio: https://github.com/lamusadecima/Los-textos-poeticos-de-Fernando-de-Herrera.

[275] En Lingüística de corpus y computacional se distingue entre palabras *tokens* (*word tokens*) y palabras tipo (*word type*). Las palabras *tokens* se refieren al número total de palabras de un texto, mientras que las palabras tipo, al número de palabras concretas que aparecen (Baker et al., 2006). Por ejemplo, en la estrofa «Osè, i temi; mas pudo la osadia / tanto, que desprecie el temor cobarde. / subi a do el fuego mas m'enciende i arde. / cuanto mas la esperança se desvia», el número de palabras *tokens* es 29, pero hay 24 palabras tipo, pues *mas*, *i*, *el* o *la* aparecen varias veces.

se decidió crear un corpus paralelo modernizado para los análisis en los que el corpus con la ortografía original fuera problemático.[276]

2.2.3.2. Normas de modernización

La ortografía y acentuación se ha adaptado a las normas del español actual impuestas por la Real Academia de la lengua.

No se ha modernizado la puntuación ni se han introducido los signos de interrogación y exclamación faltantes.[277]

Además, no se modernizan aquellas palabras en las que hacerlo afectaría a la rima, al número de sílabas o a otros fenómenos métricos, como la sinalefa. Este es el caso, por ejemplo, de *Alemaña*, *aqueste* (y derivados), *aquese* (y derivados), *cogello*, *desparece*, *espirtu*, *Malara* o *regarades*.[278]

2.2.3.3. Proceso de modernización

Durante el proceso de modernización, me apoyé fundamentalmente en dos herramientas: la opción «buscar y reemplazar» de UltraEdit y el corrector ortográfico de Word.

Algunos pasos pudieron automatizarse, como la eliminación de los puntos diacríticos encima de las vocales o de los acentos graves por sus correspondientes agudos. Otros procesos de sustitución hubieron de realizarse revisando caso por caso, como la sustitución de la grafía *x* por *j*, pues no podía automatizarse al existir palabras como *Ixión*, donde no debía hacerse esta sustitución. Una vez que se completaron todas las sustituciones o eliminaciones que se podían realizar de forma automática o semi-automática, el texto fue copiado en un documento Word (DOC) donde se realizó la revisión y modernización final.

---

276 Agradezco a todos los congresistas e investigadores que me plantearon en eventos de Corpus y Humanidades Digitales diferentes alternativas para solucionar este problema, y en especial a Alejandro Bias, quien en el congreso de la AIUCD 2016 dio el impulso definitivo a la idea de crear un corpus paralelo modernizado.

277 En cualquier caso, en los análisis computacionales que se presentan en los siguientes capítulos no se tienen en cuenta ni la puntuación ni los signos de exclamación e interrogación, sino únicamente las palabras.

278 Sí modernizo *crueza*, por hallarse modernizada esta palabra en el corpus ADSO con el que se van a realizar algunos de los análisis, por *crudeza*, y para asegurar la fiabilidad de estos. En el corpus ADSO he modernizado la acentuación de *solo* por el mismo motivo.

2.2.3.4. Comparación del texto final con la ortografía de ADSO

Además, para asegurar que el corpus digitalizado de Herrera y el corpus ADSO (Navarro-Colorado et al., 2016), que se utiliza en algunos de los análisis de esta investigación,[279] siguieran las mismas normas ortográficas en la modernización y estas estuvieran lo más estandarizadas posible, se han utilizado herramientas para contrastar ambos corpus —Palabras clave y Contraste en Litcon (Hernández-Lorenzo, 2022b), y la herramienta *oppose* con *Zeta* de *stylo* (Eder et al., 2016)— y se ha comprobado que se siguen las mismas normas ortográficas.

2.2.3.5. Texto final

Los datos del texto resultante de la modernización se ofrecen en la tabla 4.[280]

Tabla 4: Corpus paralelo modernizado de Herrera y *Versos*. Cómputo de palabras realizado en Litcon, con la opción Wordlist. No se incluyen en el cómputo títulos de poemas ni números de verso. Como puede apreciarse, el número de palabras ha sufrido cambios en el proceso de modernización, aumentando en todos los corpus a excepción de *P* y *P2*, en los que ha disminuido. El aumento de palabras en los poemas sueltos, *B* y *H* se explica por el paso de expresiones como «Enel silencio» a «En el silencio». En cambio, la disminución de palabras en *P* y *P2*, se debe a la conversión de expresiones como «d'el» en «del»

	Palabras (*tokens*)
Poemas sueltos	55259
B	33367
H	18680
P	71834
P2	35250

2.2.3.6. Copias paralelas del texto final adaptadas a FreeLing y *stylo*

Los títulos de poemas y los números de verso, incluidos en el texto final modernizado, podían introducir distorsiones a la hora de realizar el etiquetado morfosintáctico automático y los análisis estilométricos, por lo que

[279] Principalmente en el capítulo 4.

[280] El texto modernizado se encuentra en el siguiente repositorio: https://github.com/lamusadecima/Los-textos-poeticos-de-Fernando-de-Herrera.

se creó otra copia paralela del texto modernizado en la que ambos fueron eliminados de forma automática por medio de expresiones regulares (en inglés, *regular expressions* o 'RegEx').[281] De este modo, para eliminar los títulos de los poemas, primero se reemplazaron las almohadillas que los marcaban por flechas, y después se utilizó la siguiente RegEx en la opción de buscar:

→.+→

Esta localizó todos los títulos, y los reemplazó por un espacio vacío.

Para eliminar los números de verso, se utilizó la siguiente expresión regular en el motor de búsqueda:

^[0-9]+

De esta forma, quedaron localizados todos los números que se encontraban al principio de línea, posición que ocupaban los números de versos. La opción de reemplazar se dejó en blanco, sustituyendo por el vacío.

De este modo, el texto resultante es únicamente el de los poemas, que quedan separados por, al menos, una línea en blanco donde anteriormente estaba el título. Esta primera copia puede utilizarse en *stylo*.

Además, resultó necesario crear una segunda copia del texto modernizado en la que se realizaron pequeñas adaptaciones en el texto para facilitar el trabajo a la herramienta de Procesamiento de Lenguaje Natural (PLN) y etiquetado morfosintáctico automático que se iba a aplicar sobre este, el *software* FreeLing (Padró, 2011).[282] En esta se mantienen los títulos de poemas, pero se eliminan los números de verso. Las modificaciones necesarias para FreeLing consistieron en la separación de formas como *dese* en *de ese*, la sustitución de

---

[281] Las expresiones regulares son patrones que permiten hacer búsquedas y sustituciones en los textos detectando secuencias de caracteres que cumplan una condición dada. Esta puede ser que contenga caracteres numéricos, que la cadena se inicie de una forma determinada, etc. (Fradejas Rueda, 2022b). No todos los programas permiten la utilización de RegEx, pero sí la gran mayoría de los editores como Notepad++ (Windows), UtraEdit (Windows), Geany (multiplataforma), Sublime Text (multiplataforma) o TextWrangler (Mac).

[282] El proceso de etiquetado morfosintáctico del corpus se detalla en el capítulo 3.3.2. El corpus definitivo etiquetado morfosintácticamente puede consultarse de forma complementaria en el siguiente repositorio: https://github.com/lamusadecima/Los-textos-poeticos-de-Fernando-de-Herrera.

formas como *aqueste* por *este*, la modernización de algunas palabras que se habían mantenido como *agora* por *ahora* o *mesmo* por *mismo*, e incluso *do* por *donde*, la separación de formas como *hácelas* en *hace las* o *quedome* en *quedó me* y la sustitución de formas como *hacello* por *hacer lo*.

2.3. Digitalización del corpus de poemas de Pacheco

Como se ha podido deducir de la lectura del capítulo 1.2, Pacheco es el principal sospechoso para los estudiosos que desconfían de la autoría herreriana de las variantes y los nuevos poemas de *P*. Por este motivo resultaba de gran interés contar con textos de Pacheco para los análisis de este estudio. A día de hoy no se ha publicado ninguna edición de su poesía,[283] ni contamos con textos disponibles en la web en un formato adecuado, por lo que se decidió acometer la digitalización de sus composiciones.

Los poemas de Pacheco nos han sido transmitidos a través de obras y fuentes diversas, principalmente el *Arte de la pintura (Pacheco, 1866)*, el *Libro de retratos (Pacheco, 1886)*, la *Biblioteca de Autores Españoles* (Castro, 1854a) o los poemas recogidos por Asensio (1886).

El profesor Juan Montero me cedió generosamente los textos que tenía recogidos y preparados, que sirvieron de base sobre la cual se añadieron los demás poemas.[284]

El *Arte de la pintura* es un tratado pictórico escrito por el propio Pacheco, a lo largo del cual incluye composiciones poéticas propias para ilustrar determinados temas. Se encuentra digitalizado en Google Books,[285] por lo que fue descargado, convertido a texto plano utilizando la herramienta Text Editor de Google Drive y a continuación fueron extraídos los poemas uno a

[283] Sí existe una edición en preparación, que está realizando el profesor Juan Montero.

[284] Se trataba de los poemas «Vuela, oh joven valiente, en la ventura», «Goza, oh nación osada, el don fecundo», «Razón es ya que el mármol duro, helado», «La virgen del color patrio teñida», «Pudieron numerarse las señales», «Osé dar vida al nuevo vuelo», «En medio del silencio y sombra oscura», «La muda poesía y la elocuente», «Cual fresca rosa en Jericó plantada» y «En tanto se llegó el dichoso instante» y «Pensé (y mi pensamiento no fue vano)» (epístola de Pacheco a Pablo de Céspedes).

[285] https://books.google.de/books/about/Arte_de_la_pintura.html?id=IitPAAAAYAA-J&redir_esc=y [Consulta: 29/03/2025].

uno.[286] Se contrastó el texto resultante de los poemas con el que presentaba el archivo original y se corrigieron los errores de reconocimiento de caracteres.

Por lo que se refiere al *Libro de retratos*, este recoge semblanzas de los ingenios de la época. Pacheco realiza un retrato de cada una de estas figuras, que va seguido de unas líneas en las que se presenta a cada personaje a través de detalles biográficos y mediante la aportación de información sobre su obra y la relevancia de esta. Frecuentemente también incluye poemas dedicados al ingenio, que, en ocasiones, son poemas del propio Pacheco. Aunque el *Libro de retratos* se encuentra digitalizado en varias plataformas como Internet Archive[287] o la Biblioteca Digital de Andalucía,[288] la única que ofrecía texto OCR del documento era Internet Archive, y este resultó ser excesivamente sucio para poder ser utilizado. Como consecuencia, los poemas se transcribieron de la copia de la Biblioteca Digital de Andalucía, que no ofrece OCR.[289]

En cuanto a los poemas publicados en la *Biblioteca de Autores Españoles*, se descargó el volumen que incluye las poesías de Pacheco desde Internet Archive en su versión EPUB.[290] Se copió el texto de los poemas tras comprobar y corregir los errores del OCR.[291]

Por último, José María Asensio publicó en 1886 el libro *Francisco Pacheco: sus obras artísticas y literarias. Introducción e historia del Libro de descripción de verdaderos retratos de ilustres y memorables varones que dejó inédito*. En esta obra,

---

286 Los poemas recogidos fueron los siguientes: «No es piedra esta Señora», «La noche, que en acción dulce, al reposo», «Dormir y aun ser de piedra es mejor suerte», «Las cosas percebidas», «Perseo era el uno; y quise saber cómo», «Tú que al modelo de tu sacra idea», «Y aquel que juntamente esculpe y pinta», «Cuán frágil eres, hermosura humana», «De un humilde animal vengo», «Sacó un conejo pintado», «Pintó un gallo un mal pintor», «No sé si por humana industria hecha».

287 https://archive.org/details/BRes140079 [Consulta: 29/03/2025].

288 https://www.bibliotecadigitaldeandalucia.es/catalogo/es/consulta/registro.do?control=BVA20120017566 [Consulta: 29/03/2025].

289 Los poemas extraídos fueron los siguientes: «Arrime Orfeo el músico instrumento», «Aunque a tu gran valor noble pintura», «Cecen de oy más del griego i del troyano», «Cuanto con docta mano en la pintura», «Este dissegno es natural retrato», «Feliçe Mesa, en quien a puesto el cielo» y «Fuerte batallador, padre de Ciençia».

290 https://archive.org/details/bibliotecadeauto32madruoft/page/n8 [Consulta: 29/03/2025]. También se encuentra digitalizado en la Cervantes Virtual, pero solo como imagen (se trata, en realidad, de un escaneo), por lo que se prefirió utilizar la de Internet Archive.

291 De aquí proceden los poemas «Habiendo llevado el cielo», «Era en la sazón dichosa» y «Mas, oh cuán desusado [sic] del camino».

aparecen publicados varios poemas de Pacheco. El libro se encuentra digitalizado en la Biblioteca Virtual de Andalucía con OCR,[292] por lo que fue descargado y se extrajeron los poemas, tras comprobar y corregir los errores del OCR.[293]

En el corpus resultante con todos los poemas de Pacheco reunidos, se apreciaban importantes variaciones en la ortografía de las composiciones según la fuente de la que habían sido recogidas.[294] Esta razón, junto a la necesidad de que todos los textos de diferentes autores se rigieran por la misma ortografía para los análisis contrastivos, llevó a modernizar la ortografía de los textos siguiendo las mismas normas que con el corpus de Herrera, ya descritas en el apartado 2.2.3.2. Se realizó también con este corpus la comparación con el corpus ADSO, tal y como se ha descrito en el apartado 2.2.3.4, y se crearon copias paralelas adaptadas a FreeLing y *stylo,* tal y como se ha descrito en el apartado 2.2.3.6.

En la tabla 5, pueden consultarse los datos del corpus modernizado definitivo, que incluye también el corpus de textos de Pacheco.

Tabla 5: Corpus paralelo modernizado de Herrera, *Versos* y Pacheco. Cómputo de palabras realizado en Litcon (Hernández-Lorenzo, 2022b), con la opción Wordlist. En el cómputo de palabras, no se incluyen títulos de poemas ni números de verso

Corpus	Palabras (*tokens*)
Poemas sueltos	55259
B	33367
H	18680
P	71834
P2	35250
Pacheco	6056

[292] https://www.bibliotecadigitaldeandalucia.es/catalogo/es/consulta/registro.do?id=1017777 [Consulta: 29/03/2025].

[293] Fueron extraídos los siguientes poemas: «Cuando teme perder el grave esposo», «De católicos reyes engendrada», «Este es, príncipe ecelso, la figura», «En las frígidas aguas arrojado», «La muda poesía y la elocuente», «En tanto que al océano espumoso», «Céspedes peregrino, mi atrevida», «No es maravilla, o docto Valderrama», «Aunque a tu gran valor noble pintura», «Un cortesano Esaías», «Si de imitaros la gloria», «Parece en varón tan digno», «Ya el gran varón que solía», «Alonso Díaz, no llega», «Prudente acuerdo es dejar», «A la fama i memoria», «Las armas y el varón ilustre canto» y «De varios pensamientos fatigado».

[294] Estas diferencias resultaban especialmente significativas entre los textos transmitidos por fuentes del siglo XVII —como el *Arte de la pintura* o el *Libro de retratos*— y los textos transmitidos por fuentes del XIX, como los poemas recogidos por Asensio o los incluidos en la *Biblioteca de Autores Españoles*.

SEGUNDA PARTE

ANÁLISIS COMPUTACIONALES Y ESTILOMÉTRICOS

3. Estudios con métodos de corpus y computacionales

J. Berenike Herrmann (2017), en su trabajo publicado en *Digital Humanities Quarterly*, defiende la conveniencia de combinar en los estudios estilísticos digitales el enfoque cualitativo tradicional (conocido en la tradición anglosajona como lectura cercana o *close reading*) con los novedosos enfoques cuantitativos (relacionados con las teorías de lectura distante o *distant reading* y macroanálisis). Se trata, por tanto, de dar cabida tanto a las metodologías cuantitativas que proporcionan datos numéricos derivados de análisis de grandes cantidades de palabras o textos, como a los métodos cualitativos que ponen el foco de interés en aquellos elementos estilísticos concretos que resultan fundamentales para la configuración del texto o pasaje. En este sentido, esta investigadora propone utilizar herramientas procedentes de los estudios de corpus (especialmente la Estilística de corpus), por ejemplo, las concordancias, como puente entre estas dos metodologías que a primera vista pudieran parecer antitéticas. Un enfoque similar ya había sido defendido por Douglas Biber (2011), quien promueve una mayor aproximación entre la investigación de los estilistas de corpus y los estilometristas.

Siguiendo esta postura, se dedica el presente capítulo a presentar diversos análisis con métodos procedentes de la Estilística de corpus, pues coincido con Herrmann en que «close and distant reading complement each other when adding meaning to numbers, and precision to hermeneutically obtained insight» (Herrmann, 2017). Por ello, en este capítulo, tras una breve introducción a la Estilística de corpus, se presentan una serie de análisis con corpus etiquetado y no etiquetado que irán ganando en complicación y distancia, comenzando por cuestiones en estudios de corpus, como la razón tipo-token, y herramientas de esta disciplina más cercanas al análisis cualitativo, como las concordancias, hasta llegar a análisis cuantitativos próximos a la Estilometría, como el que se realiza de los bigramas y trigramas morfosintácticos al final del capítulo.

3.1. La Estilística de corpus y la aplicación de los estudios de corpus a textos literarios

Si bien menos asentada que la Lingüística de corpus (McEnery & Hardie, 2012; McEnery & Wilson, 2001), la Estilística de corpus —*Corpus Stylistics*— cuenta ya con un considerable número de estudios (Adolphs & Carter, 2002; Culpeper, 2009; Fischer-Starcke, 2010; Hori, 2004; Mahlberg, 2013; McIntyre, 2010; Rodríguez Martín, 2013; Ruano San Segundo, 2016; Stubbs, 2005; Tabata, 2007; Wynne, 2005),[295] hasta el punto de que Mahlberg y McIntyre la consideran una rama dentro de la Estilística (Mahlberg & McIntyre, 2011, p. 205), hecho del que también da cuenta el SIG creado dentro de la Poetics and Linguistics Association (PALA),[296] así como la reciente aparición de monografías (McIntyre & Walker, 2019; Nieto Caballero & Ruano San Segundo, 2020). Se trata de un campo interdisciplinar que combina aproximaciones y metodologías de dos disciplinas: de un lado, los estudios de corpus y computacionales; de otro, la Estilística o el análisis lingüístico del estilo aplicado a textos frecuentemente literarios. En consecuencia, se ubican dentro de esta los análisis de corpus y computacionales de textos literarios, en los que el objetivo final es realizar un estudio estilístico, en lugar de lingüístico.

Desde la perspectiva de los lingüistas de corpus, Douglas Biber (2011) declara que los análisis de corpus constituyen la metodología empírica más potente para determinar los patrones de uso lingüístico en un dominio

[295] Un estado de la cuestión del panorama de trabajos publicados, así como de las técnicas que emplean, puede encontrarse en el artículo de Douglas Biber (2011). La gran mayoría de estos estudios se centran en literatura inglesa, mientras que son escasos los que aplican estas metodologías a obras literarias en español (Hernández-Lorenzo, 2016, 2021; Nieto Caballero, 2018, 2021; Nieto Caballero & Ruano San Segundo, 2020, 2022).

[296] Web del SIG Corpus Stylistics: https://www.pala.ac.uk/corpus-stylistics.html [Consulta: 29/03/2025].

Existen también proyectos de investigación que se vertebran sobre la aplicación de metodologías de Estilística de corpus a determinados textos literarios, como las obras de Shakespeare (Culpeper, s. f.) o Dickens (Mahlberg, 2019).

textual completo y que, como tales, pueden aplicarse al estudio del lenguaje literario.[297]

Para Michaela Mahlberg (2007), la Estilística de corpus supone un puente entre los estudios lingüísticos y literarios, además de una forma de adaptar los avances en las metodologías de corpus y computacionales al estudio de las características particulares del texto literario:

> Corpus Stylistics can make use of innovative descriptive tools that not only fit into linguistic frameworks but also leave room to account for individual qualities of texts and hereby link in with literary interpretation (Mahlberg, 2007, p. 219).

Otros investigadores (Semino & Short, 2004) coinciden en señalar el interés de apoyarse en métodos de corpus para el análisis de textos literarios, y defienden que estos, unidos al enfoque cualitativo mediante la interpretación de los resultados, pueden ser idóneos para algunos estudios en función de la pregunta de investigación de la que se parte. En este sentido, frente a la Lingüística de corpus, la Estilística de corpus permite trabajar con corpus textuales más pequeños, constituidos en ocasiones por una obra literaria concreta, y sus métodos permiten identificar términos o pasajes de especial interés sobre los que realizar análisis cualitativos (Mahlberg & McIntyre, 2011).

Por tanto, los estudios de corpus y de Estilística de corpus suponen un estadio intermedio entre el análisis filológico tradicional y metodologías cuantitativas como la Estilometría, combinándose con estas últimas en algunos trabajos como el ya citado de J. Berenike Herrmann (2017), los estudios de Tomoji Tabata (1995, 2016, 2007) sobre el estilo de Dickens, los trabajos de David Hoover (2003a, 2007; Hoover et al., 2014) y de Dan McIntyre y Brian Walker sobre la poesía de Yeats (2022).

[297] «In fact, it could be argued that a corpus provides the best way to represent a textual domain, and corpus analysis is the most powerful empirical approach for analyzing the patterns of language use in that domain. Such analysis are applicable to any subdiscipline of linguistics that includes consideration of language use [...]. I see the study of literary language as no exception here. One of the major research questions within the "scientific study of language" concerns the nature of the words, lexical expressions, and grammatical forms used in different literary texts and varieties. Corpus analysis is ideally suited to research questions of this type» (Biber, 2011, pp. 15-16).

3.2. Estudios con corpus no etiquetado

Cabe destacar que existe ya un trabajo previo en el que se aplican técnicas de corpus a una obra herreriana, concretamente a las *Anotaciones* (Espinilla Buisán et al., 2003). Este presenta dos listas de concordancias, una del texto de Herrera y la otra de los poemas de Garcilaso comentados, así como una lista de frecuencias de palabras ordenada tanto alfabéticamente como por frecuencia. Sin embargo, presenta el inconveniente de que se trata de archivos PDF, pensados para la consulta, pero no para cualquier tipo de procesamiento posterior de esos datos, y, además, tampoco pone a disposición del lector el texto utilizado, sino que remite a una edición en papel (la de Cátedra), por lo que, para obtener el texto, el investigador tendría que empezar por la aplicación de un programa de OCR. Se trata de una publicación pensada, pues, para la consulta de estudiosos, pero no para posteriores trabajos informáticos sobre esos datos, de los que tampoco se derivan interpretaciones ni conclusiones.

A continuación, se presentan una serie de análisis y estudios con el corpus preparado en el capítulo 2 sin etiquetar. Estos abarcan desde un estudio de la densidad léxica a través del cálculo de la razón tipo-token (apartado 3.2.1),[298] hasta un análisis de las variantes ortográficas que se centra en la utilización de los puntos diacríticos en la obra herreriana en vida y póstuma (apartado 3.2.3), pasando por análisis léxicos contrastivos en los que se determina el vocabulario coincidente en ambas obras (apartado 3.2.2). A excepción del estudio de variantes ortográficas, en el que se emplea el corpus con ortografía original de la poesía herreriana, en todos los análisis se utiliza el corpus modernizado, pues, como ya adelantó en el capítulo 2.2.3, la aparición de las mismas palabras con variaciones ortográficas en los distintos testimonios habría entorpecido los análisis de contraste de léxico, pues el ordenador las considera palabras diferentes.

3.2.1. Densidad léxica

Como primera aproximación, se analiza la densidad léxica de los textos poéticos de Herrera (PS, B, H, P y P2) y los escritos por el propio Pacheco (Pacheco), como se ha visto en el capítulo 1, el editor de *Versos* y principal sospechoso de los que niegan la plena autoría herreriana. De este modo se pretende medir la riqueza del vocabulario de los poemas. Para ello, se

[298] Este se explica en el siguiente apartado.

han obtenido mediante el menú WordList de Litcon (Hernández-Lorenzo, 2022b) el número de palabras tipo y palabras tokens de cada uno de los corpus y se ha calculado a continuación la razón tipo-token o *type-token ratio* (TTR).[299]

Tabla 6: Corpus modernizado de Herrera, *Versos* y Pacheco. Se indica el número de palabras tipo, el número de palabras token y se ha calculado el índice de densidad léxica a través de la razón tipo-token o *type-token ratio* (TTR), expresado en porcentaje y redondeado a dos decimales

Corpus	**Palabras tipo (*word type*)**	**Palabras tokens (*word tokens*)**	**TTR (%)**
PS	5862	55259	10,61
B	4219	33367	12,64
H	3394	18680	18,17
P	6636	71834	9,24
P2	4560	35250	12,94
Pacheco	1807	6056	29,84

En los resultados obtenidos (véase la tabla 6), el corpus de Pacheco obtiene el mayor porcentaje de razón tipo-token, seguido de *H*, mientras que *P* obtiene el menor valor. Esto se debe a que esta medida se ve afectada por el tamaño del texto y, como consecuencia, si se comparan textos de extensión muy variable, los textos de menor extensión obtienen valores de razón tipo-token más elevados que los textos mucho más largos (McEnery & Hardie, 2012). Por esta razón, para comparar textos de diferente extensión, se utiliza la razón tipo-token estandarizada o *standardised type-token ratio* (STTR). Para obtenerla, se divide el texto que se quiere analizar en fragmentos con un número concreto de palabras (habitualmente, 2 000), se calcula la razón tipo-token para cada uno de estos fragmentos y, finalmente, la media de los valores obtenidos. Puesto que se trata de un cálculo bastante más complejo,

299 Esta medida estadística se calcula dividiendo el número de palabras tipo (*word type*) entre el número de palabras *tokens* (*word tokens*). El resultado normalmente se multiplica por 100 para obtener un porcentaje.

se ha realizado mediante un pequeño script en R («Script1-STTR.R»).[300] Los resultados obtenidos se presentan en la tabla 7.

Tabla 7: Corpus modernizado de Herrera, *Versos* y Pacheco. Se indica el número de palabras tipo, el número de palabras token y se ha calculado el índice de densidad léxica a través de la razón tipo-token estandarizada o *standardised type-token ratio* (STTR). Los resultados se dan en porcentajes y han sido redondeados a dos decimales

Corpus	**Palabras tipo (*word type*)**	**Palabras tokens (*word tokens*)**	**STTR (%)**
PS	5862	55259	36,85
B	4219	33367	37,24
H	3394	18680	40,82
P	6636	71834	40,05
P2	4560	35250	39,59
Pacheco	1807	6056	42,02

Como puede observarse en la tabla 7, de los textos herrerianos, *Algunas obras* es el que obtiene un índice mayor y, por tanto, el texto con mayor densidad léxica o riqueza de vocabulario, seguido de la edición póstuma, lo cual no es extraño si se tiene en cuenta que la primera está casi completamente incluida en la segunda. El índice obtenido para los textos exclusivos de *P* (P2) es más bajo, pero se aproxima mucho al de *P*. El conjunto de poemas sueltos es el que cuenta con un índice más bajo de todo el corpus herreriano. Por último, los textos conocidos de Pacheco cuentan con un índice de densidad léxica superior al de los textos herrerianos. La evolución cronológica de este índice en la obra herreriana se ha representado en la figura 2.

[300] El script utilizado («Script1-STTR.R») se encuentra en el siguiente enlace: https://github.com/lamusadecima/Los-textos-poeticos-de-Fernando-de-Herrera.

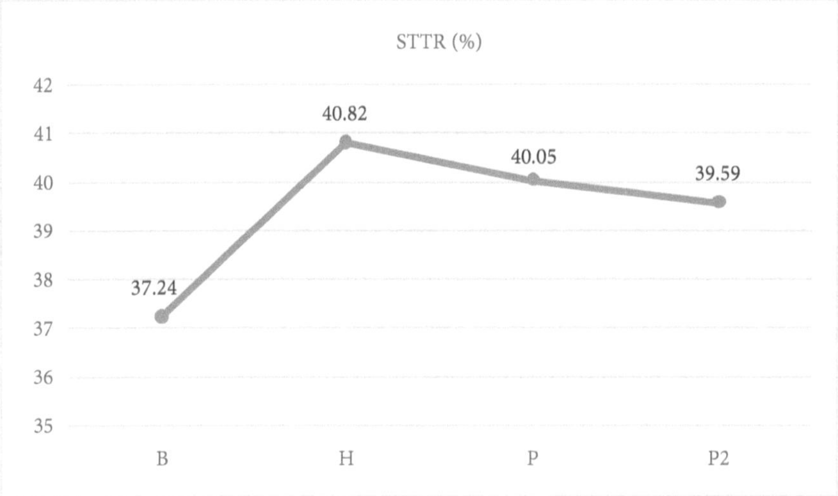

Figura 2: Gráfico que muestra la evolución del STTR a lo largo de la obra herreriana en vida y póstuma colocada en orden cronológico.

En la figura 2, se aprecia cómo se produce un aumento importante de la densidad y, por tanto, en la riqueza léxica de los poemas herrerianos en el paso de *B* a *H*. Mientras que de *H* a *P* y a los poemas exclusivos (*P2*), la tendencia es a la baja, aunque continúa con valores muy cercanos. El elevado índice de *H* puede estar relacionado con el esmero con el que Herrera preparó la edición en vida de su poesía, para la cual seleccionó su producción más granada en ese momento. Podría pensarse que este alto índice está influido por la égloga venatoria incluida en *H*, en la que se utiliza un rico vocabulario relacionado con este subgénero. Sin embargo, si se calcula la STTR de los poemas de 1582 sin la égloga, se obtiene un índice de 40,67, que resulta menos elevado que al incluir la égloga (40,82), pero sigue siendo superior al del resto de los textos poéticos herrerianos, demostrando que la mayor riqueza léxica de *H* no solo se debe a la égloga, sino también al vocabulario elegido en el resto del poemario.

3.2.2. Análisis léxicos contrastivos: contraste de palabras tipo

Se ha realizado un análisis del léxico diferente de *H* y *P* mediante el menú Contraste de Litcon (Hernández-Lorenzo, 2022b), con el que se han obtenido las palabras tipo comunes a ambos corpus y las palabras que solo aparecen en uno de ellos (véase la tabla 8).

Tabla 8: Resultados del contraste de palabras tipo entre *H* y *P*. Números de palabras comunes y palabras diferentes en valores absolutos y porcentajes

	H	P
Palabras comunes	3225 (95 %)	3225 (49 %)
Palabras diferentes	169 (5 %)	3411 (51 %)

Como puede apreciarse en la tabla 8, *H* y *P* comparten 3 225 palabras. Solamente 169 palabras de *H* no están en *P*, mientras que los textos de 1619 cuentan con 3 411 palabras que no se encuentran en los de 1582. Estos resultados dan cuenta del hecho de que *H* está incluida casi completamente en *P*, por lo que las palabras diferentes que aparecen en *Algunas obras* están relacionadas con la égloga venatoria, los dos sonetos que no pasaron a *Versos* (véase el Apéndice I) y las palabras de *H* que desaparecen por variantes de *P*. Estos datos pueden apreciarse más claramente en la figura 3, que muestra por medio de un gráfico circular los porcentajes de palabras tipo.

En cambio, hay un número considerable de palabras de *P* (3 411) que no se encuentran en *H*. Esto se aprecia más claramente en la figura 4, en la que se aprecia que aproximadamente la mitad de las palabras de *P* coinciden con las de *H* y la otra mitad son palabras diferentes.

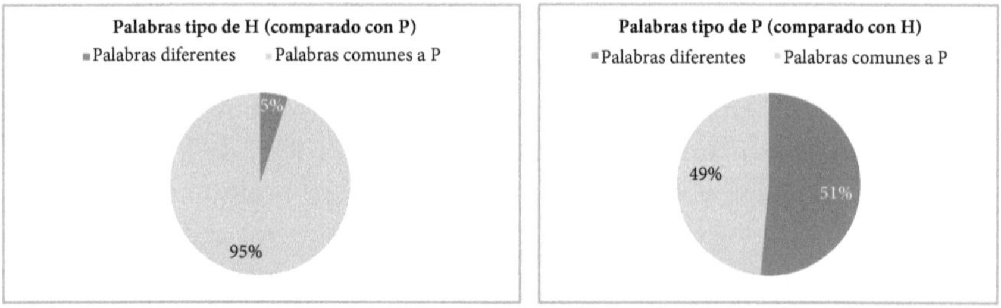

Figuras 3 y 4: Gráficos circulares que muestran la distribución en porcentajes de palabras tipo de *H* y *P* comparados entre sí.

Estos datos, aunque interesantes, se ven afectados por el hecho de que *H* está casi completamente incluida en *P*. Por ello, se ha vuelto a generar el contraste, pero esta vez entre *H* y los poemas exclusivos de *P* (*P2*), cuyos resultados se ofrecen en la tabla 9.

Tabla 9: Resultados del contraste de palabras tipo entre *P* y *H*. Números de palabras comunes y palabras diferentes en valores absolutos y porcentajes

	H	P2
Palabras comunes	2214 (65 %)	2214 (49 %)
Palabras diferentes	1180 (35 %)	2346 (51 %)

La tabla 9 muestra cómo al comparar *H* con *P2*, las palabras diferentes de *H* han pasado de 169 a 1 180 (suben de un 5 a un 35 %), mientras que las palabras diferentes de *P2* son 2 346, frente a las 3 411 de *P* completo (en porcentaje, sin embargo, se mantienen). Esto se aprecia más claramente en la figura 5. Al comparar *H* con *P2*, que no incluye poemas de la primera, se obtiene que un 65 % de las palabras de *H* las comparte con *P2*, mientras que un 35 % de las palabras de *H* no aparecen en los textos exclusivos de *P*. Es decir, *H* comparte una parte importante de sus palabras con *P2*, pero aproximadamente un tercio de las palabras tipo de 1582 no aparecen en los textos nuevos de 1619.

En la misma tabla, se recogen los datos de *P2* frente a *H*. Como puede observarse, los porcentajes de palabras comunes y diferentes son muy similares y se encuentran alrededor del 50 %. Estos resultados pueden consultarse también en la figura 6.

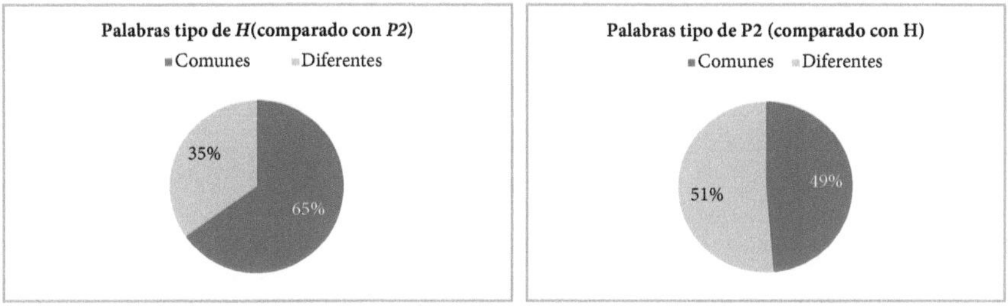

Figuras 5 y 6: Gráficos circulares que muestran la distribución en porcentajes de palabras tipo de *H* y *P2* comparados entre sí.

En los siguientes análisis, se ha comparado el léxico de *P* y *P2* con el del resto de la poesía herreriana (véanse las tablas 10 y 11).

Tabla 10: Resultados del contraste de palabras tipo entre *P* y el resto de la poesía herreriana. Números de palabras comunes y palabras diferentes en valores absolutos y porcentajes

	P	PS+H
Palabras comunes	4904 (74 %)	4904
Palabras diferentes	1732 (26 %)	1864

Tabla 11: Resultados del contraste de palabras tipo entre *P2* y el resto de la poesía herreriana. Números de palabras comunes y palabras diferentes en valores absolutos y porcentajes

	P2	PS+H
Palabras comunes	3163 (69 %)	3163
Palabras diferentes	1397 (31 %)	3605

Los resultados de esta comparación se muestran en las figuras 7 y 8. En la figura 7, se observa que la mayoría de las palabras de *P*, un 74 %, las comparte con los poemas sueltos y *H* —frente al 49 % que comparte solo con *H*, como mostraba la figura 4—, mientras que las palabras únicas del corpus poético de *Versos* constituyen un 26 %. Si se comparan los poemas exclusivos (*P2*), en lugar de *P* completo, con el resto del corpus poético herreriano, se obtiene que un 69 % de las palabras coinciden con las de los poemas sueltos y *H*, frente a un 31 % de palabras que no se encontrarían en estas colecciones.

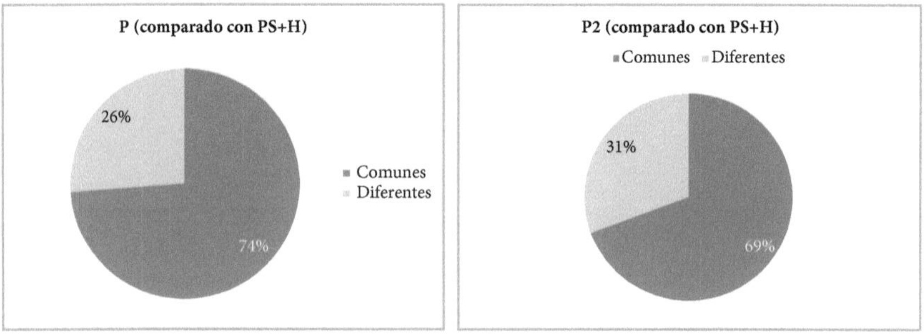

Figuras 7 y 8: Gráficos circulares que muestran la distribución en porcentajes de palabras tipo de *P* y *P2* contrastados con el resto de la obra poética herreriana.

Finalmente, para concluir, se han reagrupado los resultados anteriores por parejas en la tabla 12, de forma que puedan compararse con mayor facilidad. De esta forma, se pueden hacer algunas observaciones interesantes. Como puede apreciarse, las figuras 3 y 5 ponen de manifiesto que un porcentaje muy alto de las palabras de *H* aparecen en *P* o *P2*. Pero más llamativos resultan, sin duda, los datos ofrecidos por las figuras 4 y 6, en las cuales independientemente de si se utiliza la colección herreriana completa de 1619 o solo los poemas exclusivos arrojan los mismos porcentajes al compararlos con *H*. Asimismo, resulta también interesante que, al comparar *P* y *P2* con el resto de la obra poética herreriana, los porcentajes de palabras tipo respecto a *PS+H* son similares, aunque disminuye el porcentaje de palabras comunes en el caso de *P2*, si bien se mantiene bastante elevado.

Tabla 12: Resultados completos del contraste con valores en porcentajes

Figura	Corpus	Frente a	Palabras comunes (%)	Palabras diferentes (%)
3	H	P	95	5
5	H	P2	65	35
4	P	H	49	51
6	P2	H	49	51
7	P	PS+H	74	26
8	P2	PS+H	69	31

Estos resultados constituyen un primer acercamiento a las diferencias de nivel léxico presentadas por *P* (y *P2*), tanto frente a *H* como frente al resto de la obra poética herreriana. Para obtener más información sobre las palabras más características o distintivas de los textos de 1619, se remite al análisis de palabras clave ya realizado (Hernández-Lorenzo, 2021). En el siguiente apartado, se realiza un análisis de las particularidades ortográficas de *P* a través del empleo de los signos diacríticos.

3.2.3. Variantes ortográficas: el caso de los signos diacríticos

Como ya se ha visto en el apartado 2.2.1, desde un punto de vista ortográfico, una de las mayores particularidades de la obra poética herreriana es el uso de los signos diacríticos para indicar la dialefa con un único punto frente a los dobles puntos para marcar la diéresis. Según los estudiosos, así aparecen de forma sistemática en *H*, pero su uso varía en *P*. En este sentido, Macrí defiende en su monografía (Macrí, 1972) que en el impreso de 1619 se utiliza un único punto sobre la vocal para indicar la diéresis.

Con el objetivo de esclarecer esta cuestión, se ha realizado un análisis del uso de los signos diacríticos y de los dobles puntos a lo largo de *H*, *P* y *P2*. Para ello, se ha utilizado el corpus digitalizado en la versión respetuosa con la ortografía original, que contiene todos estos signos, y la opción Concordancia de Litcon (Hernández-Lorenzo, 2022b), con la que se ha obtenido la información de ocurrencias de cada signo por vocal y en cada una de las colecciones. Los datos con los valores absolutos de ocurrencias de puntos diacríticos por vocal en *H*, *P* y *P2* pueden consultarse en la tabla 13, mientras que los datos de valores absolutos de ocurrencias de dobles puntos encima de cada vocal en estos tres corpus se ofrecen en la tabla 14.

Tabla 13: Puntos diacríticos en *H*, *P* y *P2* por vocal. Valores absolutos

	H	P	P2
ȧ	30	143	70
ė	11	57	24
ȯ	10	95	51
u̇	7	22	12
Total	58	317	157

Tabla 14: Dobles puntos / diéresis en *H*, *P* y *P2* por vocal. Valores absolutos

	H	P	P2
ä	21	65	30
ë	9	33	13
ï	0	1	0
ö	28	23	2
ü	3	6	1
Total	61	128	46

Como puede apreciarse en la tabla 13, la vocal que aparece más veces en cada corpus con el signo diacrítico es la *ȧ*. Por contra, con el doble punto, la vocal que aparece más en *H* es la *ö*, mientras que en *P* y *P2* cuenta con más ocurrencias la *ä* (véase la tabla 14).

Ahora bien, a pesar de que las tablas anteriores arrojan información interesante sobre el uso de estos signos en cada uno de los corpus, para poder compararlos ha sido necesario convertir los valores de frecuencia absoluta en valores de frecuencia relativa, de forma que la diferente extensión de los corpus no afectara al análisis. En consecuencia, los valores se han convertido a tantos por mil en las tablas 15 y 16.

Tabla 15: Puntos diacríticos en *H*, *P* y *P2* por vocal. Valores de frecuencia relativa estandarizados a tantos por mil y redondeados a dos decimales

/1000	H	P	P2
ȧ	1,61	1,98	1,97
ė	0,59	0,79	0,68
ȯ	0,54	1,31	1,44
u̇	0,37	0,30	0,34
Total	3,11	4,38	4,43

Tabla 16: Dobles puntos / diéresis en *H*, *P* y *P2* por vocal. Valores de frecuencia relativa estandarizados a tantos por mil y redondeados a dos decimales

/1000	H	P	P2
ä	1,13	0,90	0,84
ë	0,48	0,46	0,37
ï	0,00	0,01	0,00
ö	1,50	0,32	0,06
ü	0,16	0,08	0,03
Total	3,27	1,77	1,30

Si se observa con atención la tabla 15, puede apreciarse cómo el número total de puntos diacríticos va en aumento progresivamente desde *H* a *P2*. En contraposición, la tabla 16 muestra cómo el número total de dobles puntos encima de la vocal evoluciona de forma inversa, ya que disminuye de forma progresiva de 1582 hasta los poemas nuevos de 1619. Esto puede observarse claramente en la figura 9, que muestra la evolución del total de puntos diacríticos y dobles puntos. Además, en esta figura queda patente cómo ambos rasgos gráficos tienen una presencia similar en *H*, pero la distancia en el uso de ambos va aumentando según se avanza hacia los poemas exclusivos de *P* (*P2*).

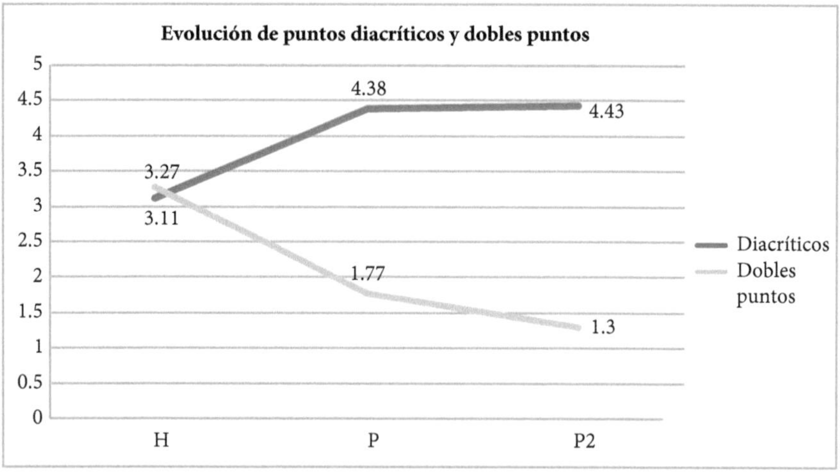

Figura 9: Gráfico que muestra la evolución de puntos diacríticos y dobles puntos en *H*, *P* y *P2*.

Si se presta atención a los datos vocal por vocal, se aprecia cómo, en el caso de un único punto diacrítico (véase la tabla 15), su uso aumenta en casi todas las vocales (la *u̇* es la excepción), mientras que, en el caso de los dobles puntos (véase la tabla 16), su uso disminuye prácticamente en todas las vocales, pues el caso de la *ï* es un tanto anómalo.[301] Entre las diferentes vocales, la *o* es aquella en la que aparece más claramente reflejada esta tendencia, tanto en el caso de un punto diacrítico como de doble punto. Por ello, se analiza a continuación en más profundidad.

En la imagen 4, pueden consultarse los 10 casos concretos de *ȯ* en *Algunas obras*. Obsérvese cómo, en todos los casos, el punto diacrítico se utiliza para marcar la dialefa o la no unión métrica de dos vocales que aparecen en palabras diferentes.

[301] Únicamente en *P* se detecta un caso de *ï*, en la palabra «Brïaréo».

NumLinea	Título de poema	NumVerso	Verso
493	<SONETO XV>	13	i con lȧ ȯnra de saber, penando,
914	<ELEGIA III>	35	vencer tu amor, perȯ ȧl fin no puedo;
1421	<ELEGIA IIII>	157	I apenȧ ȯsa, i al fin osadamente
1809	<SONETO XLIX>	5	Para cantar lȧ ȯnra soberana
1866	<SONETO LII>	6	húyo, i vȯ ȧlexando me, mas cuanto
2094	<ELEGIA V>	177	la siento cadȧ ȯra mas intensa.
2382	<SONETO LXII>	12	Alli ȯs háblo, alli suspíro i muero.
2422	<ELEGIA VI>	34	Grande trabajȯ ės, aunque no es vano,
3135	<ELEGIA VII>	150	cuanto aparta dė ȯtras i destierra.
3257	<SONETO LXXVII>	5	Que nunca el altȯ Edna con espanto

Imagen 4: Captura de pantalla de los 10 resultados de las palabras con *ȯ* en *H*, realizado mediante la opción Concordancia de Litcon (Hernández-Lorenzo, 2022b). La primera columna muestra el número de línea del verso en el fichero, mientras que la segunda recoge el título del poema, la tercera el número de verso dentro del poema, y la cuarta el verso. Resulta especialmente llamativo el séptimo caso, en el que la *i* es una de las vocales en las que se produce la dialefa.

Los 28 casos concretos de *ö* en *Algunas obras* se muestran en la imagen 5. En todos los casos, los dobles puntos se utilizan para marcar la diéresis o la no unión métrica de dos vocales dentro de la misma palabra.

NumLinea	Título de poema	NumVerso	Verso
121	<ELEGIA I>	9	del ansiöso afan en los despojos.
1054	<CANCION II>	27	que en lo poco que muestra, gloriöso Fernando,
1288	<ELEGIA IIII>	24	abrasado en su llama gloriösa.
1297	<ELEGIA IIII>	33	invidiösos del no firme estado.
1581	<SONETO XLIIII>	13	qu'aun eneste ociöso apartamiento
1642	<CANCION III>	4	Iupiter gloriöso
1643	<CANCION III>	5	en Edna despeñò vitoriöso;
1695	<CANCION III>	57	tu estrago de los ombres rabiöso,
1697	<CANCION III>	59	i todo impetuöso,
1724	<CANCION III>	86	de Cesar sacro el ramo gloriöso,
1774	<CANCION III>	136	ô cielos este tiempo espaciöso,
1776	<CANCION III>	138	el curso gloriöso;
1992	<ELEGIA V>	75	firme valor i coraçon briöso.
1995	<ELEGIA V>	78	superiör entre tu presa gente?
2070	<ELEGIA V>	153	do està ocupada, o donde està ociösa?
2182	<SONETO LVIII>	7	cuanto eres mas felice i gloriöso,
2481	<ELEGIA VI>	93	i sigue inferiör el mayor ierro.
2577	<178. EGLOGA VENATORIA>	7	persigue impetuösa
2648	<178. EGLOGA VENATORIA>	78	cabeça, llevaràs vitoriösa.
2672	<178. EGLOGA VENATORIA>	102	del javali terrible i viölento
2713	<178. EGLOGA VENATORIA>	143	a los Faunos haria invidiösos.
2855	<CANCION V>	37	i ciñe la grande orla espaciösa
2882	<CANCION V>	64	onran tu santo nombre gloriöso,
2891	<CANCION V>	73	entre el rigor de Marte viölento,
2944	<SONETO LXX>	10	alabar la ventura, invidiöso
3064	<ELEGIA VII>	79	Tales sus dos estrellas gloriösas
3141	<ELEGIA VII>	156	os llama i os suspira desseösa.
3197	<SONETO LXXIII>	13	sostuve gloriöso i de bien lleno,

Imagen 5: Captura de pantalla de los 28 resultados de palabras con *ö* en *H*, realizado mediante la opción Concordancia de Litcon (Hernández-Lorenzo, 2022b). La primera columna muestra el número de línea del verso en el fichero, mientras que la segunda recoge el título del poema, la tercera el número de verso dentro del poema, y la cuarta el verso.

En cambio, en *P* los puntos diacríticos no solo aparecen en vocales de diferentes palabras en contacto, sino también en vocales dentro de la misma palabra. No se diferencia, por tanto, entre diéresis y dialefa. Las 94 ocurrencias de *ȯ* en *Versos* pueden consultarse en las imágenes 6 a 9. Nótese, por ejemplo, en la imagen 6, «lexos de tu poder, quien tuyȯ ėra» (libro I, canción I, v. 20) o «verde, escrita lȧ ȯnra de mi pena» (libro I, soneto XXXIIX, v. 2) frente a «i renovandȯȯs los celestes ojos» (libro I, elegía III, v. 56) o «El trabajo de Fidia ingeniȯso» (libro I, soneto L, v. 1).

NumLinea	Título de poema	NumVerso	Verso
391	<CANCION I>	20	lexos de tu poder, quien tuyȯ èra
860	<238. SONETO XXXIIX>	2	verde, escrita lȧ ȯnra de mi pena;
950	<240. ELEGIA III>	56	i renovandȯȯs los celestes ojos
1194	<ELEGIA IV>	35	muestrȯȯs mi pena, i lastima presente,
1202	<ELEGIA IV>	43	Nȯ ài quien de mi pena lastimada
1211	<ELEGIA IV>	52	Sufrireis qu'ȯs escriva la memoria
1254	<SONETO L>	1	El trabajo de Fidia ingeniȯso
1352	<ELEGIA V>	10	Cuandȯ oyo tan suàve canto el suelo?
1545	<CANCION II>	30	que pluviȯso el bien me descompone,
1573	<CANCION II>	58	que nȯ àrde con viva fuerça el pecho.
1643	<SONETO LIX>	3	di ȯnra'l uno, al otro los despojos,
1734	<SONETO LXIV>	8	invidiȯso Erìdano lo mira.
1806	<ELEGIA VI>	11	que no soi en mi llanto ambiciȯso,
1878	<ELEGIA VI>	83	irà perpetuo el nombre gloriȯso,
2028	<ELEGIA VII>	7	De mi encendidȯ Ètna la braveza
2035	<ELEGIA VII>	14	de su ahumada cumbre Tifoèȯ,
2078	<ELEGIA VII>	57	nȯ èntra en vuestro coraçon elado.
2088	<ELEGIA VII>	67	Gloriȯsa, serena Estrella mia,
2439	<ELEGIA IIX>	35	nȯ à tu altivo coraçon, yo quiero
2448	<ELEGIA IIX>	44	la grandeza; el imperio gloriȯso;
2477	<ELEGIA IIX>	73	Ensalçarè yo el curso espaciȯso
2736	<SONETO LXXXII>	10	i l'arte gloriȯsa de Melampo,
2770	<ELEGIA IX>	27	i la vida i la muerte gloriȯsa.
2971	<CANCION IV>	63	inflama en nuevo ardor i gloriȯso.
3010	<CANCION IV>	102	ô gloriȯso Cielo en nuestro suelo,
3011	<CANCION IV>	103	ô suelo gloriȯso con tal cielo,
3028	<CANCION IV>	120	la grande, ingeniȯsa madre nuestra.
3075	<SONETO XC>	7	i en el alientȯ ùltimo; qu'envio,
3199	<ELEGIA X>	77	sublime al Orïènte i gloriȯso
3221	<ELEGIA X>	99	opiniȯn d'el animo mesquino.
3236	<SONETO XCIII>	1	En esta selvȧ ȯrrida i desierta,
3783	<ELEGIA XI>	169	Antes mayor, mas gloriȯso i alto,
3844	<SONETO CIIX>	12	Si, sois crueles tanto, invidiȯsas,
4465	<SONETO IX>	7	gloriȯso sepulcro; cual conviene
4571	<ELEGIA II>	6	crece con nuevȯ impetu encendida.
4770	<CANCION I. AL S. DON IUAN DE…	2	rayo i furor d'el braço impetuȯso
4900	<CANCION I. AL S. DON IUAN DE…	132	este cansado tiempo espaciȯso;
4902	<CANCION I. AL S. DON IUAN DE…	134	el curso gloriȯso,
5042	<ELEGIA III>	22	Porqu'este porfiȯso desvario
5091	<ELEGIA III>	71	en mil grandes empresas gloriȯso,
5193	<SONETO XXXI>	12	I tu lamenta esta postrerȧ ȯra;
5242	<ELEGIA IV>	26	cual fue'n Pafo a Diȯne consagrado,
5243	<ELEGIA IV>	27	un templo insinemente suntuȯso.
5286	<ELEGIA IV>	70	dė ȯmbre, o fiera, mostrarà el desierto
5503	<CANCION II. A d. Luis Ponce …	46	Aquel, qu'el gloriȯso i rico Lauro
5613	<SONETO XL>	13	pudiera el hijȯ inclito d'Alceo
5773	<ELEGIA V>	119	aqui nȯ èntra, quien no es desdichado.
5790	<ELEGIA V>	136	Desconfio, aborrescȯ, ámo, espero,
5957	<ELEGIA VI. A la muerte de do…	13	Mas ô mis esperanças gloriȯsas
6016	<ELEGIA VI. A la muerte de do…	72	i ansiȯso temor d'el mal ausente.
6022	<ELEGIA VI. A la muerte de do…	78	con el orror d'el golpe impetuȯso.
6149	<SONETO L>	10	para el bien d'esperança gloriȯso,
6152	<SONETO L>	13	si en hebras, qu'el Sol mira invidiȯso,
6559	<SONETO LX>	3	discurra Iperiȯn, por otra via,
6600	<ELEGIA IIX>	26	mescla no inferiȯr al Arno frio,
6648	<SONETO LXI>	3	passó, rompiendo, el rayo gloriȯso,
6708	<SONETO LXIV>	7	que por vos gloriȯso el Ocidente,
6828	<CANCION IV>	90	d'el gloriȯso cerco d'el cabello,

7009	<SONETO LXXI>	13	i con lȧ ȯnra de saber, penando;
7029	<ELEGIA IX>	14	siguiendo porfiȯso mi desseo;
7288	<SONETO LXXVI>	13	me renuevo con vida gloriȯsa
7476	<SONETO LXXX>	9	Quedò Amor d'el assalto gloriȯso;
7605	<ELEGIA X>	100	I entonces, con el buelo gloriȯso,
7607	<ELEGIA X>	102	al cielo s'alçarà vitoriȯso.
7857	<CANCION VI>	151	temerà el fuego i l'asta violenta,
7870	<CANCION VI>	164	sus odiȯsos passos imitaste,
7877	<CANCION VI>	171	qu'en tus naves estavas gloriȯsa;
8065	<ELEGIA XI>	71	reliquias de memoria gloriȯsa,
9066	<ELEGIA I>	50	qu'el valor gloriȯso los alienta,
9153	<ELEGIA I>	137	el friȯ Ėbro; el Tajo caudalos
9183	<ELEGIA I>	167	enriqueces alegre, i gloriȯsa
9232	<CANCION I. A don Alonso Per…	32	de la estirpe real, i gloriȯsa
9237	<CANCION I. A don Alonso Per…	37	lȧ ȯnra singular d'esta hazaña;
9312	<CANCION I. A don Alonso Per…	112	D'el mas preciado nombre i gloriȯso,
9473	<ELEGIA II>	55	Lȧ ȯnra de mi noble pensamiento,
9722	<SONETO XX>	11	al impetu de Libia violenta.
9732	<SONETO XXI>	2	entravas de Netuno impetuȯso,
10028	<SONETO XXXI>	10	qu'en todȯ ėl pienso ser vitoriȯsa,
10170	<CANCION III>	60	en celebrar el nombre gloriȯso
10214	<CANCION III>	104	que lo sigais al gloriȯso templo.
10317	<SONETO XXXV>	5	Que nunca el altȯ Ėtna con espanto
10648	<SONETO XLII>	2	no vos tenga mi Estrella; qu'en lȧ ȯra
10926	<SONETO LI>	5	Para cantar lȧ ȯnra soberana
10963	<SONETO LIII>	4	i el Tebro, el Nilo, el Istro violento;
11170	<ELEGIA VI>	157	I apenȧ ȯsa, i al fin osadamente
11303	<SONETO LVII>	3	teñiste d'el Iȯnio la corriente
11324	<SONETO LIIX>	6	húyo, i vȯ ȧlexandome, mas cuanto

11668	<ELEGIA VII>	177	la siento cadȧ ȯra mas intensa.
11721	<SONETO LXIV>	7	i no se puede (ai hado violento)
11858	<ELEGIA IIX>	34	Grande trabajȯ ės, aunque no es vano,
12189	<SONETO LXXIV>	6	lȧ ȯnra i el valor de tanta pena,
12387	<ELEGIA IX>	150	cuanto aparta dė ȯtras i destierra.

Imágenes 6-9: Capturas de pantalla de los 95 resultados de las palabras con *ȯ* en *P*, realizado mediante la opción Concordancia de Litcon (Hernández-Lorenzo, 2022b). La primera columna muestra el número de línea del verso en el fichero, mientras que la segunda recoge el título del poema, la tercera el número de verso dentro del poema, y la cuarta el verso. Resulta llamativo el caso del quinto verso de la imagen 8, en las que solo una de las *o* en contacto lleva punto diacrítico. Se ha comprobado con el impreso de 1619 que efectivamente es así, constituyendo un caso anómalo.

El uso de *ö*, sin embargo, se limita en *P* a las vocales en contacto dentro de una misma palabra, indicando, por tanto, la diéresis, del mismo modo que *H* (véase la imagen 10). Parecen ser casos anómalos, frente a la indistinción entre dialefa y diéresis que testimonian las imágenes 6-9. En este sentido, resulta llamativo que en *P* aparezcan las mismas palabras de las dos formas (*impetuȯso* / *impetuöso*, *ingeniȯso* / *ingeniöso*, *inferiȯr* / *inferiör*, *viȯlento* / *viölento*, *gloriȯsas* / *gloriösas*, *gloriȯso* / *gloriöso*, *gloriȯsa* / *gloriösa*, *invidiȯso* / *invidiöso*).

NumLinea	Título de poema	NumVerso	Verso
447	<SONETO XIX>	4	las llamas el dañoso Iperiöneo.
1808	<ELEGIA VI>	13	Sirvo mas al dolor impetuöso,
1810	<ELEGIA VI>	15	qu'al desseo de nombre ingeniöso.
2934	<CANCION IV>	26	quebrò en Iönias ondas l'arrogancia,
2972	<CANCION IV>	64	ya inferiör a mi la tierra veo,
3910	<SONETO CXII>	7	cuanto eres mas felice i gloriöso,
5915	<SONETO XLVII>	7	rienda, i con su tardança espaciösa
5992	<ELEGIA VI. A la muerte de do...	48	l'alma de quien amò mas gloriösa?
7455	<SONETO LXXIX>	7	cuanto eres mas felice i gloriöso,
8222	<SONETO XCII>	10	alabar la ventura, invidiöso
8243	<SONETO XCIII>	13	qu'aun eneste ociöso apartamiento
8764	<SONETO CIV>	13	sostuve gloriöso i de bien lleno,
10763	<CANCION IV>	27	que en lo poco que muestra, gloriöso Fernando,
11037	<ELEGIA VI>	24	abrasado en su llama gloriösa.
11046	<ELEGIA VI>	33	invidiösos del no firme estado.
11391	<CANCION V. Al Santo Rei Don ...	37	i ciñe la grande orla espaciösa
11418	<CANCION V. Al Santo Rei Don ...	64	onran tu Santo nombre gloriöso,
11427	<CANCION V. Al Santo Rei Don ...	73	entre el rigor de Marte viölento,
11566	<ELEGIA VII>	75	firme valor i coraçon briöso.
11644	<ELEGIA VII>	153	do està ocupada, o donde està ociösa?
11917	<ELEGIA IIX>	93	i sigue inferiör el mayor ierro.
12316	<ELEGIA IX>	79	Tales sus dos estrellas gloriösas
12393	<ELEGIA IX>	156	vos llama i vos suspira desseösa.

Imagen 10: Captura de pantalla de los 23 resultados de palabras con *ö* en *P*, realizado mediante la opción Concordancia de Litcon (Hernández-Lorenzo, 2022b). La primera columna muestra el número de línea del verso en el fichero, mientras que la segunda recoge el título del poema, la tercera el número de verso dentro del poema, y la cuarta el verso.

Por último, se analizan los casos concretos de uso de estos signos en *P2*. Las imágenes 11 y 12 muestran los 51 resultados de *ȯ* en *P2*. Lógicamente, al igual que en *P*, el punto diacrítico se usa indistintamente para la dialefa (p.e., «que nȯ ȧrde con viva fuerça el pecho», libro I, canción II, v. 58) y la diéresis (p.e., «Gloriȯsa, serena Estrella mia», libro I, elegía VII, v. 67).

NumLinea	Título de poema	NumVerso	Verso
518	<SONETO L>	1	El trabajo de Fidia ingeniȯso
661	<CANCION II>	30	que pluviȯso el bien me descompone,
689	<CANCION II>	58	que nȯ ȧrde con viva fuerça el pecho.
759	<SONETO LIX>	3	di ȯnra'l uno, al otro los despojos,
1001	<ELEGIA VII>	7	De mi encendidȯ Ėtna la braveza
1008	<ELEGIA VII>	14	de su ahumada cumbre Tifoėȯ,
1051	<ELEGIA VII>	57	nȯ ėntra en vuestro coraçon elado.
1061	<ELEGIA VII>	67	Gloriȯsa, serena Estrella mia,
1210	<ELEGIA IIX>	35	nȯ ȧ tu altivo coraçon, yo quiero
1219	<ELEGIA IIX>	44	la grandeza; el imperio gloriȯso;
1248	<ELEGIA IIX>	73	Ensalçarė yo el curso espaciȯso
1515	<SONETO XC>	7	i en el alientȯ ùltimo; qu'envio,
1621	<ELEGIA X>	77	sublime al Oriënte i gloriȯso
1643	<ELEGIA X>	99	opiniȯn d'el animo mesquino.
1940	<ELEGIA XI>	169	Antes mayor, mas gloriȯso i alto,
2001	<SONETO CIIX>	12	Si, sois crueles tanto, invidiȯsas,
2561	<ELEGIA II>	6	crece con nuevȯ impetu encendida.
2822	<ELEGIA III>	22	Porqu'este porfiȯso desvario
2871	<ELEGIA III>	71	en mil grandes empresas gloriȯso,
2973	<SONETO XXXI>	12	I tu lamenta esta postrerȧ ȯra;
3006	<ELEGIA IV>	26	cual fue'n Pafo a Diȯne consagrado,
3007	<ELEGIA IV>	27	un templo insinemente suntuȯso.
3050	<ELEGIA IV>	70	dė ȯmbre, o fiera, mostrarȧ el desierto
3345	<ELEGIA V>	119	aqui nȯ ėntra, quien no es desdichado.
3362	<ELEGIA V>	136	Desconfio, aborrescȯ, ámo, espero,
3460	<SONETO L>	10	para el bien d'esperança gloriȯso,
3463	<SONETO L>	13	si en hebras, qu'el Sol mira invidiȯso,
3532	<SONETO LX>	3	discurra Iperiȯn, por otra via,
3573	<ELEGIA IIX>	26	mescla no inferiȯr al Arno frio,

3621	<SONETO LXI>	3	passó, rompiendo, el rayo gloriȯso,
3681	<SONETO LXIV>	7	que por vos gloriȯso el Ocidente,
3747	<ELEGIA IX>	14	siguiendo porfiȯso mi desseo;
3990	<SONETO LXXVI>	13	me renuevo con vida gloriȯsa
4097	<ELEGIA X>	100	I entonces, con el buelo gloriȯso,
4099	<ELEGIA X>	102	al cielo s'alçarà vitoriȯso.
4810	<ELEGIA I>	50	qu'el valor gloriȯso los alienta,
4897	<ELEGIA I>	137	el friȯ Ėbro; el Tajo caudalos
4927	<ELEGIA I>	167	enriqueces alegre, i gloriȯsa
4976	<CANCION I. A don Alonso Per…	32	de la estirpe real, i gloriȯsa
4981	<CANCION I. A don Alonso Per…	37	la ȯnra singular d'esta hazaña;
5056	<CANCION I. A don Alonso Per…	112	D'el mas preciado nombre i gloriȯso,
5199	<SONETO XX>	11	al impetu de Libia violenta.
5209	<SONETO XXI>	2	entravas de Netuno impetuȯso,
5330	<SONETO XXXI>	10	qu'en todȯ el pienso ser vitoriȯsa,
5400	<CANCION III>	60	en celebrar el nombre gloriȯso
5444	<CANCION III>	104	que lo sigais al gloriȯso templo.
5775	<SONETO LIII>	4	i el Tebro, el Nilo, el Istro violento;
5832	<SONETO LVII>	3	teñiste d'el Iȯnio la corriente
5932	<SONETO LXIV>	7	i no se puede (ai hado violento)
6202	<SONETO LXXIV>	6	la ȯnra i el valor de tanta pena,

Imágenes 11 y 12 : Capturas de pantalla de los 51 resultados de las palabras con *ȯ* en *P2*, realizado mediante la opción Concordancia de Litcon (Hernández-Lorenzo, 2022b). La primera columna muestra el número de línea del verso en el fichero, mientras que la segunda recoge el título del poema, la tercera el número de verso dentro del poema, y la cuarta el verso.

Solamente hay dos casos de doble punto sobre la vocal *o* en *P2* (véase la imagen 13): *Iperiöneo* (libro I, soneto XIX, v. 4) y *espaciösa* (libro II, soneto XLVII, v. 7). Nótese que el primero es un derivado de un nombre propio.

NumLinea	Título de poema	NumVerso	Verso
252	<SONETO XIX>	4	las llamas el dañoso Iperiöneo.
3437	<SONETO XLVII>	7	rienda, i con su tardança espaciösa

Imagen 13: Captura de pantalla de los 2 resultados de las palabras con *ö* en *P2*, realizado mediante la opción Concordancia de Litcon (Hernández-Lorenzo, 2022b). La primera columna muestra el número de línea del verso en el fichero, mientras que la segunda recoge el título del poema, la tercera el número de verso dentro del poema, y la cuarta el verso.

Hasta el momento, se han señalado en los datos expuestos dos fenómenos que podrían estar relacionados. En primer lugar, el cómputo total en el uso de diacríticos y dobles puntos muestra que se produce un aumento de un solo punto y una disminución de dobles puntos en *P* y *P2* (ya observado en la figura 9); en segundo, al analizar los casos concretos de la *o*, se ha visto que un solo punto puede indicar tanto dialefa como diéresis en *P* y *P2*, al contrario que en *H*, donde indica solo la dialefa. Ambos fenómenos podrían explicarse con la hipótesis de Macrí (1972), quien defiende que en *Versos* el punto diacrítico también se utiliza para la diéresis. Esto se debe, según el reconocido herrerista, a que en *P* la *i* se imprime con punto arriba,[302] y, mediante la utilización de un único punto diacrítico, se evita que aparezcan tres seguidos.

Sin embargo, esto puede resultar problemático si se tiene en cuenta que el uso de los dobles puntos, aunque reducido, también se da en *P* y *P2*, hasta el punto de que una misma palabra puede aparecer con doble punto y con diéresis en poemas distintos de la misma obra. Sirvan como ejemplo los siguientes casos: *ingeniȯso* (libro I, soneto L, v. 1, véanse las imágenes 6 y 11) —*ingeniöso* (libro I, elegía IV, v. 15, véase la imagen 10); *invidiȯso* (libro I, soneto LXIV, v. 8, véase la imagen 6)— *invidiöso* (libro II, soneto XCII, v. 10, véase la imagen 10); *gloriȯso* (libro I, elegía VI, v. 83, véase la imagen 6) — *gloriöso* (libro I, soneto CXII, v. 7, véase la imagen 10); o *impetuȯso* (libro II, canción I, v. 2, véase la imagen 7)— *impetuöso* (libro I, elegía VI, v. 13, véase la imagen 10). Por ello, resulta conveniente detenerse un poco más en estos signos ortográficos y en su función.

Siguiendo con el caso de la *ȯ*, de los 95 puntos diacríticos utilizados en *P*, 29 marcan la dialefa (DL) y 59, la diéresis (DR), mientras que se detectan siete casos de *ȯ* anómalos, como se indica a continuación:

lexos de tu poder, quien tuy*ȯ* ėra **DL**
verde, escrita l*ȧ* *ȯ*nra de mi pena; **DL**
i renovand*ȯȯ*s los celestes ojos **Caso anómalo: se produce sinéresis**
muestr*ȯȯ*s mi pena, i lastima presente **Caso anómalo: se produce sinéresis**
N*ȯ* *ȧ*i quien de mi pena lastimada **DL**
Sufrireis qu'*ȯ*s escriva la memoria **Caso anómalo: se produce sinalefa**
El trabajo de Fidia ingeni*ȯ*so **DR**
Cuand*ȯ* oyo tan suäve canto el suelo? **Caso anómalo: se produce sinalefa**
que pluvi*ȯ*so el bien me descompone, **DR**
que n*ȯ* *ȧ*rde con viva fuerça el pecho. **DL**
di *ȯ*nra'l uno, al otro los despojos, **DL**
invidi*ȯ*so Erídano lo mira. **DR**
que no soi en mi llanto ambici*ȯ*so, **DR**
irà perpetuo el nombre glori*ȯ*so, **DR**
De mi encendid*ȯ* Ėtna la braveza **DL**
de su ahumada cumbre Tifoė*ȯ*, **DR**
n*ȯ* ėntra en vuestro coraçon elado. **DL**
Glori*ȯ*sa, serena Estrella mia, **DR**
n*ȯ* à tu altivo coraçon, yo quiero **DL**
la grandeza; el imperio glori*ȯ*so; **DR**
Ensalçarè yo el curso espaci*ȯ*so **DR**
i l'arte glori*ȯ*sa de Melampo, **DR**
i la vida i la muerte glori*ȯ*sa. **DR**
inflama en nuevo ardor i glori*ȯ*so. **DR**
ô glori*ȯ*so Cielo en nuestro suelo, **DR**
ô suelo glori*ȯ*so con tal cielo, **DR**

[302] Recuérdese que en 1582, ni la *i* ni la *j* se imprimen con punto arriba, como ya se ha expuesto en el capítulo 2.2.1.

la grande, ingeniósa madre nuestra. **DR**
i en el alientó último; qu'envio, **DL**
sublime al Oriënte i glorióso **DR**
opinión d'el animo mesquino. **DR**
En esta selvá órrida i desierta, **DL**
Antes mayor, mas glorióso i alto, **DR**
Si, sois crueles tanto, invidiósas, **DR**
glorióso sepulcro; cual conviene **DR**
crece con nuevó impetu encendida. **DL**
rayo i furor d'el braço impetuóso **DR**
este cansado tiempo espacióso; **DR**
el curso glorióso, **DR**
Porqu'este porfióso desvario **DR**
en mil grandes empresas glorióso, **DR**
I tu lamenta esta postrerá óra; **DL**
cual fue'n Pafo a Dióne consagrado, **DR**
un templo insinemente suntuóso. **DR**
dė ómbre, o fiera, mostrarà el desierto **DL**
Aquel, qu'el glorióso i rico Lauro **DR**
pudiera el hijó inclito d'Alceo **DL**
aqui nó ėntra, quien no es desdichado. **DL**
Desconfío, aborrescó, ámo, espero, **DL**
Mas ô mis esperanças gloriósas **DR**
i ansióso temor d'el mal ausente. **DR**
con el orror d'el golpe impetuóso. **DR**
para el bien d'esperança glorióso, **DR**
si en hebras, qu'el Sol mira invidióso, **DR**
discurra Iperión, por otra via, **DR**
mescla no inferiór al Arno frio, **DR**
passó, rompiendo, el rayo glorióso, **DR**
que por vos glorióso el Ocidente, **DR**
d'el glorióso cerco d'el cabello, **DR**
i con *là* ónra de saber, penando **DL**
siguiendo porfióso mi desseo; **DR**
me renuevo con vida gloriósa **DR**
Quedò Amor d'el assalto glorióso; **DR**
I entonces, con el buelo glorióso, **DR**
al cielo s'alçarà vitorióso. **DR**
temerà el fuego i l'asta violenta, **DR**
sus odiósos passos imitaste, **DR**
qu'en tus naves estavas gloriósa; **DR**
reliquias de memoria gloriósa, **DR**
qu'el valor glorióso los alienta, **DR**
el frió Ėbro; el Tajo caudaloso **DL**
enriqueces alegre, i gloriósa **DR**
de la estirpe real, i gloriósa **DR**
là ónra singular d'esta hazaña; **DL**
D'el mas preciado nombre i glorióso, **DR**
Là ónra de mi noble pensamiento, **DL**
al impetu de Libia violenta. **DR**
entravas de Netuno impetuóso, **DR**
qu'en todó ėl pienso ser vitoriósa, **Caso anómalo: se produce sinalefa / DR**
en celebrar el nombre glorióso **DR**
que lo sigais al glorióso templo. **DR**
Que nunca el altó Ėtna con espanto **DL**
no vos tenga mi Estrella; qu'en là óra **DL**
Para cantar là ónra soberana **DL**
i el Tebro, el Nilo, el Istro violento; **DR**
I apená ósa, i al fin osadamente **DL**
teñiste d'el Iónio la corriente **DR**
húyo, i vó álexandome, mas cuanto **DL**
la siento cadá óra mas intensa. **DL**
i no se puede (ai hado violento) **DR**
Grande trabajó ės, aunque no es vano, **DL**
là ónra i el valor de tanta pena, **DL**
cuanto aparta dė ótras i destierra. **DL**

En *P2*, de los 51 resultados, 14 marcan la dialefa (DL), 36 la diéresis (DR) y uno es uno de los casos anómalos anteriores:

El trabajo de Fidia ingeniȯso **DR**
que pluviȯso el bien me descompone, **DR**
que nȯ ȧrde con viva fuerça el pecho. **DL**
di ȯnra'l uno, al otro los despojos, **DL**
De mi encendidȯ Ėtna la braveza **DL**
de su ahumada cumbre Tifoėȯ, **DR**
nȯ ėntra en vuestro coraçon elado. **DL**
Gloriȯsa, serena Estrella mia, **DR**
nȯ ȧ tu altivo coraçon, yo quiero **DL**
la grandeza; el imperio gloriȯso; **DR**
Ensalçarė yo el curso espaciȯso **DR**
i en el alientȯ u̇ltimo; qu'envio, **DL**
sublime al Oriënte i gloriȯso **DR**
opiniȯn d'el animo mesquino. **DR**
Antes mayor, mas gloriȯso i alto, **DR**
Si, sois crueles tanto, invidiȯsas, **DR**
crece con nuevȯ impetu encendida. **DL**
Porqu'este porfiȯso desvario **DR**
en mil grandes empresas gloriȯso, **DR**
I tu lamenta esta postrerȧ ȯra; **DL**
cual fue'n Pafo a Diȯne consagrado, **DR**
un templo insinemente suntuȯso. **DR**
dė ȯmbre, o fiera, mostrarȧ el desierto **DL**
aqui nȯ ėntra, quien no es desdichado. **DL**
Desconfío, aborrescȯ, ȧmo, espero, **DL**
para el bien d'esperança gloriȯso, **DR**
si en hebras, qu'el Sol mira invidiȯso, **DR**
discurra Iperiȯn, por otra via, **DR**
mescla no inferiȯr al Arno frio, **DR**
passó, rompiendo, el rayo gloriȯso, **DR**
que por vos gloriȯso el Ocidente, **DR**
siguiendo porfiȯso mi desseo; **DR**
me renuevo con vida gloriȯsa **DR**
I entonces, con el buelo gloriȯso, **DR**
al cielo s'alçarȧ vitoriȯso. **DR**
qu'el valor gloriȯso los alienta, **DR**
el friȯ Ėbro; el Tajo caudaloso **DL**
enriqueces alegre, i gloriȯsa **DR**
de la estirpe real, i gloriȯsa **DR**
lȧ ȯnra singular d'esta hazaña; **DL**
D'el mas preciado nombre i gloriȯso, **DR**
al impetu de Libia viȯlenta. **DR**
entravas de Netuno impetuȯso, **DR**
qu'en todȯ ėl pienso ser vitoriȯsa, **Caso anómalo: se produce sinalefa / DR**
en celebrar el nombre gloriȯso **DR**
que lo sigais al gloriȯso templo. **DR**
i el Tebro, el Nilo, el Istro viȯlento; **DR**
teñiste d'el Iȯnio la corriente **DR**
i no se puede (ai hado viȯlento) **DR**
lȧ ȯnra i el valor de tanta pena, **DL**

Es decir, si se convierten estos números en porcentajes, en *P* hay una relación aproximadamente de 34 % de un único punto diacrítico para la dialefa y 66 % para la diéresis, mientras que en *P2* esta pasa a ser de en torno a un 29 % de puntos diacríticos que marcan la dialefa y un 71 % que marcan la diéresis. Se han detectado 7 casos de ȯ anómalos, a los que hay que sumar otros

8 casos anómalos localizados con ȧ, *ė* y u̇. Si se tiene en cuenta que, en total, *P* contiene 317 casos de vocal con un único punto diacrítico, el porcentaje de casos anómalos constituiría un 4 % aproximadamente. Este pequeño porcentaje frente a la sistematización que prevalece en el resto de los casos, unido al hecho de que no se aprecia ninguna conexión significativa entre los casos anómalos, sugiere que estos últimos constituyen errores producidos durante el proceso de impresión, por descuido del copista o de los cajistas.

Por otra parte, en cuanto a los dobles puntos, como se ha visto, en *P2* únicamente se encuentran 2, uno de ellos en un nombre propio. En cambio, en *P* se cuentan 23. Puesto que *Versos* comparte poemas con otras fuentes herrerianas a excepción de los poemas exclusivos que conforman el corpus de *P2*, cabe preguntarse por la procedencia de los poemas donde el doble punto aparece, la cual se presenta a continuación:

Libro I, SONETO XIX, v. 4, las llamas el dañoso Iperiöneo. **P2**
Libro I, ELEGIA VI, v. 13, Sirvo mas al dolor impetuöso, **Anotaciones**
Libro I, ELEGIA I, v. 15, qu‘al desseo de nombre ingeniöso. **Anotaciones**
Libro I, CANCION IV, v. 26, quebrò en Iönias ondas l‘arrogancia, **B**
Libro I, CANCION IV, v. 64, ya inferiör a mi la tierra veo, **B**
Libro I, SONETO CXII, v. 7, cuanto eres mas felice i gloriöso, **H**
Libro II, SONETO XLVII, v. 7, rienda, i con su tardança espaciösa **P2**
Libro II, ELEGIA VI. A la muerte de don Pedro de Çuñiga, v. 48, l‘alma de quien amò mas gloriösa? **B, Anotaciones**
Libro II, SONETO LXXIX, v. 7, cuanto eres mas felice i gloriöso, **H**
Libro II, SONETO XCII, v. 10, alabar la ventura, invidiöso **H**
Libro II, SONETO XCIII, v. 13, qu‘aun eneste ociöso apartamiento **H**
Libro II, SONETO CIV, v. 13, sostuve gloriöso i de bien lleno, **H**
Libro III, CANCION IV, v. 27, que en lo poco que muestra, gloriöso Fernando, **H**
Libro III, ELEGIA VI, v. 24, abrasado en su llama gloriösa. **H**
Libro III, ELEGIA VI, v. 33, invidiösos del no firme estado. **H**
Libro III, CANCION V. Al Santo Rei Don Fernando, v. 37, i ciñe la grande orla espaciösa **H**
Libro III, CANCION V. Al Santo Rei Don Fernando, v. 64, onran tu Santo nombre gloriöso, **H**
Libro III, CANCION V. Al Santo Rei Don Fernando, v. 73, entre el rigor de Marte viölento, **H**
Libro III, ELEGIA VII, v. 75, firme valor i coraçon briöso. **H**
Libro III, ELEGIA VII, v. 153, do està ocupada, o donde està ociösa? **H**
Libro III, ELEGIA IIX, v. 93, i sigue inferiör el mayor ierro. **H**

Libro III, ELEGIA IX, v. 79, Tales sus dos estrellas gloriösas **H**
Libro III, ELEGIA IX, v. 156, vos llama i vos suspira desseösa. **H**

Como puede observarse en la lista anterior, si exceptuamos los dos casos de *P2* (o de los poemas exclusivos de *P*), de los 21 casos restantes de *ö*, la gran mayoría, un total de 16, vienen de *H*, mientras que los 5 restantes proceden de *B* o de las *Anotaciones*.

Para finalizar, los datos y análisis anteriores demuestran que *P* y *P2* utilizan un único punto diacrítico tanto para la dialefa como para la diéresis, produciéndose una suerte de unificación gráfica de los recursos métricos de separación de vocales en dos sílabas. Sin embargo, los poemas y versos que se recogen de *H* o de los poemas sueltos mantienen los dobles puntos para marcar la diéresis. En consecuencia, queda resaltado el carácter de *P* como compendio de libros que incluye varias normas ortográficas.

3.3. Estudios con corpus etiquetado morfosintácticamente

3.3.1. Motivación

El interés por la sintaxis de la poesía herreriana está presente en muchos de los estudios del drama textual. Así, por ejemplo, Salvatore Battaglia resalta «la funzione riformatrice che ha esercitato con la sua sensibilità lessicale e sintattica il poeta sivigliano nell'intero circolo della lingua spagnola» (Battaglia, 1954, p. 87). La crítica herreriana cree notar una gran diferencia entre la sintaxis de *P* y la de *H*, que radicaría en un componente más barroco de la sintaxis de los poemas de *P*, al que Blecua se refiere como «el barroquismo que caracteriza a los textos de Pacheco» (Blecua, 1958, p. 391). Tanto Battaglia como Macrí defienden que este forma parte de la evolución estilística de la poesía herreriana y analizan variantes que afectan a la sintaxis. Macrí dedica a esta cuestión un capítulo de su monografía sobre el autor de las *Anotaciones*, y dentro de este un subcapítulo titulado «Sintaxis: partes y funciones accesorias», en el que se encarga de analizar las «variantes relativas a las categorías gramaticales de función complementaria sintagmática» (Macrí, 1972, p. 280). Por otra parte, Inoria Pepe Sarno en sus estudios de variantes también tiene muy en cuenta las que afectan a la sintaxis, las cuales agrupa dentro de las que ella llama variantes sintagmáticas *in praesentia* (Pepe Sarno, 1986b, p. 71).

Sin embargo, si exceptuamos el estudio de Macrí citado, en el que el crítico italiano reúne una serie de variantes relacionadas con determinados cambios en el plano morfosintáctico, no se ha hecho un estudio sistemático de la morfosintaxis herreriana, por lo que nos proponemos realizarlo a continuación aprovechando las herramientas disponibles de Procesamiento de Lenguaje Natural (PLN), así como las que se han desarrollado en nuestro *software* con este fin.

3.3.2. Preparación del corpus etiquetado morfosintácticamente

3.3.2.1. Programas de PLN

El primer paso a la hora de acometer el etiquetado morfosintáctico automático del corpus fue realizar una búsqueda de los programas de Procesamiento de Lenguaje Natural disponibles que contaban con esta funcionalidad. Los que se presentan a continuación son, además, en su mayoría, gratuitos y de acceso abierto.

Uno de los programas más conocidos de Procesamiento del Lenguaje Natural es TreeTagger (Schmid, 1994).[303] Fue desarrollado en los años 80 por Helmut Schmid como parte del proyecto «Textcorpora und Erschliessungswerkzeuge» («Corpus textual y herramientas de desarrollo») del Instituto de Lingüística computacional de la Universidad de Stuttgart. Actualmente el programa se aloja en el sitio web del Centrum für Informations und Sprachverarbeitung (CIS) —Centro de información y Procesamiento del Lenguaje Natural— de la Universidad Ludwig-Maximilians de Munich, donde trabaja ahora su creador. Esta herramienta ha sido muy utilizada especialmente en Alemania y con textos en alemán. Sin embargo, su eficiencia con textos en español es mejorable, como mostró José Manuel Fradejas durante su intervención en la sesión de Estilometría en el Romanistentag 2017.

Posteriormente a la aparición de TreeTagger se han desarrollado otras herramientas de Procesamiento del Lenguaje Natural y etiquetado automático de textos, entre los que destacan The Natural Language Toolkit, SpaCy, el Stanford Log-linear Part-Of-Speech Tagger, o FreeLing.

---

[303] Web: https://www.cis.uni-muenchen.de/~schmid/tools/TreeTagger/ [Consulta: 29/03/2025].

Uno de los más utilizados por los investigadores que programan en Python, es The Natural Language Toolkit (NLTK) (Bird et al., 2009).[304] Este recurso fue creado en 2001 por el profesor de la Universidad de Pensilvania, Steven Bird, y su alumno y asistente Edward Loper. Escrito para usuarios de Python, incluye una serie de paquetes y librerías de procesamiento de texto, que realizan funciones propias de estos *softwares*, tales como tokenización, clasificación o etiquetado automático del texto. Esta herramienta está especializada en textos en inglés, aunque también funciona con textos en chino, árabe, francés, alemán y español. Otro recurso de Procesamiento de Lenguaje Natural para usuarios de Python es SpaCy,[305] una librería de Python escrita en C en la que se ha priorizado la agilidad de la herramienta, por lo que resulta útil para analizar y etiquetar ingentes cantidades de texto, pero la calidad de los análisis puede ser inferior a la de otras herramientas.

Por otra parte, el Stanford Natural Language Processing Group ha desarrollado el programa Stanford Log-linear Part-Of-Speech Tagger (Toutanova et al., 2003).[306] Implementado en Java, funciona con una cierta variedad de lenguas, entre las que se encuentran el inglés, el árabe, el chino, el francés, el alemán y el español.

Por último, FreeLing (Padró, 2011; Padró & Stanilovsky, 2012) es un software creado en C++ (y actualmente dirigido) por Lluís Padró en el seno del grupo de investigación en Procesamiento de Lenguaje Natural del centro TALP (Centro de Tecnologias y Aplicaciones del Lenguaje y el Habla) de la Universitat Politècnica de Catalunya.[307] Soporta una gran cantidad de lenguas europeas, entre otras, el inglés, el español, el portugués, el italiano, el francés, el alemán, el ruso, el noruego, el catalán, el gallego, el croata o el esloveno. Entre sus numerosas funcionalidades, que pueden invocarse tanto desde C++ como desde Java, Perl, Python o la propia consola del ordenador mediante líneas de comandos, FreeLing crea etiquetas morfosintácticas automáticas (*POS tagging*) para cualquiera de las lenguas soportadas. Y, lo que es más importante, los investigadores que han usado FreeLing coinciden en que se trata de la mejor herramienta para textos en español, con un porcentaje de

---

304 Web: https://www.nltk.org/ [Consulta: 29/03/2025].

305 Web: https://spacy.io/ [Consulta: 29/03/2025].

306 Web: https://nlp.stanford.edu/software/tagger.html [Consulta: 29/03/2025].

307 Web: https://www.fib.upc.edu/es/investigacion/centros-de-investigacion/talp-centro-de-tecnologias-y-aplicaciones-del-lenguaje-y-el-habla [Consulta: 29/03/2025].

aciertos superior al 90 %, lo cual ha sido respaldado por nuestras propias pruebas.

Tras realizar pruebas con estos programas, el más eficiente y exitoso resultó ser FreeLing, por lo que este fue elegido para realizar el etiquetado morfosintáctico automático del corpus de Herrera, *Versos* y Pacheco.

3.3.2.2. Etiquetado morfosintáctico con FreeLing

En el capítulo 2, se ha expuesto cómo se llevó a cabo la digitalización y preparación del corpus de poesía herreriana y de Pacheco. Una vez que se disponía del texto completo modernizado y adaptado para la herramienta de Procesamiento de Lenguaje Natural elegida, según se ha descrito en el apartado 2.2.3.6, se realizó el etiquetado morfosintáctico automático con FreeLing (Padró, 2011). El fichero de salida se introdujo en el menú Etiquetado II de Litcon junto con el fichero de entrada para producir un nuevo fichero etiquetado que respetara las pausas versales.[308] Una vez realizado este proceso con los poemas sueltos, *B*, *H*, *P*, *P2* y la poesía de Pacheco, se acometió una revisión parcial del etiquetado, mediante calas en el texto y prestando especial atención a las palabras o construcciones más problemáticas.[309]

3.3.3. Análisis realizados

3.3.3.1. Categorías morfológicas

En primer lugar, se ha analizado el uso cuantitativo de las categorías morfológicas. Para ello, se han extraído a través del menú POS I de Litcon (Hernández-Lorenzo, 2022b) las frecuencias absolutas de las diferentes categorías en los poemas sueltos (*PS*), *B*, *H*, *P*, *P2* y los poemas de Pacheco —Pac.— (véase la tabla 17).[310]

---

[308] Puede encontrarse una explicación más completa de cómo se emplea esta función de Litcon en mi artículo (Hernández-Lorenzo, 2022b).

[309] Los textos corregidos con el etiquetado definitivo están disponibles en: https://github.com/lamusadecima/Los-textos-poeticos-de-Fernando-de-Herrera.

[310] Las abreviaturas de la tabla representan las siguientes categorías morfológicas, de acuerdo a las etiquetas de FreeLing: N = nombres, V = verbos, C = conjunciones, D = determinantes, R = adverbios, P = pronombres, A = adjetivos, S = preposiciones, I = interjecciones. Por último, T = total. La nomenclatura completa de las etiquetas de POS de FreeLing puede consultarse en la siguiente página: https://freeling-user-manual.readthedocs.io/en/latest/tagsets/tagset-es/ [Consulta: 29/03/2025].

Tabla 17: Frecuencias absolutas por categorías morfológicas en *PS*, *B*, *H*, *P*, *P2* y Pacheco

	PS	B	H	P	P2	Pac.
N	13133	8259	4398	17120	8371	1548
V	9757	5573	3227	12200	6000	964
C	5253	3155	1755	7170	3571	553
D	8829	5437	2998	11719	5703	981
R	2719	1375	946	3459	1782	239
P	4567	2594	1391	4898	2391	367
A	5138	3443	1978	7736	3780	656
S	6787	4099	2304	8701	4207	827
I	144	91	51	163	74	19
T	56327	34026	19048	73166	35879	6154

La tabla 17 muestra cómo la categoría más frecuente en todos los textos es la de los nombres, mientras que la menos frecuente es la de las interjecciones. Sin embargo, para poder comparar los valores de cada categoría entre los diferentes textos, puesto que la extensión varía de unos a otros, se hace necesario convertir las frecuencias absolutas en frecuencias relativas. La tabla 18 muestra las frecuencias relativas en porcentajes de las categorías morfológicas.

Tabla 18: Frecuencias relativas en porcentajes de categorías morfológicas en los poemas sueltos, *B*, *H*, *P*, *P2* y los poemas de Pacheco. Los valores han sido redondeados a dos decimales

%	PS	B	H	P	P2	Pac.
N	23,31	24,27	23,09	23,4	23,33	25,15
V	17,32	16,37	16,94	16,67	16,72	15,66
C	9,32	9,27	9,21	9,8	9,95	8,99
D	15,67	15,98	15,74	16,02	15,89	15,94
R	4,83	4,04	4,97	4,73	4,97	3,88
P	8,11	7,62	7,3	6,69	6,66	5,96
A	9,12	10,12	10,38	10,57	10,53	10,66
S	12,05	12,05	12,09	11,89	11,72	13,44
I	0,25	0,27	0,27	0,22	0,21	0,31

Tras obtener las frecuencias relativas, es posible comparar los valores de categorías entre los diferentes textos. La tabla anterior proporciona algunos datos de interés. En primer lugar, al comparar los valores numéricos de cada categoría, se aprecia cómo los valores de la columna de Pacheco son los que más difieren del resto. Préstese atención especialmente a las diferencias de las frecuencias entre *P2* y Pacheco en el caso de los nombres —N— (1,82), los verbos —V— (1,06), las conjunciones —C— (0,96), los adverbios —R— (1,09) o las preposiciones —S— (1,72). Esto se hace más patente en el gráfico lineal de la figura 10.

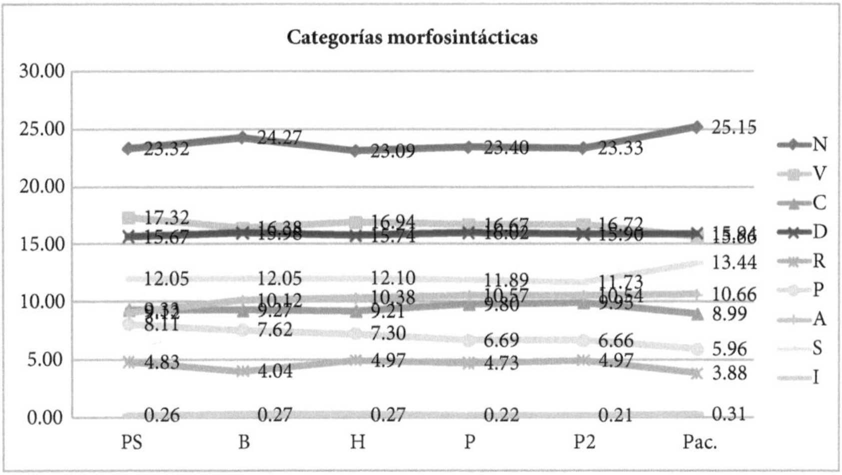

Figura 10: Porcentajes de categorías morfológicas en los poemas sueltos, *B*, *H*, *P*, *P2* y los poemas de Pacheco.

Además, se ha profundizado en los datos obtenidos para los textos de Herrera impresos en vida y póstumos con el objetivo de ver si hay algún tipo de evolución o tendencia cronológica. Si se observan los valores de *H*, *P* y *P2*, a pesar de que estos están muy próximos, se aprecia cómo se detecta una evolución ascendente del número de conjunciones (0,74) y una evolución descendente del número de pronombres (0,64), preposiciones (0,37) e interjecciones (0,06). Esto se aprecia mejor en el gráfico lineal de la figura 11.

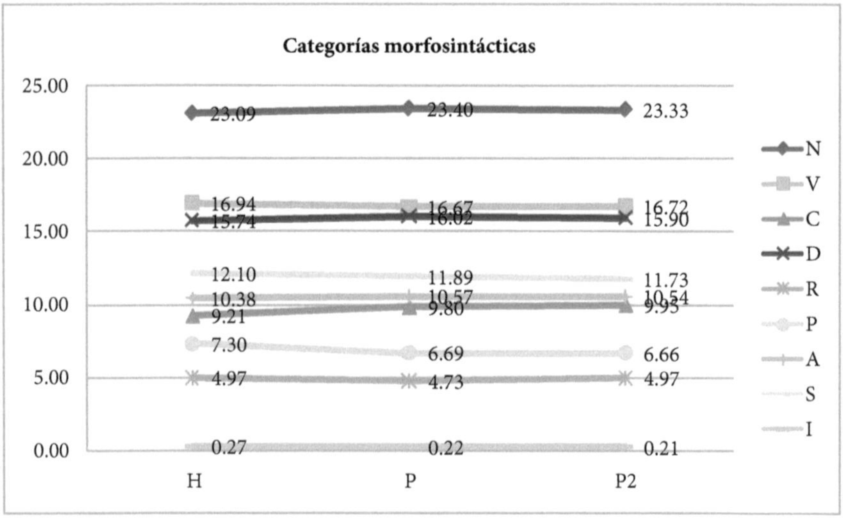

Figura 11: Porcentajes de categorías morfológicas en *H*, *P*, *P2*.

Al incluir en la comparativa los textos de *B* (véase la figura 12), la única evolución significativa en el uso de las categorías morfológicas es un descenso en la frecuencia relativa de pronombres, cuya tendencia a la baja se acentúa (0,96).

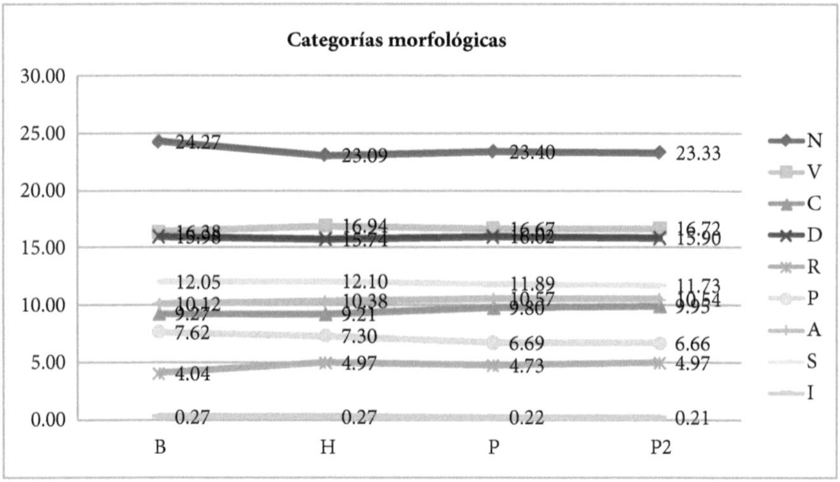

Figura 12: Porcentajes de categorías morfosintácticas en *B*, *H*, *P*, *P2*.

En el gráfico lineal de la figura 12 se observa, además, cómo los valores numéricos cuantitativos de categorías morfológicas de *B* son los que presentan una mayor diferencia con el resto de los corpus textuales herrerianos. Destaca aún más que los valores de *H*, *P* y *P2* se encuentran muy próximos.

Por último, la figura 13 muestra un gráfico lineal con los valores numéricos de *B*, *H* y *P*. En este se aprecia cómo determinadas tendencias de aumento o descenso de una categoría de *B* a *H* son luego corregidas por *P*. En este sentido, Battaglia defiende que las lecciones descartadas por Herrera en *H*, pero que pasan de *B* a *P*, lo hacen a través de un proceso de extensa revisión por parte del Divino: «[...] quei componenti scartati da Herrera nella stampa del 1582 [H] e che si leggono nella redazione del 1578 [B] e nel testo del 1619 [P], mai sono passati a questa senza un'energica revisione» (Battaglia, 1954, p. 71). Esto, sin embargo, no se produce en los pronombres y en las interjecciones, que siguen una tendencia al descenso, ni en los adjetivos, en los que se observa un aumento hacia los textos de 1619.

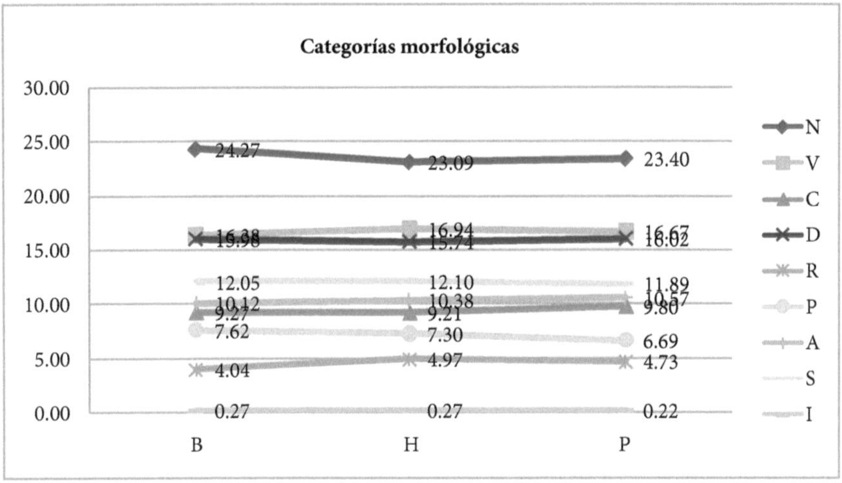

Figura 13: Porcentajes de categorías morfosintácticas en *B*, *H* y *P*.

A la vista de los datos de categorías morfológicas recogidos, se aprecia que las mayores diferencias se dan entre los textos de *P2* y Pacheco, mientras que los textos del corpus herreriano (*B-H-P-P2*) oscilan entre valores más cercanos.

El análisis de categorías morfológicas ha permitido realizar un primer acercamiento, muy somero, a los textos etiquetados. A continuación, se afronta un estudio más complejo mediante el uso de patrones morfosintácticos.

3.3.3.2. Patrones morfosintácticos

También se han analizado los patrones morfosintácticos de los textos herrerianos y de Pacheco, prestando especial atención a los que presenta *P2* frente a los demás.[311] En los análisis se han utilizado, en primer lugar, bigramas (es decir, patrones formados por dos etiquetas o categorías morfosintácticas), y, en segundo lugar, trigramas (es decir, patrones formados por tres etiquetas o categorías morfosintácticas).

Los conjuntos de patrones, tanto bigramas como trigramas, han sido obtenidos mediante el programa Litcon (Hernández-Lorenzo, 2022b).

3.3.3.2.1. Bigramas

En primer lugar, se analizan los bigramas morfosintácticos. Se ha obtenido un total de 497 bigramas.

Estos 20 bigramas morfosintácticos más frecuentes son, por orden de frecuencia en el corpus completo, los siguientes:

1. determinante artículo + nombre común (DA NC),
2. nombre común + preposición (NC SP),
3. determinante posesivo + nombre común (DP NC),
4. adjetivo calificativo + nombre común (AQ NC),
5. preposición + determinante artículo (SP DA),
6. verbo principal + preposición (VM SP),
7. nombre común + verbo principal (NC VM),
8. nombre común + conjunción coordinativa (NC CC),
9. nombre común + adjetivo calificativo (NC AQ),
10. preposición + determinante posesivo (SP DP),
11. preposición + nombre común (SP NC),

[311] Para un análisis de patrones morfosintácticos aplicado a la poesía del Siglo de Oro, véase el excelente trabajo de Marie-Églantine Lescasse (2019), en el que esta investigadora compara trigramas morfosintácticos de la poesía de Góngora frente al resto de poetas del Siglo de Oro para delimitar los más característicos de la escritura gongorina.

12. verbo principal + determinante artículo (VM DA),
13. determinante artículo + adjetivo calificativo (DA AQ),
14. pronombre personal + verbo principal (PP VM),
15. verbo principal + verbo principal (VM VM),
16. verbo principal + conjunción coordinativa (VM CC),
17. conjunción coordinativa + verbo principal (CC VM),
18. adjetivo calificativo + conjunción coordinativa (AQ CC),
19. nombre común + pronombre relativo (NC PR) y
20. adjetivo calificativo + preposición (AQ SP).

Nótese que esta información se asemeja a la obtención de las 20 palabras más frecuentes del total del corpus sin etiquetar. Es decir, es el equivalente con etiquetas a generar una lista de frecuencias de palabras de todo el corpus y observar las 20 primeras de la lista. No obstante, para extraer las diferencias entre varios textos resulta más interesante y efectivo comparar las listas de frecuencias de estos a través de fórmulas y métodos estadísticos, como se hace en el análisis de palabras clave (Hernández Lorenzo, 2021). Del mismo modo, para poder comparar los patrones y extraer los más distintivos de la edición póstuma, resulta necesario aplicar estos métodos. En esta ocasión, sin embargo, en lugar del procedimiento de las palabras clave, se explora la aplicación de otra metodología estadística más cercana al fascinante mundo de la Estilometría: los *z-scores* (Argamon, 2008; Burrows, 2002).

Los *z-scores* se calculan de acuerdo a la siguiente fórmula:

$$z = \frac{x_i - \overline{x}}{\sigma}$$

donde z representa el valor *z-score* que se quiere obtener,
x_i representa el valor de frecuencia relativo de cada bigrama,
$\overline{x}$ representa la media de la frecuencia de cada bigrama en todos los textos analizados,
σ representa la desviación típica (*standard deviation*).

Tras emplear esta fórmula, se obtiene un nuevo valor para cada uno de los bigramas en cada texto, de modo que, para comparar su uso en un texto frente a otro, solo queda restar estos valores, obteniéndose así la distancia en el uso de cada bigrama entre ambos textos.

Con el objetivo de descubrir cuáles son los bigramas morfosintácticos más diferentes y los más similares al resto del corpus herreriano, se ha aplicado la fórmula de los *z-scores* sobre los poemas exclusivos de *P* (*P2*), el resto del corpus herreriano —constituido por una agrupación de los poemas sueltos y *H* en la que se han eliminado los poemas comunes a ambos, prefiriéndose las versiones de *H*— y los poemas de Pacheco. Después, se ha calculado, por un lado, la distancia de los bigramas de *P2* frente a los del resto de corpus herreriano, y, por otro, la distancia de los bigramas de *P2* frente a los de Pacheco.[312] Con los resultados completos obtenidos se han generado las figuras 14 y 15.

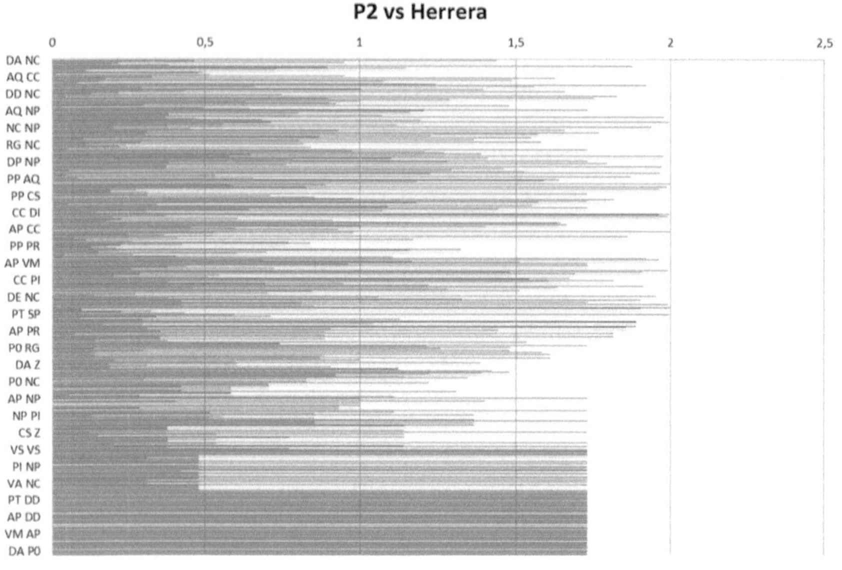

Figura 14: Visualización en un gráfico de líneas de los valores de distancia de los bigramas de *P2* frente al resto del corpus herreriano.

[312] Estas se han convertido a valores absolutos, ya que lo interesante aquí no es si los valores tienen signo positivo o negativo, sino cuánto se distancian del valor 0, es decir, de la no distancia o similitud absoluta. Los datos complementarios de bigramas, media, desviación típica, *z-scores* y resultados completos se encuentran en el siguiente repositorio: https://github.com/lamusadecima/Los-textos-poeticos-de-Fernando-de-Herrera.

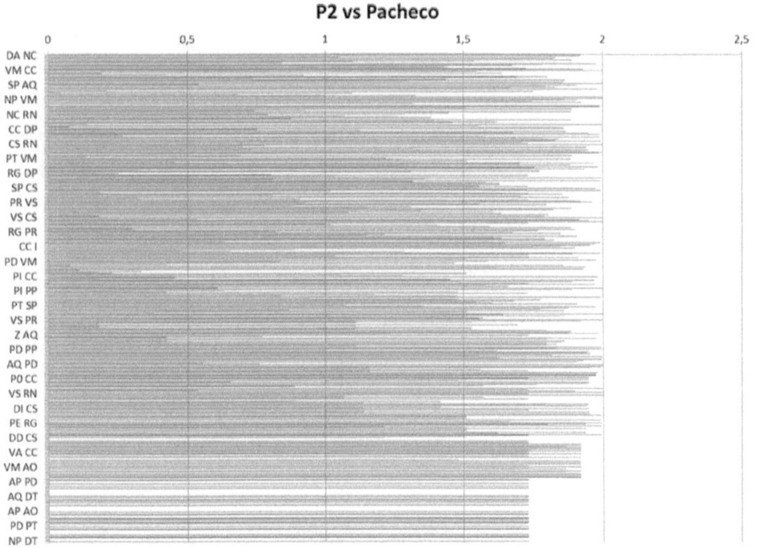

Figura 15: Visualización en un gráfico de líneas de los valores de distancia de los bigramas de *P2* frente a los de Pacheco.

Las figuras anteriores permiten ver a vista de pájaro las diferencias en la utilización de bigramas tanto entre *P2* y la suma de *H* y los poemas sueltos (figura 14), como entre *P2* y los textos de Pacheco (figura 15). Como puede observarse en los dos gráficos, el valor de distancia máximo que se alcanza es de dos puntos. Sin embargo, en esta visualización a gran escala se aprecia cómo la figura 15 contiene una mayor cantidad de bigramas cuya distancia alcanza o se aproxima a los dos puntos. Para comprobar que esto efectivamente es así, mediante hojas de cálculo Excel se ha extraído el número de patrones en los siguientes intervalos: distancia menor de 0,5 (grupo A), distancia igual o mayor que 0,5 y menor que 1 (grupo B), distancia igual o mayor que 1 y menor de 1,5 (grupo C), y distancia igual o mayor que 1,5 puntos (grupo D).

Tabla 19: Bigramas clasificados en los siguientes intervalos según el valor de distancia obtenido al restar los *z-scores*: distancia menor de 0,5 (grupo A), distancia igual o mayor que 0,5 y menor que 1 (grupo B), distancia igual o mayor que 1 y menor que 1,5 (grupo C), y distancia igual o mayor que 1,5 puntos (grupo D)

	A	B	C	D
P2vsHerrera	165	95	77	160
P2vsPacheco	83	39	70	305

Como puede observarse en la tabla 19, en el contraste con Herrera, la mayor cifra de bigramas (165) aparece en el grupo A (distancia igual o mayor que 0 y menor que 0,5), seguido de cerca por el número de bigramas (160) en el grupo D (distancia igual o mayor que 1,5 puntos). Esto es, en torno a un 65 % de los bigramas tienen o una distancia muy muy baja, o una muy elevada (grupos A y D), mientras que los bigramas con distancias inferiores a 1 (grupos A y B) constituyen más de un 50 % del total.

Por el contrario, en el contraste con Pacheco, la mayor cifra de bigramas (305), que representa más de un 60 % del total, aparece en el grupo D (distancia igual o mayor que 1,5 puntos), mientras que los del grupo A (83) representan poco más de un 15 %. Más de un 75 % de los bigramas tienen distancias iguales o mayores que 1 (grupos C y D).

Estos datos se aprecian más claramente en la figura 16.

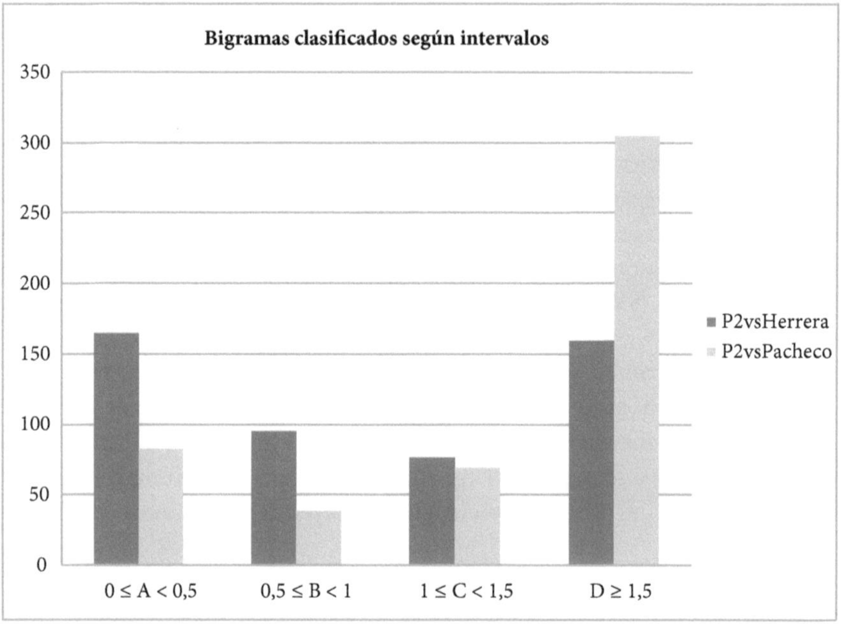

Figura 16: Gráfico de barras con los bigramas clasificados en los siguientes intervalos según el valor de distancia obtenido al restar los *z-scores*: distancia menor que 0,5 (grupo A), distancia igual o mayor que 0,5 y menor que 1 (grupo B), distancia igual o mayor que 1 y menor que 1,5 (grupo C), y distancia igual o mayor que 1,5 puntos (grupo D).

Como muestran tanto la tabla 19 como la figura 16, se aprecian diferencias significativas entre el contraste de *P2* con el corpus herreriano (suma de *H* con los poemas sueltos) y el contraste de *P2* con los textos de Pacheco, pues mientras que las distancias resultado del contraste con el corpus herreriano aparecen en una medida importante tanto en el grupo de distancias más elevadas (grupo D) como en el grupo de menores distancias (grupo A), la gran mayoría de las distancias de *P2* frente a Pacheco se concentran en el grupo con distancias más altas (grupo D).

A continuación, se han ordenado las listas de bigramas con las distancias resultado de las dos comparaciones de forma descendente. Los 20 primeros bigramas por valor de distancia se recogen en las tablas 20 (P2vsHerrera) y 21 (P2vsPacheco).

Tabla 20: Relación de los 20 bigramas con mayor distancia de *P2* frente a Herrera (poemas sueltos y *H*)

	Bigrama	**Valor de distancia**
1	CS-DI	2,00000000
2	CS-VS	1,99965323
3	VM-Z	1,99884759
4	PT-SP	1,99852016
5	PR-SP	1,99830149
6	PR-P0	1,99589743
7	PT-VS	1,99174119
8	AO-NC	1,99138447
9	VS-DP	1,99080455
10	CS-NC	1,98866590
11	SP-PR	1,97948664
12	AQ-PR	1,97758185
13	VM-VS	1,97333214
14	AQ-PP	1,96619094
15	I-AQ	1,96396101
16	SP-Z	1,96396101
17	VA-VM	1,96201590
18	VS-CC	1,95471111
19	VM-NP	1,93793331
20	NC-CS	1,92284915

Tabla 21: Relación de los 20 bigramas con mayor distancia de *P2* frente a la poesía de Pacheco

	Bigrama	Valor de distancia
1	P0-SP	2,00000000
2	AP-NP	2,00000000
3	VM-DT	2,00000000
4	RG-PT	2,00000000
5	VM-CS	1,99999141
6	CS-DP	1,99978818
7	AQ-DD	1,99946688
8	CC-VM	1,99925053
9	DE-NC	1,99884759
10	AP-CC	1,99841647
11	NC-DP	1,99837947
12	SP-VM	1,99808967
13	CC-Z	1,99803053
14	PP-PT	1,99803053
15	VS-PR	1,99725086
16	DD-VM	1,99725086
17	VM-AQ	1,99677944
18	RG-CS	1,99667498
19	RG-CC	1,996209
20	NC-AO	1,99481192

Como puede observarse en las tablas anteriores, los 20 primeros bigramas de la comparación con Pacheco obtienen valores de distancia más elevados que los 20 primeros de la comparación con el corpus herreriano. Esto se aprecia también en las figuras 17 y 18.

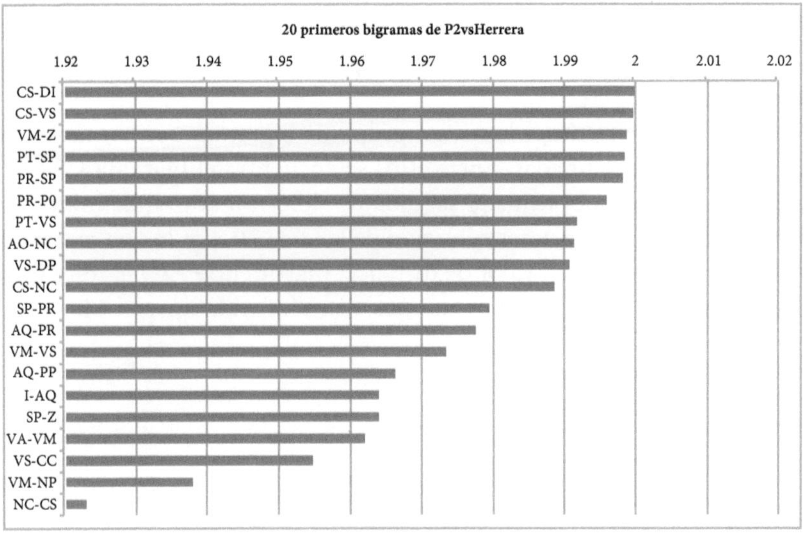

Figura 17: Gráfico de barras con los 20 primeros bigramas de P2vsHerrera por valor de distancia y ordenados en orden descendente.

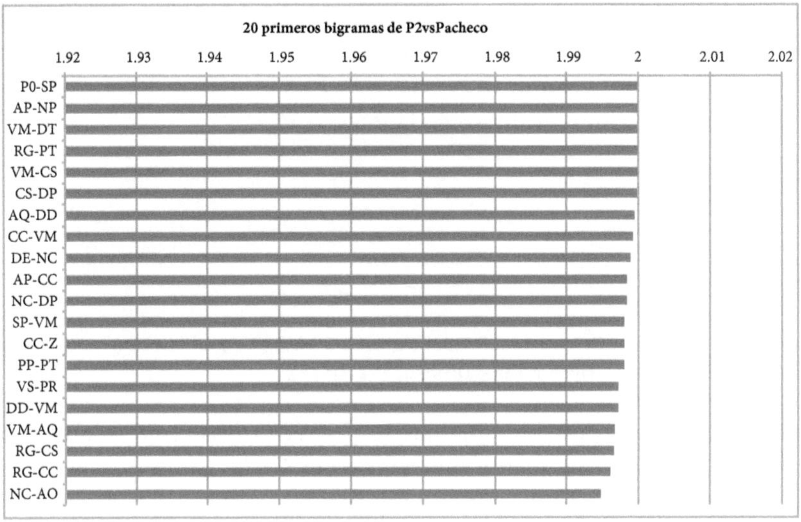

Figura 18: Gráfico de barras con los 20 primeros bigramas de P2vsPacheco por valor de distancia y ordenados en orden descendente.

Por último, se analizan los bigramas de la tabla 20, que contiene los más característicos de *P2* frente al resto del corpus herreriano. Pueden observarse los siguientes grupos:

Se distingue, en primer lugar, un grupo de bigramas que comienza por conjunciones subordinadas. Entre estos se encuentra el bigrama CS-DI, es decir, conjunción subordinada seguida de determinante indefinido. Este bigrama se sitúa en la primera posición de la tabla 20, por lo que se trata del bigrama que presenta un valor de distancia mayor entre *P2* y el resto de los textos herrerianos. Se muestran algunos ejemplos en la imagen 14.

or	Verso	Posterior
confié este error de mi osadía. Mas ay,	que_CS tanta_DI0FS0	gloria suerte humana no a
Y no sufre en su pecho, ni consiente,	que_CS algún_DI0MS0	liviano afecto le dé asalto: y
la pena, es galardón, que nace de ellas.	Si_CS algún_DI0MS0	lugar me finca de esperanza,
lolor mío? Tenga te ya mi daño satisfecho;	que_CS poca_DI0FS0	es la venganza en el sujeto,
infinita fuerza de mi pasión y suerte indigna;	que_CS alguna_DI0FS0	muestra de esperanza admi
y pobre y sin valor vasallo. Yo sé,	que_CS un_DI0MS0	tierno pecho y soberano de
quejoso el mal; que a tanto bien sucede.	Si_CS algún_DI0MS0	amante en esta parte incierta

Imagen 14: Ejemplos de ocurrencias del bigrama CS-DI en *P2*, obtenidos mediante el menú POS II de Litcon (Hernández-Lorenzo, 2022b).

Otro bigrama que comienza por conjunción subordinada es CS-VS, es decir, conjunción subordinada seguida de forma verbal semi-auxiliar. Este bigrama se sitúa en la segunda posición de la tabla 20, por lo que se trata del segundo bigrama con mayor valor de distancia entre P2 y el resto de los textos herrerianos. Véanse algunos ejemplos en la imagen 15.

pueda quebrar lo, o deshacer lo.	Si_CS fuera_VSSI3S0	con acero fabricado; o en terrible
ı tanto afán remedio vano. Mas	porque_CS es_VSIP3S0	poquedad ser importuno a un le
me quejo de el daño, que me hace,	si_CS es_VSIP3S0	cruel, voluntario, ingrato y ciego.
rque yo oso esperar, que mi torment...	(pues_CS es_VSIP3S0	venganza indigna contra un muert
a; que nunca ceso de alabar el día;	que_CS fue_VSIS3S0	ocasión de merecer mi daño.
solo y temo morir penoso ausente,	cuando_CS fuere_VSSF1S0	de mi dolor el término supremo;
como mi mal vos duele y hiere.	Porque_CS sea_VSSP1S0	mi suerte más dichosa, que en
Admite en estas ondas mi voz triste;	que_CS serás_VSIF2S0	en los males, que celebro, solo r

Imagen 15: Ejemplos de ocurrencias del bigrama CS-VS en *P2*, obtenidos mediante el menú POS II de Litcon (Hernández-Lorenzo, 2022b).

Por último, el siguiente bigrama que se podría agrupar con los anteriores por comenzar con conjunción subordinada es CS-NC, esto es, conjunción subordinada seguida de nombre común. Este bigrama ocupa la décima posición en la tabla 20. Como muestra, véase la imagen 16.

Yo siempre culparé los ojos míos;	que_CS, enemigos_NCMP000	de el ocio de mi vida,
lloren, sin descansar, el bien perdido, ...	si_CS lágrimas_NCFP000	prolijas valen tanto.
ɔor luciente de el cabello? adónde más	que_CS marfil_NCMS000	y no tocada nieve de
llora conmigo, Amor, la pena mía.	Ya-que_CS mudanza_NCFS000	a tanto mal no llega;
el cetro de el Romano envidio y Griego;	porque_CS imperio_NCMS000	mayor tiene consigo,

Imagen 16: Ejemplos de ocurrencias del bigrama CS-NC en *P2*, obtenidos mediante el menú POS II de Litcon (Hernández-Lorenzo, 2022b).

En segundo lugar, puede distinguirse un grupo de bigramas que comienzan por formas verbales, ya sean principales o verbos semi-auxiliares.

Empezando por el bigrama VM-Z, esto es verbo principal seguido de numeral, que ocupa el tercer lugar en la tabla 20, aparecen los casos recogidos en la imagen 17.

No viendo la cruel, por quien	derrama_VMIP3S0 mil_Z	suspiros lloroso, en voz ajena
ece, por un cuidado muerto	alzando_VMG0000 ciento_Z	; Forzoso es el socorro
esierto puesto solo quiero; ...	aquejó_VMIS3S0 mil_Z	veces mi lamento; que a el

Imagen 17: Ocurrencias del bigrama VM-Z en *P2*, obtenidos mediante el menú POS II de Litcon (Hernández-Lorenzo, 2022b).

A continuación, destaca el bigrama VM-VS, esto es, verbo seguido de forma verbal semi-auxiliar. Este ocupa el puesto 13 en la tabla 20. Se muestran algunos ejemplos en la imagen 18.

caso, cual ejemplo, mayor habrá, si	puede_VMIP3S0 ser_VSN0000	consuelo, a Mario en su dol
; la lumbre soberana, en vuestra faz	ardiendo_VMG0000 son_VSIP3P0	más bellas.
le el canto generoso. Yo, que mal	puedo_VMIP1S0 ser_VSN0000	en honra vuestra nuevo Hon
ntrada; porque en vida tan mísera y	cansada_VMP00SF es_VSIP3S0	toda tu porfía sin provecho.
aqueja la esperanza y el cuidado; ...	piensa_VMIP3S0 ser_VSN0000	la causa de su pena. pero
declarando verdad tan conocida; ...	basta_VMIP3S0 ser_VSN0000	la causa de mi pena la grai
nto. Que aunque tú de pastores	celebrada_VMP00SF seas_VSSP2S0	en Aretusa y Mincio frío, y
én y tibio olvido; y, cuando más me	importe_VMSP3S0 ser_VSN0000	oído, tarde la voz de mi d

Imagen 18: Ejemplos de ocurrencias del bigrama VM-VS en *P2*, obtenidos mediante el menú POS II de Litcon (Hernández-Lorenzo, 2022b).

Seguidamente, se encuentra el bigrama VM-NP, esto es, forma verbal seguida de nombre propio. Este ocupa la posición 19 en la tabla 20. Véanse algunos ejemplos en la imagen 19.

rayos bello ardor sagrado; d...	enriqueció_VMIS3S0 Eufrosina_NP00000	su tesoro; Ondoso cerco;
luz girando resplandece; cua...	mengua_VMIP3S0 Timbreo_NP00000	, y Cintia crece, en el medroso
lance me el caso vario, donde	enfría_VMIP3S0 Arturo_NP00000	, y la desnuda tierra en cielo
do, con fría sangre el corazón	helado_VMP00SM, Amor_NP00000	hizo; que escriba en mi cuidado
o ya el cuidado y pensamiento.	quieren_VMIP3P0 Amor_NP00000	y Honor; que ensalce el vuelo
amento grande mío, con quien	inundo_VMIP1S0, Betis_NP00000	, tu corriente; que mi dolor ace
gre frente; El semblante, donde	yace_VMIP3S0 Amor_NP00000	presente; la mano; que a la ni

Imagen 19: Ejemplos de ocurrencias del bigrama VM-NP en *P2*, obtenidos mediante el menú POS II de Litcon (Hernández-Lorenzo, 2022b).

Por otra parte, destaca el bigrama VS-DP, esto es forma verbal seguida de determinante posesivo. Este se sitúa en la novena posición de la tabla 20. Se ofrecen algunos ejemplos en la imagen 20.

etéreo tanto fuego tan igual	es_VSIP3S0 mi_DP1CSS	pena; que ni el fuego me o
os duele y hiere. Porque	sea_VSSP1S0 mi_DP1CSS	suerte más dichosa, que er
te rotos los cristales. No	es_VSIP3S0 mi_DP1CSS	queja mayor que mi tormento;
el Amor fiero; ni puede alguno	ser_VSN0000 su_DP3CSN	semejante. Desconfío,
Dio ausencia y soledad,	siendo_VSG0000 su_DP3CSN	guía. a un mísero amador i
o. Mas cuanto desigual	es_VSIP3S0 nuestra_DP1FSP	suerte; que el veneno acabó
ar me deseo de todo, lo que	fue_VSIS3S0 mi_DP1CSS	bien y gloria. qué presta la

Imagen 20: Ejemplos de ocurrencias del bigrama VS-DP en *P2*, obtenidos mediante el menú POS II de Litcon (Hernández-Lorenzo, 2022b).

Otro bigrama que comienza por forma verbal semi-auxiliar es VS-CC, es decir, forma verbal seguida de conjunción copulativa. Este bigrama se encuentra en el puesto 18 de la tabla 20, y aparecen los siguientes casos, recogidos en la imagen 21.

de bien mi suerte, y de afán llena,	fue_VSIS3S0; y_CC	aunque no, bastara mi deseo;
escubierto, lo menos de mi afrenta	fue_VSIS3S0 y_CC	mi daño, lo mucho, que sabéis;
ce endurecido este accidente. honra	es_VSIP3S0, y_CC	no es valor; quien no consiente,
más dulces que la vida, que poseo	son_VSIP3P0, y_CC	a mi gloria vienen tan iguales;

Imagen 21: Ocurrencias del bigrama VS-CC en *P2*, obtenidos mediante el menú POS II de Litcon (Hernández-Lorenzo, 2022b).

En tercer lugar, se distingue un grupo de bigramas que comienzan por pronombres, ya sean interrogativos o relativos.

Dentro de los bigramas que comienzan por pronombres interrogativos, destaca el de PT-SP, esto es, pronombre interrogativo seguido de preposición, que ocupa la cuarta posición por mayor valor de distancia en la tabla 20. Los casos de este bigrama pueden consultarse en la imagen 22.

Anterior	Verso	Posterior
puede, que a el mismo vencedor destierra. Oh	cuánto_PT0MS00 en_SP	vano se ha expendido, oh cuánto valor esconde
dilata, probando en mil contrastes mi flaqueza. ...	cuánto_PT0MS00 de_SP	mis bienes desbarata esta grave mudanza! cuánto ...
la gran corriente entrabas de Neptuno impetuoso, ...	qué_PT00000 con_SP	tardo paso y temeroso vas humilde abatiendo tu

Imagen 22: Ocurrencias del bigrama PT-SP en *P2*, obtenidos mediante el menú POS II de Litcon (Hernández-Lorenzo, 2022b).

Entre los bigramas que comienzan por pronombres interrogativos, también destaca el de PT-VS, esto es, pronombre interrogativo seguido de forma verbal semi-auxiliar, que ocupa la séptima posición por mayor valor de distancia en la tabla 20. La imagen 23 da cuenta de todos los casos de este bigrama.

memoria alguna de él se sienta? mas oh	cuánto_PT0MS00 es_VSIP3S0	mejor, que esté perdido en silencio; pues cabe
, y conmigo te quejas, roja Aurora. ...	Quién_PT0CS00 es_VSIP3S0	tan olvidado, que consienta, y procure lugar para
que soy solo entre amantes desdichados. ...	cuánto_PT0MS00 es_VSIP3S0	mejor ser yo perdido, y lamentar por ella;

Imagen 23: Ocurrencias del bigrama PT-VS en *P2*, obtenidos mediante el menú POS II de Litcon (Hernández-Lorenzo, 2022b).

Asimismo, dentro de los bigramas que comienzan por pronombres relativos, destaca el de PR-SP, esto es, pronombre relativo seguido de preposición (véase la imagen 24), que ocupa la quinta posición por mayor valor de distancia en la tabla 20.

Oh, fuera yo el Olimpo,	que_PR0CN00 con_SP	vuelo de eterna luz girando
se venturosa. Amor,	que_PR0CN00 en_SP	mi engrandece su memoria; e
Delia piadosa volver,	cual_PR0CS00 a_SP	Endimión, los tiernos ojos.
Lento y pesado Olvido,	que_PR0CN00 de_SP	el daño eres, que más me a
día y año. De suerte;	que_PR0CN00 a_SP	tu nombre igual no sea Nemó
Trabajo dulce, amado ...	que_PR0CN00 sin_SP	pavor podéis llevar me a el cie
dolor es más molesto,	cuanto_PR0MS00 de_SP	ajeno pecho más llorado.

Imagen 24: Ejemplos de ocurrencias del bigrama PR-SP en *P2*, obtenidos mediante el menú POS II de Litcon (Hernández-Lorenzo, 2022b).

Por último, destaca el bigrama PR-P0, es decir, pronombre relativo seguido de pronombre, en la sexta posición dentro de la tabla 20. La imagen 25 ofrece algunos ejemplos:

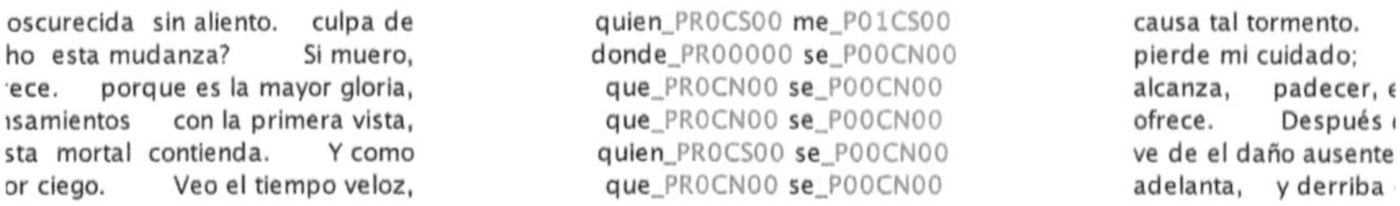

oscurecida sin aliento. culpa de	quien_PR0CS00 me_P01CS00	causa tal tormento.
ho esta mudanza? Si muero,	donde_PR00000 se_P00CN00	pierde mi cuidado;
ece. porque es la mayor gloria,	que_PR0CN00 se_P00CN00	alcanza, padecer,
ısamientos con la primera vista,	que_PR0CN00 se_P00CN00	ofrece. Después
sta mortal contienda. Y como	quien_PR0CS00 se_P00CN00	ve de el daño ausente
or ciego. Veo el tiempo veloz,	que_PR0CN00 se_P00CN00	adelanta, y derriba

Imagen 25: Ejemplos de ocurrencias del bigrama PR-P0 en *P2*, obtenidos mediante el menú POS II de Litcon (Hernández-Lorenzo, 2022b).

3.3.3.2.2. Trigramas

Siguiendo el mismo procedimiento que en el apartado anterior, también se analizan los trigramas morfosintácticos. Se ha obtenido un total de 3 666 trigramas.

Los 20 trigramas morfosintácticos más frecuentes son, por orden de frecuencia, los siguientes:

1. preposición + determinante artículo + nombre común (SP DA NC),
2. preposición + determinante posesivo + nombre común (SP DP NC),
3. determinante artículo + nombre común + preposición (DA NC SP),
4. verbo principal + determinante artículo + nombre común (VM DA NC),
5. determinante artículo + adjetivo calificativo + nombre común (DA AQ NC),
6. determinante artículo + nombre común + adjetivo calificativo (DA NC AQ),
7. determinante artículo + nombre común + verbo principal (DA NC VM),
8. verbo principal + preposición + determinante artículo (VM SP DA),
9. adjetivo calificativo + nombre común + preposición (AQ NC SP),
10. preposición + adjetivo calificativo + nombre común (SP AQ NC),
11. preposición + determinante artículo + adjetivo calificativo (SP DA AQ),
12. determinante artículo + nombre común + conjunción copulativa (DA NC CC),
13. verbo principal + determinante posesivo + nombre común (VM DP NC),
14. nombre común + verbo principal + preposición (NC VM SP),
15. determinante posesivo + nombre común + verbo principal (DP NC VM),
16. adjetivo calificativo + nombre común + conjunción copulativa (AQ NC CC),
17. verbo principal + preposición + determinante posesivo (VM SP DP),
18. adjetivo calificativo + conjunción copulativa + adjetivo calificativo (AQ CC AQ),

19. determinante posesivo + nombre común + conjunción copulativa (DP NC CC) y
20. nombre común + preposición + determinante artículo (NC SP DA).

Del mismo modo que con los bigramas en el apartado 3.3.3.2.1, con el objetivo de comparar la diferencia en el uso de los diferentes trigramas morfosintácticos, se han calculado los *z-scores* del corpus de *P2*, el resto de la obra herreriana (poemas sueltos y *H*) y Pacheco.[313] Con estos se han generado las figuras 19 y 20.

Estas figuras muestran una vista a gran escala de las diferencias en el uso de trigramas tanto entre *P2* y el resto del corpus herreriano (figura 19), como entre *P2* y la poesía de Pacheco (figura 20). Al igual que en los bigramas, el valor máximo de distancia alcanzado es de dos puntos. Además, si se observan ambas figuras, se aprecia mayor densidad de color en las figuras correspondientes de los bigramas. Esto se explica en parte por la mayor concentración de patrones en los gráficos, ya que frente a los gráficos de bigramas que incluían un total de 497 relaciones, se ha extraído un total de 3 666 trigramas. Por otra parte, al contrastar las figuras anteriores, da la impresión de que la figura 20 (P2vsPacheco) contiene un mayor número de trigramas cuya distancia alcanza o se aproxima a los dos puntos. Para comprobar esto, al igual que en el apartado anterior, se ha extraído el número de patrones por intervalos.

Tabla 22 : Trigramas clasificados en los siguientes intervalos según el valor de distancia obtenido al restar los *z-scores*: distancia menor que 0,5 (grupo A), distancia igual o mayor que 0,5 y menor que 1 (grupo B), distancia igual o mayor que 1 y menor que 1,5 (grupo C), y distancia igual o mayor que 1,5 puntos (grupo D)

	A	B	C	D
P2vsHerrera	982	510	516	1 656
P2vsPacheco	956	176	447	2 085

313 Los resultados completos de trigramas, media, desviación típica, *z-scores* y distancias obtenidas están disponibles en https://github.com/lamusadecima/Los-textos-poeticos-de-Fernando-de-Herrera. No se ha podido obtener el *z-score* de los patrones NC RG P0 y RG CC RG, por presentar ambos una desviación típica con valor de 0 y generarse una indeterminación al encontrarse 0 en el denominador de la división. En consecuencia, no se tienen en cuenta estos dos trigramas en los análisis por distancia.

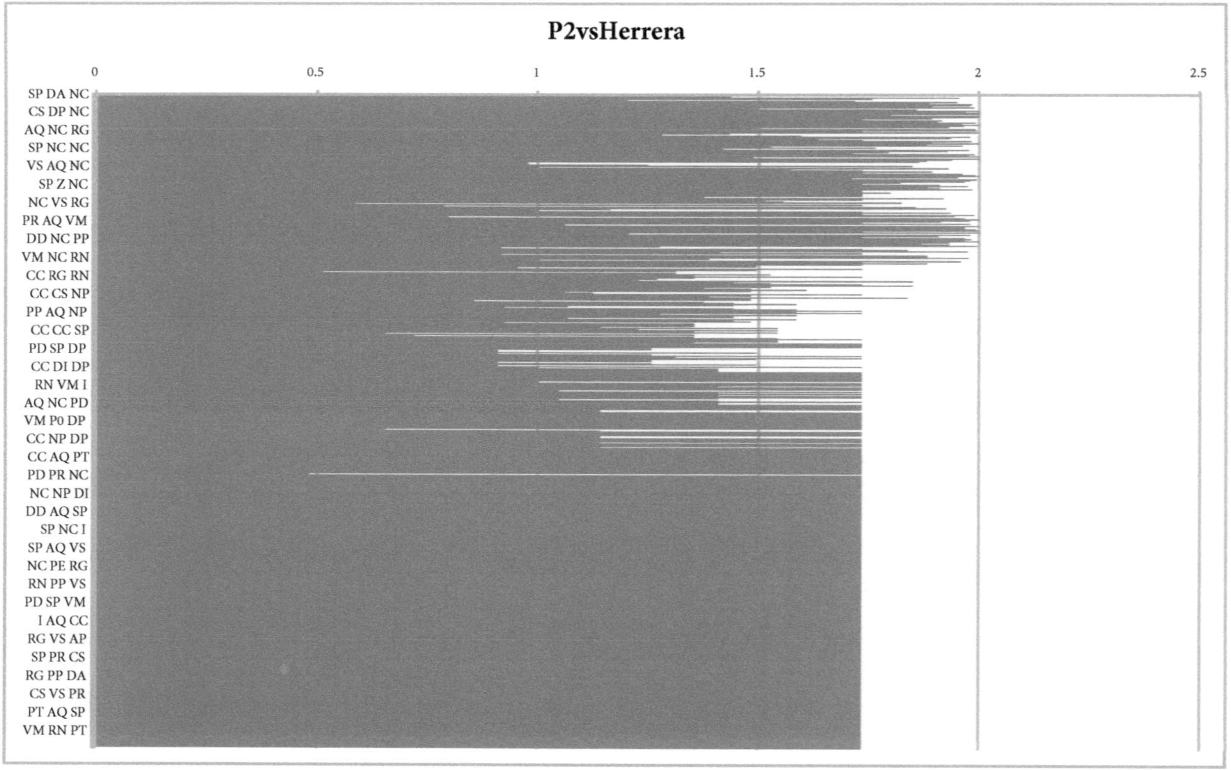

Figura 19: Visualización en un gráfico de líneas de los valores de distancia de los trigramas de *P2* frente al resto del corpus herreriano, ordenado por la frecuencia relativa en el total del corpus.

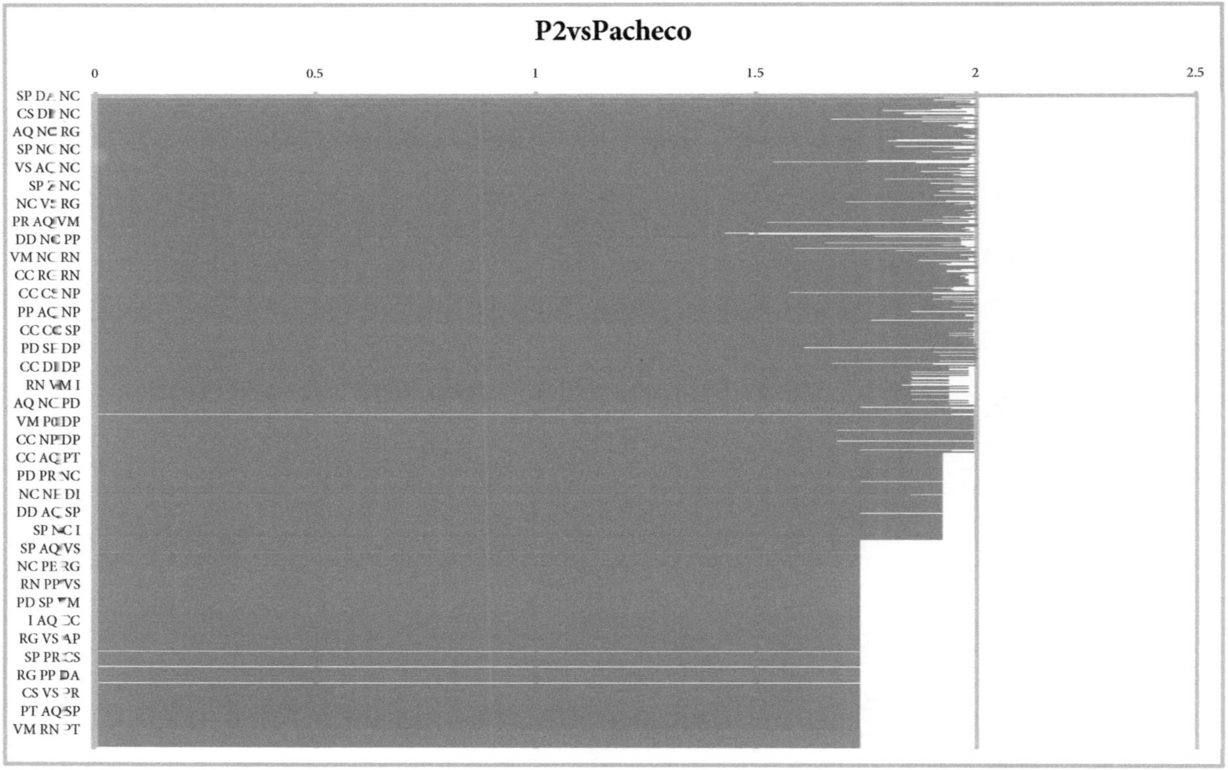

Figura 20 : Visualización en un gráfico de líneas de los valores de distancia de los trigramas de P2 frente a la poesía de Pacheco, ordenado por la frecuencia relativa en el total del corpus.

Como puede observarse en la tabla 22, el mayor número de trigramas, tanto en el contraste con Herrera como con Pacheco, se sitúa en el grupo D, es decir, presentan la mayor distancia, si bien es cierto que la cantidad de trigramas del contraste con Pacheco que se encuentran en este grupo es considerablemente mayor (más de 400). Sin embargo, el número de trigramas de la comparación con Pacheco en el resto de los grupos es menor a los resultantes de la comparación con el resto de poesía herreriana. Si se trasladan estas cantidades a porcentajes, se obtiene que en torno a un 45 % de los trigramas de la comparación con Herrera —esto es, cerca de la mitad— se sitúan en el grupo de mayor distancia (D), frente a alrededor de un 56 % de la comparación con los poemas de Pacheco —más de la mitad—. Además, la suma de los trigramas de los grupos C y D (los dos intervalos cuyos patrones presentan mayores distancias) supone, en el caso del contraste con Herrera, en torno a un 59 % del total frente a más de un 69 % en el caso del contraste con Pacheco. Estos datos se aprecian con mayor claridad en la figura 21.

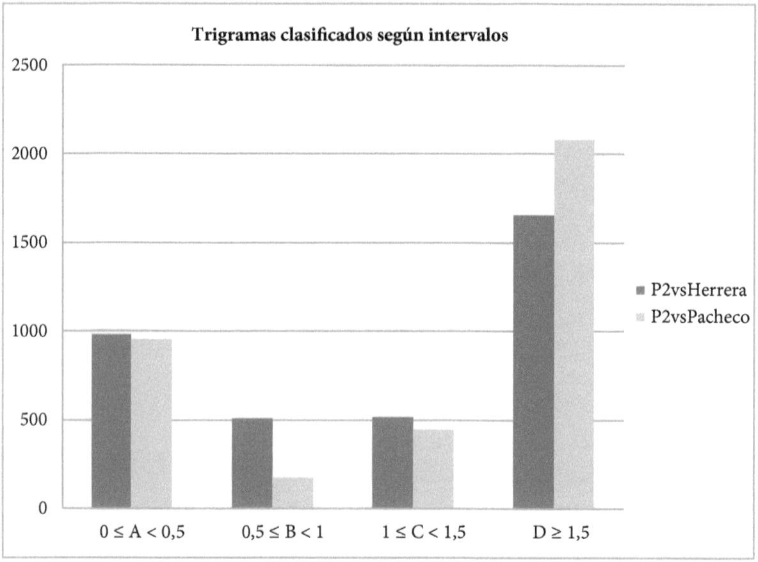

Figura 21 : Gráfico de barras con los trigramas clasificados en los siguientes intervalos según el valor de distancia obtenido al restar los *z-scores*: distancia menor de 0,5 (grupo A), distancia igual o superior a 0,5 y menor de 1 (grupo B), distancia igual o superior a 1 y menor de 1,5 (grupo C), y distancia igual o superior a 1,5 puntos (grupo D).

Como muestran tanto la tabla 22 como la figura 21, se aprecian diferencias relevantes en el uso de trigramas morfosintácticos de *P2* al compararlo con el resto del corpus herreriano o con la poesía de Pacheco, si bien estas diferencias parecen menos acusadas que en el caso de los bigramas. Así, la mayoría de los trigramas del contraste con Pacheco se sitúan en el grupo de mayor distancia (D) —superando el número de patrones del contraste con Herrera en el mismo grupo— mientras que en el resto de los grupos o intervalos la cantidad de trigramas del contraste con Pacheco es siempre menor a la del contraste con Herrera.

Además, se han ordenado las listas de trigramas por orden descendente de valor de distancia. Los 20 primeros trigramas de ambas listas se recogen en las tablas 23 y 24.

Tabla 23 : Relación de los 20 trigramas con mayor distancia de *P2* frente a Herrera (poemas sueltos y *H*)

	Trigrama	Valor de distancia
1	AQ-VM-CC	2,00000000
2	NC-CC-PR	2,00000000
3	NP-RG-AQ	2,00000000
4	CS-PP-VM	1,99962973
5	VM-PP-NC	1,99950709
6	AQ-SP-DP	1,99937018
7	NC-CS-PP	1,99924457
8	VM-CS-SP	1,99884759
9	CS-VM-VS	1,99852016
10	CS-VM-VM	1,99830149
11	NC-RG-DA	1,99830149
12	NC-PR-SP	1,99814619
13	NP-AQ-CC	1,99644233
14	PR-VM-VM	1,99627342
15	PR-VM-DA	1,99618442
16	VM-DP-NP	1,99589743
17	PT-DA-NC	1,99589743
18	VM-CS-RG	1,99521721
19	AQ-NP-NC	1,99435293
20	CS-SP-DP	1,99323179

Tabla 24: Relación de los 20 trigramas con mayor distancia de *P2* frente a la poesía de Pacheco

	Trigrama	Valor de distancia
1	VM-VM-DA	2,00000000
2	VM-RG-CC	2,00000000
3	PR-VM-AQ	2,00000000
4	DA-RG-AQ	2,00000000
5	VS-AQ-CS	2,00000000
6	RG-AQ-RG	2,00000000
7	DD-NC-DA	2,00000000
8	SP-PP-NP	2,00000000
9	AQ-DI-NC	2,00000000
10	NC-SP-AQ	1,99992348
11	AQ-NC-P0	1,99980174
12	NC-NC-AQ	1,99980174
13	RG-VM-CC	1,99975656
14	AQ-CC-DA	1,99971171
15	VS-DA-AQ	1,99965323
16	CC-NC-VM	1,99960376
17	CC-AQ-CS	1,99960376
18	DD-DP-NC	1,99942155
19	PR-VM-CC	1,99940515
20	RG-SP-NC	1,99937018

En las tablas anteriores, se aprecia cómo los valores de distancia de los trigramas disminuyen más rápidamente en el caso de la comparación con el resto del corpus herreriano (tabla 23) que en la comparación con la poesía de Pacheco (tabla 24). Esto también se aprecia en las figuras 22 y 23.

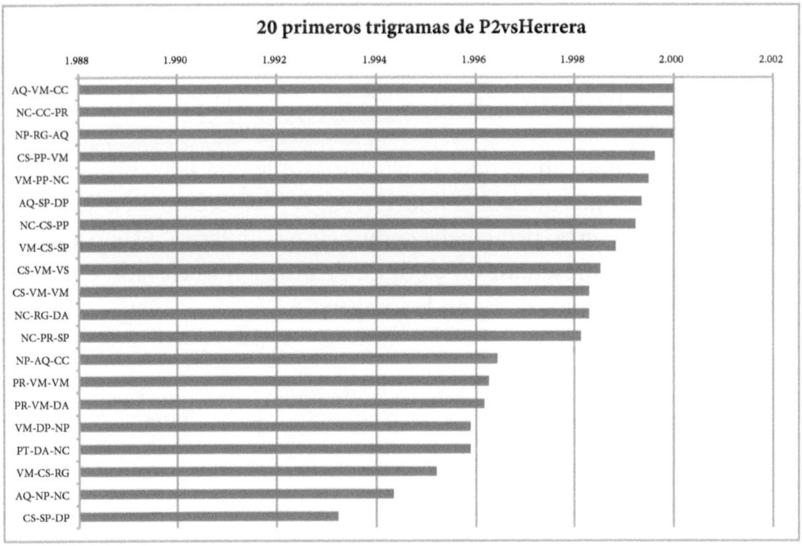

Figura 22 : Gráfico de barras con los 20 primeros trigramas de P2vsHerrera por valor de distancia y ordenados en orden descendente.

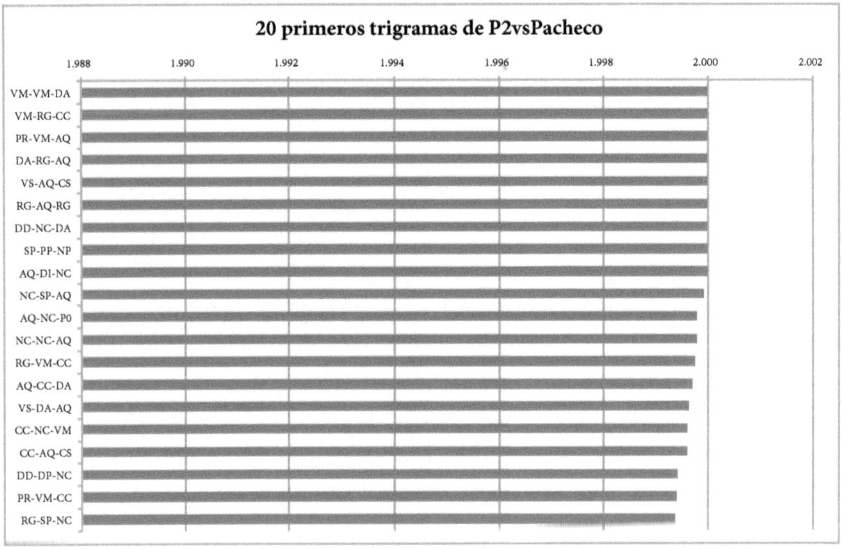

Figura 23 : Gráfico de barras con los 20 primeros trigramas de P2vsPacheco por valor de distancia y ordenados en orden descendente.

Para concluir este apartado, se analizan algunos de los trigramas de la tabla 23, que muestran las combinaciones de tres etiquetas morfosintácticas más características o distintivas de *P2* frente al corpus herreriano (suma de *H* y los poemas sueltos).

Se puede distinguir un grupo de trigramas que comienzan por adjetivo calificativo. Entre estos destaca la relación AQ-VM-CC, esto es, adjetivo calificativo seguido de verbo principal y conjunción copulativa. Este trigrama es uno de los tres que presentan un valor de distancia más elevado (2 puntos). Véanse algunos ejemplos de *P2* en la imagen 26.

sufría mi tormento; y en llama	dulce_AQ0CS00 ardía_VMII3S0 y_CC	puro aliento, cual Ave Arabi
Podrá ser que este afán	indigno_AQ0MS00 acabe_VMSP3S0, y_CC	que de mi debida gloria cobre
n perecedero. En mil casos	presentes_AQ0CP00 peligramos_VMIP1P0; y_CC	pocas o ninguna vez concede
la humilde voz, donde el Betis	grande_AQ0CS00 suena_VMIP3S0; y_CC	que las flores coja a mano lle
e acero, y tu ingenio a el más	cauto_AQ0MS00 engaña_VMIP3S0 y_CC	prende.
e vuestra luz, donde yace Amor	presente_AQ0CS00, tiene_VMIP3S0 y_CC	el rico cerco recogido mi c
en, el mucho mal sufrido; y	ausente_AQ0CS00, despagado_VMP00SM y_CC	ofendido mi libertad llorada
allí, cuando a Occidente el rayo	Ideo_AQ0MS00 va_VMIP3S0, o_CC	la Aurora su límite esclarece,

Imagen 26 : Ejemplos de ocurrencias del trigrama AQ-VM-CC en *P2*, obtenidos mediante el menú POS II de Litcon (Hernández-Lorenzo, 2022b).

Otro trigrama que comienza por adjetivo es AQ-SP-DP, esto es, adjetivo calificativo seguido de preposición y determinante posesivo. Ocupa el sexto lugar en la tabla 23. Pueden consultarse algunos casos en la imagen 27.

Hiperioneo. Y cuando Amor,	ingrato_AQ0MS00 a_SP mi_DP1CSS	deseo, descubre en su l
lor; y nunca veo o pienso cosa	ajena_AQ0FS00 de_SP mi_DP1CSS	engaño. Pobre de bie
a Aurora, y de Venus la lumbre	soberana_AQ0FS00, en_SP vuestra_DP2FSP	faz ardiendo son más bella
a mi tristeza. Tuve esperanza	incierta_AQ0FS00 de_SP mi_DP1CSS	ufana muerte, viendo el va
de airado cielo, y hacer suerte	adversa_AQ0FS00 de_SP mi_DP1CSS	hado; que pise peregrin
l cielo ve; que tuve sufrimiento	igual_AQ0CS00 a_SP mi_DP1CSS	osadía y mi tormento.

Imagen 27 : Ejemplos de ocurrencias del trigrama AQ-SP-DP en *P2*, obtenidos mediante el menú POS II de Litcon (Hernández-Lorenzo, 2022b).

Seguidamente, en el puesto 19 de la tabla 23, aparece el trigrama AQ-NP-NC, es decir, adjetivo calificativo seguido de nombre propio y nombre común. Las ocurrencias de este trigrama en *P2* se muestran en la imagen 28.

el negro velo; En lo mejor de el	noble_AQ0CS00, Hesperio_NP00000 suelo_NCMS000	; que cerca y baña el Betis y enriqu
se te niegue esta victoria; serás en el	dichoso_AQ0MS00, Hesperio_NP00000 suelo_NCMS000	, cual Heliconio Olmeo, venerado.
Italia bella el doto ayuntamiento; oiría en el	puro_AQ0MS00, Elisio_NP00000 prado_NCMS000	entre felices almas la armonía;
abatieron su ímpetu indignado; y respiró el	medroso_AQ0MS00 Libio_NP00000 suelo_NCMS000	. Ve alegre, corazón nunca venci
espero más de Faetón luciente, ni de la	blanca_AQ0FS00 Cintia_NP00000 noche_NCFS000	, o día. discurra Hiperión, por otr
frente de este monte alzado; y de el	grave_AQ0CS00 Aquilón_NP00000 aliento_NCMS000	helado retarda el lento curso a el
los astros su belleza, donde alegre mira el	rico_AQ0MS00 Hesperio_NP00000 suelo_NCMS000	. Cuánto puedes Virtud, que
tu canto suene, y honre solo a el	humilde_AQ0CS00 Dauro_NP00000 frío_NCMS000	; más digno es de él el sacro Betis
de sus hechos, que son tus hijos, oh	feliz_AQ0CS00 España_NP00000, honra_NCFS000	de el alto imperio de Occidente.

Imagen 28 : Ocurrencias del trigrama AQ-SP-DP en *P2*, obtenidos mediante el menú POS II de Litcon (Hernández-Lorenzo, 2022b).

Por otra parte, se puede constituir otro grupo con los patrones que comienzan por nombre, ya sea común o propio. Entre estos, destaca el trigrama NC-CC-PR, es decir, nombre común seguido de conjunción copulativa y pronombre relativo. Este es otro de los tres trigramas con un mayor valor de distancia (2 puntos) entre *P2* y el resto del corpus herreriano. Los dos casos de este trigrama en *P2* se recogen en la imagen 29.

quien belígero horror y aguda	espada_NCFS000; y_CC quien_PR0CS00	el dulce y rústico lamento.
Temor me impide, esfuerza la	esperanza_NCFS000, y_CC cuanto_PR0MS00	me entorpece, Alfonso, el hielo;

Imagen 29 : Ocurrencias del trigrama NC-CC-PR en *P2*, obtenidos mediante el menú POS II de Litcon (Hernández-Lorenzo, 2022b).

A continuación, cabe resaltar el trigrama NC-CS-PP, esto es, nombre común seguido de conjunción subordinada y pronombre personal. Este trigrama ocupa la sexta posición en la tabla 23. Véanse algunos ejemplos en la imagen 30.

mi pura Estrella, canto vuestra	lumbre_NCFS000; que_CS me_PP1CS00	afina en las llamas de su gloria.
Culpará de sus hados la	dureza_NCFS000; que_CS le_PP3CSD0	negó admirar en este suelo la lu
as cual fuere, acoged mi simple	musa_NCFS000, que_CS yo_PP1CSN0	(si no me engaña mi esperanza)
idado pudiere relajar de tanta	pena_NCFS000; que_CS me_PP1CS00	fatiga el corazón cansado,
Recibe esta memoria de mi	pena_NCFS000; que_CS te_PP2CS00	será perpetua por-ventura, peq

Imagen 30 : Algunas de las ocurrencias del trigrama NC-CS-PP en *P2*, obtenidos mediante el menú POS II de Litcon (Hernández-Lorenzo, 2022b).

En el puesto 11 de la tabla 23 aparece el trigrama NC-RG-DA, esto es, nombre común, seguido de adverbio y determinante artículo. Algunos ejemplos pueden consultarse en la imagen 31.

noche riela por el cielo alguna	lumbre_NCFS000, luego_RG, la_DA0FS0	que fue causa de mi llanto, me
de afición ausente en vuestra	voluntad_NCFS000 tal-vez_RG la_DA0FS0	gloria gozan; que se concede a
, tan cebados; que pierden a el	peligro_NCMS000 ya_RG el_DA0MS0	recelo. Ufano intento, débi
de agua levantaba. Cerrié	fortuna_NCFS000 allí_RG la_DA0FS0	nave mía: y, sin que me valiera

Imagen 31 : Ejemplos de ocurrencias del trigrama NC-RG-DA en *P2*, obtenidos mediante el menú POS II de Litcon (Hernández-Lorenzo, 2022b).

Seguidamente, aparece el trigrama NC-PR-SP, esto es, nombre común seguido de pronombre relativo y preposición. Este ocupa la duodécima posición en la tabla 23. Véanse algunos ejemplos en la imagen 32.

	Trenzas_NCFP000, que_PR0CN00 en_SP	la serena y limpia frente, (
ıente asido en ellos. En los	ramos_NCMP000, que_PR0CN00 a_SP	suerte se enredaron, me a
o valor esconde aquel ingrato	suelo_NCMS000, que_PR0CN00 a_SP	el Turco de temor cubriera y
r vital aliento; Dónde está la	fe_NCFS000, que_PR0CN00 a_SP	la real alteza debes? adónc
oles ornado florece, y todo el	fuego_NCMS000; que_PR0CN00 con_SP	ira resonando su cumbre
ıve mudanza! cuánto siente ...	alma_NCFS000 , que_PR0CN00 en_SP	daño tal Amor maltrata!
as atento y humillado, los	votos_NCMP000, que_PR0CN00 en_SP	el ancho golfo incierto prc

Imagen 32 : Ejemplos de ocurrencias del trigrama NC-PR-SP en *P2*, obtenidos mediante el menú POS II de Litcon (Hernández-Lorenzo, 2022b).

En cuanto a trigramas que comienzan por nombre propio, destaca el patrón NP-RG-AQ, esto es, nombre propio seguido de adverbio y adjetivo calificativo. Este es otro de los tres trigramas que obtienen un mayor valor de distancia en la comparación entre *P2* y el resto de la poesía herreriana, de los cuales pueden observarse algunos ejemplos en la imagen 33.

el mal instante; aunque sus rayos	Marte_NP00000 ya_RG clemente_AQ0CS00	contraiga; si el dolor, que está presente,
compasión de mal extraño, ni admite	Amor_NP00000 tan_RG áspero_AQ0MS00	desvío. Mas para no dar fuerzas a el
nto; Tú serás en el Cielo nueva	Aurora_NP00000, antes_RG luciente_AQ0CS00	sol; que muestre a el día la riqueza

Imagen 33 : Ejemplos de ocurrencias del trigrama NP-RG-AQ en *P2*, obtenidos mediante el menú POS II de Litcon (Hernández-Lorenzo, 2022b).

De los 20 primeros trigramas por valor de distancia en la comparación entre P2 y el resto de los textos poéticos herrerianos, el otro patrón que comienza por nombre propio es NP-AQ-CC, es decir, nombre propio seguido de adjetivo calificativo y conjunción copulativa. La imagen 34 muestra algunos ejemplos de esta relación.

engendrado de el alto, yerto	Cáucaso_NP00000 espantoso_AQ0MS00, y_CC	de la Armenia tigre alimentado,
nduelan de los males míos	Libia_NP00000 ardiente_AQ0CS00 y_CC	desnudo Islando frío. Y el
veo; que entró a el descuido	Amor_NP00000 blando_AQ0MS00 y_CC	sereno, para aquistar de mí el
causadora, me llevase esta	Luz_NP00000 serena_AQ0FS00 y_CC	bella; que humilde reconozco p
No espero más de	Faetón_NP00000 luciente_AQ0CS00, ni_CC	de la blanca Cintia noche, o día.

Imagen 34 : Ejemplos de ocurrencias del trigrama NP-AQ-CC en *P2*, obtenidos mediante el menú POS II de Litcon (Hernández-Lorenzo, 2022b).

Puede distinguirse otro grupo de trigramas que comienzan por conjunción subordinada. El primero que aparece en la tabla 23 es CS-PP-VM, es decir, conjunción subordinada seguida de pronombre personal y verbo principal.

Este trigrama se encuentra en la cuarta posición por mayor valor de distancia obtenido. Véanse algunos ejemplos en la imagen 35.

un rayo solo de la Lumbre mía. Pero	si_CS vos_PP2CS0P queréis_VMIP2P0	con este olvido alentar la pasión,
de mis incultos versos la armonía. ...	si_CS me_PP1CS00 mira_VMM02S0	Calíope diestra, valdrá (si mi de:
porfía, y tanto lo procuro por mi daño;	que_CS me_PP1CS00 abraso_VMIP1S0	y consumo en este engaño. C
	Si_CS yo_PP1CSN0 puedo_VMIP1S0	vivir de vos ausente, falte me si

Imagen 35 : Ejemplos de ocurrencias del trigrama CS-PP-VM en *P2*, obtenidos mediante el menú POS II de Litcon (Hernández-Lorenzo, 2022b).

Otro de los trigramas que comienzan por conjunción subordinada es CS-VM-VS, esto es, conjunción subordinada seguida de verbo principal y verbo semi-auxiliar. Este trigrama ocupa el noveno puesto en la tabla 23. Todos los casos de su uso en *P2* se recogen en la imagen 36.

caso, cual ejemplo, mayor habrá,	si_CS puede_VMIP3S0 ser_VSN0000	consuelo, a Mario en su dolor
, aqueja la esperanza y el cuidad...	que_CS piensa_VMIP3S0 ser_VSN0000	la causa de su pena. pero lue
declarando verdad tan conocida;	pues_CS basta_VMIP3S0 ser_VSN0000	la causa de mi pena la gran be
, y por usado mal sufro y espero,	(si_CS puede_VMIP3S0 ser_VSN0000	) hallar me más vencido. Mas
está fijo el cuidado y esculpido.	Si_CS puede_VMIP3S0 ser_VSN0000	, que Hiperión levante primera
so frío, abrasada en la eterna luz;	que_CS adora_VMIP3S0, es_VSIP3S0	tutela de el sacro, Hesperio Río
Vos, que ajeno de el mal, en	que_CS rendido_VMP00SM fuiste_VSIS2S0	a el duro Amor, alzáis la frente,
in remedio en vano peno, y, como	si_CS debieran_VMSI3P0 ser_VSN0000	, me disteis, sin un alegre día,

Imagen 36 : Ocurrencias del trigrama CS-VM-VS en *P2*, obtenidos mediante el menú POS II de Litcon (Hernández-Lorenzo, 2022b).

A continuación, en el décimo puesto de la tabla 23, aparece el trigrama CS-VM-VM, esto es, conjunción subordinada seguida de dos verbos principales. Véanse algunos ejemplos en la imagen 37.

o y llano; y la florida luz;	que_CS amando_VMG0000 adoro_VMIP1S0	. Creía, en vos de el sacro, e
umo en este engaño.	Cuando_CS oso_VMIP1S0 descubrir_VMN0000	el mal, que siento, hallo tanta
el peso no sustente.	Si_CS puedo_VMIP1S0 respirar_VMN0000	sin el presente vigor de vues
as mustia ordena. Por	que_CS pueda_VMSP3S0 cantar_VMN0000	(si en tanta pena da lugar el
y la dulzura de la boca;	que_CS puede_VMIP3S0 regalar_VMN0000	la intensa nieve. Yo recelé l
eguro en mi sosiego.	Cuando_CS importa_VMIP3S0 mostrar_VMN0000	el pecho fuerte, me pierdo, y
e a olvido me condena,	pues_CS muero_VMIP1S0 osando_VMG0000	grandes pensamientos.

Imagen 37 : Ejemplos de ocurrencias del trigrama CS-VM-VM en *P2*, obtenidos mediante el menú POS II de Litcon (Hernández-Lorenzo, 2022b).

Otro trigrama muy característico de P2 frente al resto de los corpus poéticos herrerianos, sería el patrón CS-SP-DP, es decir, conjunción subordinada seguida de preposición y determinante posesivo (véase la imagen 38). Este trigrama se encuentra en el puesto 20 dentro de la tabla 23.

a estima a mi memoria. Bien sé,	que_CS con_SP mi_DP1CSS	pena no merezco honrar me; y
en mi dulce pesar; y la holganza;	que_CS en_SP mi_DP1CSS	pena a mi espíritu proviene. N
	Pues_CS de_SP mi_DP1CSS	bello sol el rayo ardiente mi dé
que más me aqueja, mayor parte;	si_CS a_SP mi_DP1CSS	memoria ocupas esta parte; qu
	Si_CS a_SP mi_DP1CSS	triste memoria en hondo olvido
ta la gloria de mi dulce desvarío;	porque_CS de_SP mis_DP1CPS	trabajos yo confío la esperanza

Imagen 38 : Ejemplos de ocurrencias del trigrama CS-SP-DP en *P2*, obtenidos mediante el menú POS II de Litcon (Hernández-Lorenzo, 2022b).

También especialmente distintivos de P2 serían algunos de los trigramas cuyo primer elemento es un pronombre. Este es el caso del patrón PR-VM-VM, esto es, pronombre relativo seguido de dos verbos principales, en el puesto 14 de la tabla ordenada de distancias. Pueden consultarse algunos casos en la imagen 39.

llevar de ajena mano. Dichoso yo,	que_PR0CN00 aventuré_VMIS1S0 atrevido_VMP00SM	la amada libertad; en que vivía,
ntando; qué fuerza me arrebata? ...	que_PR0CN00 temo_VMIP1S0 partir_VMN0000	me, suelto en llanto, digo; piens
o a tanto desvarío. Este fuego, en	quien_PR0CS00 ardo_VMIP1S0, gaste_VMSP3S0	el frío; rompa este yugo estrecho
iero y Ebro; sagrado, Hispalio Río, a	quien_PR0CS00 celebro_VMIP1S0, corre_VMIP3S0	ufano a el ondoso Ponto Mauro.
iño. Cuando oso descubrir el mal,	que_PR0CN00 siento_VMIP1S0, hallo_VMIP1S0	tanta tibieza el bien, que espero;
detienes? no canses mi esperanza,	que_PR0CN00 afligida_VMP00SF penando_VMG0000	en confusión y en miedo tienes.
en intenta más que la memoria. El	que_PR0CN00 pudo_VMIS3S0 llegar_VMN0000	a tal partido; que descubrió una r
scriba se en mi mármol que huía, y	que_PR0CN00 murió_VMIS3S0 luchando_VMG0000	mi deseo.

Imagen 39 : Ejemplos de ocurrencias del trigrama PR-VM-VM en *P2*, obtenidos mediante el menú POS II de Litcon (Hernández-Lorenzo, 2022b).

Es, asimismo, característico de *P2* el uso de pronombre relativo seguido de verbo principal y determinante artículo (PR-VM-DA). Este trigrama ocupa la posición 15 en la tabla 23. Consúltense algunos ejemplos en la imagen 40.

za; y no se debe a el mal,	que_PR0CN00 siento_VMIP1S0, el_DA0MS0	bien, que me negáis, Estrella n
Aquí,	donde_PR00000 florece_VMIP3S0 la_DA0FS0	belleza, en cuyo dulce fuego e
Héroes la memoria; de	quien_PR0CS00 recela_VMIP3S0 el_DA0MS0	Hado la victoria, y las mustias
La llama,	que_PR0CN00 destruye_VMIP3S0 el_DA0MS0	pecho mío; y consume cruel
Aliento me da Amor, con	que_PR0CN00 levanto_VMIP1S0 la_DA0FS0	voz, no inferior a eterna Fama;
e mi llama se deshará,	quien_PR0CS00 viere_VMSF1S0 el_DA0MS0	nombre escrito, el nombre; q

Imagen 40 : Ejemplos de ocurrencias del trigrama PR-VM-DA en *P2*, obtenidos mediante el menú POS II de Litcon (Hernández-Lorenzo, 2022b).

Por último, también es característico de los poemas nuevos de 1619, el uso del trigrama PT-DA-NC, pronombre interrogativo seguido de determinante artículo y nombre común. Este patrón se encuentra en la posición 17 de la tabla 23, y sus ocurrencias en *P2* se recogen en la imagen 41.

de huyó de tu memoria?	adónde_PT00000 la_DA0FS0 religión_NCFS000	y su firmeza? Piensas, o esperas
os mi dichoso estado. ...	Adónde_PT00000 el_DA0MS0 favor_NCMS000	antiguo? adónde la gloria de mi p
Adónde el favor antiguo?	adónde_PT00000 la_DA0FS0 gloria_NCFS000	de mi pasado tiempo y venturoso?
mi bien y mi reposo,	adónde_PT00000 las_DA0FP0 luces_NCFP000	y el semblante honesto? el oro en r
torno, o descompuesto...	Adónde_PT00000 el_DA0MS0 coral_NCCS000	lustroso y encendido; y el color dulc
mi alma dolorosa?	Adónde_PT00000 el_DA0MS0 ardor_NCMS000	luciente de el cabello? adónde má
o el candor bello?	Adónde_PT00000 la_DA0FS0 perfección_NCFS000	, nunca imitada, de aquella image
cha no estoy cierto? por	qué_PT00000 el_DA0MS0 frío_NCMS000	mis venas entorpece? Si es po
que de vos era querido?	adónde_PT00000 el_DA0MS0 bien_NCMS000	, que tuve me ha huido, cuando má

Imagen 41 : Ocurrencias del trigrama PT-DA-NC en *P2*, obtenidos mediante el menú POS II de Litcon (Hernández-Lorenzo, 2022b).

Como última observación, al contrastar los resultados de bigramas y trigramas morfosintácticos, parece que los primeros aportan una información más clara, al menos en este caso, en cuanto a las diferencias y similitudes de *P2* con respecto a los otros corpus estudiados, pues, aunque ambos resultados apuntan a las mismas conclusiones, los datos que aporta la comparación de trigramas son más difusos.

3.4. Conclusión provisional

Para concluir, los análisis presentados en este capítulo y realizados a través de metodologías de corpus y computacionales han permitido descubrir datos de interés referentes a los textos poéticos herrerianos y al lugar que ocupa *P*.

Los resultados han mostrado similitudes estilísticas de *P* (y *P2*) con *H* y / o el resto de los poemas herrerianos, frente a la poesía que se conserva del propio Pacheco, tanto en términos de utilización léxica (densidad léxica) como morfosintáctica (en el empleo cuantitativo de categorías morfosintácticas o de bigramas y trigramas morfosintácticos). Así, los índices de riqueza léxica obtenidos apuntan a que el corpus herreriano de autoría segura y el de 1619 presentan índices de densidad léxica similares e inferiores a los poemas escritos por Pacheco, al tiempo que permiten apreciar que los poemas de *Versos* (tanto el poemario completo como los poemas nuevos) están más cerca de los de 1582 en este sentido, que los textos de *B*. Por su parte, los análisis morfosintácticos han demostrado que, a estos efectos, *P* y *P2* están más próximas a *H* y al corpus poético de autoría segura de Herrera que a la poesía escrita por Pacheco tanto en términos de categorías morfosintácticas concretas como de bigramas y trigramas. Especialmente los bigramas morfosintácticos muestran más claramente las diferencias y similitudes de *P2* con respecto a los poemas escritos por Pacheco y los poemas de autoría segura de Herrera respectivamente, aunque serán necesarios futuros estudios para determinar si a lo largo de diferentes corpus los bigramas morfosintácticos son más eficientes que los trigramas para determinar estas cuestiones.

También se ha resaltado dónde radican las principales diferencias entre los textos de 1619 y la poesía de autoría segura de Herrera, tanto en un plano léxico (mediante el contraste de palabras tipo) como ortográfico (mediante el análisis de concordancias de signos diacríticos), e incluso morfosintáctico (mediante la extracción de bigramas y trigramas con los valores de distancia más altos). De este modo, el contraste de palabras tipo constituye una primera aproximación a las diferencias cuantitativas de uso léxico. Asimismo, el estudio de las variantes ortográficas de signos diacríticos, además de confirmar que en *P* se produce un aumento importante del uso de un único punto encima de la vocal para indicar la dialefa, ha permitido comprobar que esto se debe a una nueva norma ortográfica en la que estos pasan a indicar también la diéresis, mientras que se conservan dobles puntos con esta función procedentes de *H* y otras fuentes, dejando de manifiesto el carácter de *P* como compendio de libros que incluye varias normas ortográficas. Y la aplicación de la fórmula de los *z-scores* a los bigramas y trigramas morfosintácticos ha hecho posible la ordenación de estos por distancia respecto al corpus poético herreriano para destacar los más distintivos o característicos de los textos de 1619.

Ahora bien, la información estilística obtenida hasta el momento sobre estas similitudes y diferencias entre los textos de 1619 y la poesía herreriana, aunque de enorme interés, resulta insuficiente para llegar a conclusiones determinantes para establecer la autoría de la edición póstuma y sus textos, pues ¿cómo podríamos saber si las diferencias detectadas se deben a una evolución estilística de Herrera o a la aparición de otra mano? Por esta razón, este estudio no puede terminar sin la aplicación de las técnicas actuales de Estilometría, atribución y verificación de autoría utilizadas en el campo internacional de las Humanidades Digitales, a las cuales se dedica el siguiente y último capítulo de este volumen.

4. Análisis con métodos estilométricos

Dentro de este epígrafe se realiza una introducción a la Estilometría y se presentan los análisis realizados con métodos propiamente estilométricos y medidas estadísticas utilizadas en esta disciplina. Los estudios estilométricos actuales combinan diferentes herramientas con diversos parámetros, ya que, como señalan Justin Stover y Mike Kestemont, en Estilometría este enfoque se considera más consistente que aplicar una única metodología o parámetros:

> In present-day stylometry, it is common not to limit a study to a single technique, but to compare the output of different methodologies. In the virtual absence of ground truth [...] it is worthwhile to asses the stability of experimental outcomes using different methodologies, which all have their strenghts and weakenesses (Stover & Kestemont, 2016a, p. 654).

Debido a las fortalezas y debilidades (o ventajas e inconvenientes) que presenta cada técnica, los resultados se consideran más consistentes si se obtienen mediante la aplicación de diferentes técnicas y parámetros de forma homogénea.

Por esta razón, a continuación, se presenta la aplicación de diferentes técnicas de Estilometría al problema autorial abordado en este volumen. Comienza con una introducción a esta disciplina (apartado 4.1); sigue con la aplicación de métodos supervisados de atribución de autoría para evaluar la fiabilidad de los resultados, teniendo en cuenta tanto el tamaño de las muestras como los parámetros concretos que obtienen los mejores resultados para el corpus estudiado (apartado 4.2); continúa con la aplicación de métodos no supervisados como análisis de grupos, árboles de consenso (apartado 4.3),

Principal Component Analysis (apartado 4.4), *Rolling Classify* (apartado 4.5), la aplicación de la función *oppose* (apartado 4.6) y con la aplicación de métodos de verificación de autoría (apartado 4.7).

4.1. Introducción a la Estilometría

El término *estilometría* ha aparecido en la bibliografía en español con diversas aplicaciones, como expone José Manuel Fradejas (2016b),[314] que se diferencian de lo que se entiende por *estilometría* en el panorama internacional de las Humanidades Digitales «tanto por los tipos de unidades analizadas, su cantidad y su elección como por el corpus de comparación y evaluación» (Calvo Tello & Cerezo Soler, 2018). Dentro del ámbito internacional, la Estilometría —*Stylometry* en inglés—, a la que también se la conoce como Estilística Computacional, es, sin lugar a dudas, una de las ramas más destacadas. Como he indicado en otro lugar:

> Etimológicamente, consistiría en el estudio del estilo —*style*— a través de la utilización de medidas (estadísticas) —*metrics*—, es decir, su objetivo es medir o cuantificar el estilo de uno o varios textos de forma objetiva a través de aquellas. Más específicamente, la Estilometría se ocupa de medir distintos aspectos lingüísticos de un texto —a menudo, la frecuencia léxica—, mediante la aplicación de medidas estadísticas, para, en última instancia, describir o aproximarnos al estilo, o a algunas de sus características, como pueden ser la autoría o el género literario (Hernández-Lorenzo, 2023a, pp. 61-62).[315]

Aunque desde sus inicios su principal aplicación ha sido la resolución de problemas de autoría, actualmente se ha incrementado de forma muy significativa su utilización para abordar todo tipo de estudios de estilo mediante herramientas estadísticas e informáticas, razón por la cual también se la conoce como Estilística computacional o *Computational Stylistics* y, recientemente,

---

[314] En su artículo introductorio a esta disciplina, explica que el término se ha empleado en estudios sobre la frecuencia de hápax, n-gramas, cuantificación de determinadas palabras, de la longitud de estas e incluso en un estudio de variación dialectal (2016b).

[315] Para Holmes, la Estilometría puede definirse como «the statistical analysis of literary style» (Holmes & Kardos, 2003, p. 5). Véanse también las aproximaciones a los términos *estilometría* y *estilo* desde una perspectiva de corpus de Isabel Moyano Moreno (2023, 2024).

como Estilística Digital o *Digital Stylistics*.[316] En 2004, Hugh Craig al comenzar el capítulo al respecto en *A Companion to Digital Humanities*, resalta las similitudes entre la atribución de autoría y la Estilística Digital, testimonio que muestra cómo ya se encuentra en marcha un proceso de acercamiento:

> Stylistics and authorship studies are siblings with obvious differences and important underlying similarities. Stylistic analysis is open-ended and exploratory. It aims to bring to light patterns in style which influence readers' perceptions and relate to the disciplinary concerns of literary and linguistic interpretation. Authorship studies aim at «yes or no» resolutions to existing problems, and avoid perceptible features if possible, working at the base strata of language where imitation or deliberate variation can be ruled out. Authorship attribution has a forensic aspect —evidence of authorship based on Stylistics has been accepted in British courtrooms in particular— and this notion of determining a legally enforceable responsibility has given a particular intensity to scrutiny of its reliability. Yet stylistic analysis needs finally to pass the same tests of rigor, repeatability, and impartiality as authorship analysis if it is to offer new knowledge. And the measures and techniques of authorship studies must ultimately be explained in stylistic terms if they are to command assent (Craig, 2004, p. 273).

En el mismo volumen, se incluye otra sección de Estilometría bajo el título «Textual Analysis», esto es, como tecnologías de análisis textual, otra rama en la que a menudo se insertan los análisis estilométricos y, por extensión, los de atribución de autoría. Cuatro años más tarde, en la siguiente actualización del prestigioso volumen, *A Companion to Digital Literary Studies*, la Estilometría y la atribución de autoría aparecen ya unidas dentro del membrete de análisis cuantitativos y se habla de la primera de forma más general, y de la segunda como una rama concreta dentro de esta:

316 Para más información sobre la emergencia de este membrete y su uso, véase el capítulo introductorio del libro *Digital Stylistics in Romance Studies and Beyond* (Hesselbach et al., 2024a). Esta área se incluye actualmente dentro de los estudios literarios digitales, a los cuales está dedicado uno de los SIG de la AHDO, que cuenta con web propia y hasta blog con cuestiones de interés para esta comunidad: https://dls.hypotheses.org/ [Consulta: 01/04/2025].

> Quantitative approaches are most naturally associated with questions of authorship and style, but they can also be used to investigate larger interpretive issues like plot, theme, genre, period, tone, and modality (Hoover, 2008).[317]

4.1.1. La huella autorial (a stylistic fingerprint)

Dentro de la Lingüística teórica moderna, Noam Chomsky intenta demostrar en sus teorías lingüísticas sobre la estructura profunda del lenguaje que los hablantes nos movemos entre unas reglas lingüísticas que debemos seguir y una cierta libertad de elección, que funcionaría a todos los niveles lingüísticos. Este margen de libertad de elección estaría influido por diversos factores, de índole educativa, social o psicológica entre otros (Chomsky, 2006).[318] La Estilometría pretende medir estadísticamente los rasgos de estilo que diferencian a una persona de otra. Para ello, se basa en el principio de la existencia de una huella autorial, difícil de detectar con el ojo humano e identificable por elementos que escapan al control del autor por ser inconscientes, pero sí cuantificables: «[...] authors have an unconscious aspect to their style, an aspect which cannot consciously be manipulated but which possesses features which are quantifiable and which may be distinctive» (Holmes, 1998, p. 111).[319] Debido a que se trata de elementos que usamos de forma inconsciente, resultarían mucho más difíciles de imitar o plagiar, y, en consecuencia, su análisis proporcionaría conclusiones más sólidas acerca

---

[317] La Estilometría también aparece incluida en el capítulo de estudios cuantitativos en el volumen *Digital Humanities. Eine Einführung* (Jannidis et al., 2017). En el último *Companion to Digital Humanities*, la Estilometría se incluye dentro de las metodologías de minería de textos: «In the twentieth century, the project of authorship attribution came to be closely associated with the more general and varied practice of "stylometry", and it remains an important aspect of text mining today» (Jockers & Underwood, 2016). En *The Bloomsbury Handbook to the Digital Humanities*, Byszuk (2022) considera la Estilometría como uno de los enfoques más tempranos de los estudios cuantitativos, en los que recientemente han irrumpido los grandes modelos de lenguaje (Nielbo et al., 2024).

[318] Para una explicación más detallada sobre la relación entre las elecciones lingüísticas individuales y las diferencias autoriales, véanse el reciente artículo de Grieve (2023) y la monografía de Andrea Nini (2023).

[319] La importancia de este tipo de palabras que suelen pasar desapercibidas se resalta también en la monografía de Pennebaker, *The Secret Life of Pronouns*: «Function words are almost impossible to hear and your stereotypes about how they work may well be wrong» (Pennebaker, 2011, p. 28).

de la autoría del texto. La cuestión crucial aquí es determinar cuáles son los elementos que deben medirse para alcanzar este fin. El más usado, y el que ha obtenido también mejores resultados hasta el momento es la frecuencia de las palabras del texto.[320]

De acuerdo con la ley de Zipf (1932), existe una relación decreciente entre frecuencia de una palabra y su rango (o posición en la tabla de frecuencias) en el texto.[321] Además, las primeras palabras en la tabla de frecuencias, esto es, las palabras más frecuentes, constituyen un grupo muy reducido frente al resto de las palabras de un texto (figura 24a). Como consecuencia, entre las palabras más frecuentes de cualquier texto, se encuentran las llamadas 'palabras función' o gramaticales —*function words*, constituidas por categorías morfológicas como las conjunciones, las preposiciones o los determinantes.[322] Si se representa el logaritmo de la frecuencia frente al logaritmo del rango, se aprecia claramente que la relación existente entre ambos valores no solo es decreciente, sino que sigue una relación inversamente proporcional entre frecuencia y rango (posición) de la palabra dentro de la tabla de frecuencias (figura 24b),[323] que puede expresarse de la siguiente forma:

---

320 En este sentido, destaca el estudio de evaluación de diferentes técnicas realizado por los investigadores de la Universidad de Würzburg, en el que, tras probar la eficacia de diferentes rasgos (*features*), concluyen que el más efectivo en todos los análisis es el de las palabras más frecuentes (Hettinger et al., 2016).

321 Pongamos como ejemplo de texto *Algunas obras* de Herrera (versión modernizada). La palabra «y» es la que cuenta con una mayor frecuencia absoluta, seguida de la palabra «el», y, en tercer lugar, de la palabra «de». Como consecuencia, la palabra «y» es la que tiene el valor de frecuencia más alto (un total de 968 ocurrencias), y el valor de rango menor, que sería uno (puesto que es la primera palabra en la tabla de frecuencias). La siguiente palabra en la tabla de frecuencias, «el», tiene el segundo valor de frecuencia más alto (679 ocurrencias), solo superado por «y», y también uno de los valores de rango menores, que sería dos. La palabra «de», con 658 ocurrencias, tiene el tercer valor de frecuencia más alto, solo superado por «y» y «el», mientras que su valor de rango sería tres. Y así sucesivamente, hasta llegar al último lugar en la tabla de frecuencias, en la que están empatadas un grupo de palabras con un total de una ocurrencia, que constituye el valor mínimo de frecuencia en el texto.

322 Según Fradejas Rueda, se incluyen en esta categoría los artículos, las conjunciones, las preposiciones, los pronombres y ciertos adverbios, adjetivos y verbos auxiliares (Fradejas Rueda, 2016b, p. 202).

323 Esta ley se confirma con los datos de un texto real (*Moby Dick*) en la figura 24c.

$$f \propto \frac{1}{r}$$

donde f es la frecuencia,
$\propto$ significa que a es proporcional a b, y
r es el rango o posición de la palabra dentro de la tabla de frecuencias.

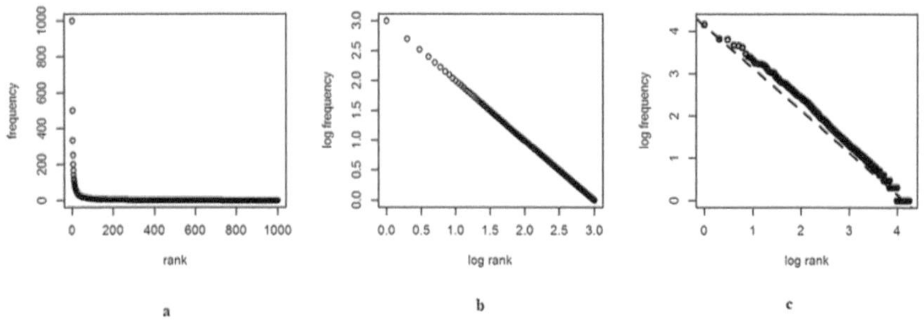

Figura 24 : La ley de Zipf en gráficos. Imagen tomada de «Unzipping Zipf's law» (Lestrade, 2017).

La Estilometría se centra en medir las palabras función por dos motivos: en primer lugar, por tratarse de rasgos inconscientes, y, en segundo lugar, debido a su alta frecuencia, que las hace fácilmente cuantificables y estadísticamente significativas, haciendo posible la aplicación de medidas estadísticas que robustezcan los resultados del análisis (Hernández-Lorenzo, 2023a). Para recapitular, la Estilometría trabaja fundamentalmente con la frecuencia de las palabras más frecuentes, conformadas en alta proporción por las palabras función.

Además de los rasgos (o *features*), en toda investigación estilométrica rigurosa han de tomarse decisiones sobre el procedimiento estadístico utilizado para analizar los datos. En la Estilometría de hoy, uno de los procedimientos estadísticos utilizados son las llamadas medidas de distancia (o *distance measure*). Se trata de métodos estadísticos (algunos de ellos procedentes de las ciencias exactas y la informática, y otros desarrollados por los propios estilometristas) que pretenden medir el grado de similitud o diferencia entre textos (Juola, 2006, p. 275). La medida más utilizada hoy es Delta (Burrows, 2002) y sus variantes.

Los propios estilometristas declaran que esta rama no trata de reemplazar la investigación llevada a cabo por la Filología tradicional o los estudios literarios como la Historia de la literatura, sino de complementar su trabajo aprovechando los avances computacionales, del mismo modo que llevan haciendo desde la existencia de estos las disciplinas de las ciencias exactas y experimentales:

> What, then, does stylometry seek to do? It certainly does not seek to overturn traditional scholarship by literary experts and historians, rather it seeks to complement their work by providing an alternative means of investigating works of doubtful provenance (Holmes, 1998, p. 111).

Esta metodología puede ubicarse dentro de los enfoques cuantitativos basados en la lectura distante y el macroanálisis, como lo hacen Hoover (2008) o Jannidis et al. (2017), pero, por otra parte, posee una extensa historia por sí misma y anterior a la emergencia de estos nuevos enfoques.

4.1.2. Repaso histórico: orígenes, fundadores y principales hitos[324]

Los problemas de autoría son tan antiguos como la propia Filología. Su historia se remonta a la antigüedad clásica, al análisis filológico de los poemas épicos de Homero que realizaron los estudiosos de la biblioteca alejandrina en el siglo III a.C. Desde entonces, se han realizado estudios de autoría sobre textos atribuidos a diversos autores. Uno de los más conocidos es el caso de la *Donación de Constantino*, el documento en el que el emperador Constantino I cedía la autoridad del Imperio romano al Papado. El humanista Lorenzo Valla (c. 1407-1457) demostró mediante métodos filológicos en su obra *De falso credita et ementita Constantini Donatione declamatio* (1439-1440) que se

---

[324] Este repaso por la historia de la Estilometría no aspira a ser exhaustivo ni a incluir todos los estudios con metodologías estilométricas que se han realizado hasta la actualidad, pues su magnitud lo hace imposible para el espacio del que se dispone en este volumen. Por ello, su principal objetivo es trazar sus bases, estudios fundadores e hitos más representativos, así como una periodización de los avances en la materia. Una buena representación de la bibliografía, con más de 3 000 referencias, puede encontrarse en el grupo de Zotero de Estilometría de Christof Schöch: https://www.zotero.org/groups/643516/stylometry_bibliography [Consulta: 01/04/2025]. Asimismo, para un repaso histórico más exhaustivo de sus orígenes, se recomienda la consulta del trabajo de Grzybek (2014).

trataba de una falsificación medieval, ya que algunos rasgos lingüísticos que presentaba el texto delataban que su escritura debió producirse no en el siglo cuarto en el que supuestamente había sido escrito, sino probablemente en el siglo VIII.[325]

Si bien desde sus orígenes los problemas de atribución de autoría fueron abordados mediante disciplinas como la Filología, la Paleografía, la Codicología o la Historia, con el tiempo surgieron las llamadas metodologías no-tradicionales de atribución o *non-traditional authorship attribution*, de las que acabaría naciendo la Estilometría. La bibliografía sobre los orígenes de esta última (Eder, 2011; Fradejas Rueda, 2016b; Grzybek, 2014; Holmes, 1998), señala como sus primeras aplicaciones las realizadas en el siglo XIX en la llamada *Shakespeare Authorship Question*, en la cual los estudiosos de William Shakespeare intentaban dilucidar si el escritor bardo escribió todo lo que se le atribuye. Augustus de Morgan (1806-1871) sugirió en 1851 que la longitud de las palabras de un texto podría ser de interés para dilucidar cuestiones de autoría (De Morgan, 1882). Siguiendo la intuición de De Morgan, Thomas C. Mendenhall (1841-1924) comparó la longitud de las palabras de las obras atribuidas a Shakespeare con las de otros candidatos como Vere, Bacon y Marlowe en sus famosas *Curves of Composition* (T.C Mendenhall, 1887).[326] Se trataba, sin embargo, de un procedimiento muy mecánico, pesado, y que resultó ser insuficiente para llegar a conclusiones sólidas sobre la autoría de un texto.

Para Holmes (1998), la ingratitud del proceso y la falta de fiabilidad de los resultados obtenidos propiciaron la aparición de un vacío en la aplicación de técnicas estilométricas de alrededor de 30 años, desde los trabajos de De Morgan y Mendenhall hasta los años treinta del nuevo siglo. Sin embargo, al centrar su artículo fundamentalmente en bibliografía anglosajona, no repara en dos importantes proyectos, los cuales además de aplicar las incipientes

---

325 Concretamente, algunas formas gramaticales que presentaba el texto no podían haberse utilizado en el siglo IV y había también palabras anacrónicas como, por ejemplo, terminología feudal.

326 En un artículo posterior, Mendenhall hace recapitulación de la metodología empleada y muestra la aplicación de esta a autores no anglófonos, como Boito para textos en italiano, Cervantes para textos en español, Dumas para textos en francés y von Scheffel para textos en alemán, e incluso autores de la antigüedad clásica como Julio César o Eurípides (Thomas C Mendenhall, 1901).

técnicas de la Estilometría a textos en otras lenguas, produjeron importantes avances para la consolidación de esta metodología.[327] Sin ir más lejos, en 1888, William Benjamin Smith publicó bajo el pseudónimo de Conrad Mascol un estudio aplicando técnicas no-tradicionales de atribución de autoría a las epístolas atribuidas al apóstol San Pablo (Mascol, 1888a, 1888b). Pero cabe destacar por su importancia y repercusión, los estudios de Lutosławski (1863-1954) sobre la cronología de los *Diálogos* de Platón utilizando técnicas que hoy en día se considerarían de Cronoestilometría (Lutosławski, 1897).[328] Este estudioso no solo fue pionero en la creación de una metodología para inferir la cronología de los textos literarios, sino que es el creador del término «estilometría» —*stylométrie*—, el cual ya utiliza en el título de uno de sus artículos, «Principes de Stylométrie appliqués a la chronologie des œuvres de Platon» (Lutosławski, 1898).[329] Este término contiene, además, desde su creación un sentido más amplio que el de atribución de autoría no tradicional, ya que no solo incluye la aplicación de enfoques estadísticos a cuestiones de autoría, sino también a los demás componentes del estilo,[330] como explica Eder: «It is usually used in a sense slightly broader than non-traditional authorship attribution: while the former denotes all statistical insights into style, the

---

[327] Esto ya ha sido señalado por los estudiosos. Rudman lo hace a propósito de Mascol: «How many authorship attribution practitioners are aware of William Benjamin Smith who, under the pen name of Conrad Mascol, published two articles, one in 1887 and the other in 1888 describing his "curve of style". This is the same year —1887— that Mendenhall published his "Characteristic Curves of Composition". But Smith is just not mentioned» (Rudman, 2012, p. 354). Por su parte, Pawłowski y Pacewicz denuncian lo mismo con el caso de Lutosławski: «Malgré les imperfections de la technique de Lutosławski et les doutes épistémologiques concernant la question même de chronologie, l'expression "gap of some 30 years" contraste fortement avec le contenu de ses travaux où l'on trouve la première utilisation du terme 'stylometrie' et une description des objectifs et des principes de cette "nouvelle science"» (Pawłowski & Pacewicz, 2004, p. 424).

[328] Para un completo estado de la cuestión y repaso histórico sobre la Cronoestilometría (*Stylochronometry*), véase el trabajo de Stamou (2008).

[329] A pesar de ser uno de los fundadores de la disciplina y acuñar el término por el que hoy se la conoce, Lutosławski es desconocido para muchos de los estudiosos y su importancia infravalorada, seguramente debido a que no pertenece al ámbito anglosajón alrededor del cual gira una parte importante de la bibliografía de este campo (Pawłowski & Pacewicz, 2004).

[330] Estos pueden ser géneros textuales, movimientos literarios, cuestiones influidas por el género masculino o femenino del autor, evolución del estilo en la obra de un autor, etc.

latter refers to a statistical approach to the question of authorship» (Eder, 2011, p. 100). Por último, Lutosławski defendió en sus estudios la existencia de una huella autorial, determinada por el individuo, que sería comparable a las diferencias en la letra de cada persona: «If handwriting can be so exactly determined as to afford certainty as to its identity, so also with style, since style is more personal and characteristic than handwriting» (Lutosławski, 1897, p. 66).

Además, en el comienzo del siglo XX, fueron fundamentales para el desarrollo de la disciplina los estudios de G. Udny Yule (1871-1951) en Inglaterra, y George Zipf (1902-1950) en América. Zipf hizo el descubrimiento ya mencionado y conocido como la ley de Zipf (1932).

Por su parte, Yule intentó explicar y sistematizar la frecuencia de las palabras con su *Yule's characteristic K* (Yule, 1944) que, sin embargo, no es suficientemente fiable para distinguir la señal autorial, y trató de utilizar la longitud de las frases como indicador de autoría (Yule, 1939). Este procedimiento tampoco resultó ser suficientemente fiable para este fin, pero sus indagaciones y las cuestiones planteadas animaron a la comunidad científica a indagar en estas metodologías.[331]

El primer hito fue el gran éxito de los *Federalist Papers* a principios de la década de 1960. Están constituidos por una serie de artículos periodísticos que salieron publicados anónimamente de 1787 a 1788 con el objetivo de convencer a los habitantes del estado de Nueva York de que ratificaran la Constitución. Posteriormente salió a la luz que habían sido coescritos por Alexandre Hamilton, John Jay y James Madison, quienes reclamaron la autoría de los artículos que cada uno había escrito. No obstante, la autoría de doce de los artículos fue reclamada tanto por Hamilton como por Madison. Para resolver esta disputa, los investigadores Mostaller y Wallace (1964) utilizaron por primera vez la frecuencia de las palabras gramaticales o palabras función (*function words*) y consiguieron establecer la autoría de cada uno de los artículos en discordia. Este gran éxito no solo supuso un impulso para la realización de más análisis estilométricos relacionados con la autoría, sino

[331] A partir de las teorías de Yule, Williams (1940) descubrió que mediante la realización de gráficos usando las distribuciones de frecuencia de los logaritmos del número de palabras en cada oración, se obtiene una distribución normal distinta para cada autor. Esto fue utilizado por Wake (1957) en su análisis de autores griegos.

que marcó la dirección a seguir en este campo, al encontrarse finalmente un indicador fiable de la autoría y, además, algunos estudiosos, como Holmes, señalan su importancia para el creciente grado de computarización que ha experimentado esta disciplina: «Mosteller and Wallace's scholarly analysis was to open the way to the modern, computerized age of stylometry, and their work has become a ground-breaking moment in literary detection» (Holmes, 1998, p. 112).

En las décadas siguientes se produjeron diversos ensayos de nuevas técnicas desde un punto de vista matemático-estadístico a los que Holmes se refiere como «Stylometric Struggles», pues no resultaron muy exitosos.[332] En el repaso hecho hasta el momento puede apreciarse cómo esta disciplina cuenta con varios fundadores, a pesar de que algunos de ellos han tenido un menor impacto mediático o son más desconocidos para los estilometristas por su ausencia en la literatura de corte anglófono, pero cuya importancia y repercusión en lo que hoy conocemos por Estilometría no puede negarse, como señalan Pawłowski y Pacewicz:

> [O]n devrait désigner comme pionniers et foundateurs de la stylométrie moderne, par ordre chronologique, De Morgan, Lutosławski, Yule, Zipf, Mosteller et Wallace, ainsi que les auteurs des premières applications stylométriques de l'analyse multidimensionnelle. Mais la priorité absolue ne revient à aucun d'eux, car leurs parts respectives dans la création de la stylométrie, aussi grandes soient-elles, étaient toujours limitées (Pawłowski & Pacewicz, 2004, p. 437).

A nuestro juicio, sin embargo, falta incluir a otro de los maestros de la disciplina, cuyas aportaciones han sido de crucial importancia para la Estilometría más reciente: John Burrows, que publicó una serie de artículos a finales de los años 80 y principios de los 90 (Burrows, 1987b, 1989, 1992b, 1992a), así como la monografía *Computation into Criticism: a Study on Jane Austen's Novels and an Experiment in Method* (Burrows, 1987a), que han sido de enorme importancia tanto para la consolidación de la Estilometría como para la investigación realizada desde entonces, especialmente después del periodo que va entre el éxito de los *Federalist Papers* y los estudios del profesor australiano. La propuesta de Burrows consistió en utilizar una mayor cantidad de datos, esencialmente las palabras función más frecuentes comunes a cada

[332] Para más información sobre estos ensayos de técnicas anteriores a 1980, consúltese Holmes 1998, pp. 112-113.

texto, calcular su frecuencia estandarizada a 1000 palabras (tantos por mil) y emplear metodologías multidimensionales provenientes de la Estadística, como *Principal Component Analysis*. En 1989 fundó el *Centre for Literary and Linguistic Computing* de la Universidad de Newcastle, donde trabajó con otros colegas en tecnologías de análisis de textos —*Text Analysis*.[333]

Toda esta labor lo hizo merecedor del prestigioso Premio Roberto Busa en 2001, que la ADHO entrega a las trayectorias más destacadas en el ámbito de las Humanidades Digitales.[334] En su discurso de aceptación del premio, propuso la medida de distancia estilométrica Delta (Burrows, 2002), que ha resultado un hito en la realización de análisis estilométricos y constituye, sin lugar a dudas, la medida estilométrica más popular y una de las más eficientes en el campo.[335] En el momento de su presentación, los análisis estilométricos se basaban en utilizar modelos de Estadística multivariable que se aplicaban a un número muy reducido de autores (Bailey, 1979; Binongo & Smith, 1999). Con Delta, Burrows proponía una solución a los casos de autoría en los que, o bien se cuenta con muchos posibles autores, o bien no tenemos evidencia de que ninguno lo sea, en cuyo caso los enfoques anteriores resultaban insuficientes. La nueva medida ofrecía, pues, la posibilidad de analizar a la vez grandes cantidades de autores sospechosos y obras para elegir de entre todos ellos el más cercano o similar al texto anónimo (Evert et al., 2017).[336]

---

[333] Además de desarrollar métodos punteros de Estilometría en sus trabajos y publicaciones, Burrows realizó una entrevista en la que divulga esta disciplina para el gran público: https://www.youtube.com/watch?time_continue=1&v=0QpJFAjdKz8 [Consulta: 01/04/2025].

[334] La relación de premiados puede consultarse en la web de la ADHO en la siguiente dirección: https://adho.org/awards/roberto-busa-prize/recipients [Consulta: 01/04/2025].

[335] Burrows también introdujo otras dos medidas, Zeta y Iota, que han tenido una menor popularidad, pero están siendo aplicadas por otros investigadores con resultados sorprendentes y prometedores (Hoover, 2008). En concreto, Zeta se ha revelado como una medida de gran efectividad para contrastar las palabras de diferentes textos y resaltar sus diferencias. A este respecto, véase el subcapítulo dedicado a *oppose* (apartado 4.6).

[336] Burrows presentó Delta como una medida de distancia para analizar el estilo de los textos literarios, realizando como ejemplo una aplicación de esta a poemas épicos en inglés. Su concepto de estilo, por tanto, proviene de la Estilística, consistiendo este en la desviación de la norma (Rosengreen, 1972).

El interés despertado por Delta se manifestó en seguida en forma de artículos de otros investigadores que explicaron las bases matemáticas de su asombrosa eficiencia (Argamon, 2008). Los estilometristas se afanaron con entusiasmo en realizar sus propias pruebas con Delta e incluso algunos propusieron mejoras para perfeccionarla, como Hoover (2004b), que propone aumentar el número de palabras analizadas para conseguir resultados aún más sólidos; Smith y Aldridge (P. W. H. Smith & Aldridge, 2011), quienes proponen utilizar como base la distancia Cosine en lugar de la Manhattan o la Euclídea;[337] o Eder (2015b), que propone una versión de la conocida distancia para aumentar su éxito en lenguas con un grado de flexión mucho mayor que el inglés, como el latín.[338] Eder y Rybicki (2011) realizaron también una contribución de gran importancia al demostrar que el funcionamiento de esta medida estilométrica, del mismo modo que ocurre con otras medidas y parámetros, no tiene en otras lenguas el mismo índice de efectividad obtenido con el inglés, como se había asumido y se venía defendiendo hasta el momento y ofrecieron como posible explicación «the degree of inflection as a possible factor» (Rybicki & Eder, 2011, p. 320). Los últimos avances al estado de la cuestión sobre las medidas de distancia en Estilometría pueden encontrarse en los trabajos de los estilometristas alemanes (Evert et al., 2017; Jannidis et al., 2015). Estos investigadores han realizado una completa evaluación de Delta y sus variantes con diferentes parámetros, incluyendo una reciente medida, Cosine Delta (P. W. H. Smith & Aldridge, 2011), y han demostrado que esta última es la que obtiene mejores resultados para las principales lenguas europeas, superando la efectividad de la Delta de Burrows.

Desde entonces, se han realizado numerosos estudios de autoría utilizando estudios estilométricos, siendo uno de los más sonados y mediáticos (Brooks & Flyn, 2013; Juola, 2013) el caso de la novela *The Cuckoo's Calling*, firmada por Robert Galbraith, que resultó ser un pseudónimo de J. K. Rowling, en concordancia con los resultados que Patrick Juola había obtenido en todos sus

---

337 A diferencia de Delta, estas distancias provienen de las matemáticas y la Estadística. Una introducción a estas y a las demás distancias puede encontrarse en la documentación de *stylo*: https://github.com/computationalstylistics/stylo [Consulta: 01/04/2025]. Para una explicación más detallada de las medidas de distancia y evaluación de las mismas, consúltese el artículo de Evert et al. (2017).

338 Recientemente, se han realizado estudios que evalúan el funcionamiento de Delta y sus variantes (Evert et al., 2017).

análisis estilométricos (Juola, 2015). Para este análisis, Juola utilizó un *software* comercial de atribución de autoría que había desarrollado él mismo: el *Java Graphical Authorship Attribution Program* (JGAAP) (Juola, 2005). En este sentido, otro gran hito en la historia de la Estilometría ha sido la creación y lanzamiento del paquete *stylo* en R, desarrollado por Eder, Rybicki y Kestemont (Eder et al., 2016), que permite ejecutar de forma sencilla, con conocimientos de programación mínimos y una interfaz gráfica, análisis de Estilometría con todas las medidas y parámetros, y que ha sido puesto a disposición de la comunidad científica de forma gratuita. Además, ofrecen una completa documentación de esta herramienta y de cómo utilizarla[339] y cursos como entrenamiento.[340] Como resultado, los análisis estilométricos han experimentado una suerte de «democratización», pues han pasado, de ser solo accesibles para informáticos y humanistas con importantes conocimientos de programación, a que cualquier investigador o curioso con unas nociones mínimas de R pueda ejecutar su propio análisis estilométrico en cuestión de segundos.[341]

---

339 Puede consultarse en el repositorio de Github del grupo: https://github.com/computationalstylistics/stylo_howto [Consulta: 01/04/2025].

340 Los creadores participan todos los años en las escuelas de verano de Humanidades Digitales de Canadá (https://dhsi.org/ [Consulta: 01/04/2025]) y Europa (https://esudh.github.io/ [Consulta: 01/04/2025]), ofreciendo un curso-taller de Estilometría durante el cual enseñan a utilizar *stylo*. Aparte, también han impartido cursos en numerosos lugares de Europa y del mundo.

341 Queda el problema de que el ejecutor del análisis tenga los conocimientos de Estilometría necesarios para saber qué medidas y parámetros debe utilizar para el fin concreto que persigue, cómo funcionan y, lo que seguramente supone la parte más difícil, cómo debe interpretar los resultados obtenidos y qué otros análisis o parámetros puede utilizar para optimizarlos. En cualquier caso, se trata de una cuestión de formación, superable mediante el estudio de la bibliografía fundamental y la realización de cursos y trabajos de experimentación, como ha hecho en su proceso de aprendizaje la autora de este volumen.

4.1.3. Aplicaciones de la Estilometría a la literatura española[342]

4.1.3.1. Contextualización

Puede apreciarse en el repaso histórico realizado en el apartado anterior cómo la Estilometría y los métodos de atribución de autoría no tradicionales han sido aplicados desde sus inicios a textos en lengua inglesa, siendo Shakespeare o Jane Austen algunos ejemplos de los muchos autores anglófonos que han sido sujeto de experimentación con estas técnicas novedosas. Asimismo, la Estilometría viene siendo también aplicada a la literatura en lengua alemana desde hace años, uno de cuyos ejemplos más destacados es la creación de la cátedra de *Computerphilologie* —Humanidades Digitales— en la Universidad de Würzburg, asociada aún a día de hoy al área de Germanística y cuyo director, Fotis Jannidis, es especialista en literatura alemana (Jannidis & Lauer, 2014). De igual forma, la literatura holandesa ha sido sujeto de aplicación de estas técnicas desde hace tiempo (van Dalen-Oskam & van Zundert, 2007). Los enfoques aplicados a lenguas romances son más recientes, aunque ya cuentan con relevantes estudios aplicados a literatura francesa (Bornet & Kaplan, 2017; Schöch, 2014; Cafiero & Camps, 2019; Camps et al., 2021) e italiana (Ciotti, 2017; Silvi & Ciotti, 2017).

En el caso de la literatura española, la escasez de repositorios y textos disponibles en un formato adecuado (que contrasta con la gran cantidad de textos disponibles en inglés, e incluso en otras lenguas, como el francés o el alemán) ha provocado que los primeros estudios estilométricos se hayan producido de una forma más esporádica, ya que los humanistas digitales se centraron en un primer momento en la creación de ediciones, bases de datos y bibliotecas digitales. Además, las metodologías estilométricas se han dado a conocer hace relativamente poco en el mundo hispánico, en contraste con Estados Unidos, Canadá y otros países de Europa, y muestra de ello son los artículos científicos, pero con un fuerte carácter divulgativo, de José Calvo y José Manuel Fradejas publicados en la revista *Caracteres* (Calvo Tello, 2016b; Fradejas Rueda, 2016b).[343] Sin embargo, en estos últimos años, estamos

[342] Debido al incremento de trabajos en los últimos años, este apartado no aspira a ser un repaso exhaustivo, sino a trazar una breve panorámica que permita contextualizar el estudio estilométrico llevado a cabo en este volumen. Consecuentemente, se dedicará una mayor atención a los trabajos que apliquen estas técnicas a la poesía del Siglo de Oro.

[343] Esto llevó también a Alejandro Bia (2018) a realizar varias pruebas con métodos estilométricos y aplicados a la literatura española con el objetivo de «probar que la

asistiendo a un notable aumento de aplicaciones estilométricas a textos literarios españoles. Además, en 2019 de la mano de José Manuel Fradejas apareció el primer libro en español sobre Estilometría y análisis de textos en R (2023),[344] y posteriormente, en 2023, salió publicada una monografía sobre *Análisis de textos desde la Estilometría* (Blasco Pascual & Ruiz Urbón, 2023).[345] Es importante señalar que, si bien tradicionalmente no se habían utilizado textos hispánicos en trabajos de evaluación de métodos estilométricos, gracias al aumento de corpus textuales españoles en abierto, recientemente los textos literarios hispánicos no solo han sido incluidos en trabajos con corpus multilingües (Plecháč et al., 2018; Rybicki, 2022), sino que también se han dedicado estudios a la evaluación específica de métodos estilométricos con textos hispánicos (Cuéllar, 2024; Hernández-Lorenzo & Calvo Tello, 2025). Asimismo, cabe destacar la publicación de obras colectivas sobre Estilometría y literaturas romances en la revista *Romanische Studien* (Rißler-Pipka, 2019) y en la editorial de la Universidad de Heidelberg (Hesselbach et al., 2024b), y más específicamente sobre literatura española en un reciente monográfico de la revista *Ínsula* (Blasco & Marín Cepeda, 2024).

4.1.3.2. Breve panorámica de estudios[346]

Entre los primeros estudios estilométricos de obras literarias hispánicas destacan los que se aplicaron a las dos obras de autoría controvertida más famosas de la literatura española, el *Lazarillo de Tormes* y el *Quijote* de Avellaneda.[347] Aunque no se ha podido determinar la autoría de estas obras, en el caso del *Lazarillo* sí se han podido descartar candidatos (de la Rosa & Suárez, 2016; Rißler-Pipka, 2016b), y en el del *Quijote* de Avellaneda ha quedado resaltada la cercanía (no del todo sorprendente) de esta obra con las del propio Cervantes (Blasco, 2016; Rißler-Pipka, 2016a). Las obras escritas o atribuidas al

---

estilometría computacional funciona de la misma manera que cuando se aplica a textos en inglés, de lo que sí hay muchas publicaciones» (Bia, 2018)

[344] Este libro digital ha tenido sucesivas revisiones, por lo que citamos por la más reciente.

[345] Javier Blasco ha publicado además unas *Notas para un manual de buenas prácticas estilométricas* (Blasco, 2023).

[346] Muchos de estos estudios se han realizado al amparo de diversos proyectos de investigación.

[347] Bazzaco (2021) señala como precedentes de estos estudios los realizados por Bernaldo de Quirós Mateo (2011) con la *Celestina* y Freddy López (2011) con *La tía fingida*.

manco de Lepanto han sido frecuentemente objeto de análisis estilométrico. Nanette Rißler-Pipka (2018) aplicó algunas de los últimos métodos estilométricos desarrollados al *Quijote* y al *Persiles*, entre otros, para comprobar una hipótesis anterior (Coufal & Juola, 2010) según la cual habría un cambio de estilo a partir del capítulo 60 del *Quijote* de 1615, que queda desmentida. En el ámbito de las obras dramáticas, se han aplicado métodos estilométricos para dilucidar la autoría de *La conquista de Jerusalén* (Calvo Tello & Cerezo Soler, 2018), del «Entremés de los mirones» (Blasco, 2019a) y del «Entremés de los romances» (Ruiz Urbón, 2023), todos ellos anteriormente atribuidos a Cervantes. En el primer estudio citado, los autores dejan la puerta abierta a un nuevo trabajo con un corpus mayor de textos, así como a la utilización de otras técnicas para confirmar y evaluar los resultados obtenidos. Además, la obra cervantina ha sido también analizada con métodos estilométricos para estudiar otras cuestiones estilísticas, y más concretamente los géneros literarios (Hernández-Lorenzo, 2023b).

Una buena parte de los estudios estilométricos en español se han llevado a cabo en el ámbito de la literatura áurea.[348] En el caso de la narrativa, además de los ya citados, destacan los trabajos de Javier Blasco (2019b) y Stefano Bazzaco (2021). Blasco utilizó estos métodos para descartar la hipótesis de que la *Historia verdadera de la conquista de Nueva España* no fuera escrita por Bernal Díaz del Castillo. Cabe destacar que este estudio se publicó en el *Boletín de la Real Academia Española*, lo cual supone que la Estilometría y sus métodos han comenzado a aparecer en las publicaciones más consagradas y prestigiosas del Hispanismo. Por su parte, Stefano Bazzaco realizó varios experimentos para poner a prueba los métodos estilométricos con libros de caballerías que le permitieron confirmar su idoneidad, así como la capacidad de desvelar «unos inéditos patrones que puedan alimentar nuestro conocimiento de la literatura» (Bazzaco, 2021, p. 165).[349]

Respecto al teatro áureo, también se ha recurrido a las técnicas estilométricas para determinar la autoría de numerosas obras, como da cuenta

---

[348] Muestra del interés de los hispanistas áureos por la Estilometría, y las Humanidades Digitales en general, es la organización de un Encuentro de investigadores en Humanidades Digitales en el congreso de la AISO desde 2017, en el que desde entonces se presentan frecuentemente estudios con métodos estilométricos.

[349] Se ha presentado otro estudio estilométrico de novelas de caballerías en uno de los congresos de la *Association for Computational Linguistics* (Kawasaki, 2022).

García-Reidy (2024). Aparte de los estudios ya mencionados, destacan los de obras atribuidas a Lope de Vega (García-Reidy, 2019; Cuéllar & Vega García-Luengos, 2023), Agustín Moreto (Ulla Lorenzo et al., 2021),[350] Cepeda (Fernández Rodríguez & García-Reidy, 2023) o Sor Juana Inés de la Cruz (Hernández-Lorenzo y Byszuk, 2023).[351] Asimismo, contamos con trabajos que analizan cuestiones estilísticas no autoriales, como una clasificación estilométrica de los subgéneros dramáticos en Calderón de la Barca (Lehmann y Padó, 2022), una aplicación de Cronoestilometría a las obras de Lope (Cuéllar, 2023), un estudio de Estilometría y ritmo aplicado a Calderón (Kroll, 2023), y un estudio de Estilometría y diferencias de género entre los personajes femeninos y masculinos de Calderón y Sor Juana (Hernández-Lorenzo, 2024a).

En el caso de la poesía áurea, a pesar de los retos que presenta este género por su menor extensión, se han aplicado técnicas estilométricas tanto para dilucidar la autoría de obras poéticas (Plecháč et al., 2018; Hernández-Lorenzo, 2019a, 2019b; Fernández Rodríguez & Gómez Sánchez-Ferrer, 2023), como para analizar otras cuestiones estilísticas (Navarro-Colorado, 2016, 2018; Rojas Castro, 2017, 2018; Lescasse, 2019; Rißler-Pipka, 2019; Hernández-Lorenzo, 2022c, 2024b). Una de las líneas más fértiles ha sido el análisis de la poesía gongorina y su influencia o contraste con la de otros autores áureos. Por ejemplo, en uno de sus trabajos, Antonio Rojas (2017) aplicó técnicas procedentes de la Lingüística de corpus y alguna técnica de la Estilometría a un corpus de fábulas mitológicas del Siglo de Oro para comprobar, por medios informáticos, la influencia gongorina en este subgénero y la distinción entre poetas «claros» y «oscuros». En su otro estudio (Rojas Castro, 2018) utilizó la herramienta *oppose* de *stylo* para caracterizar la poesía de Luis de Góngora dividida en tres grupos por su cronología.[352] Por su parte, Marie-Eglantine

---

[350] Losada Palenzuela (2024) ha analizado también la reutilización textual en la obra de este autor.

[351] Una primera versión de este trabajo fue presentada en el congreso global Digital Humanities 2019, celebrado en Utrecht. El estudio gira en torno a la discusión autorial en torno a la obra teatral *La segunda Celestina*, escrita por Agustín de Salazar y cuyo final ha sido atribuido a Sor Juana Inés de la Cruz (Hernández Lorenzo & Byszuk, 2023). Los resultados obtenidos mediante los análisis estilométricos refuerzan la atribución a Sor Juana, al mismo tiempo que abren nuevas líneas de investigación.

[352] Aunque reconoce el interés de estas nuevas metodologías para el estudio del estilo literario de Góngora, así como su carácter mensurable y reconocible, este investigador opina que su utilidad se reduce al estudio de un «cambio de tendencia […] o bien para

Lescasse (2019), aplicó metodologías de análisis morfosintáctico automático para contrastar la morfosintaxis de Góngora con la del resto de los poetas áureos,[353] y Nanette Rißler-Pipka ha utilizado técnicas estilométricas para comparar la particularidad de la poesía de Góngora y Picasso (Rißler-Pipka, 2019). Se han realizado también aproximaciones a la evolución de la lengua poética hacia el estilo cultista desde estos métodos, concretamente desde el análisis del lugar que Fernando de Herrera ocupa en este proceso (Hernández-Lorenzo, 2022c, 2024b). Aunque en menor medida, la poesía de Lope también ha sido objeto de análisis estilométricos, concretamente mediante el análisis autorial de poemas atribuidos, en el que estas técnicas se combinan con el análisis de otras cuestiones textuales (Fernández Rodríguez & Gómez Sánchez-Ferrer, 2023). También contamos con estudios de evaluación aplicados a poesía, tanto enfocados a la relación entre los límites de extensión de textos poéticos y el éxito en la atribución (Hernández-Lorenzo, 2019a), como al interés de la inclusión de información métrica para incrementar aún más la eficacia de los análisis estilométricos (Plecháč et al., 2018).[354] Si pasamos al terreno de la Estilística computacional, Borja Navarro aplicó *Topic Modelling* (Navarro-Colorado, 2018) a la poesía áurea a través del corpus del proyecto ADSO (Navarro-Colorado et al., 2016).

También contamos con un número significativo de estudios estilométricos aplicados a obras de los siglos XIX y XX. Destacan, por la cantidad de obras estudiadas y la solidez de los métodos empleados, los trabajos sobre el género literario de José Calvo y Ulrike Henny en la novela española de la Edad de Plata (Calvo Tello, 2019, 2021) y en la novela hispanoamericana del XIX (Henny-Krahmer, 2018, 2024).[355] Respecto a las aplicaciones al género lírico, las técnicas estilométricas han sido empleadas tanto en un análisis interlingüístico de la poesía en español y francés de Picasso (Rissler-Pipka,

confirmar o descubrir dominantes estéticas en las que no solo influye el estilo sino también otros factores» (Rojas Castro, 2018).

353 Esta investigadora también ha analizado la autoría de cartas anónimas de la poética cultista atribuidas a Lope de Vega (Lescasse, 2022).

354 Además de textos poéticos en español, los autores emplean poesía checa, alemana e inglesa. En este sentido, es de gran importancia que se hayan incluido textos literarios españoles en una investigación con corpus multilingüe sobre los propios métodos estilométricos, ya que el español había quedado tradicionalmente fuera de estos trabajos.

355 José Calvo ha analizado también con estas técnicas los géneros literarios en el CORDE (Calvo Tello, 2024).

2024), como para analizar el poema en prosa y la prosa poética en las *Leyendas* becquerianas (Hernández-Lorenzo, 2022d).[356]

Son menos los estudios que han empleado estos métodos en otros periodos de nuestra Historia literaria, pero aun así deben señalarse los trabajos de José Manuel Fradejas aplicados a textos medievales (Fradejas Rueda, 2019b),[357] y los estudios sobre literatura contemporánea de Javier Blasco (2022) y Katharina Dziuk Lameira (2024).

A continuación, se presentan los análisis realizados en este volumen para abordar el problema autorial de *Versos*.

4.2. Métodos supervisados de atribución de autoría

Uno de los mayores problemas que se plantean en los análisis estilométricos es la longitud de los textos. Por ello, se realizó una evaluación supervisada atendiendo al tamaño de las muestras del corpus, que fue publicada en la revista *Caracteres* (Hernández-Lorenzo, 2019a). En la presente monografía nos interesa especialmente el resultado obtenido para Fernando de Herrera (véanse las figuras 25 y 26), que muestra que es uno de los autores con una señal autorial más fuerte de todo el corpus, ya reconocible con muestras inferiores a las 2 000 palabras, garantizándose la altísima fiabilidad de los análisis estilométricos que realizamos a continuación sobre la autoría de *Versos*.[358]

[356] Otros estudios estilométricos de textos de estos siglos publicados en los últimos años son los de Lozano Zahonero (2020), Celma Valero y Ruiz Urbón (2021), Ruiz-Cornejo y Arriagada-Benítez (2022), Morán Rodríguez (2023), Nieto Caballero y Ruano San Segundo (2024).

[357] En este trabajo, presentó un análisis estilométrico sobre textos medievales castellanos con resultados sorprendentes, en tanto que estas herramientas fueron capaces de distinguir de forma automática la obra alfonsí conformada por traducciones del árabe de la constituida por traducciones del latín (Fradejas, 2019b).

[358] Para conocer más detalles sobre cómo se llegó a este resultado y sobre los análisis acometidos, consúltese mi estudio.

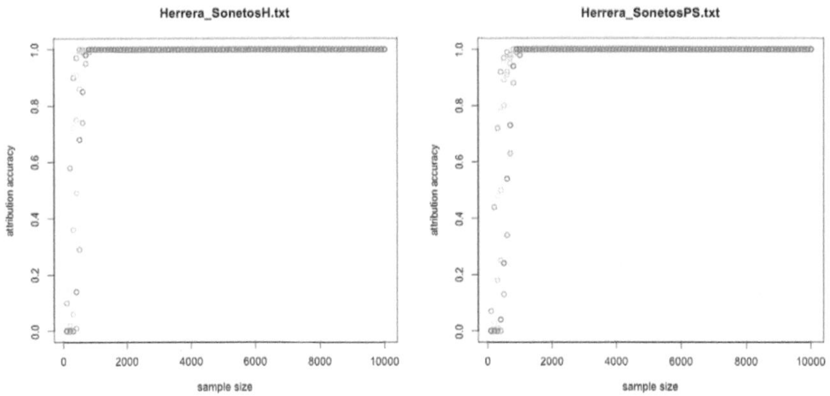

Figuras 25 y 26 : Resultados de atribución de autoría atendiendo al tamaño para Fernando de Herrera. Los colores equivalen a las siguientes cantidades de palabras más frecuentes: 100 (rojo), 200 (amarillo), 300 (verde), 500 (turquesa), 750 (azul) y 1 000 (violeta). La atribución de autoría alcanza y se mantiene en el 100 % con muestras menores de 2 000 palabras.

4.2.1. Evaluación de parámetros estilométricos

La evaluación del corpus de Siglo de Oro atendiendo al tamaño de las muestras permitió establecer que el límite fiable para realizar atribución de autoría se encuentra levemente por debajo de las 2 000 palabras (Hernández-Lorenzo, 2019a). Este es el que se utilizará en los análisis estilométricos de *Versos* (apartados 4.3 a 4.7). Los análisis previos realizados han demostrado, además, que determinados autores del corpus, entre los que se encuentra Herrera, son más reconocibles que otros, ya que presentan una señal autorial más fuerte. Puesto que el objetivo de investigación se ha centrado en estas dos cuestiones, en estos análisis previos únicamente se utilizaron un tipo de elementos —palabras— y de distancias —la Delta de Burrows—. Sin embargo, antes de acometer los primeros análisis de autoría de *Versos*, se hace necesario realizar una segunda evaluación del corpus, en la que el foco de atención no se pondrá sobre el tamaño de los textos o la fuerza de la señal autorial de cada autor, sino sobre los parámetros concretos que de forma generalizada obtengan mejores resultados para este corpus.

En este sentido, si bien en un primer momento algunos investigadores anglosajones defendieron que los parámetros estilométricos debían tener la misma eficacia en otras lenguas diferentes del inglés, los estudios de evaluación han demostrado que esto no es así y que la eficacia de un parámetro en concreto puede variar dependiendo del corpus sobre el que se aplique y especialmente de la lengua en la que se encuentren los textos de este. Esta fue la conclusión a la que llegaron Rybicki y Eder (2011):

> [...] while Delta [distances] is still the most successful method of authorship attribution based on word frequencies, its success is not independent of the language of the texts studied [...] while it might be a good idea to manipulate the above-mentioned parameters, it is not yet known *how* to manipulate them for a given corpus, language, genre, or attribution type. It seems so far that there is no 'best', or 'more reliable', or 'universal', value (Rybicki & Eder, 2011, pp. 319-320).

A estas declaraciones de Rybicki y Eder, que concluyen que no existen unos parámetros universales para todos los casos, han seguido los estudios de evaluación de Evert et al. (2017). que señalan a Cosine Delta como la medida estilométrica más exitosa a lo largo de diferentes corpus y parámetros, si bien terminan recalcando la importancia de evaluar los parámetros al aplicarlos a textos de diferentes épocas, géneros literarios o en diferentes lenguas.[359] Consecuentemente, en este apartado se realiza una evaluación de diferentes parámetros estilométricos para comprobar cuáles funcionan mejor con el corpus de poesía del Siglo de Oro que se utiliza en este volumen, de cara a los posteriores apartados.

4.2.1.1. Parámetros testados

Uno de los parámetros fundamentales es la medida de distancia utilizada. Desde su presentación en un artículo publicado por John Burrows en 2002 en la entonces *Literary and Linguistic Computing* —hoy, *Digital Scholarship in the Humanities*—, Delta es la medida más utilizada en Estilometría y atribución de autoría (Burrows, 2002) y ha quedado especialmente asentada después de la formulación y explicación matemática de Argamon (2008). Algunos investigadores han introducido variantes sobre la clásica medida de Burrows, dando lugar a la Delta de Hoover (2004b), la Delta Lineal de Argamon (2008), o la Delta de Eder (2013c), pensada para mejorar los resultados de la Delta

---

[359] Recientemente, Schöch y sus colegas (2024) han realizado un estudio sistemático en el que ponen el foco en la influencia de las diferentes lenguas en los resultados de atribución, como parte del proyecto CLS INFRA: https://showcases.clsinfra.io/stylometry [Consulta: 01/04/2025].

de Burrows con lenguas flexivas. También recientemente se ha propuesto (P. W. H. Smith & Aldridge, 2011) una nueva medida relacionada con Delta, Cosine Delta, que cuenta con una efectividad aún mayor en atribución de autoría (Evert et al., 2017; Jannidis et al., 2015). Además, en algunos trabajos estilométricos se hace uso de la medida de distancia Minmax (Kestemont et al., 2016b).

Además, otro de los parámetros que se testan es el tipo de elemento sobre el que se aplican las medidas de distancia. Desde el famoso trabajo de Mosteller y Wallace (1964) sobre la autoría de los *Federalist papers*, los elementos (*features*) de los textos que se utilizan actualmente en la investigación en Estilometría son las palabras más frecuentes, que a menudo coinciden con las llamadas palabras función (*function words*).[360] Este tipo de palabras presentan una serie de ventajas frente a las palabras particulares o especiales de un autor por las que anteriormente los investigadores se guiaban a la hora de afirmar o rechazar una autoría. Destacan, entre otras, su alta frecuencia en los textos —que, desde un punto de vista cuantitativo y estadístico, las convierte en elementos muy adecuados para realizar este tipo de análisis—, su relativa independencia del tema y del género de un texto,[361] y especialmente el hecho de que su uso escaparía al control consciente del autor, lo cual las hace más resistentes a

360 La distinción entre palabras contenido y palabras función proviene de la Lingüística moderna (Morrow, 1986). Las palabras contenido (*content words*) constituyen una categoría abierta en la que se incluyen nombres, adjetivos y verbos. En cambio, las palabras función (*function words*) forman una categoría cerrada, conformada por las también llamadas categorías agramaticales (preposiciones, determinantes, pronombres). Como resultado, las palabras función forman un conjunto más mucho pequeño, más difícil de expandir y que habitualmente no producen un significado aisladas del resto de las palabras (Kestemont, 2014, p. 60).

361 No debe caerse en el error de suponer que las palabras función son totalmente independientes de la temática del texto al que pertenecen, pues numerosos estudios han demostrado que las palabras función, y muy especialmente, la utilización de los pronombres personales, pueden variar dependiendo del género textual, de la perspectiva narrativa, del sexo del autor o incluso de la temática del texto, como recoge Mike Kestemont en su estado de la cuestión teórico-metodológico sobre las palabras función (Kestemont, 2014, p. 61). Esta es la razón de que existan los procedimientos de *(pronoun) culling*, mediante el cual el investigador puede eliminar automáticamente elementos —frecuentemente, pronombres personales— que estén afectados por la temática del texto y produzcan distorsión en el análisis (Hoover, 2003b, 2003a).

la imitación y el plagio.[362] El marco teórico más completo actualmente para las palabras función es el trabajo de Mike Kestemont, «Function Words in Authorship Attribution. From Black Magic to Theory?» (Kestemont, 2014). Al aplicar la distancia elegida sobre, por ejemplo, las 100 palabras más frecuentes, el análisis se limita a las 100 palabras con mayor frecuencia del texto, a las que se aplica el algoritmo de la distancia elegida.[363]

A pesar de que la mayoría de los análisis de Estilometría parten de las palabras, algunos estudios apuntan a los n-gramas de letras, o secuencias de *n* letras (*characters n-grams*),[364] como parámetros más eficientes para detectar la autoría de un texto (Juola, 2006; Kestemont, 2014). Metodológicamente, no está claro cuál puede ser la causa de la aparente mayor eficiencia de los n-gramas. Algunos investigadores apuntan a que recogerían mayor información sintáctica (Juola, 2006). En cambio, para Mike Kestemont, la ventaja de este tipo de variables frente a las palabras función consistiría en que permiten extraer una mayor cantidad de datos de los textos, lo cual sería beneficioso desde un punto de vista cuantitativo y estadístico (Kestemont, 2014).

4.2.1.2. Análisis y resultados

La evaluación se ha realizado sobre el corpus de poesía del Siglo de Oro que se describe en el Apéndice II en su versión de dos ficheros por autor, de forma que posibilite la aplicación de métodos supervisados de atribución de autoría y la consiguiente comprobación de los resultados. Mediante un script en R,[365] y utilizando la función estilométrica para métodos supervisados classify() de

---

362 Mike Kestemont indica en su artículo sobre las palabras función que, aunque se suele invocar en los estudios de Estilometría al uso no consciente de estos elementos por parte del autor, se encuentran pocas referencias que respalden esta afirmación e intenta arrojar nueva luz sobre esta cuestión con bibliografía en Psicolingüística (Kestemont, 2014, p. 61).

363 En algunos estudios se incluyen explicaciones divulgativas sobre este proceso pensadas para humanistas, como en el de Justin Stover y Mike Kestemont (2016a). En este sentido, una explicación completa y adaptada a los humanistas hispánicos sobre el funcionamiento de Delta puede encontrarse en el artículo de José Calvo, «Entendiendo Delta desde las Humanidades» (Calvo Tello, 2016b).

364 «A sequence of n letters from a given string after removing any spaces. For example, when n = 3 the n-grams that can be generated from the phrase "how are you" are 'how', 'owa', 'war', 'are', 'rey' and so on» (Baker et al., 2006, p. 122).

365 Este script fue posteriormente adaptado para ser utilizado en una investigación más amplia (Hernández-Lorenzo & Calvo Tello, 2025), en cuyo contexto ha sido publicado: https://github.com/lamusadecima/Evaluation-of-parameters/blob/main/code/Classification.R [Consulta: 01/04/2025].

stylo (Eder et al., 2016), se han testado sobre el corpus diferentes parámetros de palabras más frecuentes (100, 500, 1 000, 2 000, 3 000, 4 000, 5 000), tipos de elementos (palabras y letras), n-gramas (unigramas, bigramas, trigramas y tetragramas) y distancias —Delta de Burrows, Cosine Delta, Delta de Eder y Minmax—.[366] Puesto que la función classify() obliga a dividir los textos en dos directorios, actuando uno de ellos como *training set* y el otro como *validation set*, para dar una mayor consistencia a los resultados, el script desarrollado hace que el ordenador elija de forma aleatoria los ficheros a testar que pasan al *validation set*, teniendo en cuenta que siempre debe quedar uno por autor en el *training set*. Como se comprobó en un estudio anterior (Hernández-Lorenzo, 2019a), determinados autores poseen una señal autorial más fuerte y estable que los hace más reconocibles que otros. En consecuencia, los resultados con un mismo parámetro pueden variar en función de los autores testados. Para salvar esta dificultad, el ordenador realiza 50 pasadas por combinación de parámetros, de forma que estos se aplican sobre 50 combinaciones aleatorias de diferentes de autores en el *validation set*. Por último, se ha calculado mediante hojas de cálculo Excel la media de éxito de las 50 pasadas para cada una de las combinaciones de parámetros. Los resultados completos pueden consultarse en la tabla 25.

Tabla 25 : Resultados de la evaluación de parámetros con el corpus de Siglo de Oro utilizado, ordenado de forma descendente por valor de éxito (media). Las cuatro primeras columnas muestran los parámetros testados, esto es, número de palabras más frecuentes (MFW); tipo de elemento, consistentes en palabras (w) o letras (c); n-gramas (unigramas, bigramas, trigramas y tetragramas); y distancias —Delta de Burrows (Delta), Cosine Delta (CD), Delta de Eder (Eder) y Minmax (MM)—. La quinta columna recoge el número de pasadas por combinación (50 en todos los casos), mientras que la sexta y última columna muestra la media de resultados obtenida (cifras redondeadas a dos decimales)

MFW	Tipo	Ngramas	Distancias	N°	Éxito (media)
4000	w	1	Eder	50	85,87
5000	w	1	CD	50	84,40
5000	w	1	Eder	50	84,13

(continuado)

[366] No se han testado n-gramas de palabras (es decir, combinaciones de dos o más palabras) ni unigramas de letras (esto es, solo se testan combinaciones de dos a cuatro letras), puesto que otras pruebas anteriores han mostrado su ineficacia con nuestro corpus.

Tabla 25 : *(continuado)*

MFW	Tipo	Ngramas	Distancias	N°	Éxito (media)
4000	w	1	CD	50	82,27
3000	w	1	Delta	50	80,67
3000	w	1	Eder	50	80,67
500	c	3	CD	50	79,60
5000	c	3	CD	50	78,93
1000	c	3	CD	50	78,13
3000	w	1	CD	50	78
4000	w	1	Delta	50	78
2000	w	1	Delta	50	77,2
5000	c	4	CD	50	75,07
5000	w	1	Delta	50	74,67
3000	c	3	CD	50	74,40
500	w	1	CD	50	74,40
1000	c	4	CD	50	74,40
2000	w	1	CD	50	74,40
1000	w	1	CD	50	74,27
2000	c	3	CD	50	74,13
4000	c	4	CD	50	73,60
500	c	4	CD	50	72,80
4000	c	3	CD	50	72,53
1000	c	2	CD	50	71,87
2000	c	2	CD	50	71,87
3000	c	2	CD	50	71,87
4000	c	2	CD	50	71,87
5000	c	2	CD	50	71,87
5000	w	1	MM	50	70,67
2000	c	4	CD	50	69,87
500	c	2	CD	50	69,60
3000	c	4	CD	50	69,07
100	c	2	CD	50	69,07

MFW	Tipo	Ngramas	Distancias	Nº	Éxito (media)
4000	w	1	MM	50	68,53
3000	w	1	MM	50	67,33
2000	w	1	MM	50	67,07
2000	w	1	Eder	50	66,93
100	w	1	CD	50	65,87
1000	w	1	MM	50	62,93
1000	c	2	Delta	50	61,87
2000	c	2	Delta	50	61,87
3000	c	2	Delta	50	61,87
4000	c	2	Delta	50	61,87
5000	c	2	Delta	50	61,87
1000	w	1	Delta	50	61,07
100	w	1	MM	50	59,07
500	w	1	MM	50	58,80
1000	c	2	Eder	50	57,47
2000	c	2	Eder	50	57,47
3000	c	2	Eder	50	57,47
4000	c	2	Eder	50	57,47
5000	c	2	Eder	50	57,47
5000	c	3	Delta	50	57,47
100	c	3	CD	50	57,47
5000	c	3	Eder	50	57,33
100	c	4	CD	50	56,80
100	w	1	Delta	50	56,80
4000	c	3	Delta	50	55,87
100	c	2	Delta	50	55,73
100	w	1	Eder	50	55,60
500	c	2	Eder	50	54,53
1000	w	1	Eder	50	54,53
1000	c	2	MM	50	54,53

(continuado)

Tabla 25 : *(continuado)*

MFW	Tipo	Ngramas	Distancias	N°	Éxito (media)
2000	c	2	MM	50	54,53
3000	c	2	MM	50	54,53
4000	c	2	MM	50	54,53
5000	c	2	MM	50	54,53
500	c	2	Delta	50	54,27
500	c	2	MM	50	54,13
100	c	2	MM	50	52,40
500	w	1	Eder	50	50,93
500	w	1	Delta	50	50,80
4000	c	3	Eder	50	50,53
1000	c	3	MM	50	50,27
3000	c	3	Delta	50	50,00
500	c	3	Eder	50	49,87
100	c	2	Eder	50	49,73
500	c	3	MM	50	49,47
100	c	4	MM	50	49,20
100	c	3	MM	50	49,07
100	c	4	Delta	50	48,93
4000	c	3	MM	50	48,67
5000	c	3	MM	50	48,67
3000	c	3	MM	50	48,53
2000	c	3	MM	50	48,4
1000	c	3	Eder	50	47,47
500	c	3	Delta	50	47,47
500	c	4	MM	50	47,2
100	c	4	Eder	50	45,33
3000	c	3	Eder	50	44,67
2000	c	3	Eder	50	44,67
100	c	3	Delta	50	44,4

MFW	Tipo	Ngramas	Distancias	N°	Éxito (media)
2000	c	3	Delta	50	43,87
100	c	3	Eder	50	43,73
500	c	4	Eder	50	43,60
1000	c	3	Delta	50	43,07
1000	c	4	MM	50	41,33
1000	c	4	Eder	50	39,87
500	c	4	Delta	50	38,80
2000	c	4	MM	50	38,67
5000	c	4	MM	50	37,07
3000	c	4	MM	50	36,93
3000	c	4	Eder	50	36,80
2000	c	4	Delta	50	36,40
2000	c	4	Eder	50	35,47
4000	c	4	Eder	50	35,33
4000	c	4	MM	50	35,20
1000	c	4	Delta	50	34,80
5000	c	4	Eder	50	32,93
3000	c	4	Delta	50	32,13
5000	c	4	Delta	50	31,47
4000	c	4	Delta	50	30,67

Como puede observarse en la tabla anterior, las seis primeras combinaciones de parámetros obtienen una media superior al 80 %. La mejor combinación es la aplicación de la Delta de Eder sobre las 4 000 palabras más frecuentes con una media de éxito o aciertos superior al 85 %, mientras que la segunda es la aplicación de Cosine Delta sobre las 5 000 palabras más frecuentes con una media de éxito superior al 84 %, y la tercera vuelve a ser con la Delta de Eder, pero esta vez con las 5 000 palabras más frecuentes. La Delta de Burrows se muestra menos eficiente que las distancias anteriores con nuestro corpus, pero sobre las 3 000 palabras más frecuentes también obtiene una alta media de éxito, superior al

80 %, encontrándose en el quinto puesto de las mejores combinaciones de parámetros. En cambio, la distancia Minmax se revela como la menos eficiente de todas para nuestro corpus, ya que su mejor resultado, con las 5 000 palabras más frecuentes, ocupa el lugar número 29 de la tabla con una media de éxito de aproximadamente un 70 %.

Otra cuestión llamativa es el resultado obtenido para los n-gramas de letras, considerados según algunos estudiosos por lo general más efectivos que las palabras, y que, aunque en algunos casos obtienen buenos resultados para nuestro corpus —en este sentido, destaca el valor obtenido para los 500, los 1 000 y los 5 000 trigramas más frecuentes de letras con Cosine Delta, en los puestos 7, 8 y 9 de la tabla, y con medias de éxito superiores al 78 %—, son superados, como ya se ha visto, por los parámetros que incluyen palabras, que dominan los seis primeros puestos de la tabla, con medias de éxito superiores al 80 %.

En cuanto a la cantidad de rasgos o elementos utilizada, las cantidades por encima de 1 000 suelen por lo general, dar mejores resultados. Como caso excepcional, cabe comentar la combinación de los 500 trigramas de letras más frecuentes con la medida Cosine Delta, que obtiene un alto porcentaje de media de éxito (79,6 %).

Para finalizar, es interesante señalar que en nuestro corpus la medida de distancia Cosine Delta obtiene a nivel general los mejores resultados, pues aunque no está en el primer lugar de la tabla, todos sus resultados quedan por encima del 56 % de media de éxito —al contrario de lo que ocurre con las demás— y demuestra también una gran efectividad con respecto a las otras medidas si se trabaja con n-gramas, lo cual coincide con los resultados obtenidos en otros estudios de evaluación más generales (Evert et al., 2017; Ochab et al., 2019).

4.3. Análisis de grupos y árbol de consenso con otros poetas del Siglo de Oro

En este apartado, comienzan los análisis con métodos no supervisados. En Estadística, los análisis no supervisados (*unsupervised analysis*) se incluyen, de acuerdo con Baayen, dentro de las técnicas de *Clustering*, y, a diferencia de los análisis supervisados, «we do not prescribe what groupings should be there» (Baayen, 2009, p. 118).

Por otra parte, James et. al. añaden que el objetivo de estas técnicas no supervisadas frente a las supervisadas es responder a preguntas relacionadas o bien con la visualización de los datos de forma que se obtenga nueva información o bien con el descubrimiento de subgrupos entre las variables utilizadas (James et al., 2013, p. 373), y destacan entre estas técnicas las de *clustering* a las que definen como «a very broad set of techniques for finding subgroups, or clusters, in a data set» (James et al., 2013, p. 373).

Dentro de las técnicas estadísticas de *clustering*, en Estilometría suele emplearse *hierarchical cluster analysis*, que se ha traducido al español como *análisis de grupos*. Si se acude a la bibliografía en español, destaca la definición del profesor Fradejas Rueda:

> El análisis de grupos es una técnica de análisis estadístico multivariante cuya finalidad es agrupar una serie de elementos en grupos de manera que se dé la máxima homogeneidad posible dentro de cada grupo y, a la vez, la mayor diferencia entre los diversos grupos. Por lo general, representan los resultados por medio de dendrogramas (Fradejas Rueda, 2016b, p. 206).

En su artículo publicado en *The Classical Quarterly*, Mike Kestemont realiza una breve exposición adaptada al lector humanista de la publicación sobre los métodos de Estilometría usados en su estudio y añade sobre este procedimiento: «we pair each text with every other text and calculate the stylistic distance between each pair. These distances are calculated on the basis of the relative frequencies of the most frequent words (MFW) in the entire text collection» (Stover & Kestemont, 2016a, pp. 650-651). El resultado del análisis de grupo puede variar, por tanto, en función de diversos factores, siendo uno de los fundamentales la medida de distancia utilizada (*distance measure*) y otro igualmente importante la cantidad de elementos utilizados en el análisis, como se ha visto en el apartado anterior.[367] Al aplicar la distancia elegida sobre, por ejemplo, las 100 palabras más frecuentes, el análisis se limita a estas 100 palabras que presentan mayor frecuencia en el conjunto de textos (corpus empleado), a las cuales se aplica el algoritmo de la distancia

[367] En ciertos casos, algunos investigadores eliminan determinados elementos del análisis para mejorar sus resultados. A este procedimiento se le conoce como *culling* (Hoover, 2004b, 2004a). Si aparece *culled* al 0 %, significa que no se ha eliminado ningún elemento.

elegida (ya se han mencionado la Delta de Burrows, Cosine Delta, la Delta de Eder o Minmax).

Por su parte, John Burrows, en la sección de «Textual Analysis» de la clásica obra de referencia *A Companion to Digital Humanities*, apunta sobre las ventajas del análisis de grupos que «it offers rather a harsh test of the questions to be considered and also [...] the "family trees" in which the results are displayed speak plainly for themselves» (Burrows, 2004).

Por otra parte, se pueden emplear diferentes métodos de *clustering* (para formar el dendograma a partir de los resultados obtenidos), siendo el más utilizado el Ward *linkage method* (Ward, 1963). Este es el que utiliza por defecto *stylo* (Eder et al., 2016), y se ha revelado como el mejor de estos métodos (Ochab et al., 2019).

4.3.1. Análisis de grupos

A continuación, se presentan los análisis sobre la autoría de *P* utilizando las técnicas no supervisadas de análisis de grupos sobre el corpus de poesía áurea descrito en el Apéndice II y testado en los capítulos de análisis supervisado, esto es, el corpus de poesía áurea ADSO junto con el digitalizado por la autora, en su versión de un único fichero por autor. Puesto que los resultados de la *cross-validation* de un estudio anterior (Hernández-Lorenzo, 2019a) mostraron que la fiabilidad del análisis se alcanzaba con algo menos de 2 000 palabras, solo se incluyen los corpus de autores que alcanzan las 1 800 palabras.[368] Los parámetros aplicados para realizar los análisis de grupos son los que obtuvieron un mayor porcentaje de éxito o acierto para nuestro corpus en la evaluación del capítulo 4.2.

El primer análisis de grupo se ha generado con la combinación de parámetros que obtuvo el mayor porcentaje de éxito en la evaluación, esto es, la aplicación de la Delta de Eder sobre las 4 000 palabras más frecuentes. El dendograma obtenido puede consultarse en la figura 27.

---

[368] Consecuentemente, se excluyen de los análisis estilométricos los siguientes autores: Antonio Hurtado de Mendoza, Baltasar de Alcázar, Cáncer y Velasco, Cristóbal de Virués, Diego Ramírez Pagán, Esteban Manuel de Villegas, Fray Luis de León, Gregorio de Matos, Juan de Salinas, Pantaleón de Ribera y Rey de Artieda.

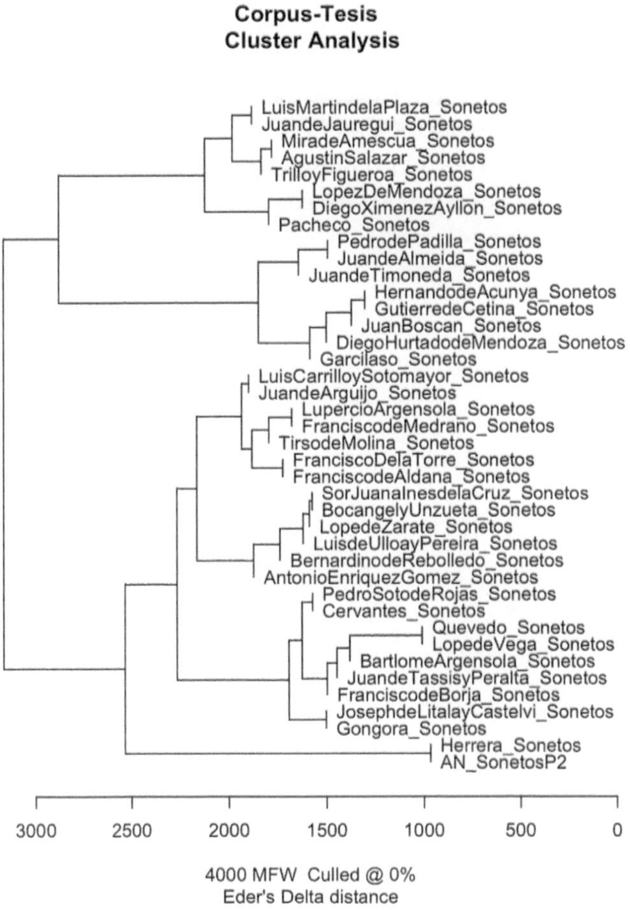

Figura 27 : Análisis de grupos de la poesía áurea. 4 000 MFW. Delta de Eder.

La forma correcta de leer el dendrograma es de derecha a izquierda, de forma que los textos más cercanos, o entre los que hay una distancia menor, se agruparán más a la derecha. En el primer dendrograma (figura 27), puede comprobarse cómo los dos textos que parecen estar más cercanos, formando un grupo o *cluster* más consistente, son el corpus de poesía de autoría segura de Herrera (los poemas sueltos y *H*) junto con el texto declarado como anónimo (AN), que incluye el corpus *P2*, es decir, los poemas únicos de *P*.

A continuación, se ha realizado un nuevo análisis de grupos con la segunda mejor combinación de parámetros: la aplicación de Cosine Delta sobre las 5 000 palabras más frecuentes. La figura 28 muestra el segundo dendrograma, en el que, aunque los grupos que conforman los demás autores experimentan ciertas variaciones, Herrera y el anónimo siguen formando el grupo o *cluster* más compacto y situado más a la derecha.

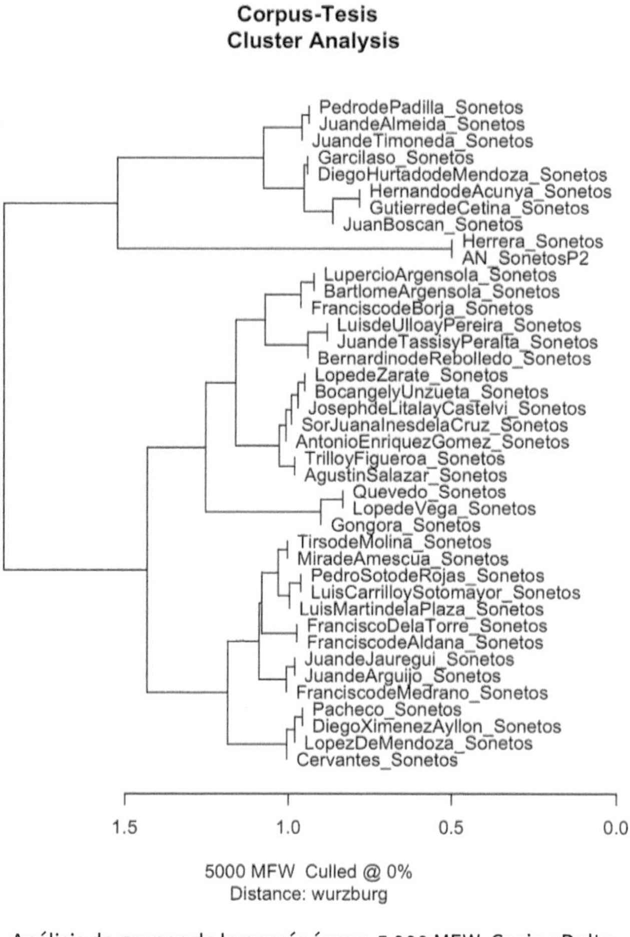

Figura 28 : Análisis de grupos de la poesía áurea. 5 000 MFW. Cosine Delta.

También se ha realizado un nuevo análisis de grupos con la tercera mejor combinación de parámetros, consistente en la aplicación de la Delta de Eder sobre las 5 000 palabras más frecuentes. En el dendograma obtenido (figura 29) de nuevo hay ciertas variaciones en los grupos que forman los demás autores, pero Herrera y *P2* aparecen otra vez unidos en el *cluster* más compacto.

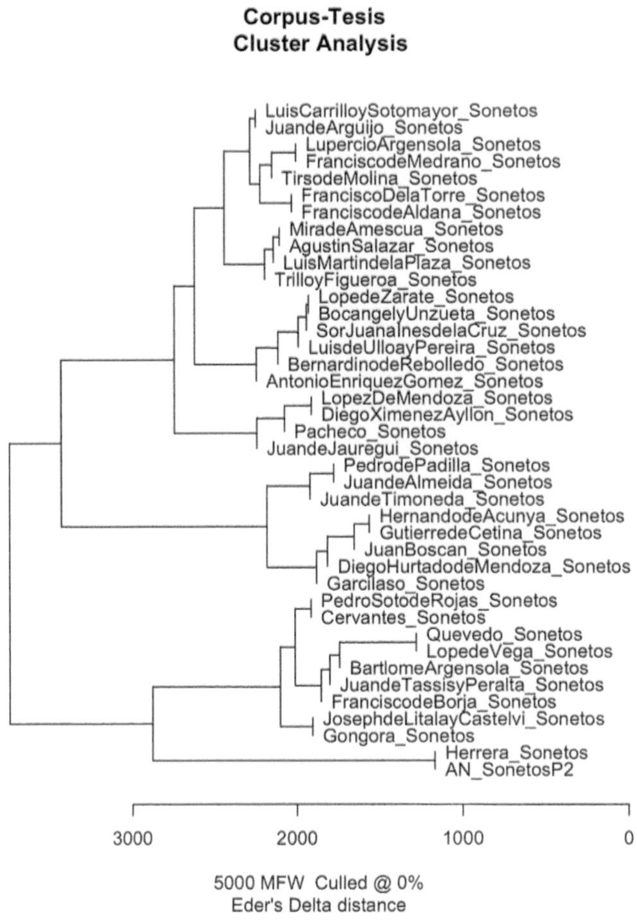

Figura 29 : Análisis de grupos de la poesía áurea. 5 000 MFW. Delta de Eder.

La figura 30 muestra el resultado obtenido para la cuarta mejor combinación de parámetros: la aplicación de Cosine Delta sobre las 4 000 palabras más frecuentes. Como puede observarse, los sonetos de *P2* vuelven a aparecer unidos a los de Herrera, formando el *cluster* más consistente.

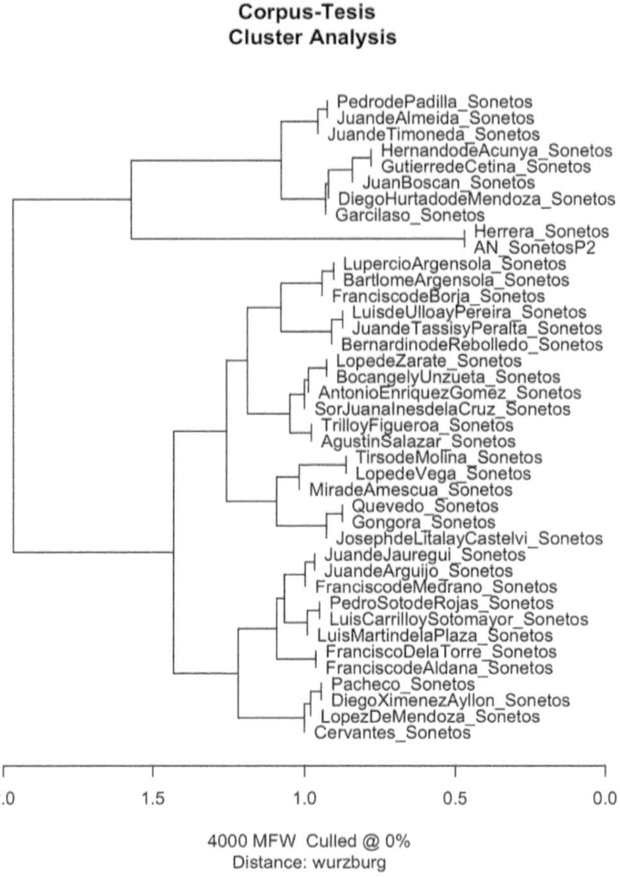

Figura 30 : Análisis de grupos de la poesía áurea. 4 000 MFW. Cosine Delta.

También se ha generado otro análisis de grupos (figura 31) con la combinación de parámetros que aparece en el quinto lugar en la evaluación (tabla 25): la aplicación de la Delta de Burrows sobre las 3 000 palabras más frecuentes. Nuevamente, *P2* aparece junto a Herrera formando el *cluster* más compacto.

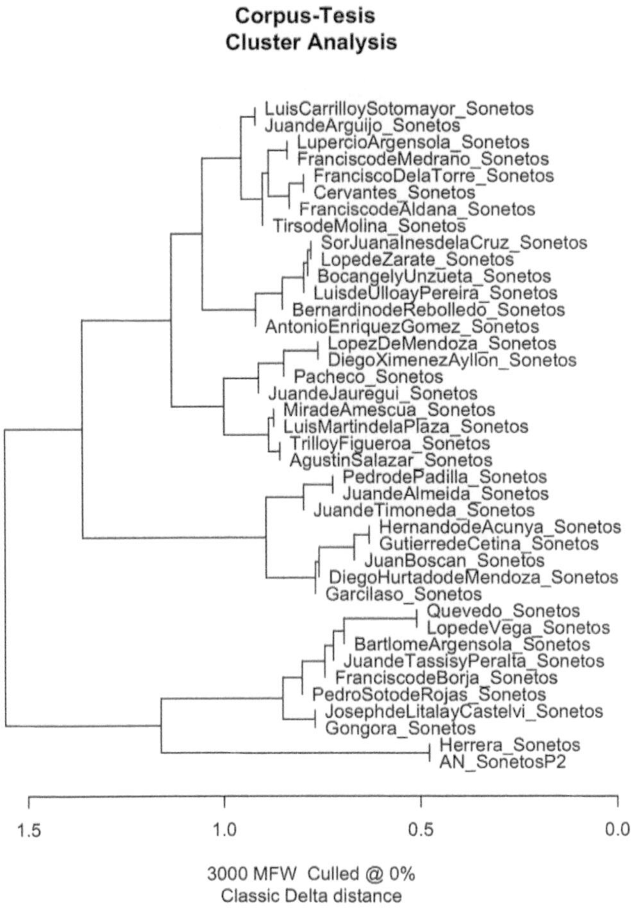

Figura 31 : Análisis de grupos de la poesía áurea. 3 000 MFW. Delta de Burrows.

La figura 32 muestra el dendograma obtenido con la siguiente combinación de parámetros, que obtiene el mismo porcentaje de éxito que la anterior: la aplicación de la Delta de Eder sobre las 3 000 palabras más frecuentes. *P2* vuelve a colocarse con Herrera.

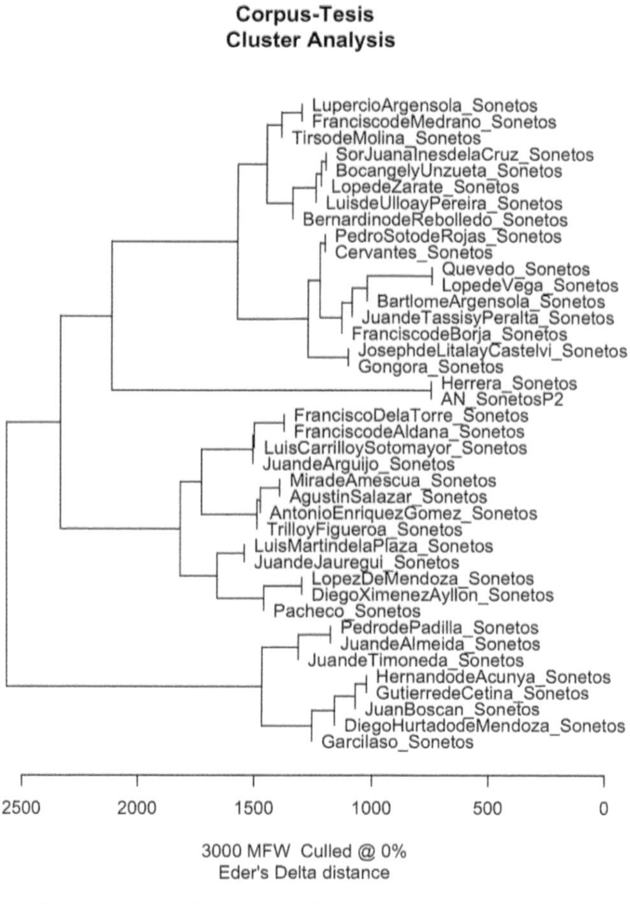

Figura 32 : Análisis de grupos de la poesía áurea. 3 000 MFW. Delta de Eder.

Por otra parte, —aunque la evaluación realizada mostró que los análisis estilométricos sobre letras resultaban, por lo general, menos eficientes para nuestro corpus que los análisis sobre palabras— debido a que muchos estilometristas defienden su interés, se realizan también análisis con el parámetro de letras que obtuvo un mejor resultado en nuestra evaluación: la aplicación de Cosine Delta sobre los 500 trigramas de letras más frecuentes. El resultado puede observarse en la figura 33. Otra vez *P2* aparece con los textos de Herrera formando el *cluster* más consistente.

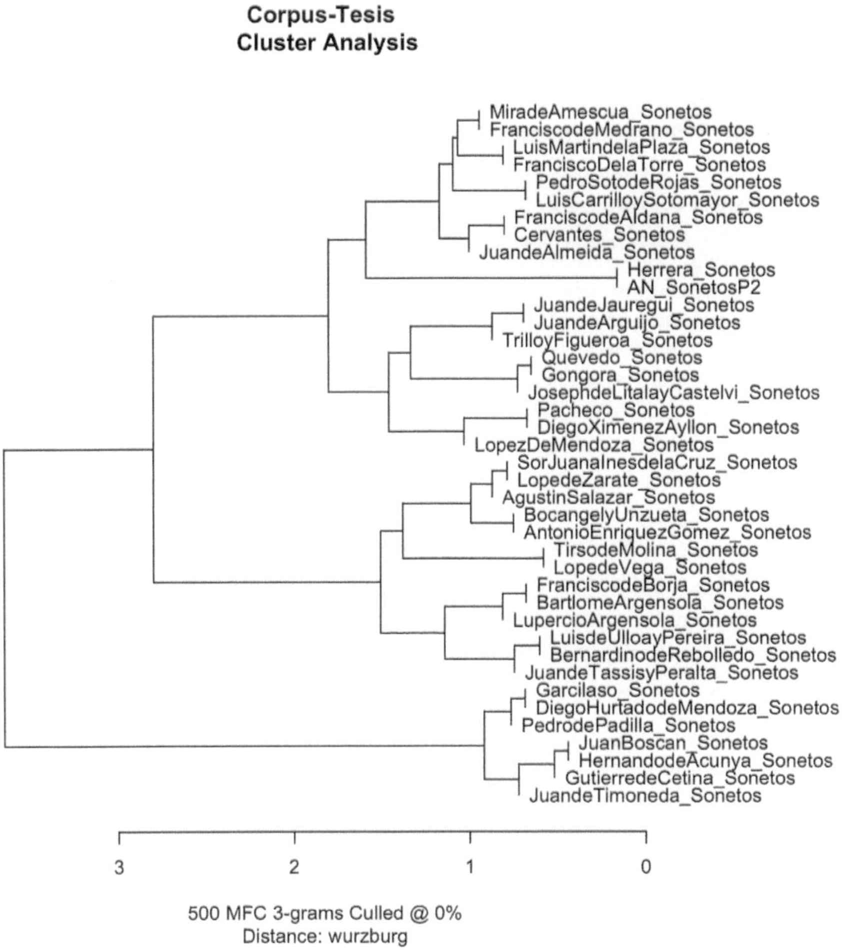

Figura 33 : Análisis de grupos de la poesía áurea. 500 MFC 3-grams. Cosine Delta.

4.3.2. Árboles de consenso

Los resultados de los análisis de grupos pueden variar en función del número de palabras más frecuentes seleccionadas, entre otros factores, como explica Eder en su artículo «Computational Stylistics and Biblical Translation: how reliable a dendogram can be?» (Eder, 2013a). Para resolver esta inestabilidad en los resultados y superar el problema de *cherry-picking*, es decir, que el investigador elija el dendrograma que se ajuste más a su hipótesis sin validar la fiabilidad de esta elección mediante criterios objetivos, Eder introdujo en su artículo un nuevo tipo de análisis que usa los procedimientos estadísticos de *Bootstrap* para generar un árbol de consenso o *Consensus Tree*, en el que quedan recogidas únicamente las relaciones más estables entre los textos del corpus:

> The procedure introduced above aims to help eschew the problem of arbitrariness. In a very large number of iterations, the variables needed to construct a dendrogram were chosen randomly, and a virtual dendrogram for each iteration was generated. Next, these numerous virtual dendrograms were combined into a single compact consensus tree (Eder, 2013a).[369]

Es decir, el árbol de consenso o *Consensus Tree* contiene un resumen de las iteraciones con procedimiento de *Bootstrap*, basado en la elección de muestras de forma aleatoria, de modo que se reflejan en el gráfico únicamente las agrupaciones o *clusters* que permanecen a lo largo de un porcentaje mínimo de iteraciones, o valor de consenso (*consensus value*), que por defecto está fijado en 0,5.[370] Aunque es cierto que el árbol de consenso podrá variar dependiendo del valor de consenso seleccionado, los resultados son mucho más estables que los de los análisis de grupos:

> It is hard to decide which threshold of robustness should be chosen. Presumably, a reasonable approach is to generate a couple of consensus trees and to evaluate behaviour of particular clusters. Now, if a given group of texts happens to be clustered on a unanimous consensus tree, it suggests that stylistic similarities between these texts are very strong indeed. On the other hand, if a tolerant consensus tree (the «temperature» around 0.5 or less) does not show any linkage between given samples, one has a convincing evidence of their actual significant differentiation (Eder, 2013a).

En nuestro caso, la evaluación del apartado 4.2 nos permitió delimitar cuáles son los parámetros concretos más eficientes a la hora de realizar atribución

---

369 Se cita a partir del *preprint* facilitado por el autor en su perfil de Google Scholar, que no está numerado y por esa razón no se indica número de página.

370 Esto quiere decir que el árbol de consenso recogerá los resultados que se mantengan a lo largo del 50 % de las iteraciones.

de autoría sobre el corpus de poesía del Siglo de Oro utilizado, por lo que nuestros análisis de grupos son más fiables *a priori* que los que se realizan sin evaluación previa de parámetros. Sin embargo, no todas las técnicas utilizadas en Estilometría se sirven de parámetros concretos. Este es el caso de los árboles de consenso o *Bootstrap Consensus Tree*, que utiliza un intervalo de parámetros. Como se ha visto, en el apartado anterior los resultados obtenidos coinciden en la atribución de *P2* a Herrera con todos los parámetros testados, pero no se recogen resultados con parámetros intermedios. En este sentido, la generación de árboles de consenso puede contribuir a delimitar las relaciones más estables del corpus a través de un gran número de iteraciones (cada 100) entre estos parámetros exitosos para nuestro corpus, recogiendo las posibles variaciones y contribuyendo a comprobar la estabilidad de nuestros resultados.[371]

Si se parte de los resultados obtenidos en la tabla 25 (evaluación de parámetros en el apartado 4.2), y especialmente de los diez primeros, cabe esperar la mayor eficacia con los siguientes intervalos: en primer lugar, 3 000-5 000 palabras más frecuentes con la Delta de Eder; en segundo lugar, 3 000-5 000 palabras más frecuentes con Cosine Delta; y, en tercer lugar, 500-5 000 trigramas de letras más frecuentes con Cosine Delta. Se realiza a continuación una evaluación del éxito en estos intervalos generando árboles de consenso que aplican dichos parámetros al corpus usado para la evaluación en el apartado 4.2 (2 ficheros por autor), sin el texto de *P2*, para comprobar su eficacia (figuras 34-36). Para estas pruebas, el valor de consenso se mantiene en 0,5.

---

[371] Por ejemplo, con un intervalo de las 3 000 a las 5 000 palabras más frecuentes, se realizan iteraciones con las siguientes cantidades: 3 000, 3 100, 3 200, etc., hasta llegar a 5 000.

Figura 34 : Árbol de consenso de la poesía áurea con el corpus de evaluación (dos ficheros por autor). 3 000-5 000 MFW. Delta de Eder. Valor de consenso: 0,5.

Figura 35 : Árbol de consenso de la poesía áurea con el corpus de evaluación (dos ficheros por autor). 3 000-5 000 MFW. Cosine Delta. Valor de consenso: 0,5.

Figura 36 : Árbol de consenso de la poesía áurea con el corpus de evaluación (dos ficheros por autor). 500-5 000 trigramas de letras más frecuentes. Cosine Delta. Valor de consenso: 0,5.

Al observar los árboles de consenso anteriores, se aprecian por lo general, agrupaciones estables, con la excepción de la figura 36 que contiene tres textos colgando de la raíz (la segunda colección de sonetos de Cervantes y las dos de Garcilaso), lo que indica que durante las iteraciones se han agrupado de diferentes formas, por lo que se trata de textos ambiguos. En consecuencia, en esta figura se detectan 4 errores en la atribución, los cometidos con los textos de estos dos autores (Cervantes y Garcilaso), mientras que en la figura 35 se detectan 2 errores (cometidos de nuevo con los textos de Garcilaso, que aparecen separados por los de Diego Hurtado de Mendoza). En cualquier caso, si se tiene en cuenta que se trata de un total de 82 textos, se revela que el porcentaje de error es muy pequeño. Por último, la figura 34, en la que se encuentran las mejores combinaciones de parámetros según la evaluación, contiene agrupaciones estables de todos los textos perfectamente reconocidos por autoría y sin cometer ningún fallo.

Vistos los buenos resultados obtenidos en las figuras anteriores con esta técnica y teniendo en cuenta su interés para recoger conjuntos de parámetros en un único gráfico, se presentan a continuación los análisis de árboles de consenso realizados sobre el corpus de sonetos de poesía áurea para corroborar la estabilidad de los resultados obtenidos mediante análisis de grupos, que conectaban muy estrechamente a los sonetos de *P2* con Herrera. El valor de consenso se mantiene en 0,5.

Figura 37 : Árbol de consenso de la poesía áurea. 300-5 000 MFW. Delta de Eder. Valor de consenso: 0,5.

La figura 37 muestra el árbol de consenso utilizando como medida de distancia la Delta de Eder sobre las 3 000 a 5 000 palabras más frecuentes, la combinación más exitosa de las tres testadas. Dentro de las agrupaciones estables, *P2* vuelve a aparecer junto con Herrera, confirmándose la estabilidad y consistencia de la agrupación entre el texto anónimo y Herrera que mostraban los análisis de grupos con la Delta de Eder (figuras 27, 29 y 32).

Figura 38 : Árbol de consenso de la poesía áurea. 3 000-5 000 MFW. Cosine Delta. Valor de consenso: 0,5.

A continuación, se ha realizado el árbol de consenso con la segunda mejor combinación de parámetros, esto es, la aplicación de Cosine Delta sobre las 3 000 a 5 000 palabras más frecuentes (figura 38). Las agrupaciones entre los distintos autores varían y aparece algún texto ambiguo conectados a la raíz como en la figura anterior, pero la agrupación de los poemas anónimos de *P2* con Herrera se mantiene estable.

Figura 39 : Árbol de consenso de la poesía áurea. 500-5 000 trigramas de letras más frecuentes. Cosine Delta. Valor de consenso: 0,5.

La figura 39 muestra el árbol de consenso resultante de la tercera mejor combinación de parámetros: la aplicación de Cosine Delta sobre los 500 a 5 000 trigramas de letras más frecuentes. De nuevo se observan variaciones en las agrupaciones de los distintos autores frente a las dos figuras anteriores y aparecen más textos conectados directamente a la raíz, pero una vez más *P2* queda agrupado con Herrera.

Para confirmar la fuerza de la agrupación entre Herrera y *P2*, se ha vuelto a realizar el análisis, pero estableciendo esta vez el valor de consenso en 0,95 para recuperar las agrupaciones que permanecen a lo largo del 95 % de las iteraciones. A continuación, se muestran los resultados.

Figura 40 : Árbol de consenso de la poesía áurea. 3 000-5 000 MFW. Delta de Eder. Valor de consenso: 0,95.

En la figura 40 se ha realizado el mismo análisis que en la figura 37, es decir, se trata de un árbol de consenso en el que la medida elegida es la Delta de Eder y se aplica sobre el intervalo comprendido entre las 3 000 y las 5 000 palabras más frecuentes. La única diferencia es que se ha establecido como valor de consenso 0,95. Como puede observarse, aunque aumentan el número de textos ambiguos, se mantiene la agrupación entre Herrera y *P2*.

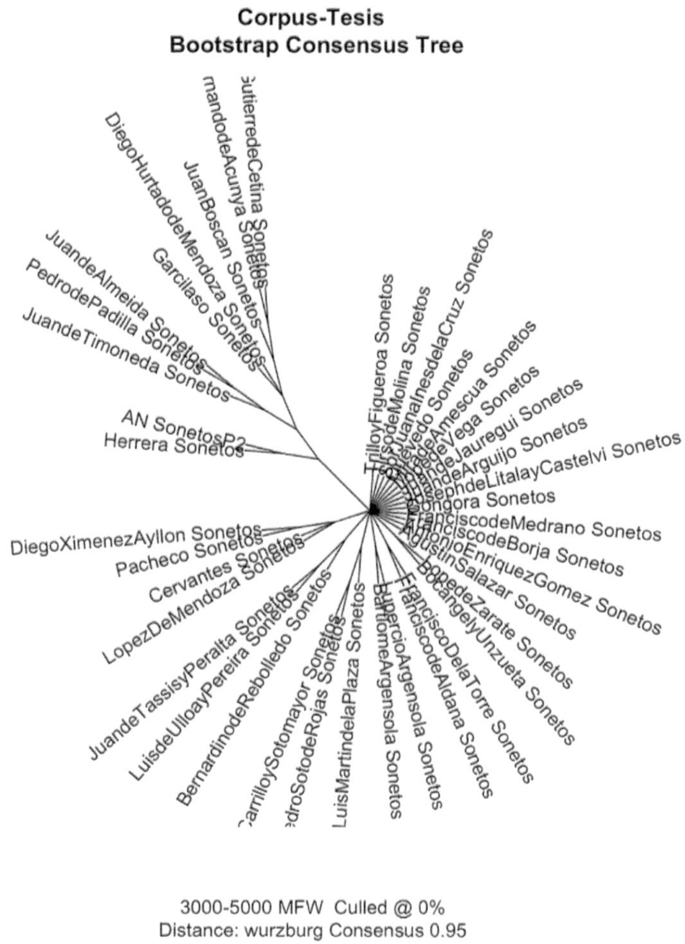

Figura 41 : Árbol de consenso de la poesía áurea. 3 000-5 000 MFW. Cosine Delta. Valor de consenso: 0,95.

Por otra parte, la figura 41 presenta el análisis equivalente a la figura 38 (árbol de consenso, como medida elegida Cosine Delta, usando el intervalo de entre las 3 000 y las 5 000 palabras más frecuentes), cambiando únicamente el valor de consenso a 0,95. Una vez más, se mantiene la agrupación entre Herrera y *P2*, mientras que aumenta el número de textos ambiguos.

Figura 42 : Árbol de consenso de la poesía áurea. 500-5 000 trigramas de letras más frecuentes. Cosine Delta. Valor de consenso: 0,95.

La figura 42 realiza el mismo análisis que la figura 40 (árbol de consenso, como medida elegida Cosine Delta, usando el intervalo de entre los 500 y los 5 000 trigramas de letras más frecuentes), cambiando únicamente el valor de consenso a 0,95. De nuevo la agrupación entre Herrera y *P2* se mantiene estable, y, lógicamente, el número de textos ambiguos sigue en aumento.

En definitiva, tanto los análisis de grupos realizados como los árboles de consenso apuntan unánimemente a la proximidad entre Herrera y los poemas anónimos de *P*. Además, la agrupación presentada en los árboles de consenso posee una enorme estabilidad, ya que no solo aparece durante el 50 % de las iteraciones, sino que se mantiene durante el 95 % de las mismas.

4.3.3. Análisis con muestras aleatorias

Por lo general, en los estudios estadísticos y, por extensión, en los estilométricos, se obtienen resultados más precisos utilizando el tamaño total del objeto de estudio en vez de muestras, ya que interesa trabajar con grandes cantidades de datos. Sin embargo, si existen grandes diferencias entre el tamaño de los textos investigados, el análisis estilométrico podría verse afectado. Por esta razón, se realizan en este sub-apartado varios análisis con muestras reducidas aleatoriamente a 1 800 palabras, de acuerdo con los resultados obtenidos en las pruebas de *cross-validation* sobre la extensión mínima necesaria para detectar la huella autorial en nuestro corpus (Hernández-Lorenzo, 2019a). Se realizan tanto dendogramas de análisis de grupos como árboles de consenso con intervalos de parámetros.

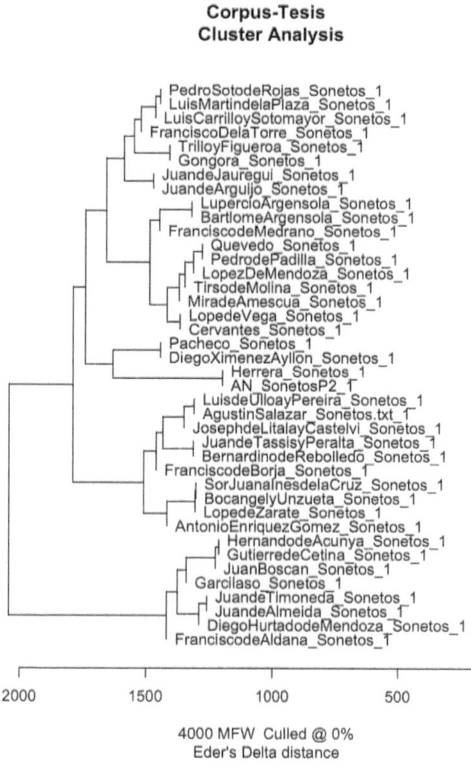

Figura 43 : Análisis de grupos de la poesía áurea con muestras aleatorias de 1 800 palabras. 4 000 MFW. Delta de Eder.

Los resultados de estos análisis aleatorios pueden observarse en las figuras 43, 44, 45 y 46. La figura 43 muestra el dendograma de análisis de grupo utilizando muestras aleatorias de 1 800 palabras de los textos y aplicando la medida de distancia Delta de Eder sobre las 4 000 palabras más frecuentes. Una vez más Herrera y los textos anónimos de *P* aparecen agrupados.

La figura 44 muestra el árbol de consenso utilizando muestras aleatorias de 1 800 palabras y aplicando la Delta de Eder sobre el intervalo comprendido entre las 3 000 y las 5 000 palabras más frecuentes. El valor de consenso elegido es 0,5; por lo que se recuperan, por tanto, las agrupaciones consistentes a lo largo de un 50 % de las iteraciones. A pesar de que algunos autores quedan colgados de la raíz, Herrera y los textos anónimos de *P* vuelven a aparecer unidos.

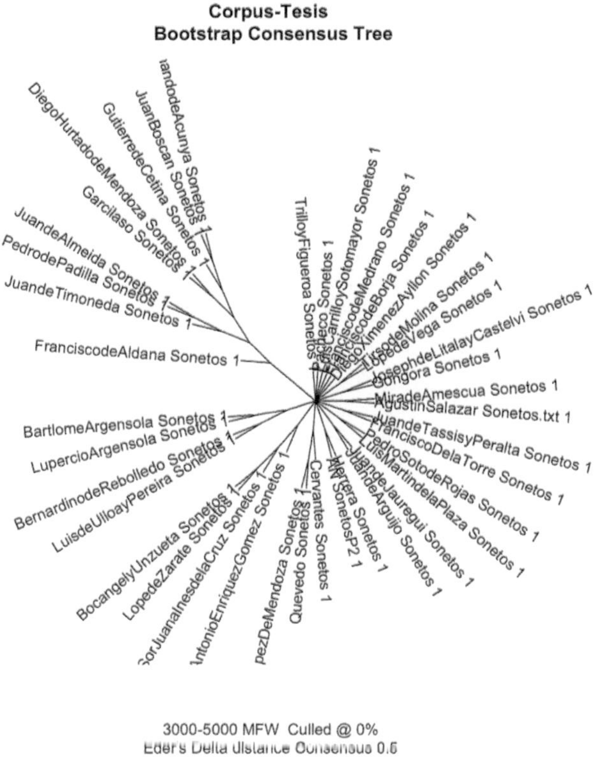

Figura 44 : Árbol de consenso de la poesía áurea con muestras aleatorias de 1 800 palabras. 3 000-5 000 MFW. Delta de Eder.

A continuación, se ha realizado el análisis aleatorio con los mejores parámetros obtenidos para letras, aplicando Cosine Delta sobre los 500 trigramas de letras más frecuentes (figura 45). De nuevo, *P2* aparece junto con Herrera formando el *cluster* más compacto.

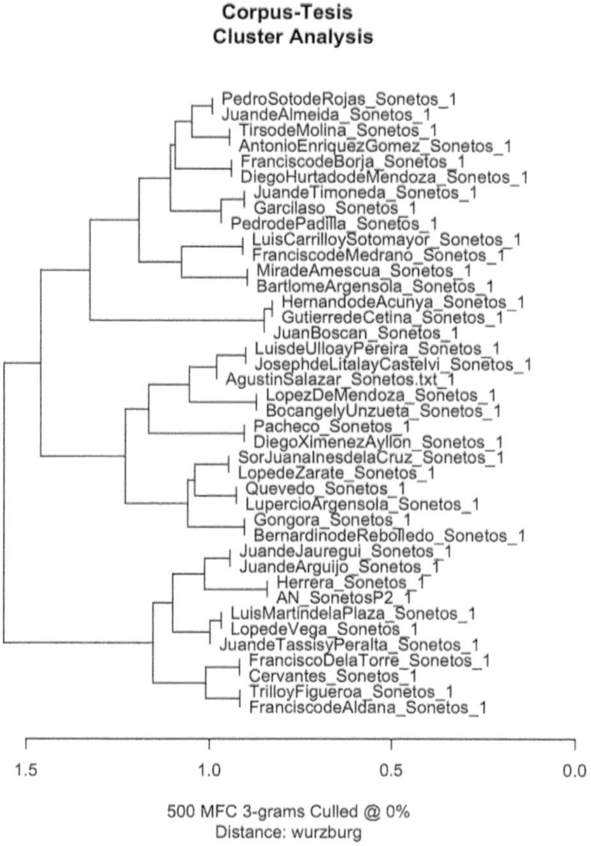

Figura 45: Análisis de grupos de la poesía áurea con muestras aleatorias de 1 800 palabras. 500 MFC 3grams. Cosine Delta.

Por último, la figura 46 muestra el correspondiente árbol de consenso con muestras aleatorias de 1 800 palabras realizado sobre los 500 a 1 000 trigramas más frecuentes y utilizando como medida de distancia Cosine Delta. A pesar de que una cantidad importante de autores cuelgan de la raíz —pues no poseen conexiones suficientemente estables—, se obtiene idéntico resultado con respecto a los análisis anteriores en cuanto a la atribución de *P2* a Herrera.

Figura 46 : Árbol de consenso de la poesía áurea con muestras aleatorias de 1 800 palabras. 500-1 000 MFC 3grams. Cosine Delta. Valor de consenso: 0,5.

Para concluir, en este apartado se ha realizado un total de quince análisis con los mejores parámetros obtenidos en la evaluación del corpus, con la metodología de análisis de grupos y árboles de consenso, con diferentes medidas de distancia (Delta de Eder y Cosine Delta, fundamentalmente), tanto utilizando las palabras más frecuentes como trigramas de letras, con los textos completos y con muestras reducidas aleatoriamente e incluso aumentando a 0,95 el valor de consenso en los árboles de consenso. Los resultados en todos estos análisis coinciden en agrupar a Herrera con los sonetos anónimos de *P*, y no se obtiene ningún caso en el que *P2* aparezca con otro autor, lo cual confirma la estabilidad y consistencia de estos resultados.

4.4. Principal Component Analysis (PCA)

La técnica de *Principal Component Analysis* —en adelante, PCA— es probablemente la técnica no supervisada cuyo uso está aumentando más significativamente en Estilometría y, especialmente, en los análisis de atribución de autoría. Uno de los primeros en emplearla con textos literarios fue John Burrows en su monografía sobre Jane Austen, *Computation into Criticism: A Study of Jane Austen's Novels* (Burrows, 1987a). Desde entonces, han seguido numerosos análisis aplicados a textos literarios, además de artículos sobre el método, como el publicado en *Literary and Linguistic Computing* por Binongo y Smith (1999). Además, este método ha sido aplicado frecuentemente a problemas de atribución de autoría con notable éxito, entre los cuales destacan los relativamente recientes estudios de Mike Kestemont con PCA, en los que ha conseguido establecer la autoría del corpus dudoso de Apuleyo (Stover & Kestemont, 2016a) y de dos *visiones* atribuidas a Hildegard von Bingen (Kestemont et al., 2015).[372]

Se trata de otro método procedente de la Estadística, concretamente de la Estadística multivariante, centrado en la visualización de grandes cantidades de información que pertenezcan a un número pequeño de categorías. Esta técnica reduce las dimensiones de un conjunto de datos para que sea posible apreciar, en el caso de la Estilometría, qué textos se encuentran más cercanos:

> What principal component analysis does is try to reduce the number of dimensions required for locating the approximate positions of the data points [...]. The way in which principal component achieves this is by rotating the axes in such a way that you get two new axes in the diagonal plane of the original, unrotated axes (Baayen, 2009, p. 120).

Al realizar este proceso, las variables originales se transforman en un nuevo conjunto de variables (llamadas componentes) que se ordenan en orden decreciente según la cantidad de información que consiguen recuperar de las dimensiones originales:

> To achieve this, PCA transforms the original variables to a new set of uncorrelated variables called principal components (PCs) ordered in decreasing importance; in

[372] En una reciente publicación, Hugh Craig (2024) presenta nuevas pruebas para defender la eficiencia de este método en atribución de autoría.

> so doing, most of the variation in the data can be accounted for by the first few PCs (Binongo & Smith, 1999, p. 445).

En Estilometría, el análisis suele restringirse a los dos (en ocasiones, tres) componentes que recogen mayor cantidad de información. Estas dos nuevas dimensiones obtenidas, o componentes, se llaman componentes principales (PCs):

> These new dimensions are also called the 'principal' components, because together they offer the best fit of the original data. After performing the PCA, we are therefore left with just two 'dimensions' (principal components or PCs) that describe our data, and this makes it much easier to inspect and visualize our texts (Stover & Kestemont, 2016b, p. 150).

En resumen, esta técnica traslada la información desde un espacio multidimensional hasta otro bidimensional. Con el objetivo de perder la menor información posible, se eligen los dos componentes principales (PCs) que recogen mayor cantidad de aquella. En el gráfico de dispersión resultante, estos componentes principales corresponden a los ejes de coordenadas (abcisas y ordenadas), que determinan la posición de cada texto en el gráfico y con respecto a los demás textos. Los textos estilísticamente más cercanos aparecerán más próximos y a su vez separados de aquellos con los que presenten mayores diferencias.

Frente a los análisis de grupos y los árboles de consenso, que necesitan de grandes cantidades de textos para ofrecer resultados fiables, PCA solo puede aplicarse con un conjunto pequeño de autores, pero tiene la ventaja de que obtiene resultados altamente fiables con pequeños corpus (Stover & Kestemont, 2016a, p. 657).

Para Mike Kestemont, la eficacia de este método en atribución de autoría se explica por cómo modela las relaciones entre las palabras más frecuentes:

> PCA's good performance in authorship attribution is due to the fact that it explicitly tries to model correlations between word frequencies. Especially the frequencies of function words show complex correlations that are related to stylistic, arguably authorial choices between small sets of alternative options. A mere visual inspection of the samples' positions in PCA scatterplots often shows that samples written by the same author will cluster, whereas groups of samples written by distinct authors lie further apart (Kestemont et al., 2015, p. 208).

Debido a las limitaciones de la metodología de PCA, es habitual realizar los análisis con un máximo de tres o cuatro autores. Sin embargo, teóricamente, y especialmente si se limita el análisis a los dos componentes principales, no es recomendable realizar análisis con más de tres (Binongo & Smith, 1999).

En cuanto a los parámetros fijados para el análisis, como medida de distancia se ha utilizado Cosine Delta, por ser la que generalmente muestra una mayor efectividad (también es la más frecuente entre los mejores parámetros obtenidos para nuestro corpus en el capítulo 4.2). Esta medida se aplica tanto sobre las 100 como las 1 000 palabras más frecuentes, ya que el análisis con las 100 palabras más frecuentes permite restringir el análisis a las palabras función, mientras que el realizado con las 1 000 palabras más frecuentes, aunque incluirá palabras contenido (*content words*), entra dentro de los parámetros más exitosos para Cosine Delta de acuerdo con los estudios de evaluación actuales (Evert et al., 2017).[373]

Basándonos en lo comentado anteriormente, se presentan a continuación los resultados de aplicar PCA a la obra atribuida a Herrera a través de dos conjuntos de análisis sobre la poesía de autoría segura del Divino (*H* y los poemas sueltos), la escrita por Pacheco y los poemas nuevos de la edición póstuma (*P2*), además de la obra poética de un tercer autor, que actúa como autor de control. En este caso, se utilizan dos autores de control diferentes (uno en cada análisis), para lo cual se ha elegido a Juan de Arguijo (1567-1623) y a Luis de Góngora (1561-1627), pues ambos estaban activos en los años en que Herrera preparaba los poemas para su última edición. Además, de acuerdo con la crítica literaria, los dos autores están estilísticamente muy relacionados con Herrera y con los círculos poéticos de los que el Divino participaba, pero parece difícil que alguno de ellos pudiera ser el autor del texto anónimo. Por último, también se ha tenido en cuenta que estos autores presentan dos de las señales autoriales más distintivas y estables del corpus (Hernández-Lorenzo, 2019a).

4.4.1. Aplicación sobre Herrera, Pacheco, Juan de Arguijo y *P2*

Se presentan seguidamente los análisis con Juan de Arguijo como autor de control. En primer lugar, se aplica sobre las 100 palabras más frecuentes. La

---

[373] Además, desde Burrows es habitual basar el análisis de PCA en la matriz de correlación o *correlation matrix* (Burrows, 1987a).

figura 47 muestra el resultado del análisis de PCA sobre los sonetos de Herrera, Pacheco y Arguijo, sin incluir aún los sonetos nuevos de *P*. Los sonetos de Herrera están divididos en dos ficheros, *H* y los poemas sueltos, mientras que los de Juan de Arguijo se incluyen en su versión dividida equitativamente en dos archivos («Sonetos1» y «Sonetos2»). Debido a la corta extensión de los sonetos de Pacheco, que no llega a las 3 000 palabras, se incluyen en el análisis en un único archivo.

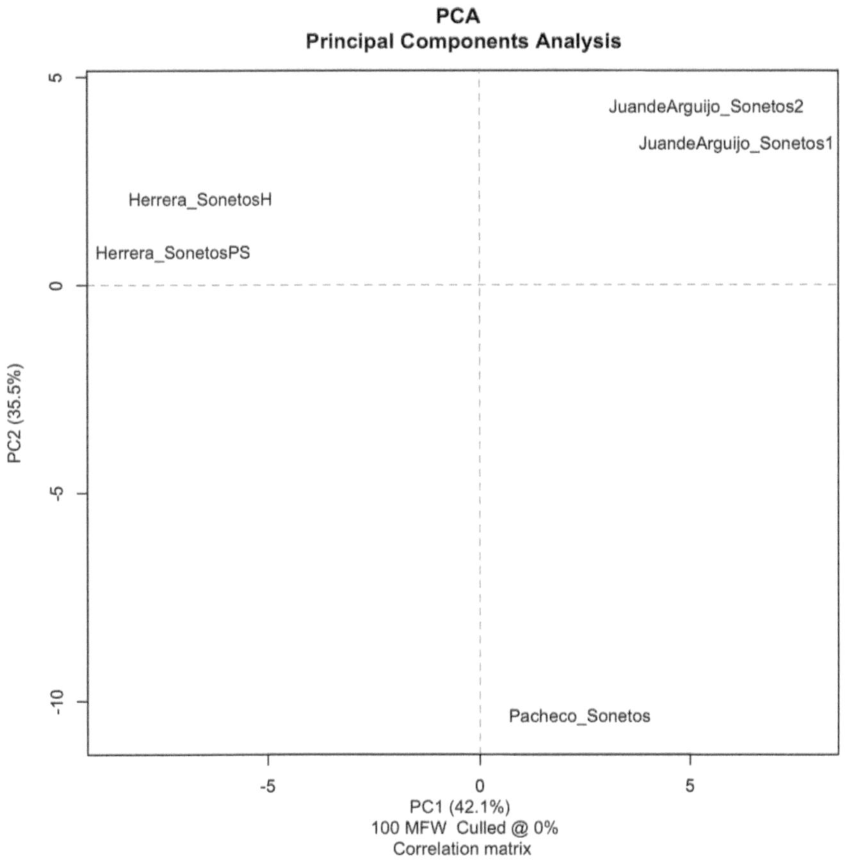

Figura 47 : PCA sobre Herrera, Pacheco y Juan de Arguijo. 100 MFW. Matriz de correlación.

Como puede observarse en la figura anterior, los textos de Herrera aparecen en uno de los cuadrantes, el superior izquierdo, y muy próximos. Lo mismo ocurre con los textos de Juan de Arguijo, ubicados en el cuadrante superior derecho. La producción de sonetos de Pacheco aparece en otro de los cuadrantes (inferior derecho) a una gran distancia de los otros dos autores.

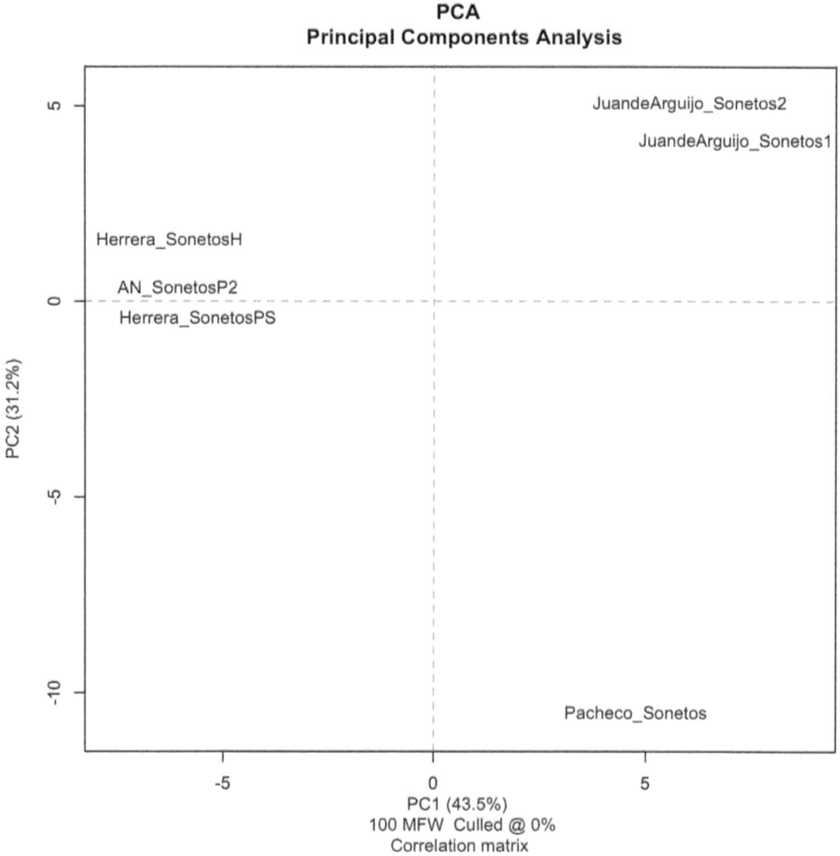

Figura 48 : PCA sobre Herrera, Pacheco, Juan de Arguijo y *P2*. 100 MFW. Matriz de correlación.

La figura 48 muestra el mismo análisis tras incluir los sonetos de *P2*, atribuidos a Herrera. Como puede observarse, los textos de Juan de

Arguijo vuelven a aparecer juntos en el cuadrante superior derecho, los sonetos de Pacheco de nuevo se ubican en la parte inferior del gráfico, a gran distancia, y en el cuadrante superior izquierdo aparece *H* junto con el texto investigado. Los poemas sueltos de Herrera han caído en el cuadrante inferior izquierdo, pero se encuentran a gran proximidad tanto del texto anónimo como de *H*. Esto se confirma al volver a generar el análisis de PCA en su versión de símbolos, en la que se obtiene una información más precisa sobre la colocación de los textos de cada autor en el gráfico (véase la figura 49).

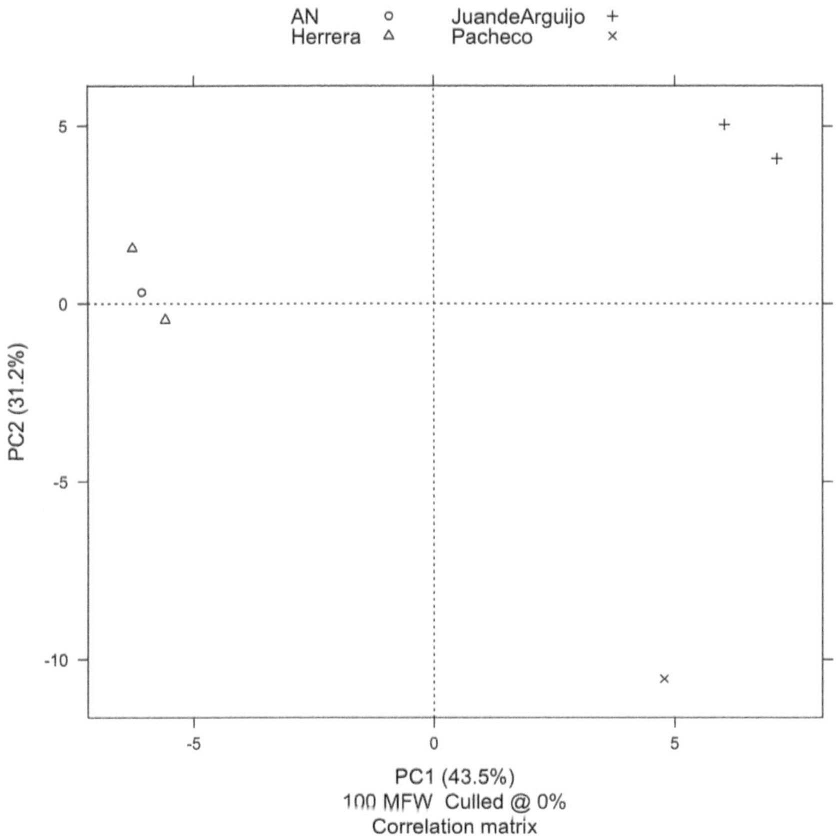

Figura 49 : PCA sobre Herrera, Pacheco, Juan de Arguijo y *P2*. 100 MFW. Matriz de correlación. Símbolos.

Otra ventaja de PCA y de su implementación en *stylo* es que, al generarla en su versión técnica, ofrece información más detallada sobre las variaciones recogidas en el gráfico, por un lado, y sobre los *content loadings*, es decir, las palabras relativamente más frecuentes en muestras de un autor concreto. De este modo, en la figura 50 puede observarse cómo palabras como *más*, *de* y *no* son relativamente más frecuentes en Herrera frente a Juan de Arguijo y Pacheco, mientras que *con*, *sus* o *ni* son relativamente más frecuentes en los sonetos de Juan de Arguijo.

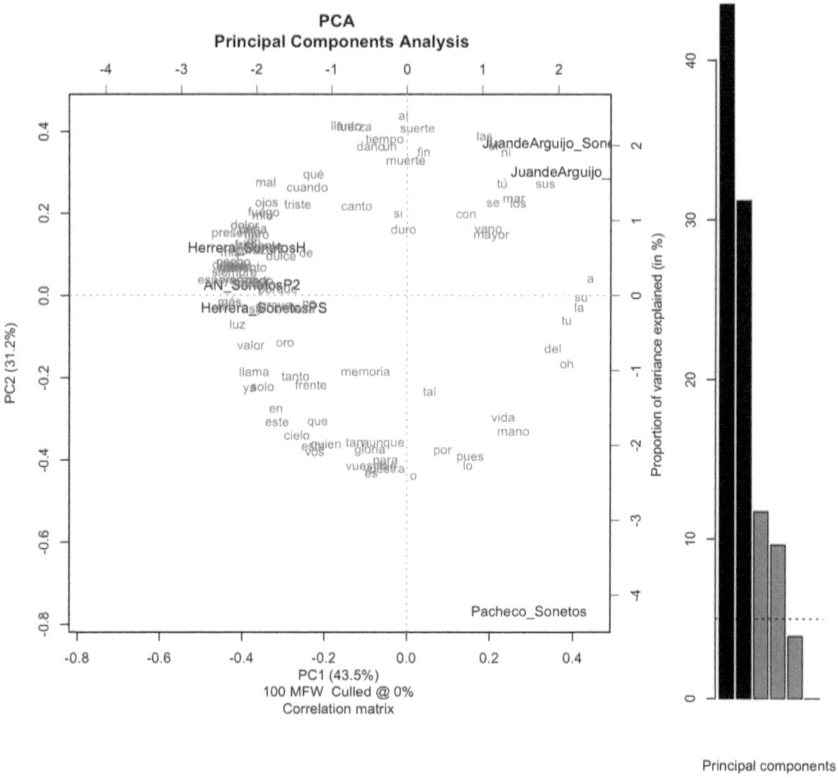

Figura 50 : PCA sobre Herrera, Pacheco, Juan de Arguijo y *P2*. 100 MFW. Matriz de correlación. Versión técnica.

A continuación, se realizan los mismos análisis, pero con las 1 000 palabras más frecuentes. Los textos se distribuyen en el gráfico de dispersión de forma prácticamente idéntica a con las 100 palabras más frecuentes. Según se puede observar en la figura 51, Herrera se sitúa en el cuadrante superior izquierdo, Arguijo en el cuadrante superior derecho y Pacheco en el cuadrante inferior derecho a gran distancia de los otros dos autores.

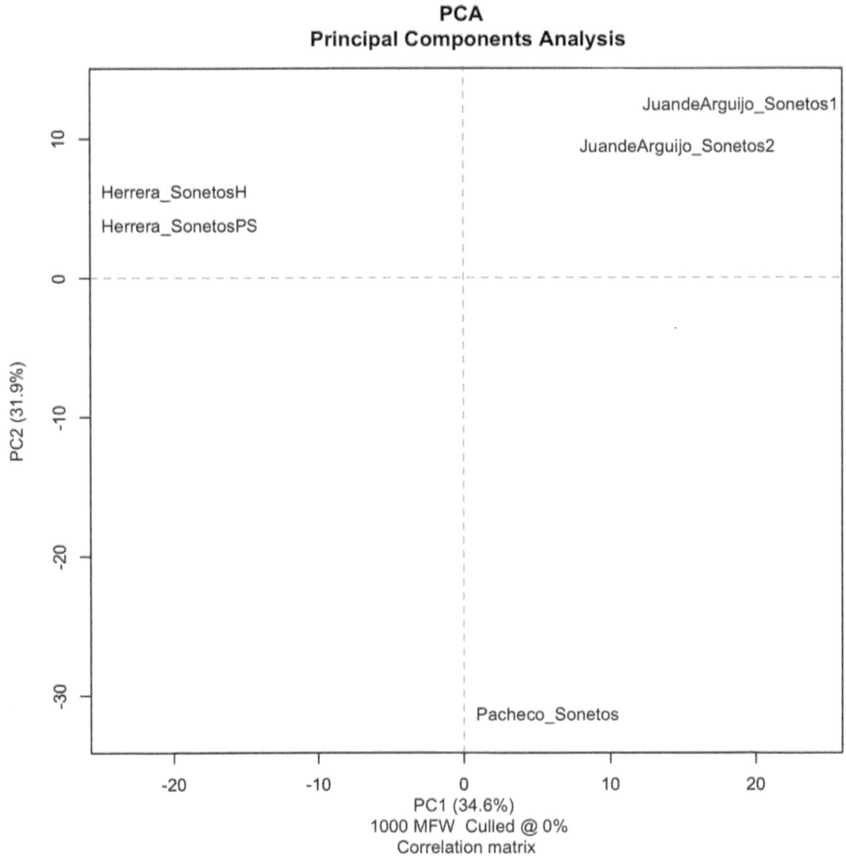

Figura 51 : PCA sobre Herrera, Pacheco y Juan de Arguijo. 1000 MFW. Matriz de correlación.

Al añadir *P2* al análisis de PCA, este vuelve a aparecer colocado junto a las obras de Herrera (véanse las figuras 52 y 53).

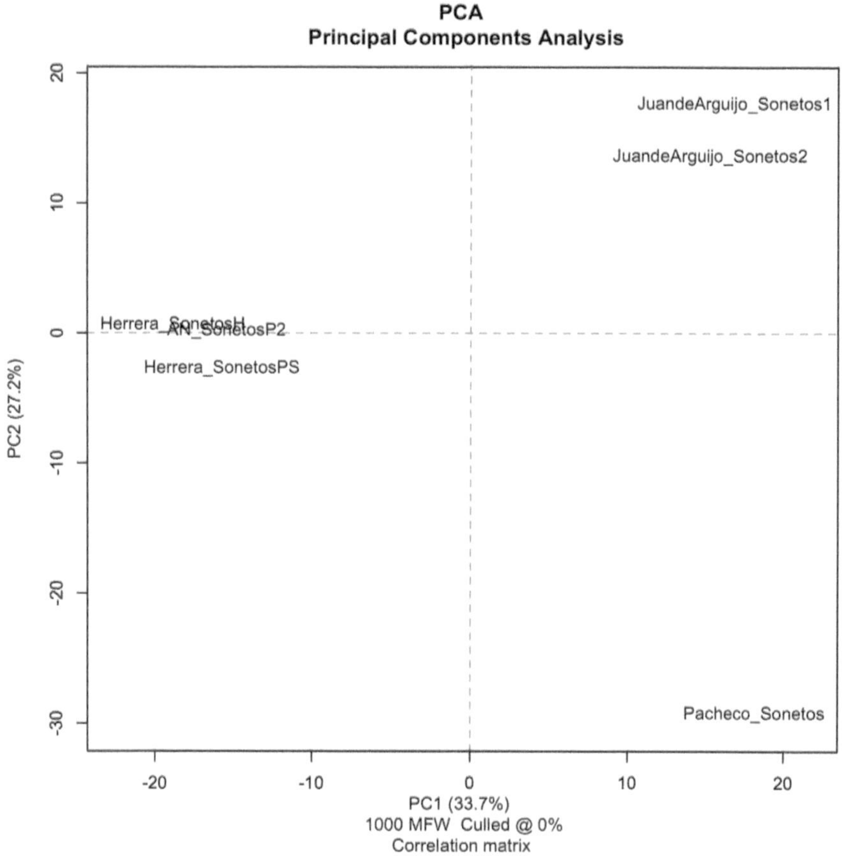

Figura 52 : PCA sobre Herrera, Pacheco, Juan de Arguijo y *P2*. 1 000 MFW. Matriz de correlación.

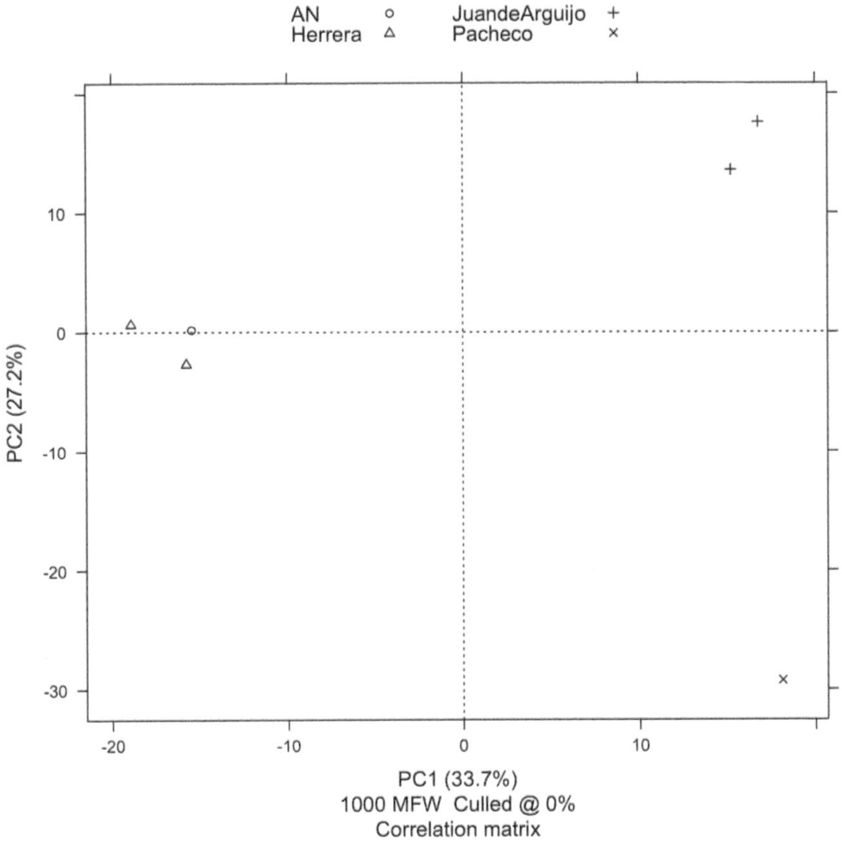

Figura 53 : PCA sobre Herrera, Pacheco, Juan de Arguijo y *P2*. 1 000 MFW. Matriz de correlación. Símbolos.

Si se genera el gráfico de PCA en su versión técnica (véase la figura 54), al aumentar de forma significativa la cantidad de palabras más frecuentes utilizadas, resulta más difícil apreciar las palabras concretas estilométricamente más características de cada uno de los autores, y como era previsible, han aumentado también las palabras contenido.

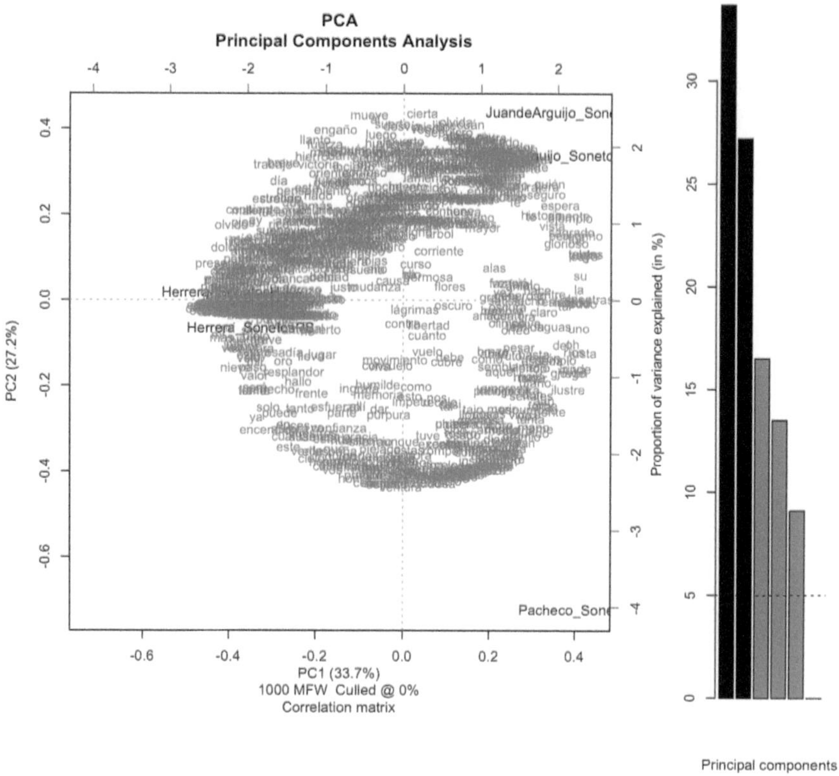

Figura 54 : PCA sobre Herrera, Pacheco, Juan de Arguijo y *P2*. 1 000 MFW. Matriz de correlación. Versión técnica.

Por último, se realiza el análisis sobre trigramas de letras, en lugar de palabras. La figura 55 muestra el gráfico resultante de aplicar Cosine Delta sobre los 500 trigramas más frecuentes de los sonetos de Herrera, Pacheco y Juan de Arguijo. Como puede apreciarse, lo fundamental es que los textos de cada autor se colocan en un lugar diferente del gráfico y agrupados por autoría. En este sentido, Herrera se ubica en el cuadrante superior izquierdo, Pacheco en el cuadrante superior derecho, y Juan de Arguijo en el cuadrante inferior.

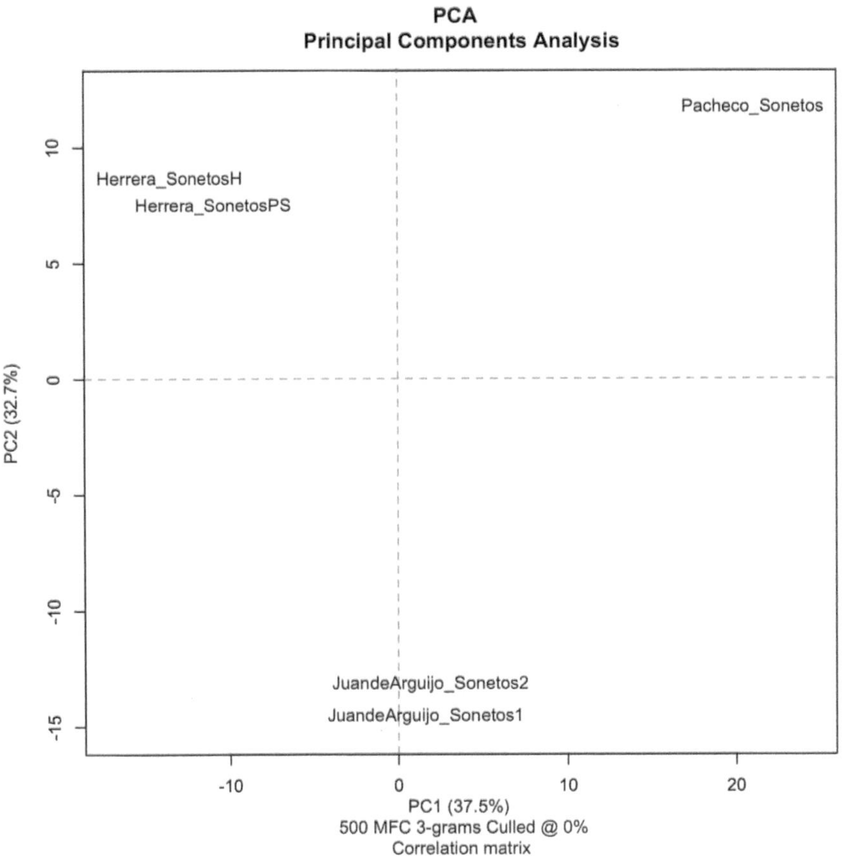

Figura 55 : PCA sobre Herrera, Pacheco, Juan de Arguijo y *P2*. 500 trigramas de letras más frecuentes. Matriz de correlación.

Si se añade *P2* al análisis, de nuevo este aparece junto a los textos de Herrera, como puede observarse en la figura 56.

Para resumir, todos los análisis realizados en este apartado con PCA y utilizando a Juan de Arguijo como autor de control, coinciden en atribuir los sonetos de *P2* a Fernando de Herrera.

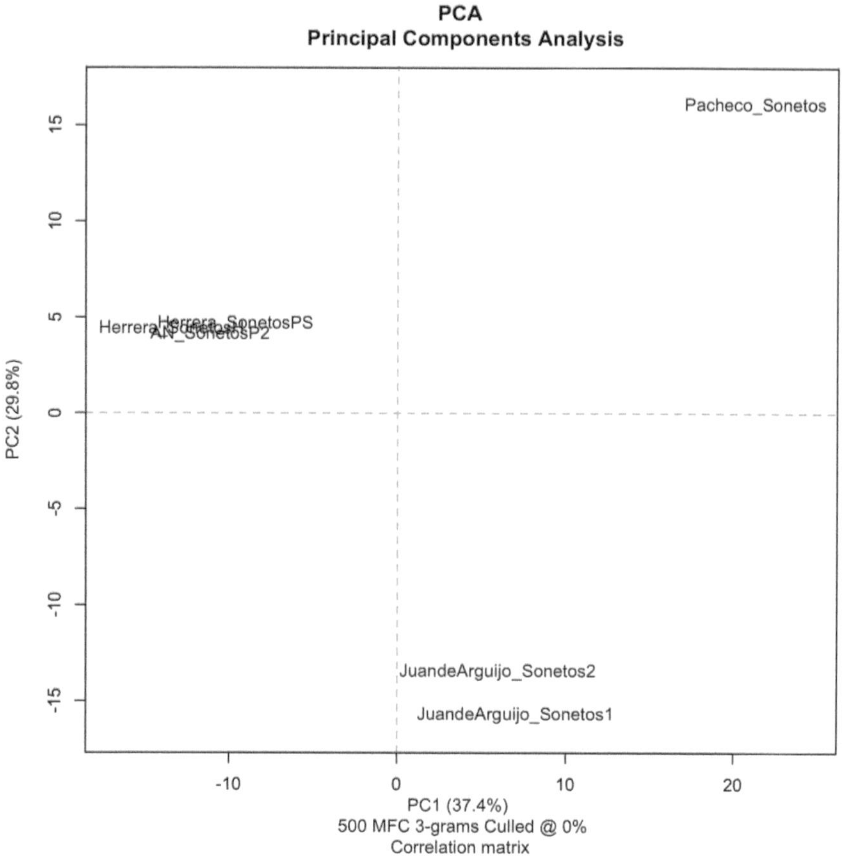

Figura 56 : PCA sobre Herrera, Pacheco, Juan de Arguijo y *P2*. 500 trigramas de letras más frecuentes. Matriz de correlación.

4.4.2. Aplicación sobre Herrera, Pacheco, Góngora y *P2*

A continuación, se presentan los resultados del análisis de PCA sobre la poesía de Herrera, Pacheco, Góngora y *P2*. La figura 57 muestra el análisis de PCA al aplicar Cosine Delta sobre las 100 palabras más frecuentes del conjunto de sonetos de cada autor y del texto atribuido. Como puede apreciarse, Pacheco aparece en el cuadrante inferior derecho, mientras que Góngora ocupa el cuadrante superior derecho y *P2* aparece una vez más entre las obras de Herrera en el cuadrante superior izquierdo. Los poemas sueltos entran en el cuadrante inferior izquierdo, pero a poca distancia de *P2* y de *H*.

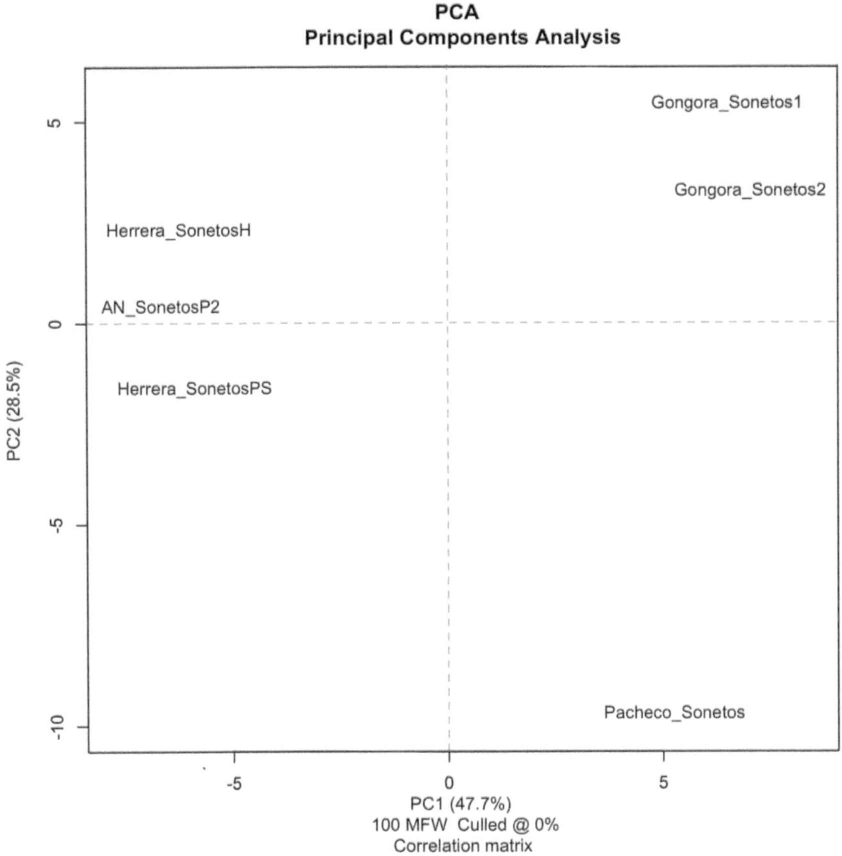

Figura 57 : PCA sobre sonetos de Herrera, Pacheco, Góngora y *P2*. 100 MFW. Matriz de correlación.

La figura 58 muestra el mismo gráfico, pero en su versión de símbolos, donde puede apreciarse la posición exacta de cada texto.

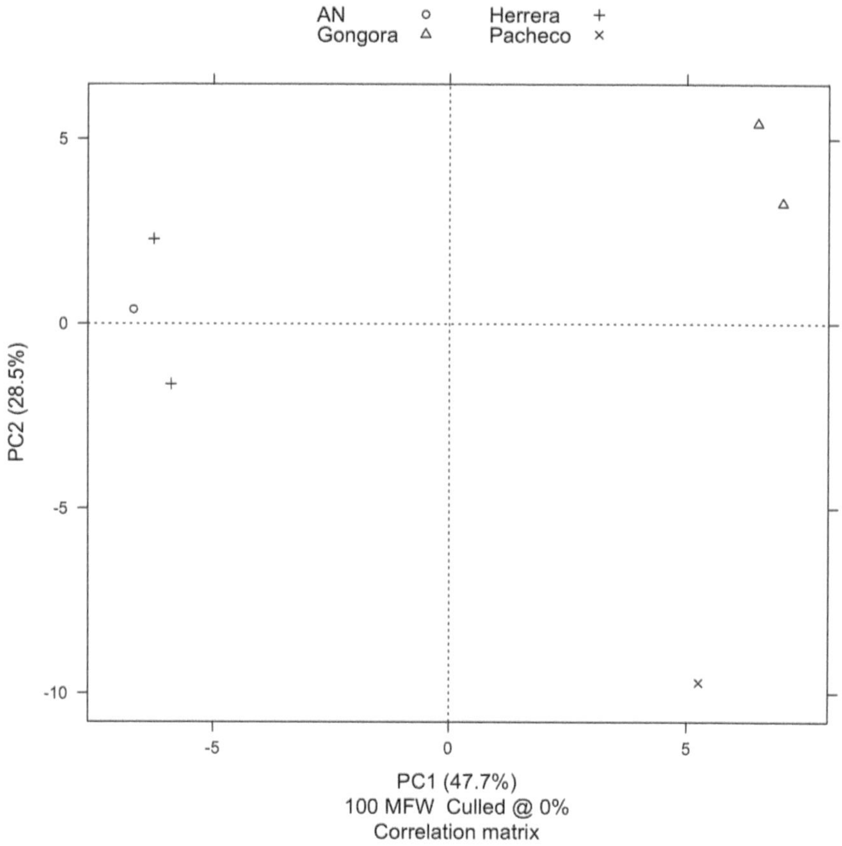

Figura 58 : PCA sobre sonetos de Herrera, Pacheco, Góngora y *P2*. 100 MFW. Matriz de correlación. Símbolos.

La figura 59 muestra el gráfico técnico del PCA de la figura anterior. Como puede apreciarse, en los sonetos de Herrera serían relativamente más frecuentes palabras como *mis*, *mi*, *tanto* o *ya*, mientras que en los sonetos de Góngora serían más frecuentes *te*, *sus*, *como* o *de*.

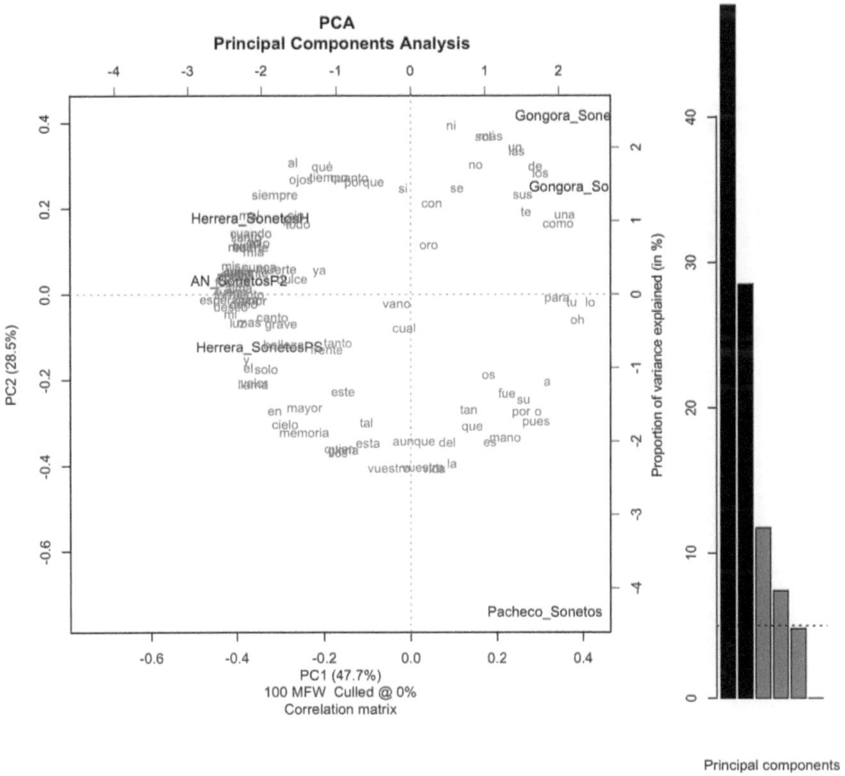

Figura 59 : PCA sobre sonetos de Herrera, Pacheco, Góngora y *P2*. 100 MFW. Matriz de correlación. Versión técnica.

Seguidamente, se ha realizado el análisis con el mismo corpus, pero sobre las 1 000 palabras más frecuentes. Como puede apreciarse en la figura 60 los textos de Herrera se ubican en el cuadrante superior izquierdo, mientras que los textos de Pacheco se ubican en el cuadrante superior derecho, y los de Góngora en el cuadrante inferior derecho. De nuevo, los textos de *P2* aparecen próximos a los de Herrera.

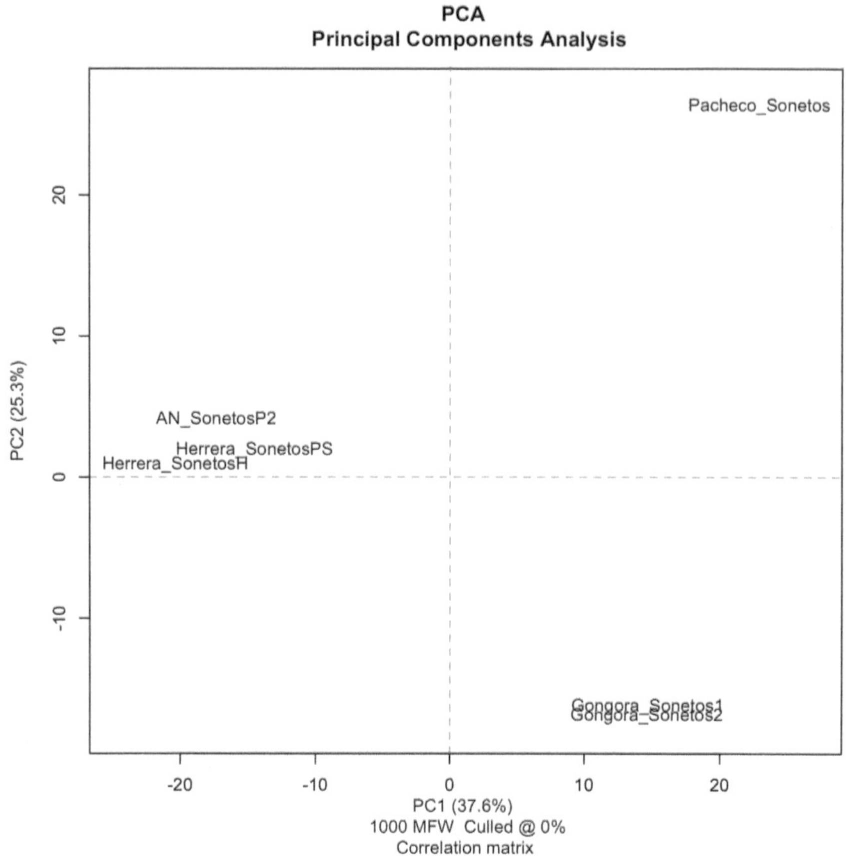

Figura 60 : PCA sobre sonetos de Herrera, Pacheco, Góngora y *P2*. 1 000 MFW. Matriz de correlación.

A continuación, se realiza el análisis con los 500 trigramas de letras más frecuentes (véase la figura 61). Los textos de Herrera se encuentran en dos cuadrantes diferentes, pero próximos uno a otro y a la línea de separación; en el cuadrante superior derecho aparecen los textos de Góngora, mientras que los de Pacheco se encuentran en el cuadrante inferior derecho a gran distancia de los demás. *P2* aparece justo en medio de los textos herrerianos.

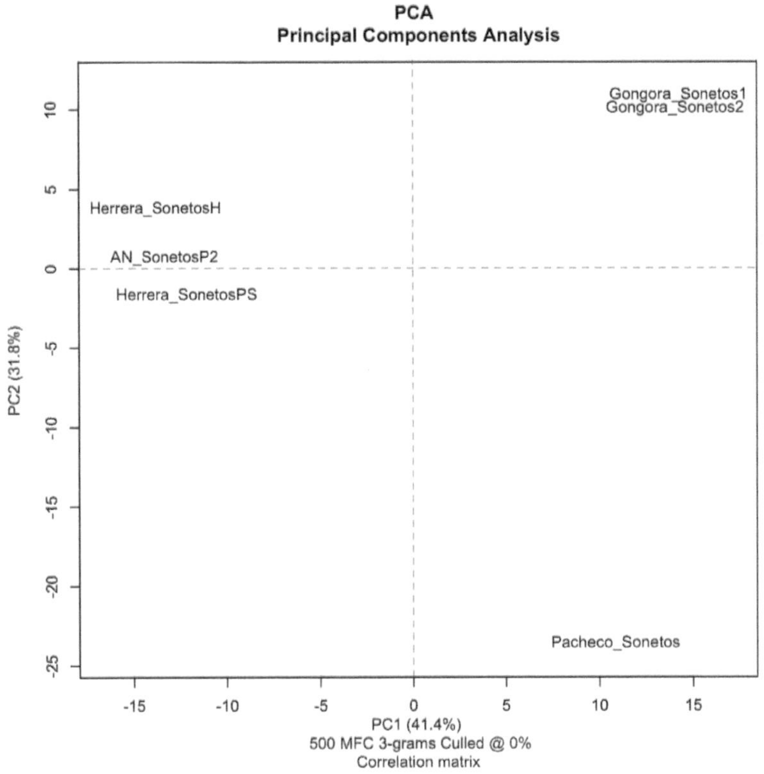

Figura 61 : PCA sobre sonetos de Herrera, Pacheco, Góngora y *P2*. 500 trigramas de letras más frecuentes. Matriz de correlación.

Además, se ha realizado un segundo bloque de análisis de PCA sobre todas las composiciones poéticas recogidas de Pacheco, *H* y los poemas sueltos y una selección de poemas de Luis de Góngora de diferentes subgéneros líricos recopilados de la edición digital de la poesía completa del poeta cordobés al cuidado de Antonio Carreira (Góngora, 2016) y que ofrece el proyecto Góngora del OBVIL.[374] Únicamente se han recogido los poemas clasificados

[374] Web de la edición digital: https://obvil.sorbonne-universite.fr/corpus/gongora/ [Consulta: 01/04/2025]. El texto ha sido copiado de esta edición, y a continuación se han eliminado la numeración y fechas de los poemas, las diéresis métricas y los titulillos de los poemas, con el objetivo de utilizar en el análisis únicamente el texto de las composiciones gongorinas.

como de autoría segura, que han sido divididos en dos ficheros («poemas1» y «poemas2»).

Se comienza por aplicar Cosine Delta sobre las 100 palabras más frecuentes (véase la figura 62). Como puede observarse, Góngora se ubica en el cuadrante superior izquierdo, las dos obras de Herrera en el cuadrante superior derecho junto con los nuevos poemas de la obra póstuma y Pacheco en el cuadrante inferior derecho a gran distancia de las demás obras y autores.

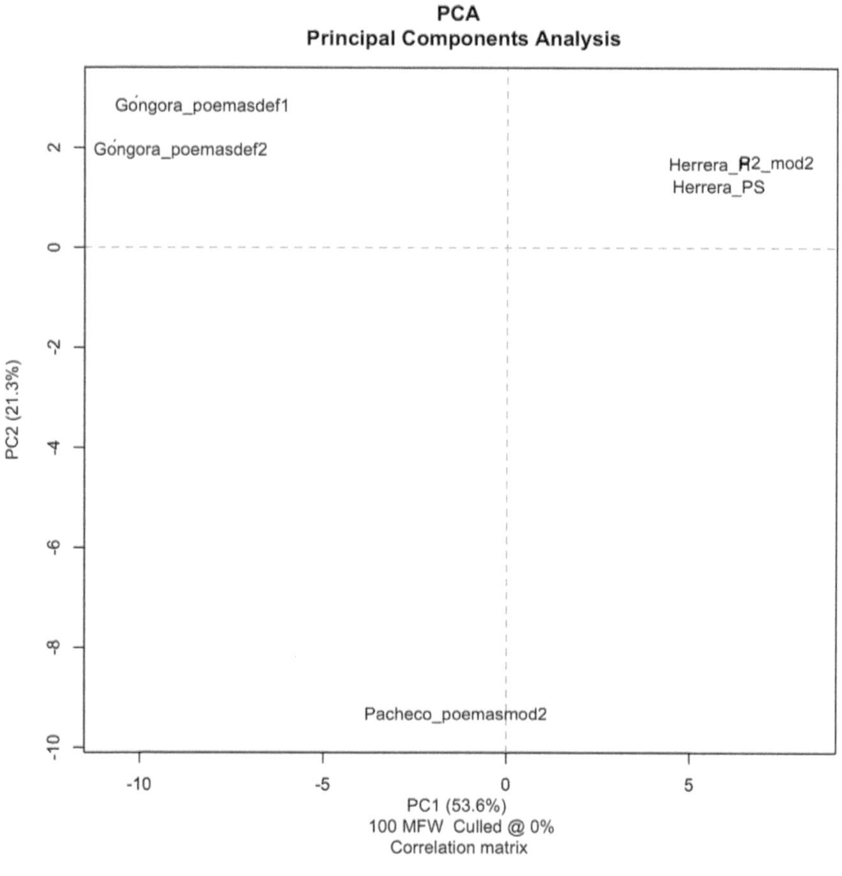

Figura 62 : PCA sobre Herrera, Pacheco, Góngora y *P2*. 100 MFW. Matriz de correlación.

Siguiendo con el gráfico técnico de la figura 63, con este método se puede observar cómo en la poesía de Herrera serían relativamente más frecuentes palabras como *mi*, *tú*, *quien* o *porque*, mientras que en la poesía de Góngora serían relativamente más frecuentes *las*, *sus*, *donde* o *él*.

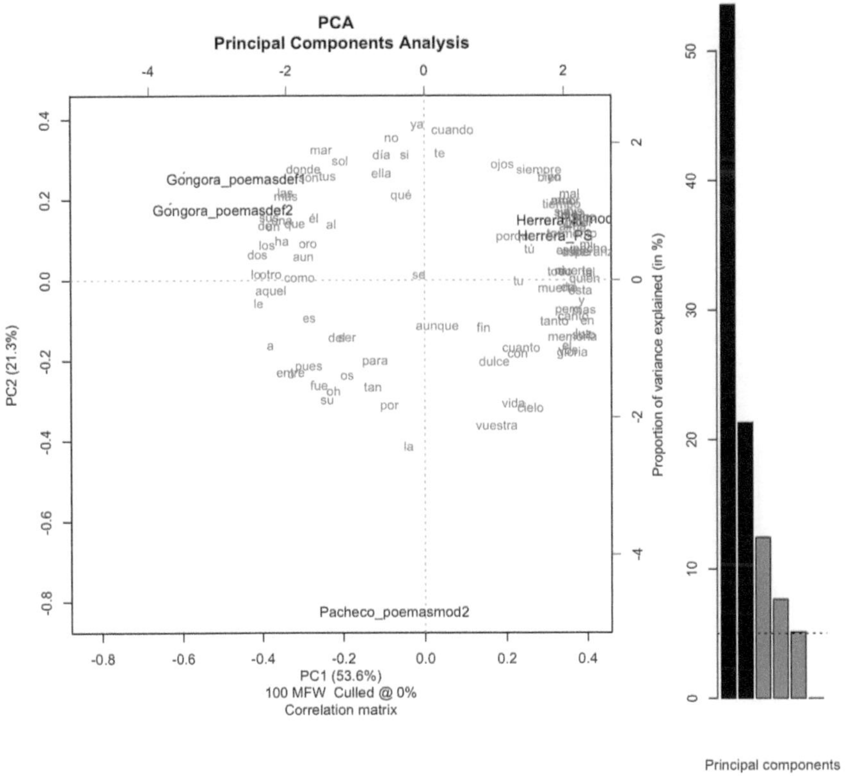

Figura 63 : PCA sobre Herrera, Pacheco, Góngora y *P2*. 100 MFW. Matriz de correlación. Versión técnica.

Se finaliza este apartado generando otro análisis que aplica Cosine Delta sobre letras, en lugar de palabras, concretamente sobre los 500 trigramas de letras más frecuentes (véase la figura 64). Como puede observarse, los resultados son similares a los obtenidos en la figura 62 sobre las 100 palabras más frecuentes, pues, de nuevo, los textos de Herrera aparecen colocados en el cuadrante superior derecho, los textos de Góngora se ubican en el cuadrante superior izquierdo y los textos de Pacheco se localizan en el cuadrante inferior a gran distancia de los otros textos. Una vez más, *P2* aparece junto con las composiciones de *H* y los poemas sueltos.

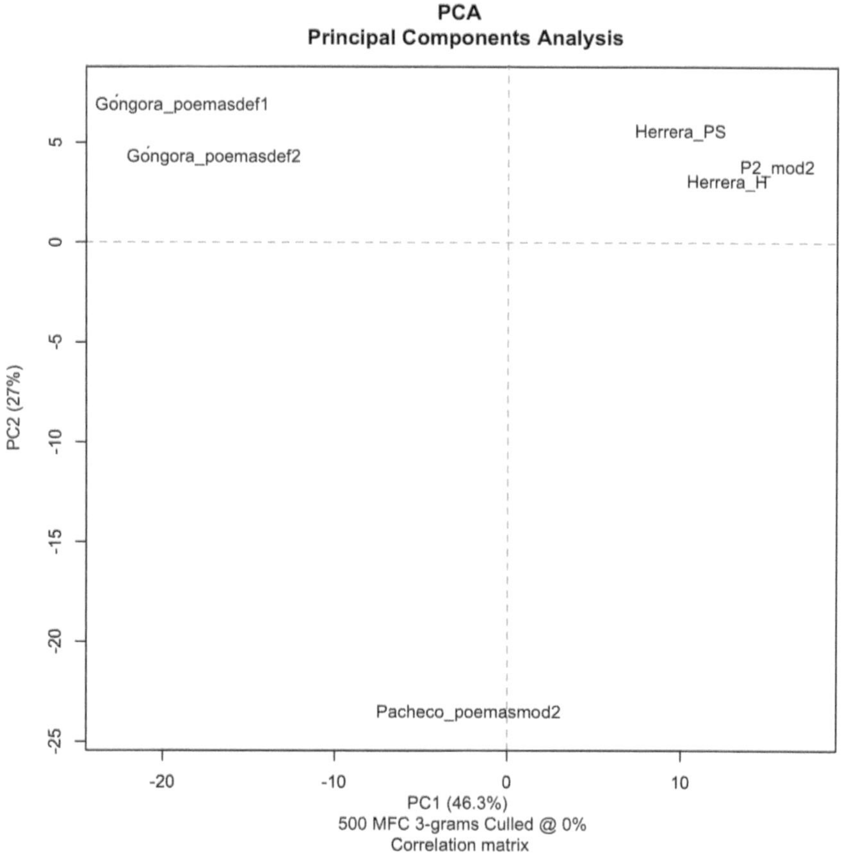

Figura 64 : PCA sobre Herrera, Pacheco, Góngora y *P2*. 500 trigramas de letras más frecuentes. Matriz de correlación.

En resumen, todos los análisis realizados con Luis de Góngora como autor de control apuntan también a la autoría herreriana de *P2*.

4.4.3. Análisis con muestras aleatorias

Por último, como ya se ha señalado, en Estilometría a mayor cantidad de texto el análisis resulta más fiable, por lo tanto, es conveniente comprobar que en nuestro caso el menor tamaño de los textos escritos por Pacheco no está influyendo en los resultados obtenidos. Para ello, se presenta el análisis de PCA sobre muestras aleatorias de 1 800 palabras.

En primer lugar, este se realiza aplicando Cosine Delta a las 100 palabras más frecuentes de la poesía de Herrera, Pacheco y Arguijo (véase la figura 65). Las muestras aleatorias de textos de Herrera se ubican en el cuadrante superior izquierdo, mientras que las de Arguijo aparecen en el cuadrante superior derecho, y la de Pacheco, a gran distancia de los demás, en el cuadrante inferior. La muestra aleatoria de *P2* queda ubicada junto a las de Herrera.

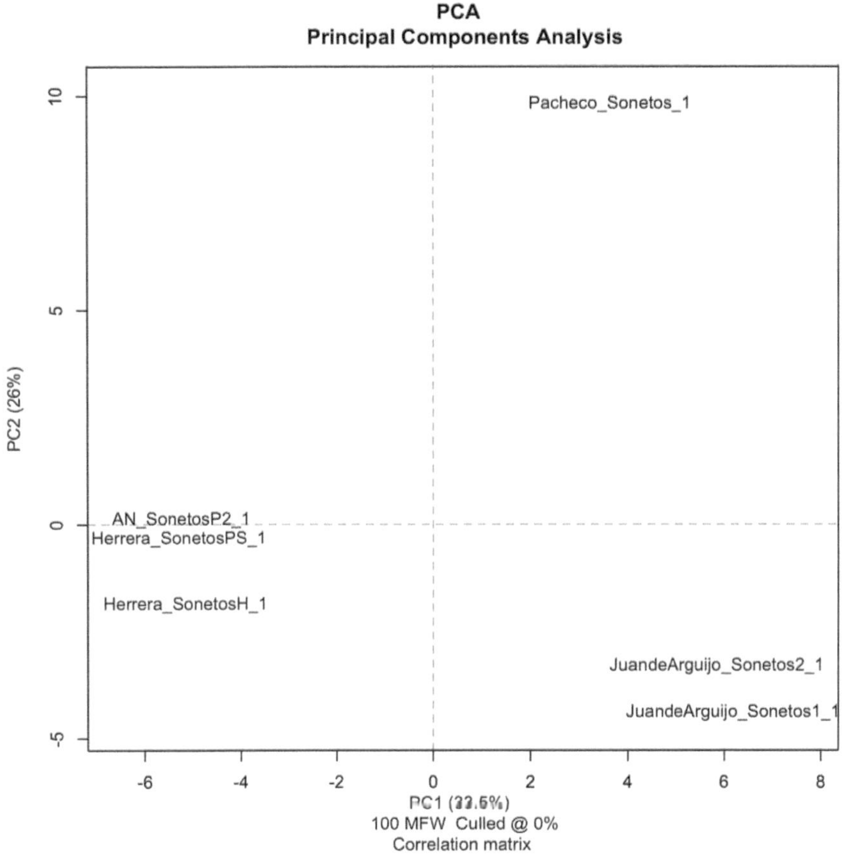

Figura 65 : PCA sobre los sonetos de Herrera, Pacheco, Arguijo y *P2*. 100 MFW. Matriz de correlación. Muestras aleatorias de 1800 palabras.

A continuación, se realiza el mismo análisis con el otro autor de control (Góngora). La figura 66 muestra el análisis de muestras aleatorias sobre los sonetos de Herrera, Pacheco, Góngora y *P2*, mediante la aplicación de Cosine Delta sobre las 1 000 palabras más frecuentes. Como puede apreciarse, la muestra de Pacheco queda colocada en el cuadrante inferior, a gran distancia de los demás autores. Las muestras de Herrera se localizan en el cuadrante superior izquierdo y las de Góngora, en el cuadrante superior derecho. La muestra de *P2* aparece casi en la línea de separación de los cuadrantes izquierdos y en gran proximidad con las de Herrera.

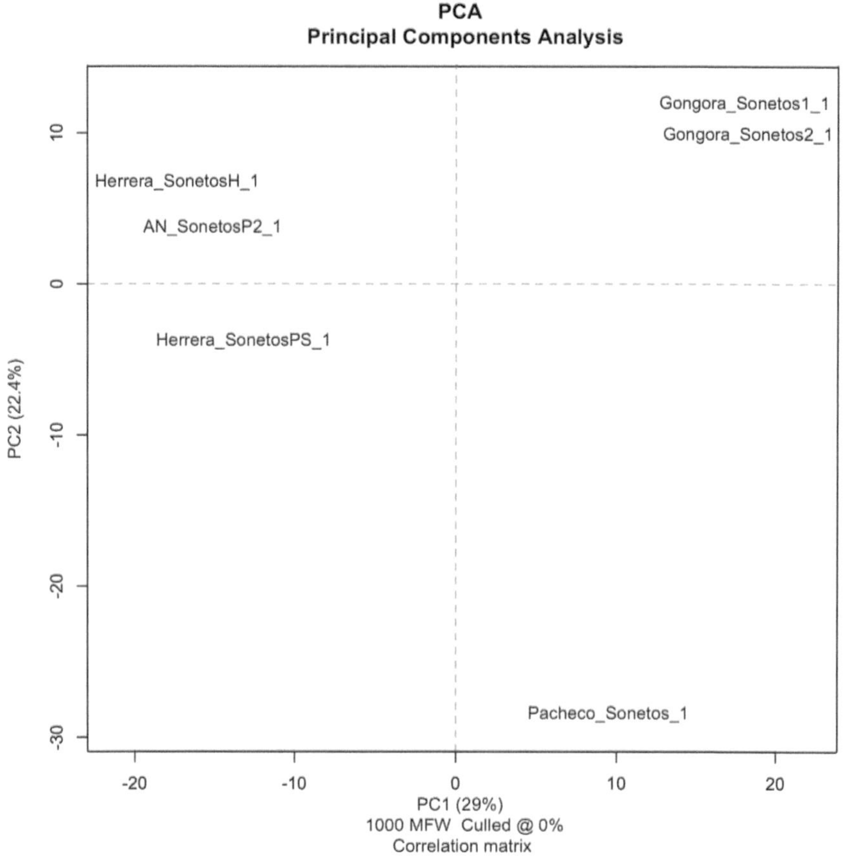

Figura 66 : PCA sobre los sonetos de Herrera, Pacheco, Góngora y *P2*. 1 000 MFW. Matriz de correlación. Muestras aleatorias de 1800 palabras.

Para terminar, se presenta el análisis de muestras aleatorias aplicado sobre el corpus completo de composiciones de *H*, los poemas sueltos y los poemas escritos por Pacheco, así como la selección de poemas de diferentes subgéneros líricos de Góngora. En la figura 67 se ha aplicado Cosine Delta sobre las 1 000 palabras más frecuentes. Como resultado, las muestras de Herrera se ubican en el cuadrante superior derecho, mientras que las de Góngora aparecen en el cuadrante superior izquierdo, y la de Pacheco, a gran distancia de las demás en el cuadrante inferior. La muestra de *P2* queda localizada en el mismo cuadrante que las de Herrera y muy cercana a estas.

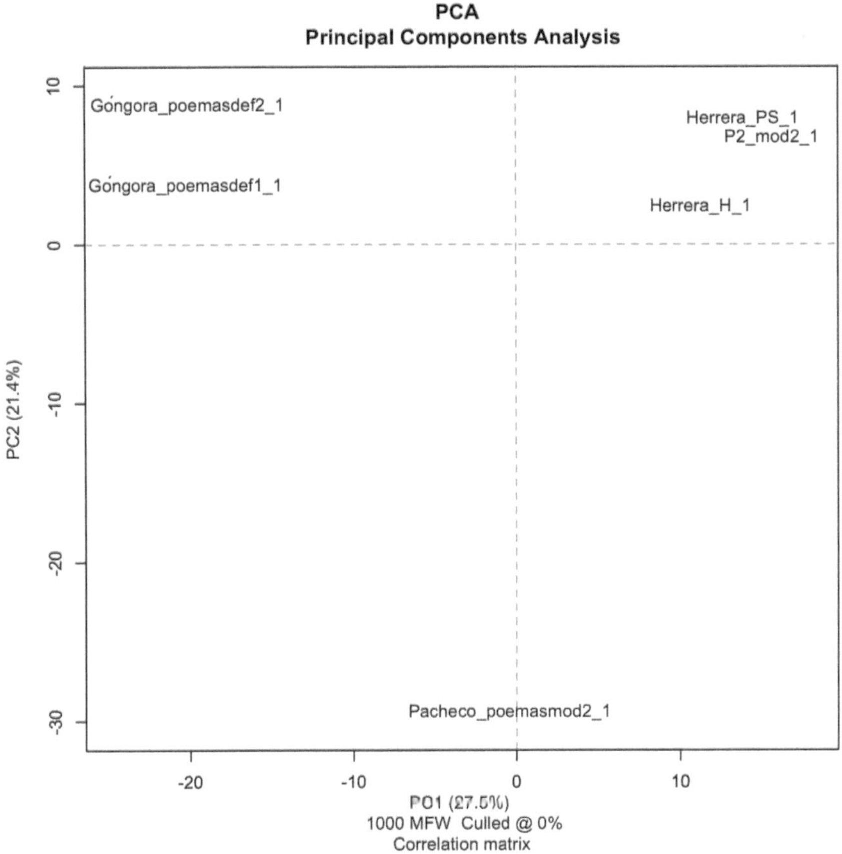

Figura 67 : PCA sobre la poesía de Herrera, Pacheco, Góngora y *P2*. 1 000 MFW. Matriz de correlación. Muestras aleatorias de 1 800 palabras.

En conclusión, se han realizado un total de 11 análisis de PCA con diferentes parámetros, recogidos en 21 figuras, en los que se ha utilizado un tercer autor de control, Juan de Arguijo en unas ocasiones, Góngora en otras (tanto a través de sus sonetos como de composiciones variadas). Se han realizado análisis sobre las 100 palabras más frecuentes, las 1 000 palabras más frecuentes, los 500 trigramas de letras más frecuentes, e incluso se ha añadido un análisis con muestras aleatorias de 1 800 palabras. En todos los análisis realizados mediante esta técnica se ha obtenido el mismo resultado: *P2* se ubica claramente con la poesía de Herrera.

4.5. Rolling Classify[375]

Como ya se ha visto, el problema de autoría de *P* tiene una gran complejidad, ya que no se trata solo de confirmar si la obra es de Herrera o no lo es, sino más bien de detectar si hay otra mano aparte de la de El Divino, que indudablemente está en las partes coincidentes con *B* y *H* que no han sido modificadas.

En consecuencia, como complemento a los análisis estilométricos de los problemas de autoría de *P2*, los realizados en este apartado se basan en uno de los métodos desarrollados para analizar trabajos colaborativos u obras en las que intervienen dos o más manos, *Rolling Stylometry* o *Rolling Classify*, presentado por Maciej Eder en un artículo publicado en 2016 en *Digital Scholarship in the Humanities* (*DSIH*), la revista de la Alliance of Digital Humanities Organisations (ADHO) (Eder, 2016). Se trata de un método de análisis secuencial, en el cual el texto analizado se divide en fragmentos para analizar la consistencia estilométrica de cada uno de ellos y si se producen cambios en la atribución de autoría de unos pasajes a otros:

> Unlike standard procedures, aimed at assessing style differentiation between discrete text samples, it tries to look inside a text represented as a set of linearly sliced

---

375 Una versión anterior de este apartado ha sido publicada en el monográfico *Theorien von Autorschaft und Stil in Bewegung: Stilistik und Stilometrie in der Romania* de la revista *Romanische Studien* (Hernández-Lorenzo, 2019b), y le ha sido otorgado el Premio a la mejor publicación científica de la Facultad de Filología de la Universidad de Sevilla para el primer semestre de 2019.

> chunks, in order to test their stylistic consistency. [...] the technique is designed to assess mixed authorship (Eder, 2016, p. 467).[376]

En su trabajo, Eder aplica tres técnicas de Aprendizaje Automático o *Machine Learning* (*Machine Learning classifiers*), cuya eficacia ha sido probada, a través del paquete *stylo* de R (Eder et al., 2016): *support vector machines* (SVM), *nearest shrunken centroids* (NSC) y la Delta de Burrows (2002).[377] Con estas aborda tres casos de obras con varias manos en el proceso de composición: el *Roman de la Rose*; la llamada Biblia de la Reina Sofía, obra con un complicado problema de transmisión en la que han participado varios traductores; y los trabajos colaborativos de Joseph Conrad y Ford Madox Ford. En todos los casos, las señales autoriales se detectan con buenos resultados.

Una versión anterior de *Rolling Stylometry*, *Rolling Delta*, que utiliza solo la medida de Burrows, había sido aplicada anteriormente a los trabajos colaborativos de Conrad y Ford por los investigadores Jan Rybicki, David Hoover y Mike Kestemont (2014) y a las obras escritas en colaboración de Charles Dickens por el profesor Tomoji Tabata (2014). Se ha publicado también un artículo en el que se aplica *Rolling Delta* al *Quijote*, realizado por Nanette Rißler-Pipka, primer estudio que aplica este método a textos en español (Rißler-Pipka, 2018), y otro que lo aplica a una obra atribuida a Lope de Vega (García-Reidy, 2019). Por otra parte, tras la publicación del artículo de *Rolling Stylometry*,[378] han aparecido más trabajos que aplican esta técnica a otras obras

---

[376] Para mejorar los resultados, a la hora de realizar las muestras a analizar se utiliza una técnica de solapamiento procedente de las metodologías de Aprendizaje Automático o *Machine Learning*: «The resolution of sampling can be substantially improved when the concept of moving window is applied. Its inherent feature is that it allows sample overlapping, so that some observations of a data set can be reused several times. In the case of rolling stylometry, it means that a sequence of tokens from the end of sample *A* will reappear in the middle of sample *B*, and the beginning of the sample *C*» (Eder, 2016, p. 459).

[377] Para una introducción a la aplicación de métodos de *Machine Learning* en Estilometría, véase la monografía de Savoy (2020).

[378] Esta técnica ha aparecido también en los medios a través del análisis que realiza el profesor James O'Sullivan de la co-autoría de la novela *The president is Missing* por James Patterson y Bill Clinton. El resultado de su análisis, que apunta hacia una presencia mucho mayor de Patterson en la escritura de la novela, aparece en un breve artículo publicado en el periódico británico *The Guardian*: https://www.theguardian.com/books/booksblog/2018/jun/07/bill-clinton-james-patterson-the-president-is-missing-co-authors?CMP=share_btn_tw [Consulta: 01/04/2025]

en inglés (Ilsemann, 2017; Look, 2017), en español (Hernández-Lorenzo & Byszuk, 2023), y también recientemente, el profesor Eder ha aplicado esta técnica a obras de Elena Ferrante (2018), escritas en italiano,[379] en el *workshop* que se celebró en septiembre de 2017 en Padua con eminentes estilometristas para intentar descubrir la identidad de la enigmática escritora.[380]

4.5.1. A modo de prueba: Rolling Classify sobre textos en español

Previamente al análisis con los textos herrerianos, se decidió realizar primero una prueba con un texto de literatura en español escrito a varias manos y del que se tuviera constancia, antes de realizar el análisis, de qué parte había sido escrita por cada autor. El objetivo era confirmar la eficacia de este procedimiento con textos literarios en español, ya que solo se contaba con el estudio mencionado de Rißler-Pipka en este sentido. A tal efecto se aplicó la técnica sobre la obra barroca *Amor es más laberinto*, co-escrita por Sor Juana Inés de la Cruz y Fray Juan de Guevara.[381] Las marcas *a* y *b* marcan las separaciones en jornadas de la obra.

---

379 Sobre aplicaciones estilométricas a obras de autoría compartida en español, véase también el artículo de Campión Larumbe (2024).

380 El workshop se tituló «Drawing Elena Ferrante's profile» y fue celebrado en la Università di Padova el 7 de septiembre de 2017 como parte de la IQLA-GIAT Summer School in Quantitative Analysis of Textual Data. El programa está disponible en la siguiente dirección web: http://www.giat.org/wp-content/uploads/2013/05/Volantino-Workshop.pdf [Consulta: 01/04/2025]. El evento fue cubierto por el periódico italiano *La Repubblica* (http://ricerca.repubblica.it/repubblica/archivio/repubblica/2017/09/08/le-prove-sono-nella-letteratura-elena-ferrante-e-starnone43.html?ref=search&refresh_ce) [Consulta: 01/04/2025] y el periódico local *Padova Oggi* (http://www.padovaoggi.it/cronaca/elena-ferrante-workshop-universita-padova-7-settembre-2017.html) [Consulta: 01/04/2025].

381 La colaboración en la escritura de esta obra dramática consta desde la edición princeps de 1692, leyéndose en la portada de la comedia lo siguiente: «AMOR ES MAS LABERYNTO, / COMEDIA, / DE LA QVAL LAS JORNADAS PRIMERA, / y tercera son de la Madre Juana, y la segunda del /Lic. D. Juan de Guevara, Ingenio Conocido / de la Ciudad de Mexico» [folio 389]. La edición puede consultarse a través de la Biblioteca Virtual Miguel de Cervantes en el siguiente enlace: http://www.cervantesvirtual.com/obra-visor/segundo-volumen-de-las-obras-de-soror-juana-ines-de-la-cruz--0/html/f32c6599-a951-4707-857d-a68db8649ee3_493.htm [Consulta: 01/04/2025].

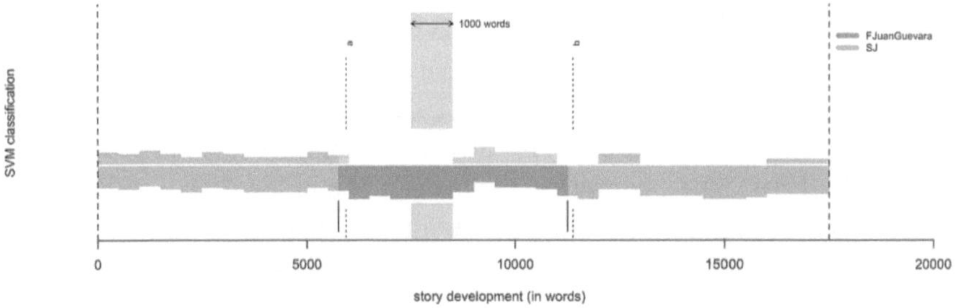

Figura 68 : *Amor es más laberinto*. Rolling SVM. 100 MFW. Muestras de 1000 palabras con solapamiento de 500.

Como puede observarse, la figura 68 muestra el gráfico resultante. En Rolling SVM, la decisión del clasificador queda recogida por la línea inferior del gráfico, mientras que la línea superior muestra la probabilidad de que un autor diferente al elegido haya escrito el fragmento. En consecuencia, cuanto más gruesa sea la línea inferior y más fina sea la superior, mayor seguridad mostrará el clasificador con respecto a la atribución. En el caso de *Amor es más laberinto*, los resultados reflejan lo que es ya bien sabido, que el primer y el tercer acto fueron escritos por Sor Juana y el segundo por Fray Juan de Guevara. La probabilidad de autoría es incluso del 100 % en algunas partes del gráfico.[382]

4.5.2. Primeros análisis sobre *P* y *P2*

En este análisis estilométrico de la poesía herreriana, se aplican las tres técnicas incluidas en *Rolling Classify* a través del paquete *stylo* en R y utilizando como corpus de referencia por un lado, las obras poéticas que sabemos indudablemente que pertenecen a Herrera, es decir, los poemas sueltos y *H*; y, por otro, todos los textos poéticos que hemos recopilado de Pacheco. El *test corpus* está constituido unas veces por *P*, y otras por *P2*. En el caso de *P*, en la visualización de los resultados la separación entre libros se muestra a través de las marcas *a* y *b*.[383] El objetivo final es medir de forma más científica y

[382] Cabe destacar también que algunos estudios de evaluación han señalado la eficacia de SVM para determinar la autoría de un texto (Koppel et al., 2009).

[383] La marca *a* indica el comienzo del libro segundo, mientras que la marca *b* indica el comienzo del libro tercero de *Versos*, consúltense las figuras a color en el repositorio citado.

objetiva la probabilidad de la plena autoría herreriana de *P*, así como rechazar o confirmar en la medida de lo posible la existencia de una segunda mano y más concretamente la de Francisco Pacheco. Los parámetros utilizados serán, fundamentalmente, los mismos que utiliza Maciej Eder en su artículo sobre el método (Eder, 2016), complementados con el empleo de la combinación de parámetros que obtuvo los mejores resultados en la evaluación del corpus realizada en el apartado 4.2, esto es, la aplicación de la Delta de Eder sobre las 4 000 palabras más frecuentes. Los análisis se han realizado tanto con los textos completos (apartado 4.5.2.1) como con el corpus reducido de forma aleatoria (apartado 4.5.2.2).

4.5.2.1. Análisis con textos completos

En primer lugar, se utiliza la técnica Rolling SVM con las mismas variables que utiliza Maciej Eder (2016), esto es, sobre las 100 palabras más frecuentes. Inicialmente se emplea sobre muestras de 5 000 palabras con solapamiento de 4 500, y después sobre muestras de 3 000 palabras con solapamiento de 2 500.

Con Rolling SVM y las 100 palabras más frecuentes sobre muestras de 5 000 palabras de *P* y *P2*, se obtienen las figuras 69 y 70, en las que, como puede observarse, la probabilidad de mano de Herrera es casi del 100 %, detectándose una probabilidad mínima de mano de Pacheco al comienzo del tercer libro de *Versos*.

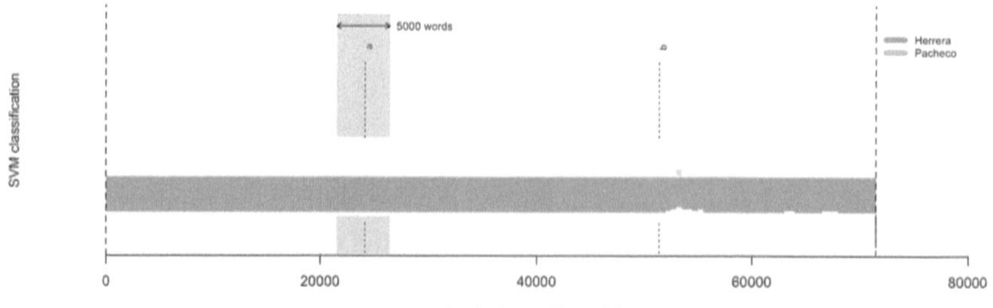

Figura 69 : Rolling SVM sobre *P*. 100 MFW. Muestras de 5 000 palabras con solapamiento de 4 500.

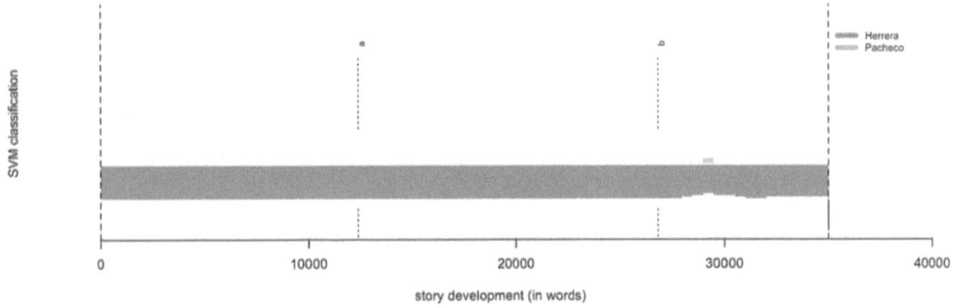

Figura 70 : Rolling SVM sobre *P2*. 100 MFW. Muestras de 5 000 palabras con solapamiento de 4 500.

En la segunda prueba que se ha realizado con SVM se han utilizado muestras de 3 000 palabras con un solapamiento de 2 500. Como resultado, se han obtenido las figuras 71 y 72, en las que aparece algo de probabilidad (si bien absolutamente mínima) de presencia de mano de Pacheco al comienzo del tercer libro de *P*.

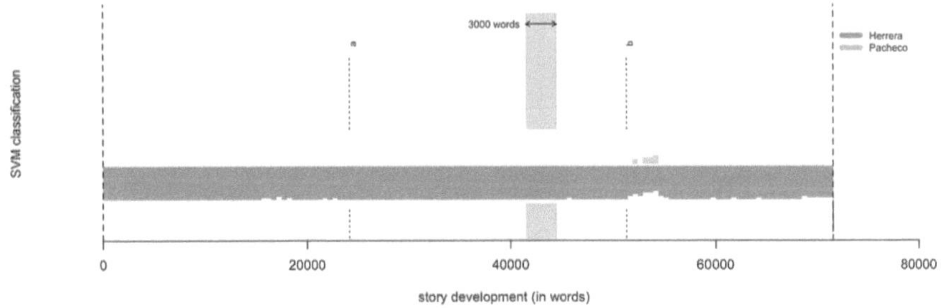

Figura 71 : Rolling SVM sobre *P*. 100 MFW. Muestras de 3 000 palabras con solapamiento de 2 500.

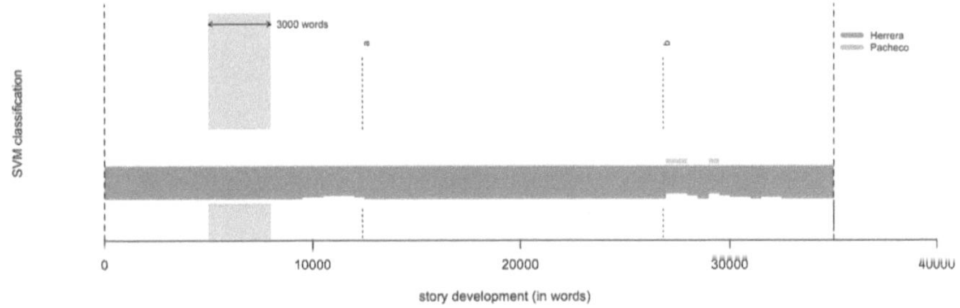

Figura 72 : Rolling SVM sobre *P2*. 100 MFW. Muestras de 3 000 palabras con solapamiento de 2 500.

En segundo lugar, se aplicó la técnica Rolling NSC con las 50 y las 100 palabras más frecuentes sobre muestras de 5 000 palabras con solapamiento de 1 000 en *P* y *P2*. La elección es Herrera para todo el texto en ambos casos, aunque aparece una probabilidad mínima de Pacheco en algunas partes del texto, como puede verse en las figuras 73 a 76.

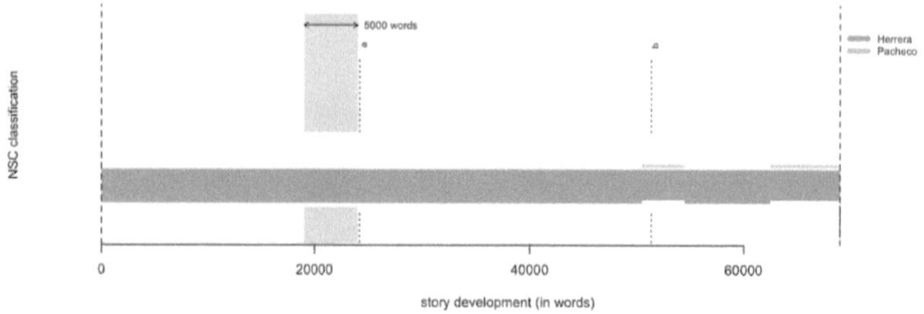

Figura 73 : Rolling NSC sobre *P*. 50 MFW. Muestras de 5 000 palabras con solapamiento de 1 000.

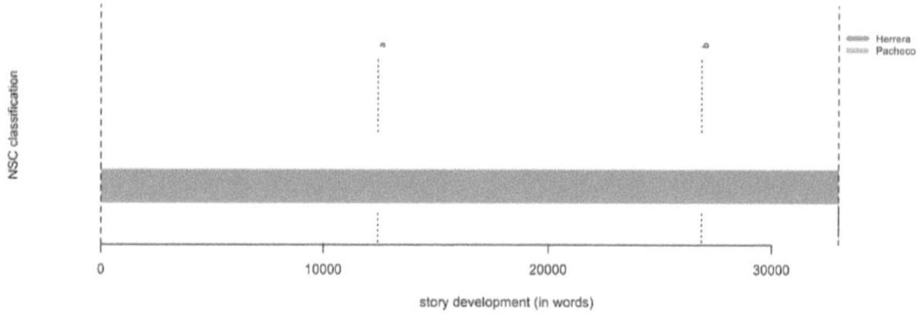

Figura 74 : Rolling NSC sobre *P2*. 50 MFW. Muestras de 5 000 palabras con solapamiento de 1 000.

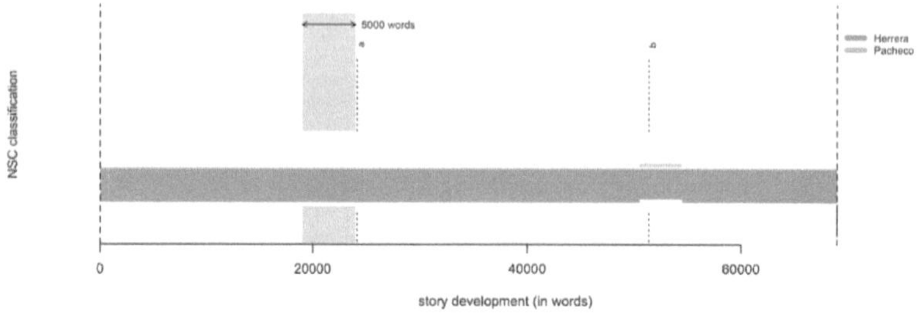

Figura 75 : Rolling NSC sobre *P*. 100 MFW. Muestras de 5 000 palabras con solapamiento de 1 000.

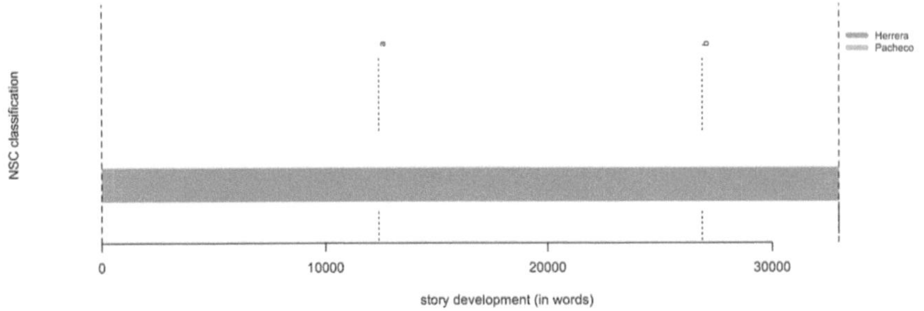

Figura 76 : Rolling NSC sobre *P2*. 100 MFW. Muestras de 5 000 palabras con solapamiento de 1 000.

En tercer lugar, se aplicó Rolling Delta con las 500 y las 1 000 palabras más frecuentes sobre muestras de 5 000 palabras con solapamiento de 4 500 en *P* y *P2*. Como puede verse en las figuras 77 a 80, el gráfico resultante es un poco diferente a los anteriores, debido a que Delta ordena los textos por distancias, de forma que siempre habrá un candidato más probable (texto más próximo), y puede haber un segundo candidato más probable, etc. En el gráfico de Rolling Delta, se puede representar hasta los primeros tres candidatos más probables. En nuestros análisis, la primera elección es Herrera y la segunda, Pacheco.

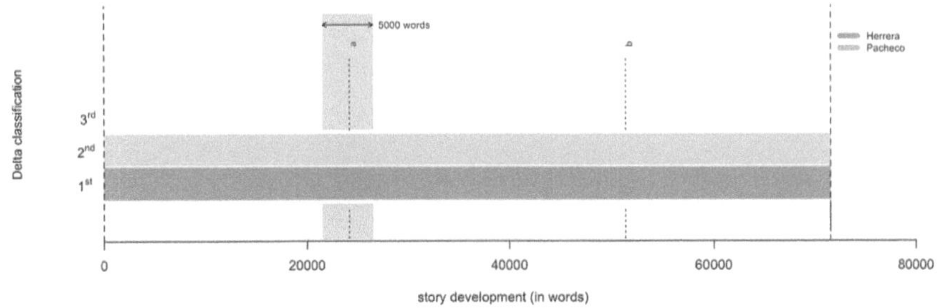

Figura 77 : Rolling Delta sobre *P*. 500 MFW. Muestras de 5 000 palabras. Solapamiento de 4 500 palabras.

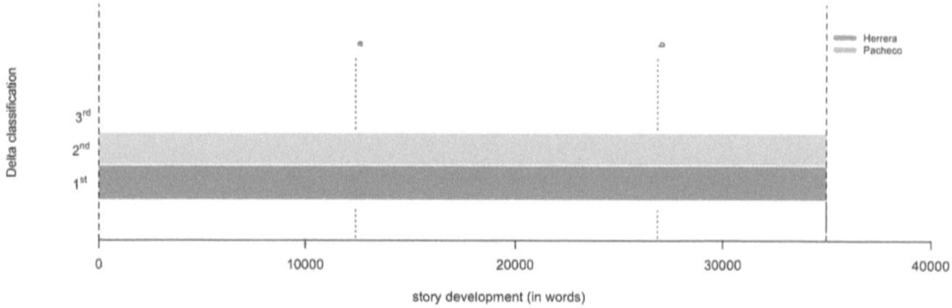

Figura 78 : Rolling Delta sobre *P2*. 500 MFW. Muestras de 5 000 palabras. Solapamiento de 4 500 palabras.

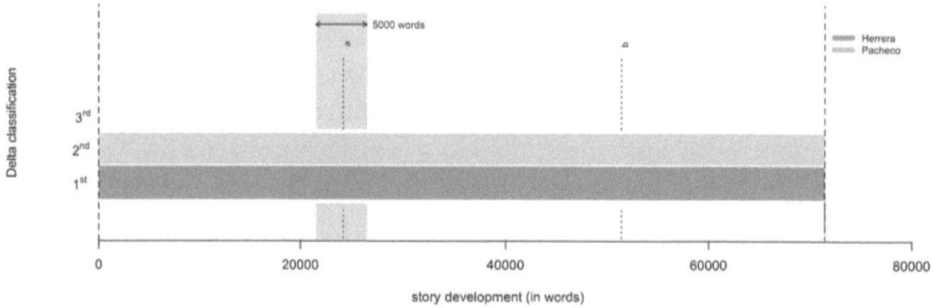

Figura 79 : Rolling Delta sobre *P*. 1 000 MFW. Muestras de 5 000 palabras. Solapamiento de 4 500 palabras.

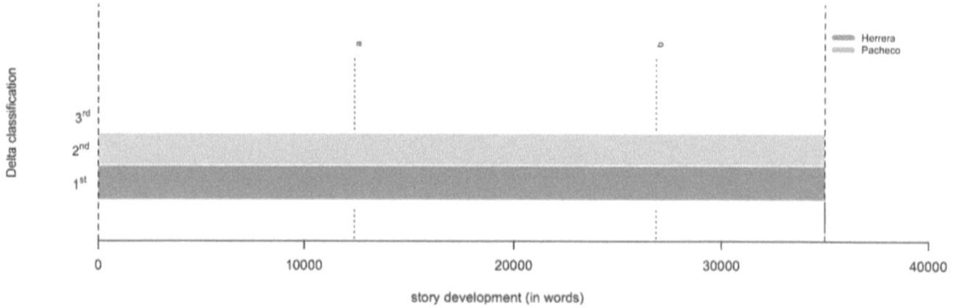

Figura 80 : Rolling Delta sobre *P2*. 1 000 MFW. Muestras de 5 000 palabras. Solapamiento de 4 500 palabras.

Por último, si se aplica Rolling Delta con la mejor combinación de parámetros obtenida en la evaluación del capítulo 4.2, esto es, a través de la Delta de Eder y sobre las 4 000 palabras más frecuentes, el clasificador vuelve a elegir a Herrera como el autor más probable para todo el texto tanto de *P* como de *P2*, mientras que a Pacheco ni siquiera lo considera (véanse las figuras 81 y 82). Se han utilizado muestras de 5 000 palabras con solapamiento de 4 500, ya que 5 000 palabras, de acuerdo con nuestros propios estudios de evaluación del tamaño de muestras (Hernández-Lorenzo, 2019a), son más que suficientes para detectar la señal autorial.

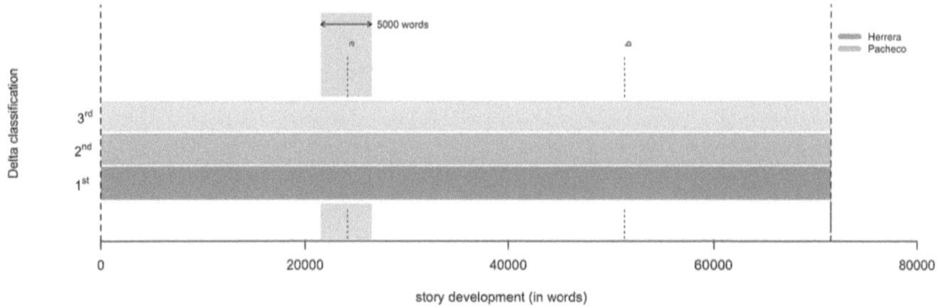

Figura 81 : Rolling Delta sobre *P*. Delta de Eder. 4 000 MFW. Muestras de 5 000 palabras. Solapamiento de 4 500.

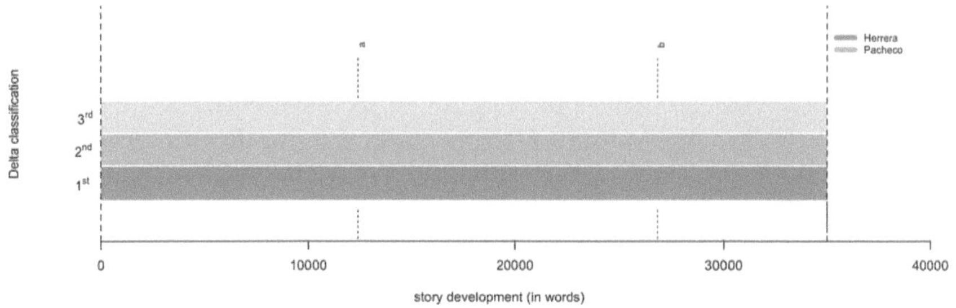

Figura 82 : Rolling Delta sobre *P2*. Delta de Eder. 4 000 MFW. Muestras de 5 000 palabras. Solapamiento de 4 500.

4.5.2.2. Análisis con corpus reducido de forma aleatoria

Hasta ahora mediante todas las técnicas empleadas el resultado para todo *P* y *P2* es Herrera y la probabilidad de presencia de mano de Pacheco parece ser casi inexistente. Para confirmar este resultado y asegurar que las diferencias de tamaño no estén influyendo en el mismo —puesto que el corpus de Herrera es mucho mayor que el de Pacheco, 73 939 frente a 6 056 palabras—, se decidió realizar un nuevo análisis reduciendo previamente el corpus de referencia de

Herrera y *P2* a 8 000 palabras aproximadamente cada uno con la ayuda del menú Corpus de Litcon (Hernández-Lorenzo, 2022b).

En primer lugar, se ha aplicado Rolling SVM sobre las 100 palabras más frecuentes en muestras de 5 000 palabras del texto aleatorio producido de *P2*. Como puede apreciarse en la figura 83, Herrera es elegido como el autor de todo el texto, no detectándose probabilidad ninguna de mano de Pacheco.

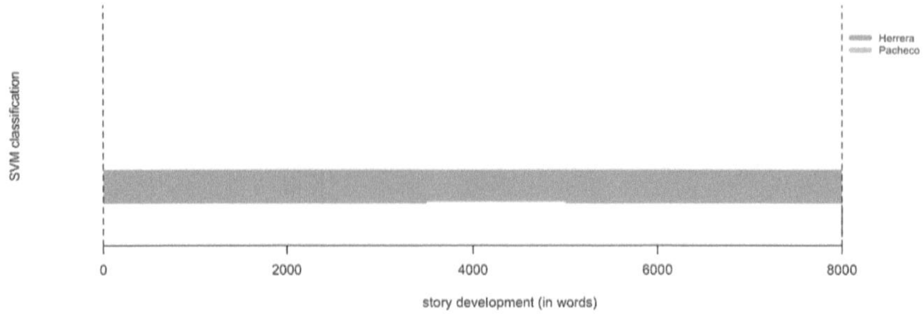

Figura 83 : Rolling SVM. 100 MFW. Muestras de 5 000 palabras. Versión reducida de forma aleatoria de *P2*.

Seguidamente, se ha aplicado Rolling NSC sobre las 100 palabras más frecuentes en muestras de 3 000 palabras del texto aleatorio producido de *P2*. El resultado obtenido, recogido por la figura 84, es casi idéntico al de la figura anterior con SVM, eligiéndose a Herrera como el autor de todo el texto.

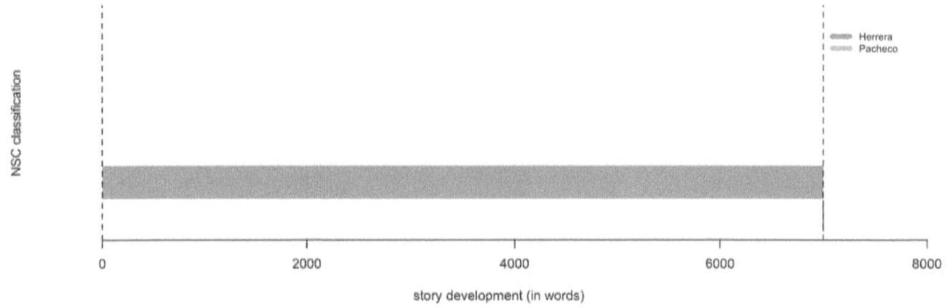

Figura 84 : Rolling NSC. 100 MFW. Muestras de 3 000 palabras con solapamiento de 1 000. Versión reducida de forma aleatoria de *P2*.

A continuación, la figura 85 muestra el gráfico resultante de la aplicación de Rolling Delta sobre las 1 000 palabras más frecuentes en muestras de 5 000 palabras del texto aleatorio producido de *P2*. El mejor candidato para el clasificador es Herrera como autor de todo el texto, mientras que el segundo mejor candidato sería Pacheco.

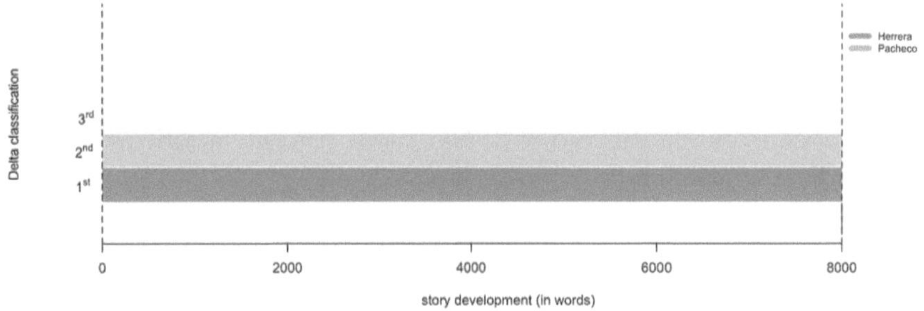

Figura 85 : Rolling Delta. 1 000 MFW. Muestras de 5 000 palabras. Versión reducida de forma aleatoria de *P2.*

Como puede verse en las figuras anteriores, en todos los gráficos con texto aleatorio, y a lo largo de los diferentes parámetros, la autoría elegida a lo largo de todo el texto es la de Herrera, no eligiéndose la de Pacheco en ningún caso o fragmento.

4.5.3. Análisis con autores de control

Por último, se han realizado las mismas pruebas con distintos autores de control. La inserción de un autor de control es una práctica habitual en Estilometría como comprobante de que los resultados obtenidos son correctos y ha sido utilizada entre otros por Mike Kestemont en su estudio sobre las visiones atribuidas a Hildegard von Bingen (Kestemont, Moens, and Deploige 2015). El autor de control adecuado es aquel que pertenece a la misma época que los candidatos, pero del que sabemos con certeza que no es posible o que existen unas probabilidades mínimas de que escribiera el texto de autoría dudosa. En este caso, se han elegido como autores de control dos figuras fundamentales de la poesía del Siglo de Oro, conectadas con el estilo de Herrera: Garcilaso de la Vega y Luis de Góngora.[384]

[384] Los textos de Góngora son los mismos que los utilizados en el apartado 4.4.2, provenientes de la edición digital del proyecto Góngora del OBVIL, mientras que los poemas de Garcilaso han sido recogidos de la Biblioteca Virtual Miguel de Cervantes: http://www.cervantesvirtual.com/portales/garcilaso_de_la_vega/ [Consulta: 01/04/2025]. Más información sobre estos corpus textuales puede encontrarse en el Apéndice II.

4.5.3.1. Análisis con textos completos

En primer lugar, se presentan los resultados usando a Garcilaso de la Vega como autor de control. Como puede verse en la figura 86, con SVM, utilizando las 100 palabras más frecuentes y muestras de 5 000 palabras, el resultado es el mismo que el obtenido hasta ahora. Herrera sigue, pues, apareciendo como el único autor de la totalidad de la obra. Se aprecia probabilidad muy pequeña de mano de Pacheco (y de Garcilaso), pero no la suficiente como para indicar un cambio de mano en el texto.

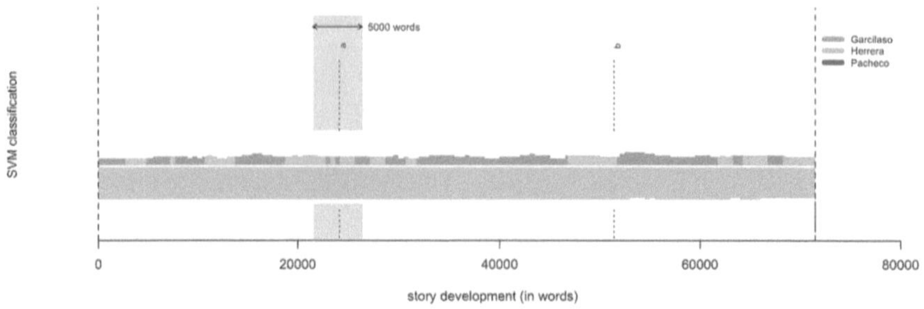

Figura 86 : Rolling SVM sobre *P.* 100 MFW. Muestras de 5 000 palabras. 4 500 palabras de solapamiento.

Si se repite el análisis, pero con muestras de 3 000 palabras, se obtiene el mismo resultado, como puede apreciarse en la figura 87.

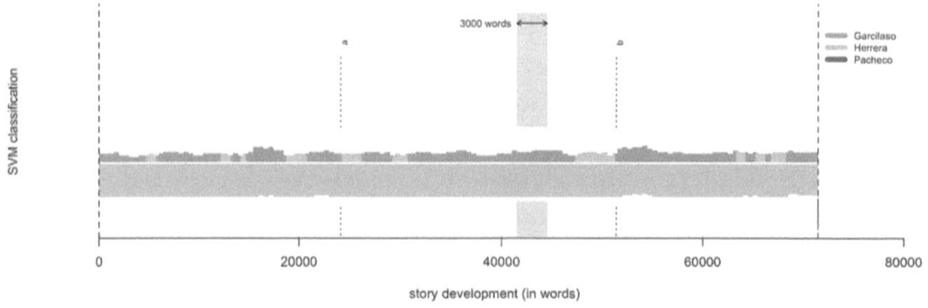

Figura 87 : Rolling SVM sobre *P.* 100 MFW. Muestras de 3 000 palabras.

Seguidamente, se ha aplicado Rolling NSC sobre las 50 y las 100 palabras más frecuentes en muestras de 5 000 palabras. Como puede apreciarse en las figuras 88 (50 palabras más frecuentes) y 89 (100 palabras más frecuentes), los resultados se vuelven aún más estables y consistentes, detectándose solo una pequeñísima probabilidad de autoría de Pacheco en algunos segmentos del tercer libro de *Versos*.

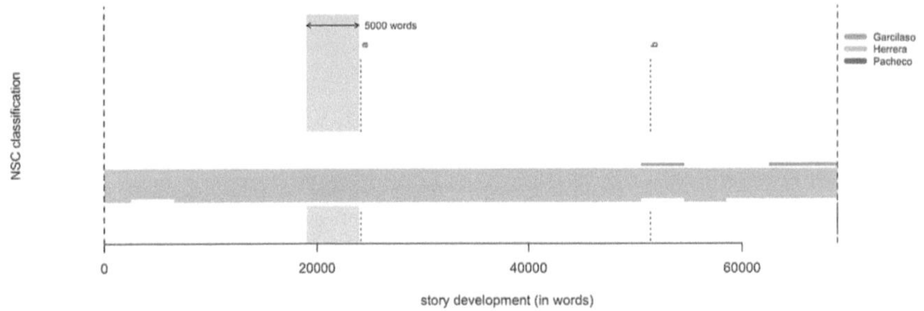

Figura 88 : Rolling NSC sobre *P.* 50 MFW. Muestras de 5 000 palabras.

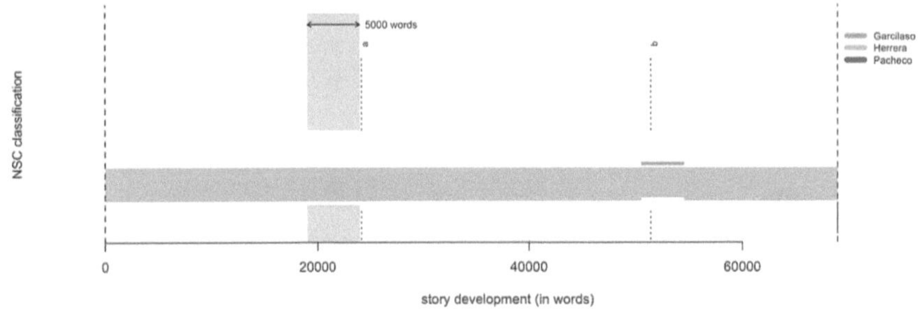

Figura 89 : Rolling NSC sobre *P.* 100 MFW. Muestras de 5 000 palabras.

Para terminar con Garcilaso, se ha realizado el análisis con Rolling Delta sobre las 500 y las 1 000 palabras más frecuentes, cuyo resultado se muestra en las figuras 90 y 91. Como puede apreciarse, el autor más cercano para todo el texto es Herrera. Como segunda opción, el clasificador elige a Pacheco para la mayoría de los segmentos, y, en algún caso, a Garcilaso; como tercera opción, elige a Garcilaso para la mayoría de los segmentos, y a Pacheco para los restantes.

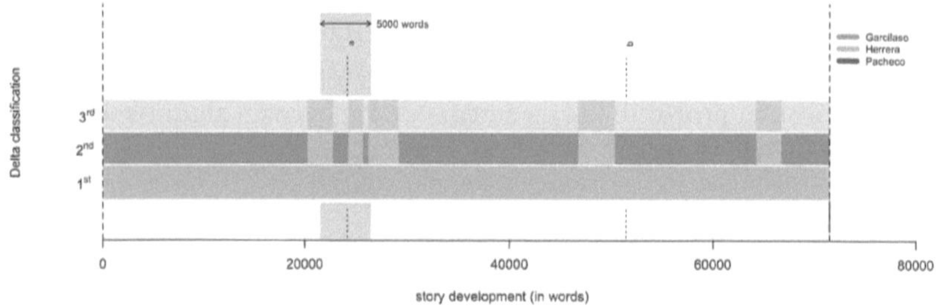

Figura 90 : Rolling Delta sobre *P.* 500 MFW. Muestras de 5 000 palabras.

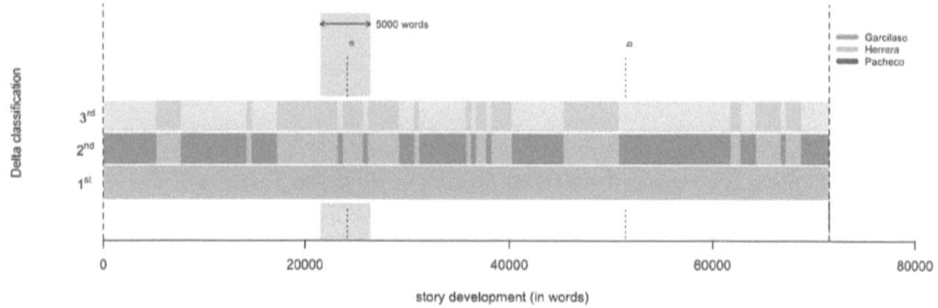

Figura 91 : Rolling Delta sobre *P.* 1 000 MFW. Muestras de 5 000 palabras.

En segundo lugar, se han repetido los análisis usando a Góngora como autor de control. Como puede observarse en la figura 92, en la que se aplica SVM sobre las 100 palabras más frecuentes en muestras de 5 000 palabras, el resultado obtenido es el mismo que al usar a Garcilaso como autor de control: Herrera aparece como autor más probable en todo el texto y, aunque se aprecia una pequeña probabilidad de mano de Pacheco en todo el texto, no es la suficiente para que sea elegido por el clasificador.

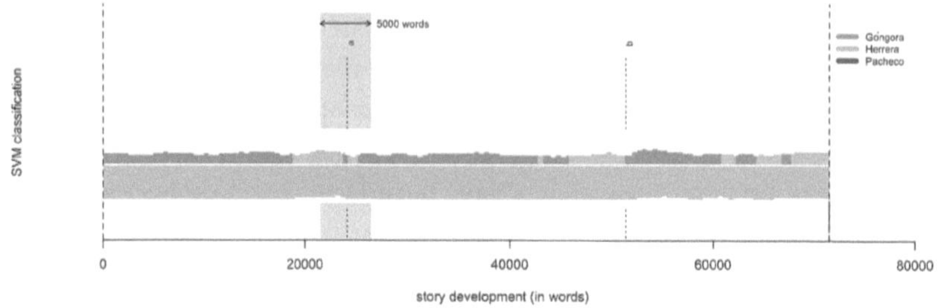

Figura 92 : Rolling SVM sobre *P.* 100 MFW. Muestras de 5 000 palabras.

En la figura 93, se ha aplicado también Rolling SVM sobre las 100 palabras más frecuentes, pero esta vez en muestras de 3 000 palabras. El resultado obtenido es similar al de la figura anterior.

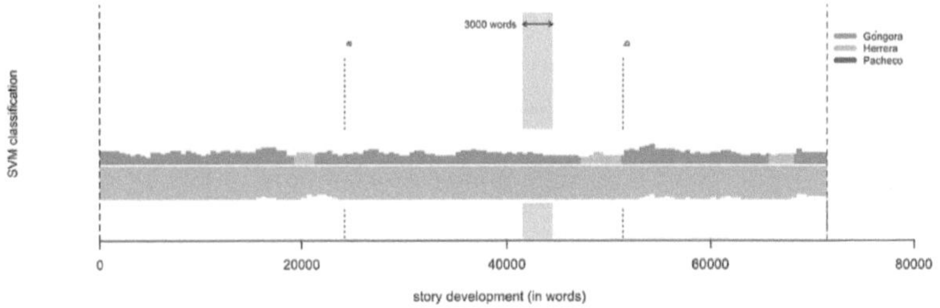

Figura 93 : Rolling SVM sobre *P.* 100 MFW. Muestras de 3 000 palabras.

Al aplicar Rolling NSC, el resultado se vuelve todavía más estable, desapareciendo incluso las probabilidades de mano de Pacheco y Góngora, y apuntando a Herrera como autor de todo el texto, tanto con las 50 (véase la figura 94) como con las 100 palabras más frecuentes (véase la figura 95).

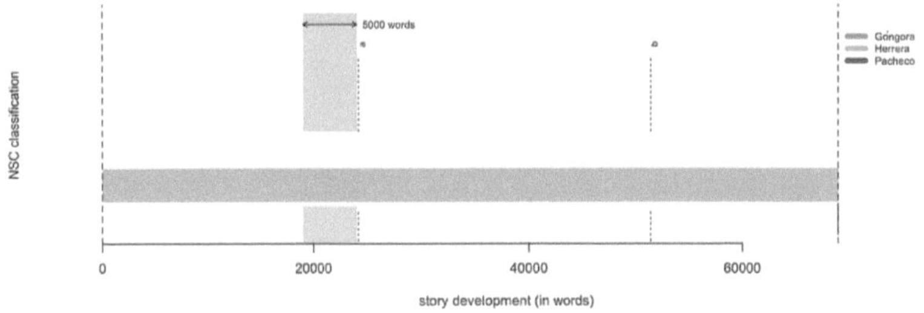

Figura 94 : Rolling NSC sobre *P.* 50 MFW. Muestras de 5 000 palabras.

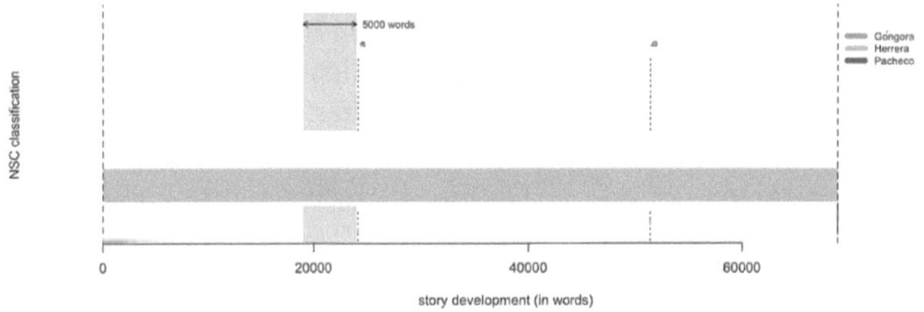

Figura 95: Rolling NSC sobre *P.* 100 MFW. Muestras de 5 000 palabras.

Si se repite el análisis con Rolling Delta, la señal de Pacheco pasa a ser otra vez el segundo candidato, de nuevo por detrás de Herrera, como puede verse en las figuras 96 y 97, en la que se aplica esta medida sobre las 500 y las 1 000 palabras más frecuentes en muestras de 5 000 palabras.

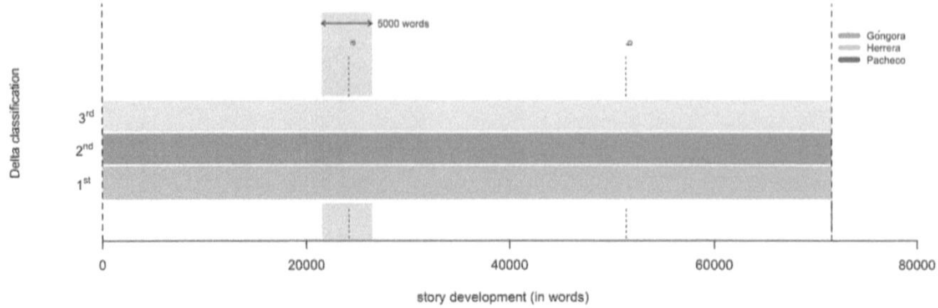

Figura 96 : Rolling Delta sobre *P.* 500 MFW. Muestras de 5 000 palabras.

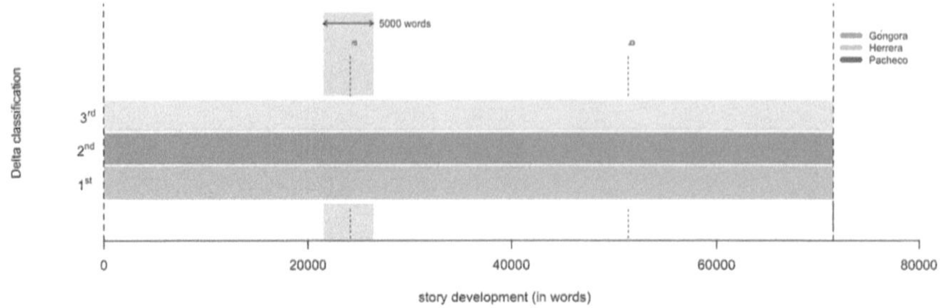

Figura 97 : Rolling Delta sobre *P.* 1 000 MFW. Muestras de 5 000 palabras.

Como último análisis de esta sección, se presenta la figura 98, en la que, al aplicar la técnica de Rolling Delta, se ha aplicado la mejor combinación de parámetros obtenida en la evaluación, esto es, la Delta de Eder sobre las 4 000 palabras más frecuentes. Se utilizan muestras de 5 000 palabras. El resultado apunta aún con mayor claridad a la plena autoría herreriana, ya que el Divino aparece siempre como el mejor candidato.

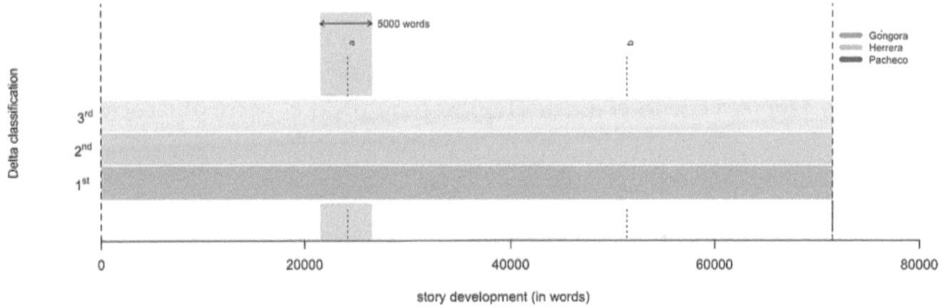

Figura 98 : Rolling Delta sobre *P*. Delta de Eder. 4 000 MFW. Muestras de 5 000 palabras.

4.5.3.2. Análisis con corpus reducido de forma aleatoria

A continuación, se presentan los análisis realizados con autores de control y corpus reducido de forma aleatoria.

Para comenzar, se presentan los análisis con Garcilaso como autor de control. Se han utilizado los textos aleatorios de los poemas de Herrera y de los de *P2* producidos por Litcon y utilizados en el apartado 4.5.2.2. No se han reducido aleatoriamente los textos de Garcilaso puesto que estos ya poseían una breve extensión (6 315 palabras), cercana a la de los poemas escritos por Pacheco.

La figura 99 muestra el resultado de la aplicación de Rolling SVM sobre las 100 palabras más frecuentes y muestras de 5 000 palabras. Como puede observarse, de nuevo Herrera aparece claramente como el autor elegido para todo el texto aleatorio de *P2*.

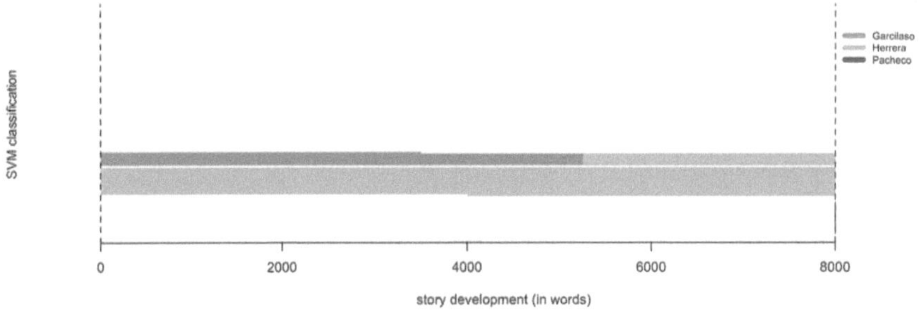

Figura 99 : Rolling SVM. 100 MFW. Muestras de 5 000 palabras. Versión reducida de forma aleatoria de *P2*.

Seguidamente, se han aplicado la misma técnica y parámetros sobre muestras de 3 000 palabras. El gráfico resultante, recogido en la figura 100, vuelve a mostrar a Herrera como el autor elegido para todo el texto aleatorio.

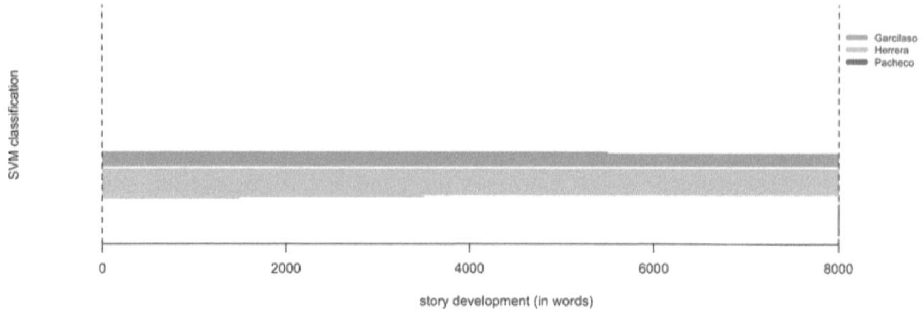

Figura 100 : Rolling SVM. 100 MFW. Muestras de 3 000 palabras. Versión reducida de forma aleatoria de *P2*.

Si se aplica Rolling NSC sobre las 100 palabras más frecuentes y muestras de 3 000 palabras, una vez más Herrera es elegido con gran consistencia como el autor de todo el texto (véase la figura 101).

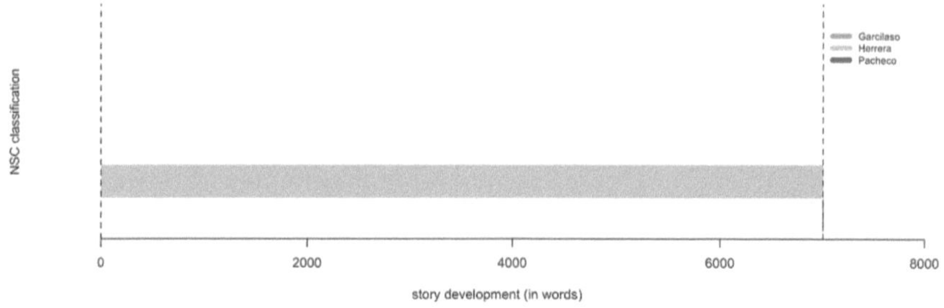

Figura 101 : Rolling NSC. 100 MFW. Muestras de 3 000 palabras. Versión reducida de forma aleatoria de *P2*.

Las figuras 102 y 103 muestran los resultados obtenidos al utilizar Rolling Delta sobre las 500 y 1 000 palabras más frecuentes, respectivamente, sobre muestras de 5 000 palabras. Una vez más, se elige a Herrera como autor más probable de todo el texto aleatorio, seguido de Pacheco como segundo candidato, y Garcilaso como el tercero.

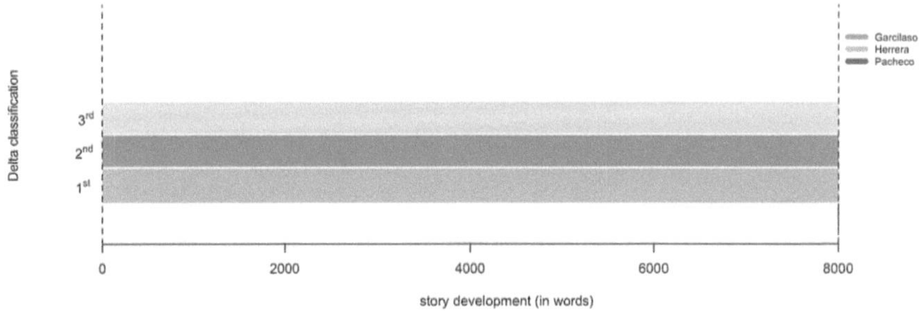

Figura 102 : Rolling Delta. 500 MFW. Muestras de 5 000 palabras. Versión reducida de forma aleatoria de *P2*.

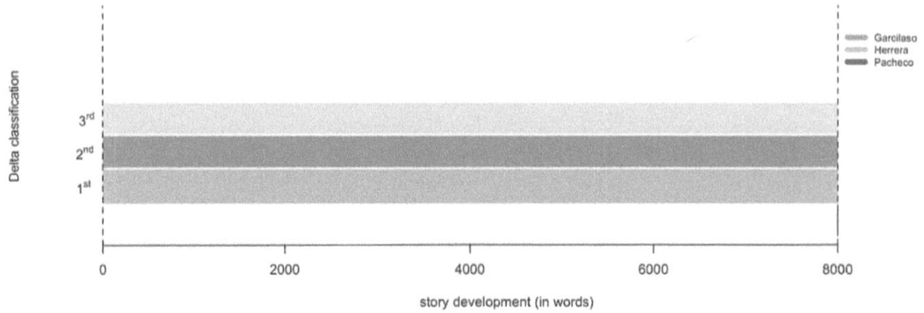

Figura 103 : Rolling Delta. 1 000 MFW. Muestras de 5 000 palabras. Versión reducida de forma aleatoria de *P2*.

Seguidamente, se presentan los análisis realizados utilizando a Góngora como autor de control y todos los textos reducidos de forma aleatoria a excepción del de Pacheco. Se ha utilizado la misma versión de *P2* reducida de forma aleatoria que en los análisis anteriores, y el corpus poético de Góngora ha sido reducido de forma aleatoria mediante el menú Corpus de Litcon a 800 palabras aproximadamente.

La figura 104 muestra el resultado de la aplicación de Rolling SVM sobre las 100 palabras más frecuentes y muestras de 5 000 palabras. Aunque se aprecia probabilidad de mano de Pacheco, Herrera es el autor elegido para todo el texto aleatorio de *P2*.

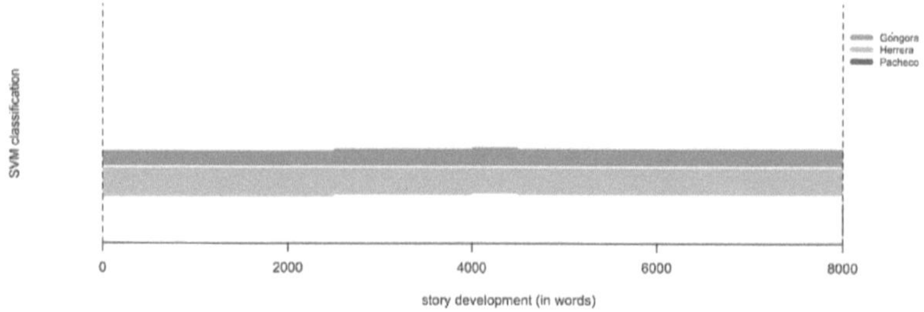

Figura 104 : Rolling SVM. 100 MFW. Muestras de 5 000 palabras. Versión reducida de forma aleatoria de *P2*.

La figura 105 muestra el mismo análisis sobre muestras de 3 000 palabras, obteniéndose idénticos resultados.

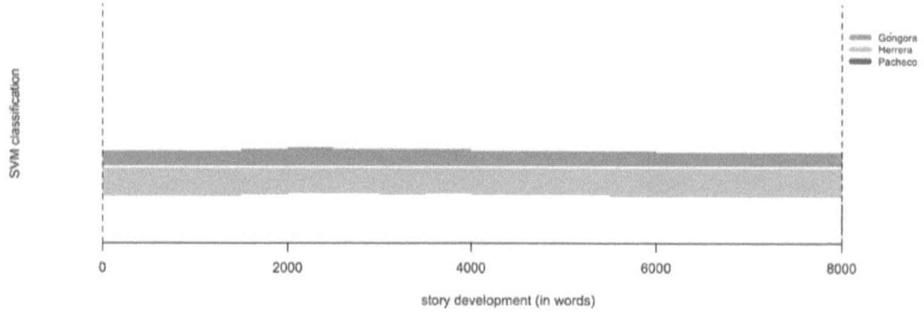

Figura 105 : Rolling SVM. 100 MFW. Muestras de 3 000 palabras. Versión reducida de forma aleatoria de *P2*.

Al aplicar Rolling NSC sobre las 100 palabras más frecuentes con muestras de 3 000 palabras, el resultado obtenido, que muestra la figura 106, es de nuevo altamente estable, y apunta a Herrera como el autor de todo el texto aleatorio de *P2*.

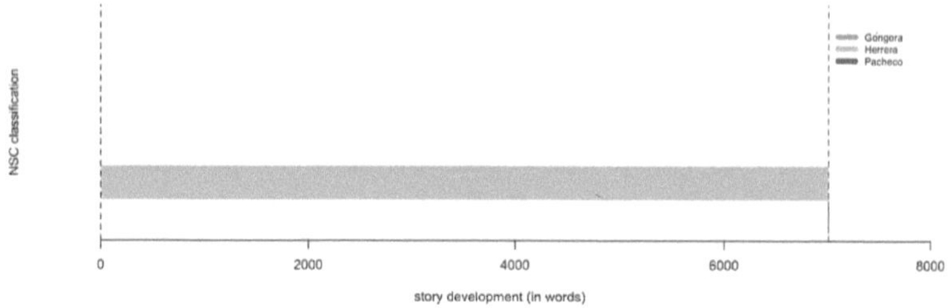

Figura 106 : Rolling NSC. 100 MFW. Muestras de 3 000 palabras. Versión reducida de forma aleatoria de *P2*.

A continuación, se ha aplicado Rolling Delta sobre las 500 y las 100 palabras más frecuentes en muestras de 5 000 palabras. Como puede apreciarse en las figuras 107 y 108, Herrera es elegido como el candidato más probable para la autoría de todo el texto, seguido de Pacheco, como segundo mejor candidato, y Góngora como tercero.

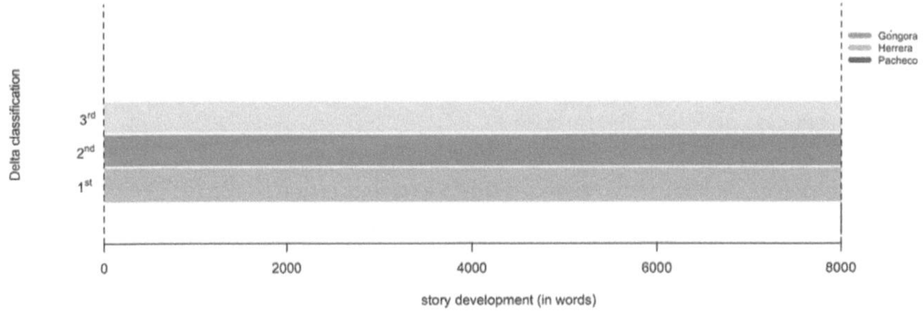

Figura 107 : Rolling Delta. 500 MFW. Muestras de 5 000 palabras. Versión reducida de forma aleatoria de *P2*.

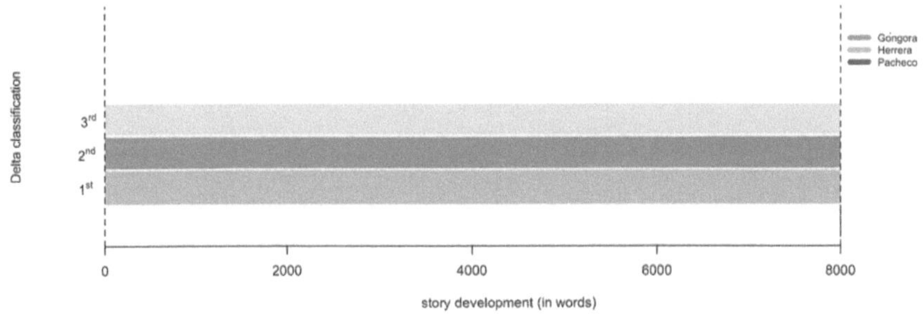

Figura 108 : Rolling Delta. 1 000 MFW. Muestras de 5 000 palabras. Versión reducida de forma aleatoria de *P2*.

Para finalizar, se ha vuelto a utilizar la técnica de Rolling Delta, pero con la medida y parámetros más exitosos de la evaluación: la Delta de Eder sobre las 4 000 palabras más frecuentes. El gráfico resultante, recogido en la figura 109, apunta a Herrera como el primer y segundo mejor candidato para todo el texto aleatorio de *P2*, y a Pacheco, como el tercero.

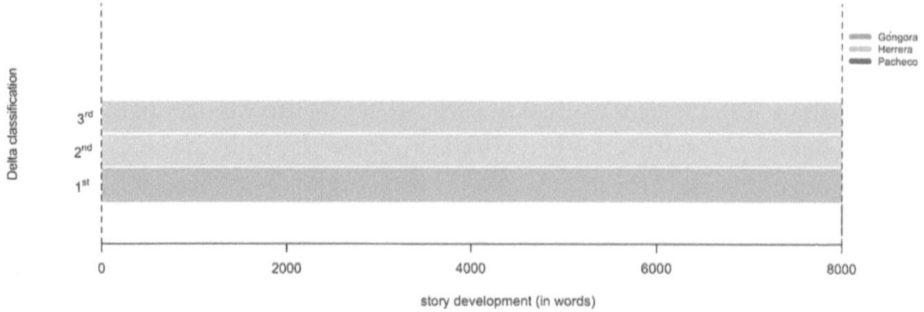

Figura 109 : Rolling Delta. Delta de Eder. 4 000 MFW. Muestras de 5 000 palabras. Versión reducida de forma aleatoria de *P2*.

En conclusión, se han realizado cuarenta análisis con diferentes clasificadores (SVM, NSC, Delta), medidas (Delta de Burrows y Delta de Eder) y parámetros (100, 500, 1 000 y 4 000 palabras más frecuentes) dentro de la técnica de *Rolling Classify* para detectar diferentes manos en obras co-escritas por varios autores. Además de Herrera y Pacheco como principales candidatos, en algunos análisis se ha utilizado un tercer autor de control, Garcilaso, en primer lugar, y en segundo, Góngora. El resultado obtenido es siempre Herrera como candidato más probable para la autoría de todos los textos póstumos de *Versos*.

4.6. Oppose con Zeta

Además de Delta, John Burrows introdujo otras dos medidas de distancia, Zeta e Iota (Burrows, 2007). Esta última presenta un uso poco frecuente en Estilometría. Zeta, en cambio —si bien no ha alcanzado el éxito de Delta—, ha sido utilizada en algunos estudios para arrojar nueva luz en cuestiones de autoría (Craig & Kinney, 2009), y, más recientemente, algunos investigadores la han utilizado con grandes cantidades de textos para tratar computacionalmente otras cuestiones estilísticas, como el género literario (Schöch, 2018; Schöch et al., 2018) o las diferencias entre la escritura masculina y la femenina (Weidman & O'Sullivan, 2018; Bermúdez Sabel, 2023; Hernández-Lorenzo, 2024a). Su uso también se ha popularizado a raíz de la implementación de su fórmula en el paquete *stylo* (Eder et al., 2016), que incluye la modificación de aquella realizada por Craig

(2009). Este investigador planteó dentro de la monografía *Shakespeare, Computers and the Mystery of Authorship* (Craig & Kinney, 2009) la posibilidad de usar Zeta para delimitar los marcadores autoriales de un autor frente a otro (en su caso, de Shakespeare frente a otros dramaturgos de la época) a través de las palabras que resultaran inusualmente más frecuentes en un autor frente a otro y detectadas mediante la aplicación de esta medida:[385]

> A disputed passage in which some or all of *gentle*, *answer*, and *beseech* occur, and in which there are no instances of *yes*, *brave*, *sure*, and *hopes*, shows an affinity with known Shakespare. If we add to these hundreds of other Shakespeare 'marker' words, we can be more confident in assigning a mystery passage to Shakespeare, or away from him. This is the basis for the method devised by John Burrows and called Zeta. [...] we present one variety of the Zeta test, a principle of selection to allow us to make use of hundreds of words that are unusually common in the author of interest, and of hundreds that are not, to make two axes of authorial differentiation (Craig & Kinney, 2009, p. 18).[386]

Esta versión de Zeta está recogida en la función oppose() de *stylo* (Eder et al., 2016). Permite introducir dos conjuntos de textos de autoría segura divididos en dos carpetas (los del primer autor en la carpeta denominada «primary_set», y los del segundo autor en la carpeta denominada «secondary_set»).

---

385 Frente a otras medidas de distinción, como la extracción de palabras claves con la fórmula *log-likelihood* (muy utilizadas en Lingüística y Estilística de Corpus y que atienden a las diferencias en la frecuencia de las palabras), Zeta se basa en la dispersión, entendida esta como «the degree to which an element —usually, a word, but it could of course be any linguistic element— is distributed evenly in a corpus» (Gries, 2021, p. 7). En estudios recientes de evaluación de este tipo de medidas, realizadas en el seno del proyecto "Zeta and Company" financiado por la Fundación de investigación de Alemania (DFG) y parte del programa prioritario «Computational Literary Studies», han llegado a la conclusión de que las medidas basadas en dispersión, como Zeta, son más eficientes en la comparación de corpus (Du et al., 2022).

386 Además de los trabajos de Craig ya citados, Hoover (2022, 2023) ha realizado una serie de experimentos con corpus de diferentes géneros literarios que prueban el interés de aplicar esta medida con un propósito de atribución de autoría.

A través de la implementación de Zeta en *stylo*, se han introducido para su análisis la poesía escrita por Pacheco digitalizada con anterioridad, recogida en la carpeta «primary_set», la obra poética de autoría segura de Herrera (*H* y los poemas sueltos), recogida en el «secondary_set», y los poemas de *P2*, que se han guardado en una tercera carpeta denominada «test_set», o carpeta con textos a comprobar. Al lanzar el análisis, se ha seleccionado la opción «markers», en lugar de la predeterminada de «words», de forma que, en vez de obtener listas de palabras, los resultados obtenidos se representarán en un gráfico bidimensional. De este modo, podremos ver si atendiendo a los resultados y valores de Zeta que obtengan las palabras del texto que se encuentra en el «test_set», este (y su léxico) se encuentra próximo al léxico de Herrera o al de Pacheco, o, por el contrario, no coincide con el de ninguno de los dos.

En primer lugar, se ha utilizado la Zeta de Craig sobre muestras de 2 000 palabras. El resultado puede apreciarse en la figura 110. El eje de ordenadas recoge las palabras inusualmente más frecuentes en los textos recogidos en el «primary_set» —en nuestro caso, de los poemas escritos por Pacheco— e inusualmente menos frecuentes en los textos que se encuentran en el «secondary_set» —por tanto, en los textos de autoría segura de Herrera—, mientras que el eje de abcisas, al contrario que el anterior, contiene las palabras inusualmente menos frecuentes en los textos del «primary_set» e inusualmente más frecuentes en los textos del «secondary_set». Por tanto, el eje de ordenadas muestra los marcadores autoriales de los textos del «primary_set» («markers»), que son antimarcadores autoriales con respecto a los textos del «secondary_set». Por su parte, el eje de abcisas recoge los antimarcadores autoriales de los textos del «primary_set» («antimarkers»), que son los marcadores autoriales de los textos del «secondary_set». Como puede observarse, los poemas escritos por Pacheco se representan con círculos en color rojo, formando un área en la esquina superior izquierda del gráfico. En contraposición, los poemas de autoría segura de Herrera aparecen representadas con triángulos en color verde, formando un área en la esquina inferior derecha del gráfico. Por último, *P2* aparece representado por medio de cruces en color azul y se incluyen por completo en el área creada por los poemas de autoría segura de Herrera.

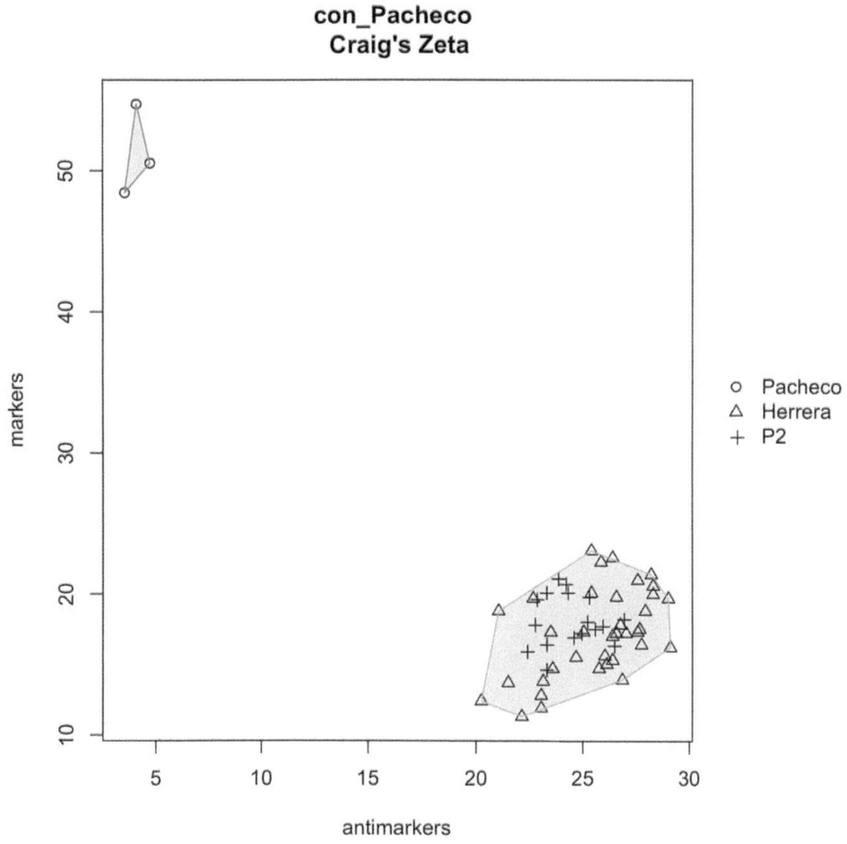

Figura 110 : Gráfico bidimensional que muestra los resultados de la aplicación de la función 'oppose' en *stylo* utilizando la Zeta de Craig sobre muestras de 2 000 palabras. La poesía de Pacheco y Herrera fue colocada respectivamente en el 'primary_set' y 'secondary_set', mientras que los poemas de P2 se colocaron en el 'test_set'. Se aprecia cómo los poemas de *P2* se incluyen en su totalidad dentro del espacio conformado por los poemas de Herrera.

A continuación, se ha repetido el análisis con la Zeta de Craig, pero con muestras de 1 000 palabras. Como puede apreciarse en la figura 111, los resultados obtenidos son muy similares a los que mostraba la figura anterior, colocándose los marcadores autoriales de *P2* prácticamente al completo dentro del área formada por los de los poemas de autoría segura de Herrera.

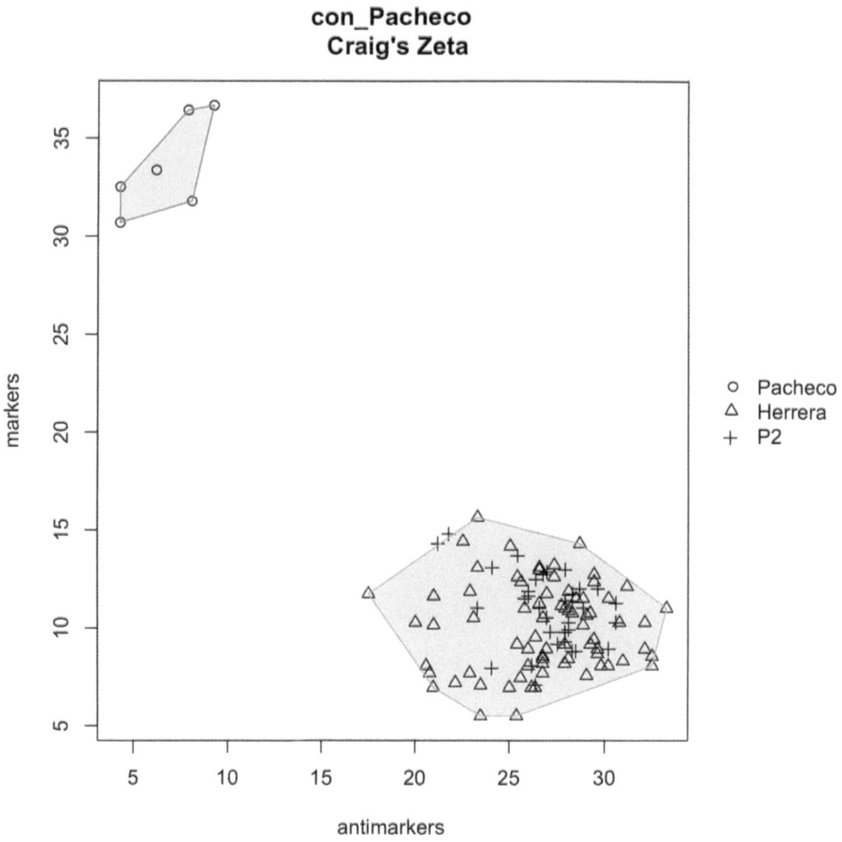

Figura 111 : Gráfico bidimensional que muestra los resultados de la aplicación de la función 'oppose()' en *stylo* utilizando la Zeta de Craig sobre muestras de 1 000 palabras. La poesía de Pacheco y Herrera fue colocada respectivamente en el 'primary_set' y 'secondary_set', mientras que los poemas de P2 se colocaron en el 'test_set'. Se aprecia cómo los poemas de *P2* se incluyen prácticamente en su totalidad dentro del espacio conformado por los poemas de Herrera.

Seguidamente, se han realizado otros dos análisis empleando ahora la Zeta de Eder para comprobar la estabilidad de los resultados.

La figura 112 muestra los resultados obtenidos para muestras de 2 000 palabras. A pesar de haber utilizado una versión diferente del algoritmo, los marcadores autoriales de *P2* se incluyen de nuevo casi en su totalidad dentro del área conformada por los marcadores de los poemas seguros de Herrera.

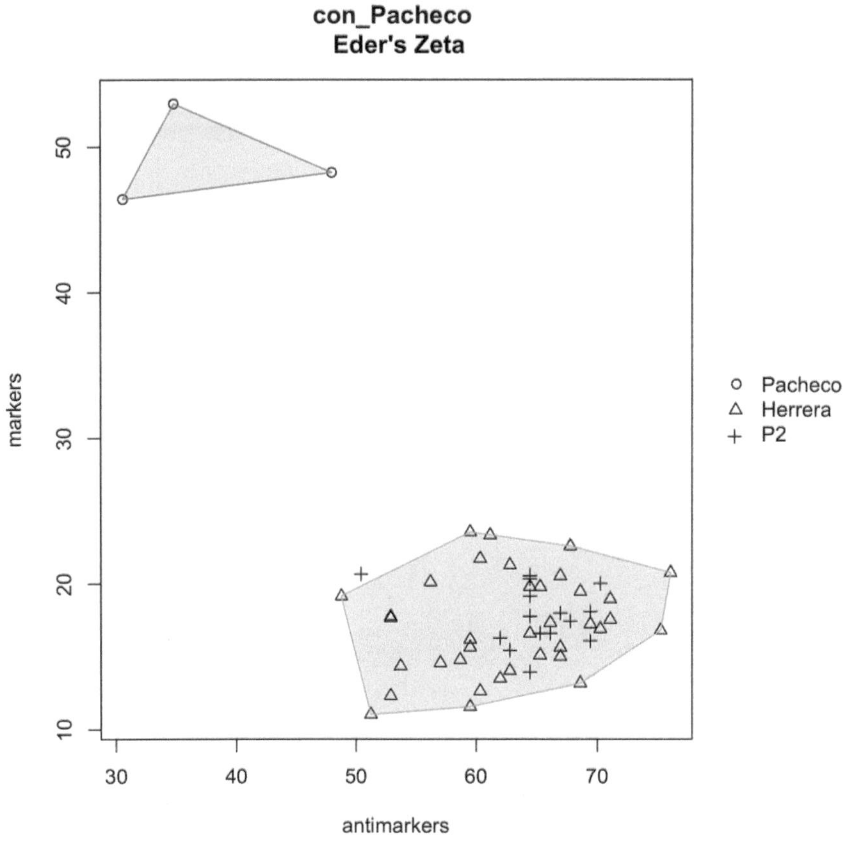

Figura 112 : Gráfico bidimensional que muestra los resultados de la aplicación de la función 'oppose()' en *stylo* utilizando la Zeta de Eder sobre muestras de 2 000 palabras. La poesía de Pacheco y Herrera fue colocada respectivamente en el 'primary_set' y 'secondary_set', mientras que los poemas de *P2* se colocaron en el 'test_set'. Se aprecia cómo los poemas de *P2* se incluyen prácticamente en su totalidad dentro del espacio conformado por los poemas de Herrera.

Por último, se ha generado el segundo análisis con la Zeta de Eder, pero aplicada sobre muestras de 1 000 palabras. Como puede apreciarse en la figura 113, los resultados obtenidos son muy similares a los de las figuras anteriores, pues los marcadores de *P2* se colocan una vez más casi al completo dentro del área formada por los marcadores autoriales de los textos de autoría segura de Herrera.

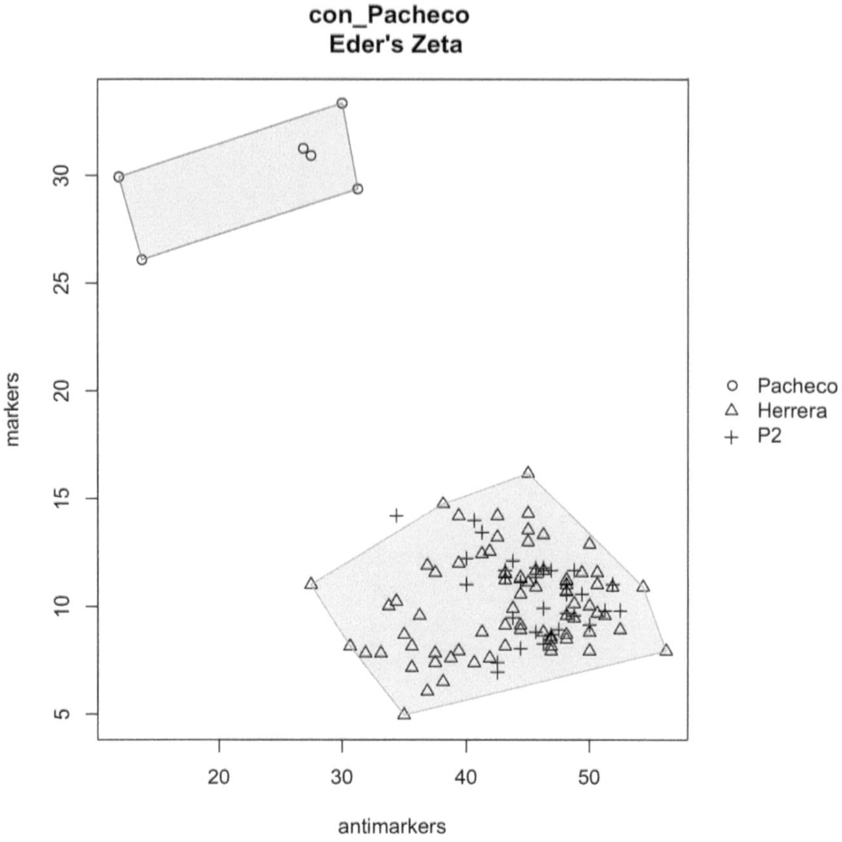

Figura 113 : Gráfico bidimensional que muestra los resultados de la aplicación de la función 'oppose()' en *stylo* utilizando la Zeta de Eder sobre muestras de 1 000 palabras. La poesía de Pacheco y Herrera fue colocada respectivamente en el 'primary_set' y 'secondary_set', mientras que los poemas de P2 se colocaron en el 'test_set'. Se aprecia cómo los poemas de *P2* se incluyen prácticamente en su totalidad dentro del espacio conformado por los poemas de Herrera.

Para concluir, los cuatro análisis realizados tanto con la Zeta de Craig como con la Zeta de Eder y muestras de diferentes cantidades de palabras (2 000 y 1 000) obtienen los mismos resultados, incluyendo siempre *P2* dentro del espacio de los marcadores herrerianos y mostrando, por tanto, la estabilidad y consistencia de este resultado mediante la aplicación de esta técnica.

4.7. Verificación de autoría: impostores

Hasta el momento, se han presentado análisis estilométricos con métodos de atribución de autoría (*authorship attribution*), que se utilizan para encontrar el autor de un texto anónimo dentro de un conjunto de candidatos. Es decir, la pregunta hacia la que está orientada el análisis es «de todos estos autores, ¿quién es el autor más probable de la obra anónima?» o, lo que es lo mismo, «de todos estos autores, ¿cuál es el más cercano estilísticamente al texto anónimo?»

Sin embargo, en ocasiones esta metodología puede ser insuficiente: ¿y si el autor del texto anónimo no está entre los candidatos que se han recogido para el análisis? Esta es la causa de que en Estilometría se hayan desarrollado también los métodos de verificación de autoría (*authorship verification*). Frente a los métodos de atribución de autoría, que se aplican a conjuntos cerrados (*closed class problem*), es decir, a una lista concreta de textos y autores, los de verificación de autoría son también conocidos como *open-set attribution*, ya que se incluye la posibilidad de que el auténtico autor no se encuentre en el corpus utilizado para el análisis.[387]

En estos métodos, «the task is to decide whether or *not* an anonymous text was written by a given candidate author (hence, verification)» (Kestemont et al., 2016a, p. 88). Es decir, se trata de confirmar o rechazar si el principal candidato o sospechoso de haber escrito el texto anónimo es efectivamente el autor. De este modo, se supera el problema del «vecino más cercano» (*nearest neighbor problem*), consistente en que, aunque el auténtico autor del texto anónimo no se encuentre entre los candidatos incluidos en el análisis, siempre habrá un candidato estilísticamente más cercano al texto anónimo.

Dentro de los métodos de verificación de autoría, destaca el marco de los Impostores —*General Imposters* (GI) *framework*—. Este fue introducido por primera vez en Estilometría y estudios de problemas de autoría por Koppel y Winter (2014). En su trabajo publicado en la revista de la *Association for Information Science and Technology*, hacen un repaso de los no muy extensos estudios en verificación de autoría realizados hasta la fecha y la metodología aplicada, en los cuales se utilizaba un número reducido de autores y candidatos. Proponen, por un lado, aumentar el número de autores utilizados

[387] En español, podría traducirse como atribución en conjuntos abiertos.

en el análisis para robustecer la consistencia de los resultados, y, por otro, utilizar métodos basados en la similitud (o medidas de distancia) en lugar de métodos de Aprendizaje automático o *Machine Learning*, ya que estos últimos están pensados para analizar un pequeño número de candidatos. El factor clave para el éxito del análisis es variar los elementos (*features*) representativos de cada texto en el análisis, obteniendo estos de forma aleatoria. Para ello, proponen aplicar el método de los impostores, proveniente de las tecnologías e investigaciones en reconocimiento de voz e identificación del hablante —*speaker-identification*— (Reynolds, 1995) y en las disciplinas de búsqueda y recuperación de la información —*information retrieval*— (Zelikovitz et al., 2007). Se hace uso de un grupo de autores, de los que sabemos de antemano que no son los autores del texto anónimo, a los que se denomina impostores, pero que actúan como autores de distracción (*distractor authors*), permitiendo así hacer más robustos y fiables los resultados de la verificación de autoría.[388]

Dentro de los estudios literarios, el marco de los Impostores ha sido aplicado con éxito a los problemas de autoría que presenta parte de la obra de Julio César (Kestemont et al., 2016a). En este trabajo, los autores incluyen una explicación del funcionamiento del método:

> the general intuition behind the GI is not to assess whether two documents are simply similar in writing style, given a static feature vocabulary, but rather, it aims to assess whether two documents are significantly more similar to one another than other documents, across a variety of stochastically impaired feature spaces (Eder, 2012; Stamatatos, 2006), and compared to random selections of so-called distractor authors (Juola, 2015), also called 'imposters' (Kestemont et al., 2016a, p. 88).

Basándose en la descripción de los algoritmos que conforman la aplicación computacional de los impostores de Kestemont et al. (Kestemont et al., 2016b), en mayo de 2018, Maciej Eder implementó el marco de los Impostores en una nueva versión del paquete *stylo* (v. 0.6.7), poniéndolo a disposición de la

[388] Patrick Juola utilizó ya autores de distracción en su famosa y exitosa aplicación de la Estilometría al caso Galbraith (Juola, 2015). Actualmente, Ben Nagy (2024) está desarrollando una variación de este método para optimizar aún más sus resultados.

comunidad científica.[389] Esto coincidió con la estancia de investigación de la autora de este volumen en el Institute of Polish Language donde realiza su investigación el profesor Eder.

Consecuentemente y gracias a la nueva implementación en *stylo*, este método pudo ser aplicado al problema de autoría abordado en esta investigación. Para ello, se tomó el corpus de poesía del Siglo de Oro utilizado en los análisis estilométricos presentados en capítulos anteriores, y más concretamente el utilizado en la evaluación (apartado 4.2), en los que la obra de cada autor era dividida en dos. Mediante un script en R («Script3-Impostores.R»),[390] este corpus se introdujo en el programa y se creó una tabla de frecuencias de palabras sobre la que se aplicó la función de los impostores incluida en *stylo* para testar la autoría de *Versos* en su versión de *P2*.

En un primer análisis, se aplicó la medida de distancia que obtuvo el mejor resultado en la evaluación (apartado 4.2): la Delta de Eder (véanse los resultados en el apartado 4.7.1). Se ha realizado un segundo análisis mediante la medida de distancia que obtuvo el segundo mejor resultado en la evaluación: Cosine Delta (véanse los resultados en el apartado 4.7.2). Por último, se ha realizado un tercer análisis con la tercera mejor medida según la evaluación: la Delta de Burrows (véanse los resultados en el apartado 4.7.3).

4.7.1. Resultados con la Delta de Eder

En el primer análisis, se han aplicado la medida y parámetros que obtuvieron mejores resultados en la evaluación realizada en el apartado 4.2, esto es, la Delta de Eder restringida a las 4 000 palabras más frecuentes.

---

389 Además de poner a disposición del resto de los investigadores rápidamente y de forma gratuita la nueva versión de *stylo* y difundir su existencia e instrucciones para instalarla, el profesor Eder creó una entrada de blog con toda la documentación e información necesaria para usar la nueva función, así como ejemplos y explicaciones paso por paso del funcionamiento del método: https://computationalstylistics.github.io/blog/imposters/ [Consulta: 01/04/2025].

390 Este script se basó en las instrucciones ofrecidas por el profesor Eder en su entrada de blog sobre el método, mencionada en la nota anterior, y puede consultarse en el siguiente repositorio: https://github.com/lamusadecima/Los-textos-poeticos-de-Fernando-de-Herrera.

Para comenzar, se han calculado los parámetros que marcarán la zona gris, (es decir, aquella en la que el ordenador no es capaz de dilucidar si el candidato es el autor o no) que pueden variar dependiendo del corpus y del número de palabras más frecuentes a las que se restringe el análisis. Esto se ha hecho gracias a la función «imposters.optimize()» del paquete *stylo*. Los valores obtenidos para esta zona gris en nuestro corpus y con las 4 000 palabras más frecuentes, son los comprendidos entre 0,34 y 0,59. Esto es, los autores que obtengan un valor por debajo de 0,34 son descartados como autores de *P2*, mientras que aquellos que consigan un valor por encima de 0,59 son elegidos como autores de *P2*, con una seguridad mayor cuanto más se acerque esta cifra a 1.

A continuación, se ha aplicado la técnica de los Impostores mediante la función «imposters()» del paquete *stylo*. Los valores obtenidos para los diferentes candidatos pueden consultarse en la tabla 26. Como puede observarse, solo un autor, Herrera, obtiene un resultado por encima de 0,59: el máximo valor, un 1. La mayoría de los autores obtienen 0. Juan Boscán y Lope de Vega obtienen valores inferiores a 0,10, mientras que Gutierre de Cetina obtiene 0,22; encontrándose todos ellos en el terreno de los impostores o no autores. Se ofrecen también los resultados en forma de gráfico de barras en la figura 114.

Tabla 26 : Resultados de la aplicación del método de verificación de autoría de los Impostores sobre *P2*, utilizando como medida de distancia la Delta de Eder

Candidato	**Resultado obtenido**
Agustín de Salazar	0
Antonio Enríquez Gómez	0
Bartolomé Argensola	0
Bernardino de Rebolledo	0
Bocángel y Unzueta	0
Cáncer y Velasco	0
Cervantes	0
Diego Hurtado de Mendoza	0
Diego Ximénez Ayllón	0
Francisco de Aldana	0
Francisco de Borja	0
Francisco de Figueroa	0

Candidato	Resultado obtenido
Francisco de la Torre	0
Francisco de Medrano	0
Garcilaso	0
Góngora	0
Gutierre de Cetina	0,22
Hernando de Acuña	0
Herrera	1
José de Litala y Castelví	0
Juan Boscán	0,01
Juan de Almeida	0
Juan de Arguijo	0
Juan de Jáuregui	0
Juan de Tassis y Peralta	0
Juan de Timoneda	0
Lope de Vega	0,08
Lope de Zárate	0
López de Mendoza	0
Luis Carrillo y Sotomayor	0
Luis de Ulloa y Pereira	0
Luis Martín de la Plaza	0
Lupercio Argensola	0
Mira de Amescua	0
Pacheco	0
Pedro de Espinosa	0
Pedro de Padilla	0
Pedro Soto de Rojas	0
Polo de Medina	0
Quevedo	0
Rey de Artieda	0
Sor Juana Inés de la Cruz	0
Tirso de Molina	0
Trillo y Figueroa	0

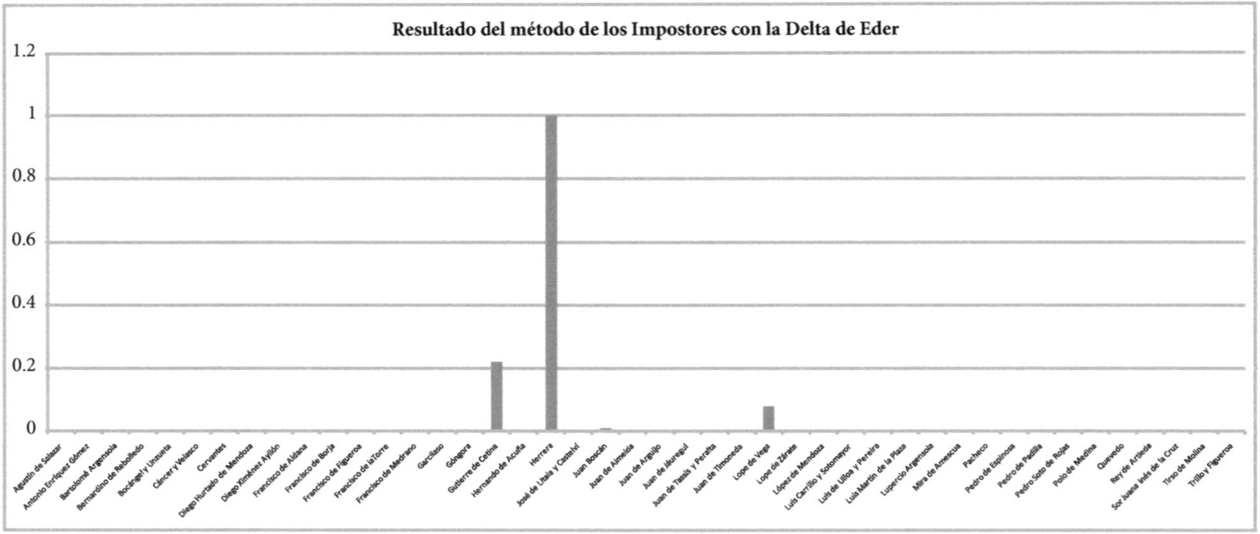

Figura 114 : Representación gráfica de los resultados de la aplicación del método de los Impostores sobre el corpus de poesía del Siglo de Oro utilizado. El método se ha aplicado con la Delta de Eder como medida de distancia y se ha restringido a las 4 000 palabras más frecuentes. El único candidato que obtiene un valor superior al límite de la zona gris es Herrera, con un 1, el valor máximo que puede obtenerse en la verificación de autoría con este método. Los demás candidatos obtienen valores por debajo de 0,34, límite a partir del cual comienza la zona gris.

4.7.2. Resultados con Cosine Delta

En el segundo análisis se han empleado los segundos mejores parámetros obtenidos en la evaluación del apartado 4.2, esto es, Cosine Delta restringida a las 5 000 palabras más frecuentes. De nuevo, se calcularon los parámetros que marcan la zona gris mediante el uso de la función «imposters. optimize()», obteniéndose que estos se encontraban en el intervalo desde 0,39 a 0,53.

Seguidamente, se aplicó la técnica de los Impostores mediante la función «imposters()», cuyos resultados pueden consultarse en la tabla 27. Como puede apreciarse, otra vez la mayoría de los autores obtienen 0. Los poetas Hernando de Acuña, Juan de Arguijo, Lope de Vega, Pedro Soto de Rojas y Quevedo obtienen valores inferiores a 0,05. Gutierre de Cetina obtiene 0,31, y de nuevo el único autor que obtiene un valor por encima de la zona gris es Herrera con un 1. Los resultados se ofrecen también en forma de gráfico de barras en la figura 115.

Tabla 27 : Resultados de la aplicación del método de verificación de autoría de los Impostores sobre *P2*, utilizando como medida de distancia Cosine Delta

Candidato	Resultados
Agustín de Salazar	0
Antonio Enríquez Gómez	0
Bartolomé de Argensola	0
Bernardino de Rebolledo	0
Bocángel y Unzueta	0
Cervantes	0
Diego Hurtado de Mendoza	0
Diego Ximénez Ayllón	0
Francisco de Aldana	0
Francisco de Borja	0
Francisco de Figueroa	0
Francisco de la Torre	0
Francisco de Medrano	0
Garcilaso	0

(continuado)

Tabla 27 : (*continuado*)

Candidato	**Resultados**
Góngora	0
Gutierre de Cetina	0,31
Hernando de Acuña	0,01
Herrera	1
José de Litala y Castelví	0
Juan Boscán	0
Juan de Almeida	0
Juan de Arguijo	0,05
Juan de Jáuregui	0
Juan de Tassis y Peralta	0
Juan de Timoneda	0
Lope de Vega	0,01
Lope de Zárate	0
López de Mendoza	0
Luis Carrillo y Sotomayor	0
Luis de Ulloa y Pereira	0
Luis Martín de la Plaza	0
Lupercio Argensola	0
Mira de Amescua	0
Pacheco	0
Pedro de Espinosa	0
Pedro de Padilla	0
Pedro Soto de Rojas	0,01
Polo de Medina	0
Quevedo	0,01
Sor Juana Inés de la Cruz	0
Tirso de Molina	0
Trillo y Figueroa	0

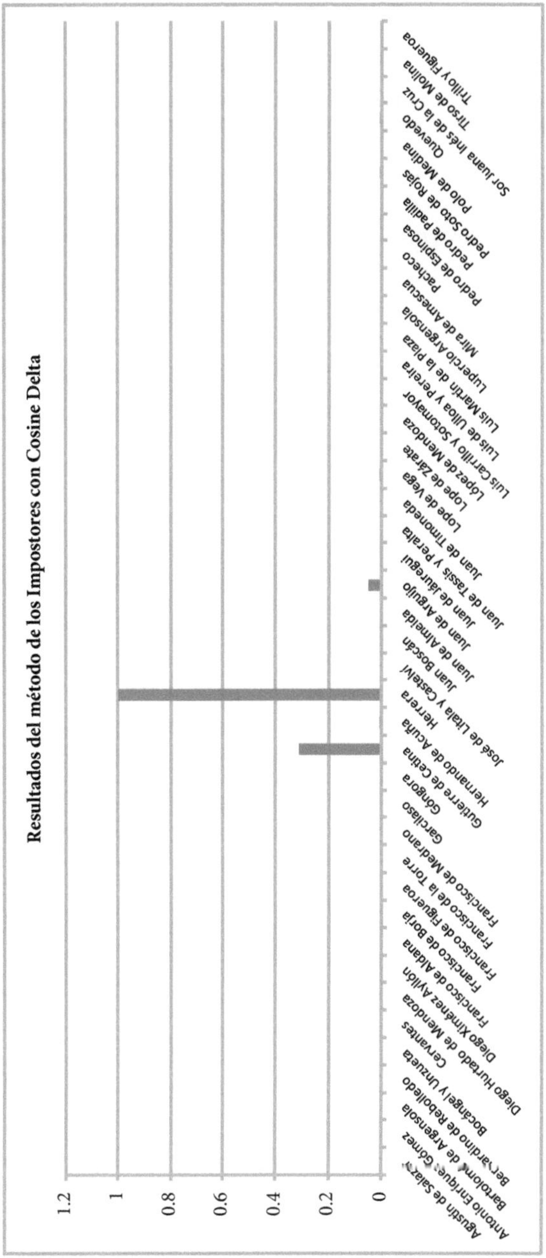

Figura 115: Representación gráfica de los resultados de la aplicación del método de los Impostores sobre el corpus de poesía del Siglo de Oro utilizado. El método se ha aplicado con Cosine Delta como medida de distancia y se ha restringido a las 5 000 palabras más frecuentes. El único candidato que obtiene un valor superior al límite de la zona gris es Herrera, con un 1, el valor máximo que puede obtenerse en la verificación de autoría con este método. Los demás candidatos obtienen valores por debajo de 0,39. Este es el límite a partir del cual comienza la zona gris.

4.7.3. Resultados con la Delta de Burrows

Por último, se ha realizado un tercer análisis con la tercera mejor medida de distancia según la evaluación, la Delta de Burrows. El análisis se ha restringido a las 3 000 palabras más frecuentes, ya que este resultó ser el mejor parámetro con esta medida de distancia en nuestro corpus (véase el apartado 4.2.2).

De nuevo, se calcularon los valores que determinan la zona gris del mismo modo que con las anteriores distancias, obteniéndose en este caso el intervalo entre 0,38 y 0,61.

A continuación, se ejecutó el análisis con la técnica de los Impostores del mismo modo que en los apartados anteriores. Los resultados obtenidos para los diferentes candidatos se recogen en la tabla 28. Una vez más, la mayoría de los candidatos obtienen 0, algunos poetas (Juan de Tassis y Peralta y Quevedo) se quedan por debajo de 0,1, y dos autores, Gutierre de Cetina y Lope de Vega, obtienen un 0,17 y un 0,24 respectivamente. Únicamente Herrera obtiene un valor por encima de la zona gris —es decir, superior a 0,61—, concretamente un 1, por lo que se verifica su autoría con la máxima seguridad que ofrece el método. Una representación gráfica de los resultados puede consultarse en la figura 116.

Tabla 28 : Resultados de la aplicación del método de verificación de autoría de los Impostores sobre *P2*, utilizando como medida de distancia la Delta de Burrows

Candidato	**Resultados**
Agustín de Salazar	0
Antonio Enríquez Gómez	0
Bartolomé de Argensola	0
Bernardino de Rebolledo	0
Bocángel y Unzueta	0
Cervantes	0
Diego Hurtado de Mendoza	0
Diego Ximénez Ayllón	0
Francisco de Aldana	0
Francisco de Borja	0
Francisco de Figueroa	0
Francisco de la Torre	0

Candidato	Resultados
Francisco de Medrano	0
Garcilaso	0
Góngora	0
Gutierre de Cetina	0,17
Hernando de Acuña	0
Herrera	1
José de Litala y Castelví	0
Juan Boscán	0
Juan de Almeida	0
Juan de Arguijo	0
Juan de Jáuregui	0
Juan de Tassis y Peralta	0,02
Juan de Timoneda	0
Lope de Vega	0,24
Lope de Zárate	0
López de Mendoza	0
Luis Carrillo y Sotomayor	0
Luis de Ulloa y Pereira	0
Luis Martín de la Plaza	0
Lupercio Argensola	0
Mira de Amescua	0
Pacheco	0
Pedro de Espinosa	0
Pedro de Padilla	0
Pedro Soto de Rojas	0
Polo de Medina	0
Quevedo	0,05
Sor Juana Inés de la Cruz	0
Tirso de Molina	0
Trillo y Figueroa	0

Para concluir, en todos los análisis realizados sobre *P2* con la técnica de los Impostores, se verifica la autoría de Herrera, que obtiene el valor máximo (un 1), mientras que todos los demás autores muestran valores muy bajos y quedando siempre por debajo de la zona gris, por lo cual su autoría resulta descartada.

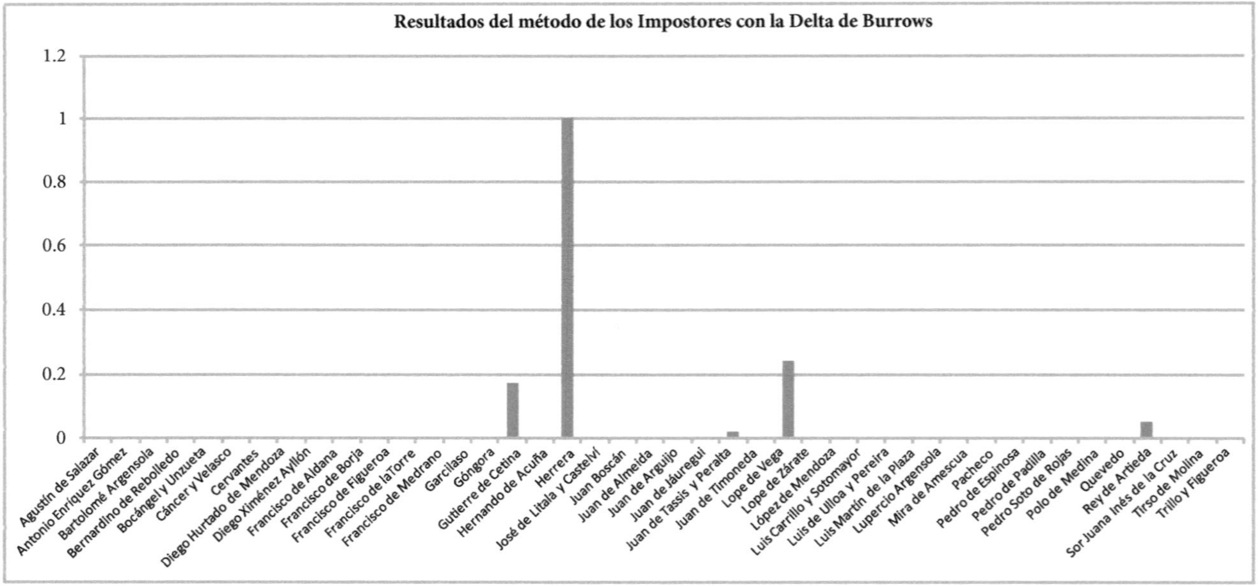

Figura 116 : Representación gráfica de los resultados de la aplicación del método de los Impostores sobre el corpus de poesía del Siglo de Oro utilizado. El método se ha aplicado con la Delta de Burrows como medida de distancia y se ha restringido a las 3 000 palabras más frecuentes. El único candidato que obtiene un valor superior al límite de la zona gris, es Herrera, con un 1, el valor máximo que puede obtenerse en la verificación de autoría con este método. Los demás candidatos obtienen valores por debajo de 0,38. Este es el límite a partir del cual comienza la zona gris.

TERCERA PARTE

CONCLUSIONES Y APÉNDICES

Conclusiones finales

Los textos poéticos de Fernando de Herrera presentan uno de los problemas de transmisión textual y de autoría más fascinantes y complejos de la poesía española, como se ha visto en el presente volumen. Aunque no ha resultado posible aclarar todos los interrogantes que rodean al «drama textual», y algunos tendrán que ser abordados en trabajos futuros, se presentan avances significativos.

En primer lugar, los análisis de corpus y computacionales han señalado diferencias de interés entre los poemas de *Versos* y otros textos herrerianos en los niveles ortográfico (capítulo 3.2.3), léxico (capítulo 3.2.2) y morfosintáctico (capítulo 3.3.3). Es cierto que algunas ya habían sido identificadas por los estudiosos, como el aumento en el empleo de un único punto diacrítico en las vocales (capítulo 3.2.2), pero gracias al enfoque de corpus utilizado, se ofrecen nuevos datos e información sobre su uso en los textos herrerianos. Otras de las diferencias detectadas son novedosas, como los bigramas y trigramas morfosintácticos más distintivos de *Versos* en comparación con el resto de la poesía de Herrera (capítulo 3.3.3.2). Además, estos análisis computacionales han sacado a luz similitudes de interés entre los poemas publicados póstumamente y los de autoría segura de Herrera, principalmente en términos de riqueza léxica (capítulo 3.2.1), categorías morfosintácticas (capítulo 3.3.3.1), bigramas y trigramas morfosintácticos (capítulo 3.3.3.2).

En segundo lugar, y más importante, los análisis estilométricos han jugado un papel clave en determinar la plena autoría de todos los textos poéticos incluidos en *Versos*, tanto de los nuevos poemas publicados en 1619, y las variantes de los ya conocidos de *Algunas obras*, el manuscrito *B* y los poemas sueltos. A través de una completa evaluación, el uso de diferentes clasificadores, una gran variedad de técnicas de atribución de autoría —análisis de grupos (capítulo 4.3), árboles de consenso (capítulo 4.3), Principal Component Analysis (capítulo 4.4), Rolling Classify (capítulo 4.5), Oppose con Zeta (capítulo 4.6)—, y de verificación de autoría —Impostores (capítulo 4.7)—, e incluso análisis de muestras aleatorias (capítulos 4.3.3, 4.4.3, 4.5.2.2, 4.5.3.2), los resultados apuntan de forma muy consistente a la plena autoría herreriana de las variantes y los poemas únicos de *Versos*. Es más, los diferentes clasificadores utilizados no eligen ni siquiera una vez a Francisco Pacheco, el principal sospechoso de los estudiosos que rechazan la plena autoría herreriana, como el autor de los poemas publicados póstumamente —esto ocurre tanto con los poemas únicos (capítulos 4.3, 4.4, 4.5, 4.6 y 4.7) como con el libro completo de *Versos* (capítulo 4.5). Debe tenerse en cuenta que los poemas escritos por Pacheco que se han utilizado en el análisis como corpus de referencia son mucho menos numerosos que los de Herrera (véase el capítulo 2.3 y el Apéndice II para los números concretos). Sin embargo, se trata de toda la poesía conocida de Pacheco a día de hoy, en conjunto supera las limitaciones de tamaño de los textos obtenidas en la evaluación de la poesía del Siglo de Oro, e incluso el análisis realizado con muestras aleatorias, en el que se elude el problema de las diferencias de longitud textuales, produce los mismos resultados. Por supuesto, se debe señalar que los métodos computacionales nunca pueden ofrecer una certeza absoluta, pero proporcionan evidencias objetivas, detalladas y replicables que no deben ignorarse.

Algunos de los problemas que rodean al «drama textual» no han podido ser abordados aquí. Uno de ellos es si la *dispositio* de *Versos* —esto es, el orden y la distribución de los poemas en tres partes— fue efectivamente hecha por Herrera, y si él planeaba publicar todos los poemas que encontramos en la edición póstuma y en esa misma versión, lo cual queda fuera del enfoque de métodos computacionales y estilométricos adoptados en la presente investigación. Otra cuestión no resuelta son las objecciones de Blecua relacionadas con algunos usos problemáticos de *Versos*, como el empleo de *vos* como complemento directo o la aparición de palabras concretas que no podrían atribuirse al Herrera renacentista, y que necesitarán de trabajos futuros que estudien las formas léxicas usadas en la poesía española después de 1582. Un problema adicional es si los textos de *Versos* representan efectivamente la última versión de los poemas. Como se ha visto (capítulo 1.2), la mayoría de los expertos coinciden en que, en el caso de los poemas que aparecen en *B* y *P*, o aquellos que aparecen en *B*, *H* y *P*, el primero representa la versión más temprana, mientras que *P* contendría la última. Sin embargo, si se atiende a datar poemas concretos, existen dificultades con aquellos de *B* corregidos en *P* y que no aparecen en *H* —en este caso, solo sabemos que fueron escritos después de 1578—, y especialmente con los poemas únicos de *P* —en este caso, solo pueden utilizarse criterios estilísticos. Se trata de una cuestión sin resolver, y el mismo Enrique Duarte, prologuista de *Versos*, declara que «aunque todo ello sea d'el mesmo Autor es cosa cierta, que lo que el tenia escogido, i perficionado para sacar a luz seria de mayor, i de mas acabada perfecion» (Herrera, 1975, p. 26, t. II). Este asunto no ha sido abordado en la presente investigación, ya que la Cronoestilometría está mucho menos desarrollada que los métodos estilométricos empleados, e incluso investigaciones recientes sugieren que no se puede medir o cuantificar el estilo tardío (Rebora & Salgaro, 2018). Ahora bien, si se toma en consideración que la polémica provocada por el drama textual se ha centrado en la plena autoría (especialmente, después del estudio de Battaglia), los avances presentados no son de menor importancia. Además, la gran cantidad de datos obtenidos de los poemas de *Versos* podrán ser de utilidad para investigaciones futuras y constituir un sólido punto de partida para otros estudios.

Asimismo, esta investigación va más allá del problema de los textos poéticos herrerianos, con la presentación de resultados para la poesía española del Siglo de Oro que pueden ser útiles para futuras investigaciones. A este respecto, la evaluación del corpus de poesía española del Siglo de Oro ha establecido que los mejores parámetros incluyen el uso de la Delta de Eder y Cosine Delta sobre las 3 000 a 5 000 palabras más frecuentes. Se han presentado también algunos avances metodológicos. Principalmente, establece una metodología para analizar textos etiquetados morfosintácticamente, al tiempo que explora el interés de usar medidas y métodos estilométricos, como los *z-scores*, para comparar el uso de los bigramas y trigramas morfosintácticos en diferentes textos. En este sentido, los bigramas parecen ser más eficaces para nuestro caso de estudio que los trigramas, lo cual supone un punto de partida para futuros trabajos que utilicen un mayor número de textos y autores.

Finalmente, se muestra cómo las Humanidades Digitales, la Estilística de corpus y computacional y la Estilometría tienen mucho que decir en la investigación en Literatura. Este volumen es un ejemplo de lo que se puede conseguir cuando se trabajan conjuntamente, arrojando nueva luz en problemas literarios tradicionales e incluso abriendo nuevos temas y líneas de investigación.

Espero humildemente que este trabajo anime a otros investigadores en literatura española a aprender más sobre estos enfoques e incluso a utilizarlos en su propia investigación. De este modo, otros autores que sufran de problemas textuales y de autoría similares a los de Herrera podrán también beneficiarse de estos métodos, que han resultado cruciales para dilucidar numerosos aspectos de los textos poéticos póstumos de un poeta que, según Cervantes, «subió por sendas nunca usadas».

Bibliografía

Adolphs, S., & Carter, R. (2002). Corpus Stylistics: Point of view and semantic prosodies in *To the Lighthouse*. *Poetica*, *58*, 7-20.

Agenjo, X. (2015). Las bibliotecas virtuales españolas y el tratamiento textual de los recursos bibliográficos. *Ínsula. Humanidades Digitales y Literaturas Hispánicas*, *822*, 12-15.

Andioc, R. (1988). Ramón Fernández siempre será Ramón Fernández. *Ínsula*, *504*, 18-19.

Argamon, S. (2008). Interpreting Burrows's Delta: Geometric and probabilistic foundations. *Literary and Linguistic Computing*, *23*(2), 131-147.

Arguijo, J. de. (s. f.). *Sesenta sonetos de D. Juan de Arguijo, con notas del Maestro Medina*. Espacio Virtual de Exposiciones Biblioteca Universidad de Sevilla. Recuperado 13 de mayo de 2019, de http://expobus.us.es/omeka/items/show/429

Arrendondo, M. S., Civil, P., & Moner, M. (Eds.). (2007). *Paratextos en la literatura española (siglos XV-XVIII)*. Casa de Velázquez.

Asensio, J. M. (1886). *Francisco Pacheco: Sus obras artísticas y literarias. Introducción e historia del Libro de descripción de verdaderos retratos de ilustres y memorables varones que dejó inédito*. Imp. de E. Rasco. http://www.bibliotecavirtualdeandalucia.es/catalogo/consulta/registro.cmd?id=1017777

Astrana Marín, L. (1932). Apostillas de mano de Quevedo a las poesías de Herrera. En *Obras completas de Don Francisco de Quevedo y Villegas: Vol. I* (pp. 1311-1314). Aguilar.

Baayen, R. H. (2009). *Analyzing Linguistic Data*. Cambridge University Press.

Bailey, R. W. (1979). Authorship attribution in a forensic setting. En D. E. Ager, F. E. Knowles, & J. Smith (Eds.), *Advances in Computer-aided Literary and Linguistic Research: Proceedings of the Fifth International Symposium on Computers in Literary and Linguistic Research* (pp. 1-15). John Goodman.

Baker, P., McEnery, A., & Hardie, A. (2006). *A Glossary of Corpus Linguistics*. Edinburgh University Press.

Battaglia, S. (1954). Per il testo di Fernando de Herrera. *Filologia Romanza*, *I*, 51-88.

Bazzaco, S. (2020). El reconocimiento automático de textos en letra gótica del Siglo de Oro: Creación de un modelo HTR basado en libros de caballerías del siglo XVI en la plataforma Transkribus. *Janus: estudios sobre el Siglo de Oro*, *9*, 534-561.

Bazzaco, S. (2021). Experimentos de estilometría en el ámbito de los libros de caballerías. El caso de atribución de un original italiano: Il terzo libro di Palmerino d'Inghilterra (Portonari, 1559). En M. Simó, G. Avenoza, A. Contreras, G. Sabaté, & L. Soriano (Eds.), *«Prenga xascú ço qui millor li és de mon dit». Creació, recepció i representació de la literatura medieval* (pp. 149-166). Cilengua. Centro Internacional de Investigación de la Lengua Española.

Bazzaco, S., Jiménez Ruiz, A. M., Martín Molares, M., & Torralba Ruberte, Á. (2022). Sistemas de reconocimiento de textos e impresos hispánicos de la Edad Moderna. La creación de unos modelos de HTR para la transcripción automatizada de documentos en gótica y redonda (s. XV-XVII). *Historias Fingidas*, *Número Especial 1*, 67-125. https://doi.org/10.13136/2284-2667/1190

Bermúdez Sabel, H. (2023). Exploring genderlect markers in a corpus of Nineteenth century Spanish novels. En A. Baillot, W. Scholger, T. Tasovac, G. Vogeler, E. Rauning, M. Scholger, & E. Steiner (Eds.), *Digital Humanities 2023: Book of Abstracts* (pp. 121-123). https://doi.org/10.5281/zenodo.7961822

Bernaldo de Quirós Mateo, J. A. (2011). *La Celestina*: Adiciones primeras amplificadas con adiciones segundas. Consecuencias para la atribución de la autoría. *Etiópicas*, *7*, 87-104.

Bia, A. (2018). Estilometría computacional, algunas experiencias en el marco del proyecto TRACE. En G. del Rio Riande, G. Calarco, G. Striker, & R. De León (Eds.), *Humanidades Digitales: Construcciones locales en contextos globales: Actas del I Congreso Internacional de la Asociación Argentina de Humanidades Digitales—AAHD*. Editorial de la Facultad de Filosofía y Letras Universidad de Buenos Aires.

Bia, A., & Pedreño, A. (2001). The Miguel de Cervantes Digital Library: The Hispanic Voice on the Web. *Digital Scholarship in the Humanities*, *16*(1), 161-177.

Bianchini, A. (1978). Herrera and Prete Jacopín: The Consequences of the Controversy. *Hispanic Review*, *46*(2), 221-234.

Biber, D. (2011). Corpus Linguistics and the Study of Literature. Back to the Future? *Scientific Study of Literature*, *1*(1), 15-23.

Binongo, J. N. G., & Smith, M. W. A. (1999). The application of principal component analysis to stylometry. *Literary and Linguistic Computing*, *14*(4), 445-466.

Bird, S., Klein, E., & Loper, E. (2009). *Natural Language Processing with Python*. O'Reilly Media.

Blanco, M. (2017). *Edición digital y estudio de la polémica gongorina. Góngora*. Sorbonne Université.

Blasco, J. (2016). Avellaneda desde la estilometría. En P. Ruiz Pérez (Ed.), *Cervantes. Los viajes y los días* (pp. 97-116). Prosa Barroca y SIAL Ediciones.

Blasco, J. (2019a). Atribuciones cervantinas desde la estilometría: El entremés de Los mirones. En G. Laín Corona & R. Santiago Nogales (Eds.), *Cartografía teatral: En homenaje al profesor José Romera Castillo* (pp. 151-168). Visor.

Blasco, J. (2019b). La graciosa y gratuita disputa sobre la autoría de la *Historia verdadera* del inconfundible Bernal Díaz del Castillo. *Boletín de la Real Academia Española*, *99*(319), 5-44.

Blasco, J. (2022). La boutade de la muerte del autor: El caso de Carmen Mola. *Anales de literatura españolo contemporánea*, 47(3), 249-266.

Blasco, J. (2023). Notas para un manual de buenas prácticas estilométricas. *Ínsula*, *924*, 3-8.

Blasco Pascual, F. J., & Ruiz Urbón, C. (2023). *Análisis de textos desde la Estilometría*. Ediciones Universidad de Salamanca.

Blasco, J., & Marín Cepeda, P. (Eds.). (2024). *Ínsula. Inteligencia artificial y cuantificación estilística en las letras hispánicas* (Vol. 930). Espasa.

Blecua, J. M. (1948). Introducción. En *Rimas inéditas* (pp. 6-37). CSIC.

Blecua, J. M. (1949). Dos nuevos sonetos de Herrera. *Revista de Filología Española, XXXIII*, 385-388.

Blecua, J. M. (1954). Los textos poéticos de Fernando de Herrera. *Archivum, IV*, 247-263.

Blecua, J. M. (1958). De nuevo sobre los textos poéticos de Herrera. *Boletín de la Real Academia Española, XXXVIII*, 377-408.

Blecua, J. M. (1975). Introducción. En F. de Herrera, *Obra poética: Vol. I* (pp. 11-78). Boletín de la Real Academia Española.

Blecua, J. M. (1989). Tres notas herrerianas y otra casi. En M. C. Argente del Castillo Ocaña (Ed.), *Homenaje al profesor Antonio Gallego Morell* (pp. 223-244). Universidad de Granada.

Blei, D. M., Andrew, Y. N., & Jordan, M. I. (2003). Latent Dirichlet Allocation. *Journal of Machine Learning Research, 3*, 993-1022.

Bornet, C., & Kaplan, F. (2017). A Simple Set of Rules for Characters and Place Recognition in French Novels. *Frontiers in Digital Humanities, 4*.

Botta, P. (2009). Problemas filológicos de un texto impreso. *Edad de Oro, 28*, 29-40.

Brooks, R., & Flyn, C. (2013, julio 14). JK Rowling: The cuckoo in crime novel nest. *Sunday Times*. https://www.thetimes.co.uk/article/jk-rowling-the-cuckoo-in-crime-novel-nest-zfnz023tkbv

Burrows, J. (1987a). *Computation into Criticism: A Study of Jane Austen's Novels and an Experiment in Method*. Oxford University Press.

Burrows, J. (1987b). Word Patterns and Story Shapes: The Statistical Analysis of Narrative Style. *Literary and Linguistic Computing, 2*, 61-70.

Burrows, J. (1989). «An Ocean Where Each Kind…»: Statistical Analysis and Some Major Determinants of Literary Style. *Computers and the Humanities, 23*, 309-321.

Burrows, J. (1992a). Computers and the Study of Literature. En C. S. Butler (Ed.), *Computers and Written Texts* (pp. 167-204). Blackwell.

Burrows, J. (1992b). Not Unless You Ask Nicely: The Interpretative Nexus Between Analysis and Information. *Literary and Linguistic Computing, 7*, 91-109.

Burrows, J. (2002). 'Delta': A Measure of Stylistic Difference and a Guide to Likely Authorship. *Literary and Linguistic Computing*, *17*(3), 267-287.

Burrows, J. (2004). Textual analysis. En R. Schreibman, R. Siemens, & J. Unsworth (Eds.), *A Companion to Digital Humanities* (pp. 323-347). Blackwell.

Burrows, J. (2007). All the Way Through: Testing for Authorship in Different Frequency Strata. *Literary and Linguistic Computing*, *22*(1), 27-47.

Byszuk, J. (2022). On Computers in Text Analysis. En J. O'Sullivan (Ed.), *The Bloomsbury Handbook to the Digital Humanities* (pp. 159-168). Bloomsbury Press.

Cafiero, F., & Camps, J.-B. (2019). Why Molière most likely did write his plays. *Science Advances*, *5*(11). https://doi.org/10.1126/sciadv.aax5489

Calvo Tello, J. (2016a). *Atlas de Datos*. Universität Würzburg. https://github.com/morethanbooks/atlas-de-datos

Calvo Tello, J. (2016b). Entendiendo Delta desde las Humanidades. *Caracteres. Estudios culturales y críticos de la esfera digital*, *5*(1), 140-176.

Calvo Tello, J. (2017a). *Edición digital para estudios literarios cuantitativos. Ejemplos y necesidades*. La edición digital de textos: estado actual y perspectivas, Madrid: Biblioteca Nacional de España.

Calvo Tello, J. (2017b). Estado de la digitalización de la Edad de Plata: Un análisis cuantitativo. *Revista de Humanidades Digitales*, *1*, 76-95.

Calvo Tello, J. (2019a). Delta Inside Valle-Inclán: Stylometric Classification of Periods and Groups of His Novels. *Romanische Studien. Theorien von Autorschaft und Stil in Bewegung: Stilistik und Stilometrie in der Romania*, *6*, 151-164. http://romanischestudien.de/index.php/rst/article/view/625/1320

Calvo Tello, J. (2019b). Diseño de corpus literario para análisis cuantitativos. *Revista de Humanidades Digitales*, *4*, 115-135. https://doi.org/10.5944/rhd.vol.4.2019.25187

Calvo Tello, J. (2021). Corpus de novelas de la Edad de Plata, en XML-TEI. *Signa: Revista de la Asociación Española de Semiótica*, *30*, 83-107. https://doi.org/10.5944/signa.vol30.2021.29299

Calvo Tello, J. (2024). Classification of Genres through 500 Years of Spanish Literature in CORDE. En R. Hesselbach, J. Calvo Tello, U. Henny-Krahmer, C. Schöch, & D. Schlör (Eds.), *Digital Stylistics in Romance*

Studies and Beyond (pp. 15-36). Heidelberg University Publishing. https://doi.org/10.17885/heiup.1157.c19362

Calvo Tello, J., & Cerezo Soler, J. (2018). La conquista de Jerusalén ¿de Cervantes? Análisis estilométrico sobre autoría en el teatro del Siglo de Oro español. *Digital Humanities Quarterly*, *12*(1), 1-10.

Campión Larumbe, M. (2024). Textos con más de un autor y su estudio mediante técnicas de estilometría. *Ínsula: revista de letras y ciencias humanas*, *930*, 12-17.

Camps, J.-B., Clérice, T., & Pinche, A. (2021). Noisy medieval data, from digitized manuscript to stylometric analysis: Evaluating Paul Meyer's hagiographic hypothesis. *Digital Scholarship in the Humanities*, *36*(Supplement_2), ii49-ii71. https://doi.org/10.1093/llc/fqab033

Castillejo Benavente, A. (2019). *La imprenta en Sevilla en el siglo XVI (1521-1600)* (Vol. 1-2). Editorial Universidad de Córdoba - Editorial Universidad de Sevilla.

Castro, A. de (Ed.). (1854a). *Biblioteca de autores españoles, desde la formacion del lenguaje hasta nuestros días. Poetas líricos de los siglos XVI y XVII*. Rivadeneyra. https://archive.org/details/bibliotecadeauto32madruoft

Castro, A. de. (1854b). Poesías de Fernando de Herrera. En *Poetas líricos de los siglos XVI y XVII: Vol. I* (pp. 255-342). Biblioteca de Autores Españoles.

Cebrián, J. (1992). Cuatro poesías inéditas de Fernando de Herrera. *Bulletin of Hispanic Studies*, *LXIX*, 263-268.

Cebrián, J. (2002). Fernando de Herrera en el códice *Flores de baria poesía*. En E. Bayón Aguirre (Ed.), *Simulacros de la fantasía: Nuevas indagaciones sobre arte y literatura virreinales. Homenaje a José Pascual Buxó: Simposio internacional* (pp. 239-263). Universidad Nacional Autónoma de México. Seminario de Cultura Literaria Novohispana.

Celma Valero, M. P., & Ruiz Urbón, C. (2021). Una aproximación a la escritura de Miguel Delibes desde la estilometría. *Tonos digital*, *41*. http://www.tonosdigital.es/ojs/index.php/tonos/article/view/2825

Chollet, F. (2018). *Deep learning with Python*. Manning.

Chomsky, N. (2006). *Language and Mind*. Cambridge University Press.

Ciotti, F. (2017). Tempi Verbali e Strutture Narrative: L'Analisi Computazionale dei Morfemi Temporali nei Testi Narrativi Italiani tra Realismo e Modernismo. *Digital Humanities 2017. Conference abstracts. McGill*

University & Université de Montréal. August 8-11, 2017. https://dh2017.adho.org/abstracts/015/015.pdf

Coster, A. (1908). *Fernando de Herrera. (El Divino), 1534-1597.* Honoré Champion. https://archive.org/details/fernandodeherre00costgoog/page/n8

Coster, A. (1918). Poésies inédites de Fernando de Herrera. *Revue Hispanique, XLII*, 557-563.

Coufal, C., & Juola, P. (2010). Authorship Discontinuities of *El Ingenioso Hidalgo don Quijote de la Mancha* as detected by Mixture-ofExperts. *Digital Humanities 2010. Cultural expressions old and new.* http://dh2010.cch.kcl.ac.uk/academic-programme/abstracts/papers/pdf/ab-755.pdf

Craig, H. (2004). Stylistic Analysis and Authorship Studies. En *A Companion to Digital Humanities* (pp. 273-288). Blackwell.

Craig, H. (2024). Principal components analysis in stylometry. *Digital Scholarship in the Humanities*, *39*(1), 97-108. https://doi.org/10.1093/llc/fqad083

Craig, H., & Kinney, A. F. (Eds.). (2009). *Shakespeare, Computers, and the Mystery of Authorship.* Cambridge University Press.

Cuéllar, Á. (2021). *Spanish Golden Age Prints 1.0* [Transkribus].

Cuéllar, Á. (2023). Cronología y estilometría: Datación automática de comedias de Lope de Vega. *Anuario Lope de Vega Texto literatura cultura*, *29*, 97-130. https://doi.org/10.5565/rev/anuariolopedevega.483

Cuéllar, Á. (2024). Stylometry and Spanish Golden Age. Theatre An Evaluation of Authorship Attribution in a Control Group of One Hundred Undisputed Plays. En *Digital Stylistics in Romance Studies and Beyond* (pp. 101-117). Heidelberg University Publishing. https://doi.org/10.17885/heiup.1157.c19368

Cuéllar, Á., & Vega García-Luengos, G. (2023). «La francesa Laura». El hallazgo de una nueva comedia del Lope de Vega último. *Anuario Lope de Vega Texto literatura cultura*, *29*, 131-198. https://doi.org/10.5565/rev/anuariolopedevega.492

Cuevas, C. (1985a). Bibliografía. I. Textos. En F. de Herrera, *Poesía castellana original completa* (pp. 103-110). Cátedra.

Cuevas, C. (1985b). La cuestión textual. En F. de Herrera, *Poesía castellana original completa* (pp. 87-99). Cátedra.

Culpeper, J. (s. f.). *Encyclopedia of Shakespeare Language*. University of Lancaster. Recuperado 24 de julio de 2019, de http://wp.lancs.ac.uk/shakespearelang/

Culpeper, J. (2009). Keyness: Words, parts-of-speech and semantic categories in the character-talk of Shakespeare's *Romeo and Juliet*. *International Journal of Corpus Linguistics*, *14*(1), 29-59.

Dadson, T. (2000a). La corrección de pruebas (y un libro de poesía). En F. Rico (Ed.), *Imprenta y crítica textual en el Siglo de Oro* (pp. 97-128). Universidad de Valladolid, Centro para la Edición de los Clásicos Españoles.

Dadson, T. (2000b). The Dissemination of Poetry in Sixteenth-century Spain. *Journal of the Institute of Romance Studies*, *8*, 47-56.

Dadson, T. (2009). La imprenta manual y los textos poéticos. *Edad de Oro*, *28*, 73-104.

Dadson, T. (2011). La difusión de la poesía española impresa en el siglo XVII. *Bulletin Hispanique*, *113*(1), 13-42.

Daza Somoano, J. M. (2008). Herrera vindicado: Los preliminares de Versos (Sevilla, 1619) a la luz de la polémica gongorina. *Archivo Hispalense*, *276-278*, 157-168.

De la Rosa, J. (2016). *Making Machines Learn. Applications of Cultural Analytics to the Humanities* [The University of Western Ontario]. https://ir.lib.uwo.ca/etd/3486/

De la Rosa, J., & Suárez, J. L. (2016). The Life of Lazarillo de Tormes and of His Machine Learning Adversities. Non-traditional authorship attribution techniques in the context of the Lazarillo. *Lemir*, *20*, 373-438.

De Morgan, S. E. (1882). *Memoir of Augustus de Morgan by his Wife Sophia Elizabeth de Morgan With Selections From His Letters*. Longmans, Green, and Co.

Dziuk Lameira, K. (2024). Complexity and Style of Modern Spanish Literary Texts. En *Digital Stylistics in Romance Studies and Beyond* (pp. 279-297). Heidelberg University Publishing. https://doi.org/10.17885/heiup.1157.c19376

Du, K., Dudar, J., & Schöch, C. (2022). Evaluation of Measures of Distinctiveness. Classification of Literary Texts on the Basis of Distinctive Words. *Journal of Computational Literary Studies*, *1*(1), Article 1. https://doi.org/10.48694/jcls.102

Eder, M. (2011). Style-Markers in Authorship Attribution A Cross-Language Study of the Authorial Fingerprint. *Studies in Polish Linguistics*, *6*, 99-114.

Eder, M. (2013a). Computational stylistics and Biblical translation: How reliable can a dendrogram be? En T. Piotrowski & L. Grabowski (Eds.), *The Translator and the Computer* (pp. 155-170).

Eder, M. (2013b). Mind your corpus: Systematic errors in authorship attribution. *Literary and Linguistic Computing*, *28*(4), 603-614.

Eder, M. (2013c). Bootstrapping Delta: A safety net in open-set authorship attribution. *Digital Humanities 2013. Conference abstracts. University of Nebraska/Lincoln, USA. 16-19 July 2013*, 169-172.

Eder, M. (2015a). Does size matter? Authorship attribution, small samples, big problem. *Digital Scholarship in the Humanities*, *30*(2), 167-182. http://dsh.oxfordjournals.org/cgi/doi/10.1093/llc/fqt066

Eder, M. (2015b). Taking stylometry to the limits: Benchmark study on 5,281 texts from Patrologia Latina. *Digital Humanities 2015: Conference Abstracts*. Digital Humanities 2015. http://dh2015.org/abstracts/

Eder, M. (2016). Rolling stylometry. *Digital Scholarship in the Humanities*, *31*(3), 457-469.

Eder, M. (2018). Elena Ferrante: A virtual author. En A. Tuzzi & M. A. Cortelazzo (Eds.), *Drawing Elena Ferrante profile* (pp. 31-45). Padova University Press.

Eder, M., Rybicki, J., & Kestemont, M. (2016). Stylometry with R: A Package for Computational Text Analysis. *The R Journal*, *8*(1), 107-121. https://journal.r-project.org/archive/2016/RJ-2016-007/index.html

Eder, M., Rybicki, J., & Thaller, M. (2017). Editorial. *Digital Scholarship in the Humanities*, *32*(Supplement 2), 1-3.

Entrambasaguas, J. de (Ed.). (1948). *Segunda parte del Romancero general y Flor de diversa poesía: Vol. II*. CSIC.

Escobar, F. J. (2002). *El mito de Psyche y Cupido en la poesía española del siglo XVI: (Cetina, Mal Lara y Herrera)*. Servicio de Publicaciones de la Universidad de Sevilla.

Escobar, F. J. (2007). La forja del canon épico en la Academia de Juan de Mal Lara (con unos versos desconocidos de Fernando de Herrera). *Studia Aurea*, *1*, 1-33.

Escobar, F. J. (2009). La obra poética de Juan de la Cueva en el entorno sevillano (con un excurso sobre sus vínculos con Diego Girón y Fernando de Herrera). *Rivista di Filologia e Letterature ispaniche, XII*, 35-70.

Escobar, F. J. (2010). Una fuente desconocida para la *Descripción de la galera real* (con unos paralelos textuales en la obra de Cristóbal Mosquera de Figueroa y Juan de Mal Lara). *Nueva Revista de Filología Hispánica, LVIII*(2), 663-689.

Escobar, F. J. (2015). Nouveaux reinsegnements sur Fernando de Herrera et l'académie sévillane dans *Philosophía de las armas*, de Jerónimo de Carranza. En *La Renaissance en Europe dans sa diversité. Tome 3: Circulation des hommes, des idées et des biens, héritages* (pp. 289-303). Universitè de Lorraine.

Espinilla Buisán, E., Nofre Maiz, M., Pepe Sarno, I., & Reyes Cano, J. M. (2003). *Garcilaso y Herrera. Vocabulario, frecuencias y concordancias de las* Anotaciones a la poesía de Garcilaso *de Fernando de Herrera*. Edicions Universitat de Barcelona.

Evert, S., Proisl, T., Jannidis, F., Reger, I., Pielström, S., Schöch, C., & Vitt, T. (2017). Understanding and explaining Delta measures for authorship attribution. *Digital Scholarship in the Humanities, 32*(June 2017), ii4-ii16.

Fernández Mosquera, S. (1995). «El cancionero»: Una estructura dispositiva para la lírica del Siglo de Oro. *Bulletin Hispanique*, *97*(2), 465-492.

Fernández Rodríguez, D., & García-Reidy, A. (2023). Una nueva obra para Cepeda desde la filología digital y analógica: Las burlas y enredos de Benito. *Hipogrifo. Revista de literatura y cultura del Siglo de Oro, 11*(1), 173-195.

Fernández Rodríguez, D., & Gómez Sánchez-Ferrer, G. (2023). Los romances expósitos: A propósito del estilo en el romancero de Lope de Vega y las atribuciones de María Goyri. *Abenámar. Cuadernos de la Fundación Ramón Menéndez Pidal*, *6*, 117-144. https://www.fundacionramonmenendezpidal.org/revista/index.php/Abenamar/article/view/56

Fischer, F., Börner, I., Göbel, M., Hechtl, A., Kittel, C., Milling, C., & Trilcke, P. (2019). Programmable Corpora: Introducing DraCor, an Infrastructure for the Research on European Drama. *Proceedings of DH2019: «Complexities», Utrecht, July 9–12, 2019*. https://doi.org/10.5281/zenodo.4284002

Fischer-Starcke, B. (2010). *Corpus Linguistics in Literary Analysis: Jane Austen and her Contemporaries*. Continuum.

Fradejas Rueda, J. M. (2016a). El análisis estilométrico aplicado a la literatura española: Las novelas policiacas históricas. *Caracteres. Estudios culturales y críticos de la esfera digital*, *5*(2), 196-246. http://revistacaracteres.net/revista/vol5n2noviembre2016/analisis-estilometrico/

Fradejas Rueda, J. M. (2016b). Lingüística forense y crítica textual. El caso Ayala-Cervantes. *Signa*, *25*, 193-220. http://revistas.uned.es/index.php/signa/article/view/16927

Fradejas Rueda, J. M. (2019b). Estilometría y la Edad Media castellana. *Romanische Studien. Theorien von Autorschaft und Stil in Bewegung: Stilistik und Stilometrie in der Romania*, 6, 49-74. http://romanischestudien.de/index.php/rst/article/view/578/1180

Fradejas Rueda, J. M. (2022a). De editor analógico a editor digital. *Historias Fingidas*, *Número Especial 1*, 39-65.

Fradejas Rueda, J. M. (2023). *Cuentapalabras. Estilometría y análisis de textos con R para filólogos*. 7 Partidas Digital-Universidad de Valladolid. http://www.aic.uva.es/cuentapalabras/

Gallardo, B. J. (1888). *Ensayo de una biblioteca española de libros raros y curiosos: Vol. III*. Imprenta y Estereotipia de M. Rivadeneyra.

Gallego Morell, A. (1951). Una lanza por Pacheco, editor de Fernando de Herrera. *Revista de Filología Española*, *XXXV*, 133-138.

García-Reidy, A. (2019). Deconstructing the Authorship of *Siempre ayuda la verdad*: A Play by Lope de Vega? *Neophilologus*, *103*(4), 493-510.

García-Reidy, A. (2024). La muerte del autor atribuido en el teatro áureo. *Ínsula*, *930*, 9-12.

García Aguilar, I. (2022). *Fernando de Herrera. Vida y literatura en la Sevilla Quinientista (1534-1597)*. Publicaciones Universidad de Huelva.

Garza, S. (2012). Imprenta manual y pruebas de imprenta. En A. Cayuela (Ed.), *Edición y literatura en España (siglos XVI y XVII)* (pp. 111-136). Prensas Universidad de Zaragoza.

Góngora, L. de. (2016). *Poesía* (A. Carreira, Ed.). OBVIL Sorbonne Université. http://obvil.sorbonne-universite.fr/corpus/gongora/gongora_obra-poetica

Gries, S. T. (2021). What do (most of) our dispersion measures measure (most)? Dispersion? *Journal of Second Language Studies*, *5*(2), 171-205. http://doi.org/10.1075/jsls.21029.gri.

Grieve, J. (2023). Register variation explains stylometric authorship analysis. *Corpus Linguistics and Linguistic Theory*, *19*(1), 47-77. https://doi.org/10.1515/cllt-2022-0040

Grzybek, P. (2014). The emergence of Stylometry: Prolegomena to the History of Term and Concept. En K. Kroó & P. Torop (Eds.), *Text within Text – Culture within Culture*. L'Harmattan.

Henny-Krahmer, U. (2018). Exploration of Sentiments and Genre in Spanish American Novels. *Digital Humanities 2018 Puentes-Bridges*, 399-403. https://web.archive.org/web/20190204111506/https://dh2018.adho.org/wp-content/uploads/2018/06/dh2018_abstracts.pdf

Henny-Krahmer, U. (2024). *Family Resemblance in Genre Stylistics A Case Study with Nineteenth-Century Spanish-American Novels* (pp. 149-171). Heidelberg University Publishing. https://doi.org/10.17885/heiup.1157.c19370

Hernández Lorenzo, L. (2016). The Poetic Word of Fernando de Herrera. An Approach through Corpus and Computational Linguistics. *CILC 2016. 8th International Conference on Corpus Linguistics. EPiC Series in Language and Linguistics*, *1*, 170-180. https://easychair.org/publications/paper/7CT

Hernández-Lorenzo, L. (2019a). Poesía áurea, estilometría y fiabilidad: Métodos supervisados de atribución de autoría atendiendo al tamaño de las muestras. *Caracteres. Estudios culturales y críticos de la esfera digital*, *8*(1), 189-228. http://revistacaracteres.net/wp-content/uploads/2019/06/Caracteresvol8n1mayo2019-estilometria.pdf

Hernández Lorenzo, L. (2019b). Fernando de Herrera y la autoría de *Versos*. Un primer acercamiento al drama textual desde la Estilometría. *Romanische Studien. Theorien von Autorschaft und Stil in Bewegung: Stilistik und Stilometrie in der Romania*, *6*, 75-90. http://www.romanischestudien.de/index.php/rst/article/view/598/1303

Hernández-Lorenzo, L. (2021). Nueva Luz para la problemática de Versos: Una aproximación a su léxico desde las Humanidades Digitales y los estudios de corpus. En *De Herrera. Estudios reunidos con motivo del IV Centenario de Versos (1619)* (pp. 141-196). Universidad de Sevilla.

Hernández-Lorenzo, L. (2022a). Introducción al panorama internacional de las Humanidades Digitales. *Revista de Humanidades*, *46*, 137-166. https://revistas.uned.es/index.php/rdh/article/view/32464

Hernández-Lorenzo, L. (2022b). Análisis de corpus poéticos con Litcon. *Revista de Humanidades Digitales*, *7*, 104-126. https://doi.org/10.5944/rhd.vol.7.2022.34586

Hernández-Lorenzo, L. (2022c). Stylistic Change in Early Modern Spanish Poetry Through Network Analysis (with an Especial Focus on Fernando de Herrera's Role). *Neophilologus, 106*, 397-417. https://doi.org/10.1007/s11061-021-09717-2

Hernández-Lorenzo, L. (2022d). La prosa de Gustavo Adolfo Bécquer en los límites de la poesía: Análisis estilométrico. *apropos. Perspektiven auf die Romania, 9*, 37-56. https://doi.org/10.15460/apropos.9.1875

Hernández Lorenzo, L. (2023a). Introducción a la Estilometría: Aplicaciones a la poesía de Fernando de Herrera. En P. Mármol Ávila (Ed.), *Literatura, didáctica y humanidades digitales: Aportaciones para la docencia y la investigación* (pp. 61-74). Dykinson. https://doi.org/10.14679/2125

Hernández Lorenzo, L. (2023b). Una primera aproximación a los géneros literarios de la obra cervantina desde la estilometría y el análisis de redes. *Tirant, 26*, 175-192. https://ojs.uv.es/index.php/Tirant/article/view/27873/23455

Hernández-Lorenzo, L. (2024a). Estilometría y género: Aproximación a los personajes teatrales de Calderón y Sor Juana Inés de la Cruz. *Ínsula: revista de letras y ciencias humanas, 930*, 32-36.

Hernández Lorenzo, L. (2024b). Digital Stylistics Applied to Golden Age Spanish Poetry: Is Fernando de Herrera Really a Transitional Poet between Renaissance and Baroque? En R. Hesselbach, J. Calvo Tello, U. Henny-Krahmer, C. Schöch, & D. Schlör (Eds.), *Digital Stylistics in Romance Studies and Beyond*. Heidelberg University Publishing. https://doi.org/10.17885/heiup.1157.c19365

Hernández-Lorenzo, L., & Byszuk, J. (2023). Challenging Stylometry: The authorship of the baroque play *La Segunda Celestina*. *Digital Scholarship in the Humanities, 38*(2), 544-558. https://doi.org/10.1093/llc/fqac063

Hernández-Lorenzo, L., & Calvo Tello, J. (2025). Stylometric Evaluation of Parameters and Distance Measures for Hispanic Texts. En R. J. González Zalacain & G. Vaamonde (Eds.), *Digital Humanities in Medieval and Early Modern Spanish Texts. Current perspectives and approaches* (pp. 163-188). Routledge.

Herrera, F. de. (1773). *Poesías: Vol. VII* (J. J. López de Sedano, Ed.). Ibarra.

Herrera, F. de. (1786). *Rimas de Fernando de Herrera: Vol. IV y V* (R. Fernández, Ed.). Imprenta Real.

Herrera, F. de. (1822). *Rimas*. Sancha.

Herrera, F. de. (1870). *Controversia sobre sus Anotaciones á las obras de Garcilaso de la Vega. Poesías inéditas* (J. M. Asensio, Ed.). Imprenta que fue de José María Geofrin.

Herrera, F. de. (1908). *Algunas Obras de Fernando de Herrera* (A. Coster, Ed.). Honoré Champion.

Herrera, F. de. (1914a). *Poesías* (V. García de Diego, Ed.). La Lectura.

Herrera, F. de. (1914b). *Versos de Fernando de Herrera* (A. Coster, Ed.). Bibliotheca Romanica.

Herrera, F. de. (1940). *Poesías* (A. Zabala, Ed.). col. Flor y Gozo.

Herrera, F. de. (1944). *Poesías* (P. Bohigas, Ed.). Montaner y Simón.

Herrera, F. de. (1948a). *Rimas inéditas* (J. M. Blecua, Ed.). CSIC.

Herrera, F. de. (1948b). *Rimas inéditas* (J. M. Blecua, Ed.). Patronato M. Menéndez Pelayo.

Herrera, F. de. (1955). *Poesías* (F. M. Espinás, Ed.). Fama.

Herrera, F. de. (1967). *Algunas obras* (A. Pérez Gómez, Ed.). El ayre de la almena.

Herrera, F. de. (1975). *Obra poética* (J. M. Blecua, Ed.). Boletín de la Real Academia Española.

Herrera, F. de. (1983). *Poesías* (B. Palacio, Ed.). Orbis.

Herrera, F. de. (1985). *Poesía castellana original completa* (C. Cuevas, Ed.). Cátedra.

Herrera, F. de. (1986). *Poesía* (M. T. Ruestes, Ed.). Planeta.

Herrera, F. de. (1992). *Poesías* (V. Roncero López, Ed.). Castalia.

Herrera, F. de. (1998). *Obras de Garcilaso de la Vega con Anotaciones de Fernando de Herrera (Sevilla, Alonso de la Barrera, 1580). Estudio bibliográfico: Vol. I* (J. Montero, Ed.). Servicio de Publicaciones de la Universidad de Córdoba.

Herrera, F. de. (2001). *Anotaciones a la poesía de Garcilaso* (I. Pepe Sarno & J. M. Reyes, Eds.). Cátedra.

Herrera, F. de. (2014). *Algunas obras* (B. López Bueno, Ed.). Diputación de Sevilla.

Herrera, F. de. (2024). *«Algunas obras» y otros poemas* (M. T. Ruestes, Ed.). Real Academia Española.

Herrmann, J. B. (2017). In a test bed with Kafka. Introducing a mixed-method approach to digital stylistics. *Digital Humanities Quarterly*, *11*(4). http://www.digitalhumanities.org/dhq/vol/11/4/000341/000341.html

Hesselbach, R., Calvo Tello, J., Henny-Krahmer, U., Schöch, C., & Schlör, D. (2024a). Introduction. En R. Hesselbach, J. Calvo Tello, U. Henny-Krahmer, C. Schöch, & D. Schlör (Eds.), *Digital Stylistics in Romance Studies and Beyond* (pp. 1-13). Heidelberg University Publishing. https://doi.org/10.17885/heiup.1157.c19361

Hesselbach, R., Calvo Tello, J., Henny-Krahmer, U., Schöch, C., & Schlör, D. (Eds.). (2024b). *Digital Stylistics in Romance Studies and Beyond*. Heidelberg University Publishing. https://doi.org/10.17885/heiup.1157

Hettinger, L., Jannidis, F., Reger, I., & Hotho, A. (2016). Classification of Literary Subgenres. *DHd 2016*, 154-158.

Hockey, S. (2004). The History of Humanities Computing. En S. Schreibman, R. Siemens, & J. Unsworth (Eds.), *A Companion to Digital Humanities* (pp. 3-19). Blackwell.

Holmes, D. I. (1998). The Evolution of Stylometry in Humanities Scholarship. *Literary and Linguistic Computing*, *13*(3), 111-117.

Holmes, D. I., & Kardos, J. (2003). Who Was the Author? An Introduction to Stylometry. *Chance*, *16*(2), 5-8.

Hoover, D. L. (2003a). Frequent Collocations and Authorial Style. *Literary and Linguistic Computing*, *18*(3), 261-286. http://llc.oxfordjournals.org/cgi/content/abstract/18/3/261

Hoover, D. L. (2003b). Multivariate Analysis and the Study of Style Variation. *Literary and Linguistic Computing*, *18*(4), 341-360. http://search.proquest.com/docview/85590084?accountid=10906%5Cnhttp://zsfx.lib.iastate.edu:3410/sfxlcl41?url_ver=Z39.88-2004&rft_val_fmt=info:ofi/fmt:kev:mtx:journal&genre=article&sid=ProQ:ProQ%3Allbashell&atitle=Multivariate+Analysis+and+the+Study+of+Sty

Hoover, D. L. (2004a). Delta Prime? *Literary and Linguistic Computing*, *19*(4), 477-495. http://llc.oxfordjournals.org/content/19/4/477.abstract%5Cnhttp://llc.oxfordjournals.org/content/19/4/477.short

Hoover, D. L. (2004b). Testing Burrows's Delta. *Literary and Linguistic Computing*, *19*(4), 453-475.

Hoover, D. L. (2007). Corpus Stylistics, Stylometry and the Styles of Henry James. *Style*, *41*(2), 174-203.

Hoover, D. L. (2008). Quantitative Analysis and Literary Studies. En R. Siemens & S. Schreibman (Eds.), *A Companion to Digital Literary Studies*. Blackwell. http://www.digitalhumanities.org/companion/view?docId=blackwell/9781405148641/9781405148641.xml&chunk.id=ss1-6-9&toc.depth=1&toc.id=ss1-6-9&brand=9781405148641_brand

Hoover, D. L. (2022). Zeta revisited. *Digital Scholarship in the Humanities*, *37*(4), 1002-1021. https://doi.org/10.1093/llc/fqab095

Hoover, D. L. (2023). Zeta revisited: A rejoinder. *Digital Scholarship in the Humanities*, *38*(2), 559-570. https://doi.org/10.1093/llc/fqac060

Hoover, D. L., Culpeper, J., & O'Halloran, K. (2014). *Digital Literary Studies: Corpus Approaches to Poetry, Prose, and Drama. The Corpus, the Computer and the Study of Literature*. Routledge Advances in Corpus Linguistics.

Hori, M. (2004). *Investigating Dickens' Style. A Collocational Analysis*. Palgrave Macmillan.

Ilsemann, H. (2017). More news on Sir Thomas More. *Digital Scholarship in the Humanities*, 1-13.

James, G., Witten, D., Hastie, T., & Tibshirani, R. (2013). *An introduction to Statistical Learning with applications on R*. Springer.

Jannidis, F., Kohle, H., & Rehbein, M. (Eds.). (2017). *Digital Humanities. Eine Einführung*. J.B. Metzler Verlag.

Jannidis, F., & Lauer, G. (2014). Burrows's Delta and Its Use in German Literary History. En M. Erlin & L. Tatlock (Eds.), *Distant Readings. Topologies of German Culture in the Long Nineteenth Century* (pp. 29-54). Camden House.

Jannidis, F., Pielström, S., Schöch, C., & Vitt, T. (2015). Improving Burrows' Delta – An empirical evaluation of text distance measures. *Digital Humanities 2015: Global Digital Humanities. Conference abstracts*. http://dh2015.org/abstracts/xml/JANNIDIS_Fotis_Improving_Burrows__Delta___An_empi/JANNIDIS_Fotis_Improving_Burrows__Delta___An_empirical_.html

Jauralde Pou, P. (1982). El público y la realidad histórica de la literatura española de los siglos XVI y XVII. *Edad de Oro*, *1*, 55-64.

Jauralde Pou, P. (Ed.). (2012). *Clásicos Hispánicos*. More Than Books. http://www.clasicoshispanicos.com/

Jockers, M. L. (2013). *Macroanalysis: Digital Methods and Literary History.* University of Illinois Press.

Jockers, M. L., & Underwood, T. (2016). Text-Mining the Humanities. En S. Schreibman, R. Siemens, & J. Unsworth (Eds.), *A New Companion to Digital Humanities* (pp. 291-306). Wiley-Blackwell.

Juola, P. (2006). Authorship Attribution. *Foundations and Trends in Information Retrieval, 1*(3), 233-334.

Juola, P. (2013, agosto 20). How a computer program helped reveal J. K. Rowling as author of A Cuckoo's Calling. *Scientific American, Agosto.* https://www.scientificamerican.com/article/how-a-computer-program-helped-show-jk-rowling-write-a-cuckoos-calling/

Juola, P. (2015). The Rowling Case: A Proposed Standard Analytic Protocol for Authorship Questions. *Digital Scholarship in the Humanities, 30*(1), 100-113.

Juola, P. (2005). A Prototype for Authorship Attribution Software. En P. Liddell, R. Siemens, A. Bia, M. Holmes, P. Baer, G. Newton, & S. Arneil (Eds.), *The International Conference on Humanities Computing and Digital Scholarship. The 17th Joint International Conference* (pp. 97-99). University of Victoria.

Kawasaki, Y. (2022). A Stylometric Analysis of Amadís de Gaula and Sergas de Esplandián. *Proceedings of the 2nd International Workshop on Natural Language Processing for Digital Humanities*, 1-7. https://aclanthology.org/2022.nlp4dh-1.1

Kestemont, M. (2014). Function Words in Authorship Attribution. From Black Magic to Theory? *3rd Workshop on Computational Linguistics for Literature (CLfL 2014), January 2014*, 59-66. http://aclweb.org/anthology//W/W14/W14-09.pdf

Kestemont, M., Moens, S., & Deploige, J. (2015). Collaborative Authorship in the Twelfth Century: A Stylometric Study of Hildegard of Bingen and Guibert of Gembloux. *Digital Scholarship in the Humanities, 30*(2), 199-224.

Kestemont, M., Stover, J., Koppel, M., Karsdorp, F., & Daelemans, W. (2016a). Authenticating the writings of Julius Caesar. *Expert Systems with Applications, 63*, 86-96. http://dx.doi.org/10.1016/j.eswa.2016.06.029

Kestemont, M., Stover, J., Koppel, M., Karsdorp, F., & Daelemans, W. (2016b). Authorship Verification with the Ruzicka Metric. *Digital Humanities 2016: Conference Abstracts*, 246-249.

Komanecky, P. (1975). Quevedo's Notes on Herrera: The involvement of Francisco de la Torre in the controversy over Góngora. *Bulletin of Hispanic Studies*, *52*(2), 123-133.

Koppel, M., Schler, J., & Argamon, S. (2009). Computational Methods in Authorship Attribution. *Journal of the American Society for Information Science and Technology*, *60*(1), 9-26.

Koppel, M., & Winter, Y. (2014). Determining if two Documents are written by the same Author. *Journal of the Association for Information Science and Technology*, *65*(1), 178-187.

Kossoff, D. (1957a). Algo más sobre *largo-luengo* en Herrera. *Revista de Filología Española*, *XLI*, 401-410.

Kossoff, D. (1957b). Algunas variantes de versos de Herrera. *Nueva Revista de Filología Hispánica*, *XI*, 57-63.

Kossoff, D. (1965). Another Herrera Autograph: Two Variant Sonnets. *Hispanic Review*, *33*(3), 318-325.

Kossoff, D. (1966a). Herrera, editor de un poema. En *Homenaje a Rodríguez-Moñino* (pp. 283-290). Castalia.

Kossoff, D. (1966b). *Vocabulario de la obra poética de Herrera*. RAE.

Kroll, S. (2023). Ritmo y estilometría: Nuevas herramientas para el estudio del teatro calderoniano. En *Vínculos de sangre, parentescos manipulados y derechos familiares en Calderón: XIX Coloquio Anglogermano sobre Calderón* (pp. 281-300). Edition Reichenberger. https://dialnet.unirioja.es/servlet/articulo?codigo=9399442

Labrador Herraiz, J. J., & DiFranco, R. A. (Eds.). (2011). *Poesías inéditas de Pedro de Padilla y versos de otros ingenios del s. XVI. Ms. B90 –V1-08 de la Biblioteca Bartolomé March*. Frente de Afirmación Hispanista.

Lara Garrido, J. (1981). Barahona de Soto y Herrera: Clarificación de un tópico. *Archivo Hispalense*, *197*, 93-117.

Lazure, G. (2018). Fashioning Fame: Fernando de Herrera's *Anotaciones* as a space of knowledge. *Calíope. Journal of the Society for Renaissance and Baroque Hispanic Potery*, *23*(2), 69-92.

Lehmann, J., & Padó, S. (2022). Clasificación de tragedias y comedias en las comedias nuevas de Calderón de la Barca. *Revista de Humanidades Digitales*, *7*, 80-103. https://doi.org/10.5944/rhd.vol.7.2022.34588

Lescasse, M.-É. (2019). Góngora hors norme? Étude stylométrique d'un motif gongorin. *Romanische Studien. Theorien von Autorschaft und Stil in Bewegung: Stilistik und Stilometrie in der Romania*, *6*, 91-116. http://www.romanischestudien.de/index.php/rst/article/view/607/1295

Lescasse, M.-É. (2022). Lope de Vega, premier polémiste contre Góngora? Application des méthodes numériques d'attribution d'autorité aux lettres anonymes de 1613-1615. En *Observer la vie littéraire. Études littéraires et numériques* (pp. 193-234). Classiques Garnier.

Lestrade, S. (2017). Unzipping Zipf's law. *PLoS ONE*, *12*(8), 1-13.

Lomas Cantoral, J. (1980). *Las obras de Jerónimo de Lomas Cantoral* (L. Rubio González, Ed.). Servicio de Publicaciones de la Diputación Provincial.

Look, D. M. (2017). Stylometry and Collaborative Authorship: Eddy, Lovecraft, and «The Loved Dead». *Digital Scholarship in the Humanities*, *32*(1), 123-140.

López, F. (2011). Donde se muestran algunos resultados de atribución de autor en torno a la obra cervantina. *Revista Colombiana de Estadística*, *34*(1), 15-37.

López Bueno, B. (2000). *La poética cultista de Herrera a Góngora*. Alfar.

López Bueno, B. (2012). Fernando de Herrera «gongoriza»: Más sobre las estrategias del grupo sevillano (con Espinosa y Lope al fondo). En B. López Bueno (Ed.), *La «Idea» de la Poesía Sevillana en el Siglo de Oro* (pp. 287-318). Secretariado de Publicaciones de la Universidad de Sevilla.

López Bueno, B. (2014). Estudio preliminar. En F. de Herrera, *Algunas obras* (pp. 13-98). Diputación de Sevilla.

López Poza, S. (2015). Humanidades Digitales y literaturas hispánicas: Presente y futuro. Ínsula, *822*, 3-5.

López Poza, S., & Saavedra Places, Á. (2014). Recursos digitales ofrecidos por el SIELAE para el estudio del Siglo de Oro. Creación, gestión y evolución de BIDISO. En *Humanidades Digitales: Desafíos, logros y perspectivas de futuro: Vol. Anexo 1* (pp. 285-303). SIELAE-JANUS. https://www.janusdigital.es/anexos/contribucion.htm?id=27

Losada Palenzuela, J. L. (2024). Análisis cuantitativo de la reutilización textual en el teatro del Siglo de Oro. El caso de las colaboradas de Agustín Moreto. *Hipogrifo. Revista de literatura y cultura del Siglo de Oro*, *12*(1), Article 1. https://doi.org/10.13035/H.2024.12.01.10

Lozano Zahonero, M. (2020). Una nueva visión de la supuesta influencia de Madame Bovary en La Regenta a través de laestilometría y el análisis de sentimientos basados en lenguaje R. *Orillas: rivista d'ispanistica*, *9*, 573-607. http://orillas.cab.unipd.it/orillas/3179-2/

Luján Atienza, Á. L. (2018). Andrés Fernández de Andrada. En *Diccionario Biográfico Español [versión electrónica]*. Real Academia de la Historia, Telefónica, Fundación La Caixa. http://dbe.rah.es/biografias/9369/andres-fernandez-de-andrada

Lutosławski, W. (1897). *The origin and growth of Plato's logic: With an account of Plato's style and of the chronology of his writings*. Longmans, Green & Co.

Lutosławski, W. (1898). Principes de stylométrie appliqués à la chronologie des œuvres de Platon. *Revue des Études Grecques*, *11*(41), 61-81. https://www.persee.fr/doc/reg_0035-2039_1898_num_11_41_5847

Macrí, O. (1955a). La lingua poetica di Fernando de Herrera (preliminari e lessico). *Studi Urbinati*, *XXIX*(2), 1-85.

Macrí, O. (1955b). Sonetti di Fernando de Herrera con un saggio sulle opere e edizioni. *L'Albero*, *23-25*, 1-44.

Macrí, O. (1959). Autenticidad y estructura de la edición póstuma de «Versos» de Herrera. *Filologia Romanza*, *VI*, 1-26 y 151-184.

Macrí, O. (1972). *Fernando de Herrera*. Gredos.

Mahlberg, M. (2007). Corpus Stylistics: Bridging the Gap between Linguistic and Literary Studies. En M. Hoey, M. Mahlberg, M. Stubbs, & W. Teubert, *Text, Discourse and Corpora. Theory and Analysis* (pp. 219-246). Continuum.

Mahlberg, M. (2013). *Corpus Stylistics and Dickens's Fiction*. Routledge.

Mahlberg, M. (2019). *CliC Dickens*. University of Birmingham. https://www.birmingham.ac.uk/schools/edacs/departments/englishlanguage/research/projects/clic/index.aspx

Mahlberg, M., & McIntyre, D. (2011). A Case for Corpus Stylistics: Ian Fleming's Casino Royale. *English Text Construction*, *4*(2), 204-227.

Mal Lara, J. de. (2005). *Obras Completas. II, Recebimiento; Descrición de la Galera Real* (M. Bernal Rodríguez, Ed.). Turner.

Mal Lara, J. de. (2015a). *Hércules animoso* (F. J. Escobar, Ed.; Vol. 1-2). Frente de Afirmación Hispanista.

Mal Lara, J. de. (2015b). *La Psyche* (F. J. Escobar, Ed.). Frente de Afirmación Hispanista.

Marín, N. (1986). Dos versos más para Fernando de Herrera. *Analecta Malacitana*, *IX*, 203-208.

Márquez Villanueva, F. (2001). Crear en Sevilla: El caso de Fernando de Herrera. En M. de los Reyes Peña & R. Reyes Cano (Eds.), *Sevilla y la literatura. Homenaje al profesor Francisco López Estrada en su 80 cumpleaños* (pp. 282-302). Universidad de Sevilla.

Mascol, C. (1888a). Curves of Pauline and Pseudo-Pauline Style I. *The Unitarian Review*, *30*, 452-460.

Mascol, C. (1888b). Curves of Pauline and Pseudo-Pauline Style II. *The Unitarian Review*, *30*, 539-546.

McEnery, A., & Hardie, A. (2012). *Corpus linguistics: Method, theory and practice*. Cambridge University Press.

McEnery, A., & Wilson, A. (2001). *Corpus Linguistics. An Introduction*. Edinburgh University Press.

McIntyre, D. (2010). Dialogue and Characterization in Quentin Tarantino's *Reservoir Dogs*: A Corpus Stylistics Analysis. En D. McIntyre & B. Busse (Eds.), *Language and Style. In Honour of Mick Short* (pp. 162-182). Palgrave Macmillan.

McIntyre, D., & Walker, B. (2019). *Corpus Stylistics*. Edinburgh University Press.

McIntyre, D., & Walker, B. (2022). Using corpus linguistics to explore the language of poetry: A stylometric approach to Yeats' poems. En A. O'Keeffe & M. McCarthy (Eds.), *The Routledge Handbook of Corpus Linguistics* (2nd ed., pp. 499-516). Routledge.

Mendenhall, T.C. (1887). The Characteristic Curves of Composition. *Science*, *11*, 237-249.

Mendenhall, Thomas C. (1901). A mechanical solution of a literary problem. *Popular Science Monthly*, *60*, 97-105.

Micó, J. M. (1997). Proyección de las Anotaciones en las polémicas gongorinas. En *Las «Anotaciones» de Fernando de Herrera. Doce estudios* (pp. 263-278). Secretariado de Publicaciones de la Universidad de Sevilla.

Micó, J. M. (2015). *Todo Góngora*. Universitat Pompeu Fabra.

Mikolov, T., Chen, K., Corrado, G., & Dean, J. (2013). Efficient Estimation of Word Representations in Vector Space. *arXiv:1301.3781 [cs]*. http://arxiv.org/abs/1301.3781

Moll, J. (2000). La imprenta manual. En F. Rico (Ed.), *Imprenta y crítica textual en el Siglo de Oro* (pp. 13-27). Universidad de Valladolid, Centro para la Edición de los Clásicos Españoles.

Montero, J. (1987). Una version inédita (con algunas variantes) de la canción al sueño de Fernando de Herrera. *Cuadernos de Investigación Filológica, XII-XIII*, 117-132.

Montero, J. (1991). Una enmienda (glosada) al soneto 'Si de la bella y dulce lumbre mía', de Fernando de Herrera. *Glosa, II*, 227-232.

Montero, J. (1998a). *Fernando de Herrera y el humanismo sevillano en tiempos de Felipe II*. Servicio de Publicaciones del Ayuntamiento de Sevilla.

Montero, J. (1998b). *Obras de Garcilaso de la Vega con Anotaciones de Fernando de Herrera (Sevilla, Alonso de la Barrera, 1580). Estudio bibliográfico*. Servicio de Publicaciones de la Universidad de Córdoba - Universidad de Sevilla - Universidad de Huelva.

Montero, J. (2005). Dos textos poéticos de Fernando de Herrera con variantes y un posible soneto desconocido (más una lira antiherreriana). *Bulletin Hispanique, 107*(2), 605-616.

Montero, J. (2007a). Enmendar la «vulgata» (con sendos ejemplos en Herrera y Cervantes). *Revista de Erudición y Crítica, 2*, 75-80.

Montero, J. (2007b). Fernando de Herrera, *Relación de la guerra de Cipre y sucesso de la batalla naual de Lepanto* (Sevilla, 1572): Dos ediciones. En P. Bolaños Donoso, A. Domínguez Guzmán, & M. de los Reyes Peña (Eds.), *Geh hin und lerne. Homenaje al profesor Klaus Wagner: Vol. I* (pp. 339-353). Secretariado de Publicaciones de la Universidad de Sevilla.

Montero, J. (2010). Un soneto de Fernando de Herrera impreso en la Segunda parte del Romancero General (Valladolid, 1605). Estudio textual. *Boletín de la Real Academia Española, XC*, 253-263.

Montero, J. (2011). Una nota nueva sobre dos sonetos de Herrera. En J. J. Labrador Herraiz & R. A. DiFranco (Eds.), *Poesías inéditas de Pedro de Padilla y versos de otros ingenios del s. XVI. Ms. B90 –V1-08 de la Biblioteca Bartolomé March* (pp. 75-80). Frente de Afirmación Hispanista.

Montero, J. (2016). El pintor Pacheco y las letras sevillanas del Siglo de Oro. En M. del V. Muñoz Rubio & I. Cano Rivero (Eds.), *Pacheco: Teórico, artista, maestro (1564-1644)* (pp. 13-25). Museo de Bellas Artes de Sevilla.

Montero, J. (2017). Andrea Pescioni, librero, tipógrafo y traductor en Sevilla. En A. Carette, R. M. Girón-Pascual, R. González Arévalo, & C. Terreaux-Scotto (Eds.), *Italie et Espagne entre Empire, cités et États* (pp. 87-99). Viella.

Montero, J. (2020a). Sujeto e institución literaria: El caso de Fernando de Herrera (entre 1580-1631). En A. Martínez Pereira, M. D. Martos, E. Borrego Gutiérrez, & I. Osuna Rodríguez (Eds.), *En la villa y corte. Trigésima áurea. Actas del XI Congreso de la Asociación Internacional Siglo de Oro (Madrid, 10-14 de julio de 2017)* (pp. 121-143). Universidad Nacional de Educación a Distancia - Universidad Complutense de Madrid.

Montero, J. (2020b). Fernando de Herrera entre Francisco Pacheco y Pablo de Céspedes: Hacia la edición póstuma. *Janus*, *9*, 332-352.

Montero, J. (2021). La transmisión de los textos poéticos de Fernando de Herrera: Estado de la cuestión y nuevas perspectivas. En *De Herrera. Estudios reunidos en el centenario de versos (1619)* (pp. 107-149). Editorial Universidad de Sevilla.

Montero, J. (2022). Variantes de autor en un poema de Fernando de Herrera: Elegía a la muerte de don Pedro de Zúñiga. *Creneida*, *10*, 149-192.

Montero, J., & Cacho Casal, M. (2014). Francisco Pacheco editor de obras de Fernando de Herrera: Análisis de un documento inédito. *Bulletin of Spanish Studies*, *91*(4), 491-504.

Montero, J., & Solís de los Santos, J. (2009). Otra lectura de la epístola de Pedro Vélez de Guevara a Fernando de Herrera. En *Teoría y análisis de los discursos literarios: Estudios en homenaje al profesor Ricardo Senabre Sempere* (pp. 243-250). Universidad de Salamanca.

Morán de la Estrella, F. (1989). *Cartapacio de Francisco Morán de la Estrella* (R. A. DiFranco, J. J. Labrador Herraiz, & C. Á. Zorita, Eds.). Editorial Patrimonio Nacional.

Morán Rodríguez, C. (2023). Borges y Bioy Casares: Sus colaboraciones literarias a la luz de la estilometría. *Cultura, lenguaje y representación = Culture, language and representation: revista de estudios culturales de la Universitat Jaume I = cultural studies journal of Universitat Jaume I, 32*

(*El autor y sus máscaras: estudios sobrer autorías*, 167-184. https://dialnet.unirioja.es/servlet/articulo?codigo=9197092

Morel-Fatio, A. (1893). *L'hymme sur Lépante publié et commenté.* A. Picard et fils.

Moretti, F. (2013). *Distant Reading.* Verso.

Morros, B. (1985). Algunas observaciones sobre la poesía y la prosa de Herrera. *El Crotalón*, *2*, 147-168.

Morrow, D. G. (1986). Grammatical morphemes and conceptual structure in discourse processing. *Cognitive Science*, *10*(4), 423-455.

Mosquera de Figueroa, C. (1955). *Poesías inéditas* (G. Díaz-Plaja, Ed.). Real Academia Española.

Mosquera de Figueroa, C. (2015). *Poesías completas de Cristóbal Mosquera de Figueroa* (J. León Gustà, Ed.). Alfar.

Mosteller, F., & Wallace, D. (1964). *Inference and disputed authorship: The Federalist.* Addison-Wesley.

Moyano Moreno, I. (2023). La estilometría como técnica de análisis lingüístico-cuantitativo: A propósito del uso terminológico de estilo. *Pragmalingüística*, *31*, 339-361. https://doi.org/10.25267/Pragmalinguistica.2023.i31.15

Moyano Moreno, I. (2024). Una aproximación teórica e historiográfica a la estilometría desde una óptica terminográfica basada en corpus. En *Ámbitos y perspectivas actuales en lingüística y literatura* (pp. 71-90). Comares. https://dialnet.unirioja.es/servlet/articulo?codigo=9582799

Nagy, B. (2024). Bootstrap Distance Imposters: High precision authorship verification with improved interpretability. *Proceedings of Computational Humanities Research 2024*. Computational Humanities Research 2024, Aarhus, Denmark. https://ceur-ws.org/Vol-3834/paper61.pdf

Navarro Durán, R. (1982). Una versión desconocida de la traducción de Fernando de Herrera del idilio *Las rosas* de Ausonio. *Anuario de Filología*, *VIII*, 243-260.

Navarro-Colorado, B. (2018). On Poetic Topic Modeling: Extracting themes and motifs from a corpus of Spanish poetry. *Frontiers in Digital Humanities*, *5*(15).

Navarro-Colorado, B., Ribes Lafoz, M., & Sánchez, N. (2016). Metrical Annotation of a Large Corpus of Spanish Sonnets: Representation, Scansion and Evaluation. *Proceedings of the 10th edition of the Language*

Resources and Evaluation Conference, 23-28 May 2016, Portorož (Slovenia), 4360-4364.

Nielbo, K. L., Karsdorp, F., Wevers, M., Lassche, A., Baglini, R. B., Kestemont, M., & Tahmasebi, N. (2024). Quantitative text analysis. *Nature Reviews Methods Primers*, *4*(1), 1-16. https://doi.org/10.1038/s43586-024-00302-w

Nieto Caballero, G. (2018). Metodologías de corpus en el análisis de textos literarios en lengua española: El ejemplo de Pérez Galdós. *Estudios Humanísticos. Filología*, *40*, 371-389.

Nieto Caballero, G. (2021). Bloques textuales en la creación de universos ficticios de la novela realista española: Un estudio de corpus. *Cultura, lenguaje y representación*, *XXV*, 245-264.

Nieto Caballero, G., & Ruano San Segundo, P. (2020). *Estilística de corpus: Nuevos enfoques en el análisis de textos literario*. Peter Lang.

Nieto Caballero, G., & Ruano San Segundo, P. (2022). A Corpus-Stylistic Approach to the Literary Representation of Narrative Space in Ruiz Zafón's *The Cemetery of Forgotten Books Series*. En *Advances in Corpus Applications in Literary and Translation Studies*. Routledge.

Nieto Caballero, G., & Ruano San Segundo, P. (2024). Nuevos enfoques para autoras de siempre: Emilia Pardo Bazán a luz de la estilometría. *Ínsula: revista de letras y ciencias humanas*, *930*, 37-41.

Nini, A. (2023). *A Theory of Linguistic Individuality for Authorship Analysis*. Cambridge University Press.

Núñez Rivera, V. (2008). 1582 (poesía, imprenta y canon). En B. López Bueno (Ed.), *El canon poético en el siglo XVI: VIII Encuentro Internacional sobre Poesía del Siglo de Oro, (Universidad de Sevilla, 21-23 de noviembre de 2006)* (pp. 141-176). Universidad de Sevilla.

Núñez Rivera, V. (2010). Una polémica encubierta: Poetas renacentistas en ediciones programáticas (1600-1650). En B. López Bueno (Ed.), *El canon poético en el siglo XVII: IX Encuentro Internacional sobre Poesía del Siglo de Oro, (Universidad de Sevilla, 24-26 de noviembre de 2008)* (pp. 193-214). Universidad de Sevilla.

Ochab, J. K., Byszuk, J., Pielström, S., & Eder, M. (2019). *Identifying Similarities in Text Analysis: Hierarchical Clustering (Linkage) versus Network Clustering (Community Detection)*. Digital Humanities 2019. Complexities, Utrecht. https://dev.clariah.nl/files/dh2019/boa/0981.html

Oleza Simó, J. (2013). *Biblioteca Digital Artelope*. Universitat de València. https://artelope.uv.es/

Oleza Simó, J. (2014). *Canon 60*. Universitat de València.

Pacheco, F. (1866). *Arte de la pintura, su antigüedad y grandezas…* Imprenta de Manuel Galiano. https://books.google.de/books?id=IitPAAAAYAAJ

Pacheco, F. (1881). *Libro de descripción de verdaderos retratos de ilustres y memorables varones*. Rafael Tarasco. http://www.bibliotecavirtualdeandalucia.es/catalogo/consulta/registro.cmd?id=1040827

Pacheco, F. (1886). *Libro de descripción de verdaderos retratos de ilustres y memorables varones*. Libreria Española y Extrangera de D. Rafael Tarasco. http://fama2.us.es/fde/ocr/2006/libroDeDescripcion.pdf

Padró, L. (2011). Analizadores multilingües en freeling. *Linguamática*, *3*, 13-20. http://upcommons.upc.edu/handle/2117/14772

Padró, L., & Stanilovsky, E. (2012). FreeLing 3.0: Towards Wider Multilinguality. *Proceedings of the Language Resources and Evaluation Conference (LREC 2012) ELRA*.

Pageard, R. (1995). Bécquer o la peligrosa pasión de explorar: Poesía, poemas en prosa, crítica y variedad periodística. En C. Cuevas (Ed.), *Bécquer. Origen y estética de la modernidad. Actas del VII Congreso de Literatura Contemporánea, Universidad de Málaga, 9, 10, 11 y 12 de noviembre de 1993* (pp. 13-32). Publicaciones del Congreso de Literatura Española Contemporánea.

Pawłowski, A., & Pacewicz, A. (2004). Wincenty Lutosławski (1863-1954). Philosophe, helléniste ou fondateur sous-estimé de la stylométrie? *Historiographia Linguistica*, *XXXI*, 423-447.

Pennebaker, J. (2011). *The Secret Life of Pronouns: What Our Words Say about Us*. Bloomsbury Press.

Peña, M. (2004). *Flores de baria poesia: Cancionero novohispano del siglo XVI*. Fondo de Cultura Económica.

Peñalver Gómez, E. (2019). *La imprenta en Sevilla en el siglo XVII (1601-1700)*. Universidad de Sevilla.

Pepe Sarno, I. (1981). Bianco il ghiaccio, non il velo: Ritocchi e metamorfosi in un sonetto di Herrera. *Strumenti Critici*, *XLVI*, 458-471.

Pepe Sarno, I. (1982). Se non Herrera, chi? Varianti e metamorfosi nei sonetti di Fernando de Herrera. I Parte. *Studi Ispanici*, 33-69.

Pepe Sarno, I. (1983). Se non Herrera, chi? Variante e metamorfosi nei sonetti di Fernando de Herrera. II Parte. *Studi Ispanici*, 103-127.

Pepe Sarno, I. (1984). Se non Herrera, chi? Variante e metamorfosi nei sonetti di Fernando de Herrera. III Parte. *Studi Ispanici*, 43-76.

Pepe Sarno, I. (1985). Se non Herrera, chi? Variante e metamorfosi nei sonetti di Fernando de Herrera. IV Parte. *Studi Ispanici*, 43-72.

Pepe Sarno, I. (1986a). La «luz» de la «Aurora»: Variantes en dos sonetos de Fernando de Herrera. En *Actas del VIII Congreso Internacional de Hispanistas: Vol. II* (pp. 409-418). Istmo.

Pepe Sarno, I. (1986b). Marte-Don Juan in una canzone di Fernando de Herrera. *Archivo Hispalense*, *CCXI*, 49-72.

Pepe Sarno, I. (1986c). Se non Herrera, chi? Variante e metamorfosi nei sonetti di Fernando de Herrera. V Parte. *Studi Ispanici*, 21-59.

Pepe Sarno, I. (1990). Il senso della storia in alcuni sonetti di Fernando de Herrera. En *Estudios en homenaje a D. Claudio Sánchez Albornoz en sus 90 años* (pp. 307-319). Fundación «Claudio Sánchez Albornoz/Instituto de Historia de España».

Pepe Sarno, I. (1998). La negazione del colore: «Oh, soberbia y cruel en tu belleza». En G. Calabrò (Ed.), *Signoria di parole. Studi offerti a Mario di Pinto* (pp. 393-402). Liguori Editore.

Pérez de Guzmán, J., & Boza, J. (1891). *La rosa. Manojo de la poesía castellana formado con las mejores producciones líricas consagradas a la reina de las flores durante los siglos XVI, XVII, XVIII y XIX por los poetas de los dos mundos. Recogiólas de diferentes libros, y las publica con noticias biográficas y bibliográficas originales D. Juan Pérez de Guzmán: Vol. I.* Imprenta y fundición de M. Tello.

Pineda Novo, D. (1967). Juan de Mal Lara, poeta, historiador y humanista sevillano del siglo XVI. *Archivo Hispalense*, *46*(141), 9-100.

Plecháč, P., Bobenhausen, K., & Hammerich, B. (2018). Versification and authorship attribution. A pilot study on Czech, German, Spanish, and English poetry. *Studia Metrica e Poetica*, *5*(2), 29-54.

Poesías inéditas de Herrera el Divino, Quevedo, Lope de Vega, Argensola (Lupercio), Góngora, Marqués de Ureña y Samaniego, María Gertrudis Hore, Alvaro Cubillo de Aragón, Juan de Matos Fragoso, Cristobal de Castillejo, Luis Gálvez de Montalvo, Zaida, Tirso de Molina, Baltasar del Alcazar. ([s.a.]). Editorial América.

Quevedo, F. (2003). Preliminares literarios a las obras del bachiller Francisco de la Torre. En A. Rey (Ed.), *Obras completas en prosa, v. I, t. I* (pp. 163-182). Castalia.

Quintana, M. J. (1807). *Poesías selectas castellanas desde el tiempo de Juan de Mena hasta nuestros días: Vol. I.* Gómez Fuentenebro y C.ª.

Rebora, S., & Salgaro, M. (2018). Is «Late Style» measurable? A stylometric analysis of Johann Wolfgang Goethe's, Robert Musil's, and Franz Kafka's late works. *Elephant&Castle. POSTLUDI. LO STILE TARDO*, 4-39. http://cav.unibg.it/elephant_castle/web/saggi/is-late-style-measurable-a-stylometric-analysis-of-johann-wolfgang-goethe-s-robert-musil-s-and-franz-kafka-s-late-works/282

Reynolds, D. A. (1995). Speaker identification and verification using Gaussian mixture speaker models. *Speech Communication*, *17*(1-2), 91-108.

Rißler-Pipka, N. (2016a). Avellaneda y los problemas de la identificación del autor. Propuestas para una investigación con nuevas herramientas digitales. En H. Ehrlicher (Ed.), *El otro Don Quijote. La continuación de Fernández de Avellaneda y sus efectos* (pp. 27-51). Universität Augsburg.

Rißler-Pipka, N. (2016b). Digital Humanities und die Romanische Literaturwissenschaft. Der Autorschaftsstreit um den Lazarillo de Tormes. *Romanische Forschungen*, *128*(3), 316-342.

Rißler-Pipka, N. (2018). Die Digitalisierung des goldenen Zeitalters – Editionsproblematik und stilometrische Autorschaftsattribution am Beispiel des Quijote. *Zeitschrift für digitale Geisteswissenschaften*. http://zfdg.de/2018_004

Rißler-Pipka, N. (2019). In Search of a New Language. Measuring Style of Góngora and Picasso. *Romanische Studien. Theorien von Autorschaft und Stil in Bewegung: Stilistik und Stilometrie in der Romania*, *6*, 117-150. http://romanischestudien.de/index.php/rst/article/view/639/1321

Rißler-Pipka, N. (Ed.). (2019). *Romanische Studien. Theorien von Autorschaft und Stil in Bewegung: Stilistik und Stilometrie in der Romania* (Vol. 6). AVM. edition.

Rißler-Pipka, N. (2024). Cross-Language Stylometry. Picasso's Writings in Spanish and French. En *Digital Stylistics in Romance Studies and Beyond* (pp. 53-80). Heidelberg University Publishing. https://doi.org/10.17885/heiup.1157.c19366

Rodríguez Marín, F. (1923). *Nuevos datos para las biografías de cien escritores de los siglos XVI y XVII*. Tip. de la «Revista de archivos, bibliotecas y museos».

Rodríguez Martín, G. A. (2013). Comparison and other «Modes of Order» in the plays of Bernard Shaw. *International Journal of English Studies*, *12*(2), 151-169.

Rodríguez-Moñino, A. (1968a). *Construcción crítica y realidad textual en la poesía española de los siglos XVI y XVII*. Castalia.

Rodríguez-Moñino, A. (1968b). Las «Poesías de autores andaluces» (manuscrito del siglo XVII). *De Filología, XIII*. https://issuu.com/culmay/docs/las_poes_as_de_autores_andaluces

Rojas Castro, A. (2013). Las Humanidades Digitales: Principios, valores y prácticas. *Janus: estudios sobre el Siglo de Oro*, *2*, 74-99. http://www.janusdigital.es/articulo.htm?id=24

Rojas Castro, A. (2017). Luis de Góngora y la fábula mitológica del Siglo de Oro: Clasificación de textos y análisis léxico con métodos informáticos. *Studia Aurea*, *11*, 111-142.

Rojas Castro, A. (2018). ¿Cuántos Góngora podemos leer? Un análisis contrastivo de la poesía de Luis de Góngora. *e-Spania*, 1-19.

Roncero López, V. (1992). Introducción biográfica y crítica. En F. de Herrera, *Poesías* (pp. 9-84). Castalia.

Rosengreen, I. (1972). Style as choice and deviation. *Style*, *6*(1), 3-18.

Ruano San Segundo, P. (2016). A corpus-stylistic approach to Dickens' use of speech verbs: Beyond mere reporting. *Language and Literature*, *25*(2), 113-129.

Rudman, J. (2012). The State of Non-Traditional Authorship Attribution Studies: Some Problems and Solutions. *English Studies*, *93*(September), 259-274. http://www.tandfonline.com/doi/abs/10.1080/0013838X.2012.668785

Ruestes, M. T. (1986). Introducción. En F. de Herrera, *Poesía* (p. IX-LXIV). Planeta.

Ruiz-Cornejo, N., & Arriagada-Benítez, M. (2022). Análisis estilométrico en Python aplicado a epistolarios de la premio nobel de literatura Gabriela Mistral. *Ingeniare. Revista chilena de ingeniería*, *30*(2), 229-238. https://doi.org/10.4067/S0718-33052022000200229

Ruiz Fabo, P., Bermúdez Sabel, H., Martínez Cantón, C. I., & Calvo Tello, J. (2017). *Diachronic Spanish Sonnet Corpus (DISCO)*. UNED. https://zenodo.org/record/7675512

Ruiz Fabo, P., Bermúdez Sabel, H., Martínez Cantón, C., & González-Blanco, E. (2021). The Diachronic Spanish Sonnet Corpus: TEI and linked open data encoding, data distribution, and metrical findings. *Digital Scholarship in the Humanities*, *36*(Supplement_1), i68-i80. https://doi.org/10.1093/llc/fqaa035

Ruiz Pérez, P. (2021). La construcción autorial de Herrera en *Versos* (1619). En *De Herrera. Estudios reunidos con motivo del IV Centenario de Versos (1619)* (pp. 207-258). Universidad de Sevilla.

Ruiz Pérez, P. (2022). ¿Pacheco o Herrera? La construcción editorial de *Versos* (1619). *Nueva Revista de Filología Hispánica*, *LXX*(1), 95-125.

Ruiz Urbón, C. (2023). Nuevas pruebas estilométricas para negar la autoría cervantina del «Entremés de los romances». *Studia Aurea*, *17*, 545-583. https://doi.org/10.5565/rev/studiaaurea.541

Rybicki, J. (2022). *ELTeC and Delta in Eleven Languages: Relatively Good News for Stylometrists*. Closing Conference COST Action Distant Reading for European Literary History, Cracovia. https://www.distant-reading.net/events/conference-programme/

Rybicki, J., & Eder, M. (2011). Deeper Delta across genres and languages: Do we really need the most frequent words? *Literary and Linguistic Computing*, *26*(3), 315-321.

Rybicki, J., Hoover, D. L., & Kestemont, M. (2014). Collaborative authorship: Conrad, ford and Rolling Delta. *Literary and Linguistic Computing*, *29*(3), 422-431.

Sánchez-Martínez, F., Martínez-Sempere, I., Ivars-Ribes, X., & Carrasco, R. C. (2013). An open diachronic corpus of historical Spanish. *Language Resources and Evaluation*, *47*(4), 1327-1342. https://doi.org/10.1007/s10579-013-9239-y

Savoy, J. (2020). *Machine Learning Methods for Stylometry*. Springer.

Schmid, H. (1994). Probabilistic Part-of-Speech Tagging Using Decision Trees. *Proceedings of International Conference on New Methods in Language Processing*.

Schöch, C. (2014). Corneille, Molière et les autres. Stilometrische Analysen zu Autorschaft und Gattungszugehörigkeit im französischen Theater der Klassik. *Literaturwissenschaft im digitalen Medienwandel*, 7, 130-157.

Schöch, C. (2017). Quantitative Analyse. En F. Jannidis, H. Kohle, & M. Rehbein (Eds.), *Digital Humanities. Eine Einführung* (pp. 279-298). J.B. Metzler Verlag.

Schöch, C. (2018). Zeta für die kontrastive Analyse literarischer Texte. Theorie, Implementierung, Fallstudie. En T. Bernhart, S. Richter, M. Lepper, M. Willand, & A. Albrecht (Eds.), *Quantitative Ansätze in den Literatur- und Geisteswissenschaften. Systematische und historische Perspektiven* (pp. 77-94). De Gruyter.

Schöch, C., Schlör, D., Zehe, A., Gebhard, H., Becker, M., & Hotho, A. (2018). Burrows' Zeta: Exploring And Evaluating Variants And Parameters. *Book of Abstracts of the Digital Humanities Conference*. https://dh2018.adho.org/burrows-zeta-exploring-and-evaluating-variants-and-parameters/

Schöch, C., Calvo Tello, J., Henny-Krahmer, U., & Popp, S. (2019). The CLiGS Textbox: Building and Using Collections of Literary Texts in Romance Languages Encoded in TEI XML. *Journal of the Text Encoding Initiative*. https://doi.org/10.4000/jtei.2085

Schöch, C., Patras, R., Erjavec, T., & Santos, D. (2021). *Creating the European Literary Text Collection (ELTeC): Challenges and Perspectives* (1). *1*, Article 1. https://doi.org/10.3828/mlo.v0i0.364

Schöch, C., Dudar, J., Fileva, E., & Šeļa, A. (2024). *Multilingual Stylometry: The Influence of Language on the Performance of Authorship Attribution using Corpora from the European Literary Text Collection (ELTeC)*. CHR 2024: Computational Humanities Research Conference, Aarhus, Denmark. https://ceur-ws.org/Vol-3834/paper9.pdf

Semino, E., & Short, M. (2004). *Corpus Stylistics: Speech, Writing and Thought Presentation in a Corpus of English Writing*. Routledge.

Semlak, M. (2014). Digitale Edition als Instrument für literaturwissenschaftliche Forschung. *PhiN. Philologie im Netz: Literaturwissenschaft im digitalen Medienwandel*, 7, 36-48. http://web.fu-berlin.de/phin/beiheft7/b7t02.pdf

Senabre, R. (1985). Los textos emendados de Herrera. *Edad de Oro*, *IV*, 179-193.

Senabre, R. (1989). Sobre la lírica de Herrera: Teoría y práctica. En M. C. Carbonell & A. Sotelo Vázquez (Eds.), *Homenaje al profesor Antonio Vilanova: Vol. I* (pp. 655-667). PPU.

Senabre, R. (1999). Los textos de Fernando de Herrera. Novedades y enigmas. En *Homenaje a Fernando de Herrera en el cuarto centenario de su muerte (1597-1997)* (pp. 33-46). Real Academia Sevillana de Buenas Letras/Fundación Sevillana de Electricidad.

Silvi, D., & Ciotti, F. (2017). Annotazione tematica assistita vs topic modeling: Un confronto sui testi poetici delle origini. *AIUCD 2017*, 169-172.

Simón Palmer, M. del C. (1997). *Teatro español del Siglo de Oro*. ProQuest. http://teso.chadwyck.com/

Smith, C. C. (1956). Fernando de Herrera and Argote de Molina. *Bulletin of Hispanic Studies*, *33*(2), 63-77.

Smith, P. W. H., & Aldridge, W. (2011). Improving authorship attribution: Optimizing Burrows' Delta method. *Journal of Quantitative Linguistics*, *18*(1), 63-88.

Solís de los Santos, J. (2017). La biblioteca del canónigo hispalense Ambrosio José de la Cuesta y Saavedra (1653-1707) (The Hispanic Society of America, ms. B2681). *Janus: estudios sobre el Siglo de Oro*, *6*, 56-137.

Sorli Rojo, Á., & Merlo Vega, J. A. (2000). Bibliotecas Digitales (I): Colecciones de libros de acceso público. *Revista Española de Documentación Científica*, *23*(1), 91-103. http://hdl.handle.net/10261/9468

Stamou, C. (2008). Stylochronometry: Stylistic development, sequence of composition, and relative dating. *Literary and Linguistic Computing*, *23*(2), 181-199.

Stover, J., & Kestemont, M. (2016a). Reassessing the apuleian corpus: A computational approach to authenticity. *Classical Quarterly*, *66*(2), 645-672.

Stover, J., & Kestemont, M. (2016b). The Authorship of the *Historia Augusta*: Two New Computational Studies. *Bulletin of the Institute of Classical Studies*, *59*(2), 140-157.

Stubbs, M. (2005). Conrad in the Computer: Examples of Quantitative Stylistic Methods. *Language and Literature*, *14*(1), 5-24.

Tabata, T. (1995). Narrative Style and the Frequencies of Very Common Words: A Corpus-Based Approach to Dickens's First Person and Third Person Narratives. *English Corpus Studies*, *2*, 91-109.

Tabata, T. (2016). Investigating Stylistic Variation in Dickens through Correspondence Analysis of Word-Class Distribution. *English Corpus Linguistics in Japan*, *38*, 165-182.

Tabata, T. (2007). A Statistical Study of Superlatives in Dickens and Smollett: A Case Study in Corpus Stylistics. *Digital Humanities 2007*, 210-214.

Tabata, T. (2014). Stylometry of collaborations: Dickens, Collins and their collaborative writings. *Digital Humanities 2014: Conference Abstracts*, 378-380.

Talavera Esteso, F. J., & Cuevas, C. (1987). Un poema latino semidesconocido de Fernando de Herrera. *Archivo Hispalense*, *70*(215), 91-126.

Terras, M. (2011). The Rise of Digitization: An Overview. En R. Rukowski (Ed.), *Digitisation Perspectives* (pp. 3-20). Sense Publishers.

Tomassetti, I. (2023). Calas en la transmisión manuscrita del corpus poético de Fernando de Herrera: El caso de «Ufano muero en mis males». *Revista de Cancioneros Impresos y Manuscritos*, *12*, 303-322. https://doi.org/10.14198/rcim.2023.12.13

Tomassetti, I., & Marini, M. (2024). Avatares de la Filología de autor: Notas sobre Fernando de Herrera. En M. A. García Garrido & I. Velázquez Puerto (Eds.), *Tradiciones poéticas de la Romania (entre la Edad Media y la Edad Moderna)* (pp. 221-234). Ediciones Universidad de Salamanca.

Torre, F. de la. (1993). *Poesía completa: Seguida de traducciones de Horacio y del Petrarca del Maestro Sánchez Brocense, Fray Luis de León, don Juan de Almeida y Alonso de Espinosa* (M. L. Cerrón Puga, Ed.). Cátedra.

Toutanova, K., Klein, D., Manning, C., & Singer, Y. (2003). Feature-Rich Part-of-Speech Tagging with a Cyclic Dependency Network. *Proceedings of HLT-NAACL 2003*, 252-259.

Ulla Lorenzo, A., Martínez Carro, E., & Calvo Tello, J. (2021). Las comedias de dudosa atribución de Agustín Moreto: Nuevas perspectivas estilométricas. *Neophilologus*, *105*, 57-73. https://doi.org/10.1007/s11061-020-09649-3

Valbuena Prat, Á. (1960). *Historia de la literatura española: Vol. I.* Gustavo Gili.

van Dalen-Oskam, K., & van Zundert, J. van. (2007). Delta for Middle Dutch: Author and Copyist Distinction in «Walewein». *Literary and Linguistic Computing*, *22*(3), 345-362.

Vázquez Medel, M. Á. (1983). *Poesía y poética de Fernando de Herrera*. Narcea.

Vega Carpio, F. L. de. (1935). *Epistolario de Lope de Vega y Carpio: Vol. I* (A. González de Amezúa y Mayo, Ed.). Tipografía de Archivos.

Vilanova, A. (1951). Fernando de Herrera. En *Historia General de las Literaturas Hispánicas* (II, pp. 689-751). Barna.

Wake, W. C. (1957). Sentence-lenght Distributions of Greek Authors. *Journal of the Royal Statistical Society*, *120*, 331-346.

Ward, J. H. (1963). Hierarchical Grouping to Optimize an Objective Function. *Journal of the American Statistical Association*, *58*(301), 236-244.

Weidman, S. G., & O'Sullivan, J. (2018). The limits of distinctive words: Re-evaluating literature's gender marker debate. *Digital Scholarship in the Humanities*, *33*(2), 374-390.

Williams, C. B. (1940). A Note on the Statistical Analysis of Sentence-Length as a Criterion of Literary Style. *Biometrika*, *31*(3/4), 356-361.

Wynne, M. (2005). *Stylistics: Corpus approaches*. Oxford University Press.

Yule, G. U. (1939). On Sentence-Length as a Statistical Characteristic of Style in Prose: With Application to Two Cases of Disputed Authorship. *Biometrika*, *30*(3/4), 363-390.

Yule, G. U. (1944). *The Statistical Study of Literary Vocabulary*. Cambridge University Press.

Zelikovitz, S., Cohen, W., & Hirsh, H. (2007). Extending WHIRL with background knowledge for improved text classification. *Information Retrieval*, *10*(1), 35-67.

Zipf, G. K. (1932). *Selected Studies of the Principle of Relative Frequency in Language*. Harvard University Press.

Apéndice I: poemas en B, H y P[391]

A) Poemas comunes a B-H-P:

1. «Huye mi pensamiento el orror frío» (B) – «Húyo a priessa medroso el orror frio» (H) – «Húyo a priessa medroso el orror frio» (P) [137];
2. «Pura, bella, süaue Estrella mía» (B) – «Pura, bella, suäve Estrella mia» (H) – «Pura, bella, suäve Estrella mia» (P) [149];
3. «Roxo sol, que con llama gloriosa» (B) – «Roxo sol, que con hacha luminosa» (H) - «Roxo sol, que con hacha luminosa» (P) [116];
4. «Suspíro, i pruevo con la voz doliente» (B) – «Suspíro, i pruevo con la voz doliente» (H) – «Suspíro, i pruevo ya con voz doliente» (P) [117];
5. «O como buela en alto mi desseo» (B) - «O como buela en alto mi desseo» (H) – «O como buela en alto mi desseo» (P) [154];
6. «Voi siguiendo la fuerça de mi hado» (B, H, P) [107];
7. «El tiempo, que s'alarga al mal estraño» (B) – «El tiempo, que s'alarga al mal estraño» (H) – «El tiempo, que s'aluenga'l mal estraño» (P) [140];
8. «Yo voi por esta solitaria tierra» (B) – «Yo voi por esta solitaria tierra» (H) – «Voi por esta desierta, esteril tierra» (P) [118];
9. «Por vn camino solo, al çielo abierto» (B) – «Por un camino solo, al Sol abierto» (H) – «Por estrecho camino, al Sol abierto» (P) [145];
10. «Esparze enestas flores» (B) – «Esparze enestas flores» (H) – «Esparze enestas flores» (P) [173];
11. «Temiendo tu valor, y ardiente espada» (B) – «Temiendo tu valor, tu ardiente espada» (H) – «Temiendo tu valor, tu ardiente espada» (P) [169];
12. «Zefiro renovo en mi tierno pecho» (B) – «Zefiro renovo en mi tierno pecho» (H) – «Zefiro renovo en mi tierno pecho» (P) [130];
13. «Cual d'oro era el cabello varïado» (B) – «Cual d'oro era el cabello ensortijado» (H) – «Cual d'oro era el cabello ensortijado» (P) [175].

B) Poemas comunes a B-H

Los trece comunes a B-H-P más la égloga venatoria, que no se encuentra en P: «D'aljava i arco tu Diana armada» [178].

[391] Entre corchetes se indica la numeración de cada poema en la edición de Blecua (Herrera, 1975).

C) Poemas comunes a B-P

Los 13 comunes también a H, y 67 comunes B-P:

1. «Betis, qu'eneste tiempo solo i frio» (B, P) [89];
2. «Sufrí llorando, al crudo Amor rendido» (B) - «Sufro llorando, en vano error perdido» (P) [198];
3. «Si yo pudiesse con mejor ventura» (B)- «Si transformar pudiesse mi figura» (P) [398];
4. «Tan alto lleuó el buelo mi esperança» (B) - «Tan alto esforçó el buelo mi esperança» (P) [223];
5. «¿Qué resio y fuerte lazo m'encadena» (B) - «¿Qué bello nudo i fuerte m'encadena» (P) [205];
6. «Veo el plazer ageno y el contento» (B) - «Veo el ageno bien, veo el contento» (P) [214];
7. «En este prado y soledad desierta» (B) - «En esta selva orrida i desierta» (P) [301];
8. «Los ojos leuanté yo, descuydado» (B) - «Alcè la vista a caso, descuidado» (P) [288];
9. «Pues deste graue mal morir espero» (B) - «Pues d'este luengo mal, penando, muero» (P) [200];
10. «Con el çielo sereno, al mar abierto» (B) - «Con el puro sereno en campo abierto» (P) - «Al viento y al mar doy la vela y remo» (B) [203];
11. «La red, la hacha, el amoroso dardo» (B) - «La red, la hacha, la cadena, el dardo» (P) [323];
12. «Eustaçio, yo seguí al Amor tirano» (B) - «Eustacio, yo segui al Amor tirano» (P) [289];
13. «La púrpura en la niue desteñida» (B) - «La purpura en la nieue desteñida» (P) [212];
14. «De vuestro intenso y duro yelo frío» (B) - «A vuestro grave i muerto ielo frio» (P) [390];
15. «Süaue sueño, que con tardo buelo» (B) - «Suäve sueño, tu, qu'en tardo buelo» (P) [216];
16. «En este espaçio de camino inçierto» (B) - «En este que prosigo espacio incierto» (P) [217];
17. «Quando miro el dorado velo al viento» (B) - «Cuando miro el fino oro al manso viento» (P) [364];

18. «Hermoso y rubio Febo, que escondido» (B) - «Ruvio Febo i crinado, qu'ascondido» (P) [291];
19. «Alfonso, vuestro noble y dulçe canto» (B) - «Alfonso, vuestro noble i grave canto» (P) [270];
20. «Inmenso resplandor de hermosura» (B) - «Immenso ardor d'eterna hermosura» (P) [393];
21. «Deçiende de la cumbre de Parnaso» (B) - «Deciende de la cumbre de Parnasso» (P) [295];
22. «Si el dulçe y tierno canto Amor te inspira» (B) - «Si el fuego Idalio el tierno canto inspira» (P) [267];
23. «En sercos de oro fino y llama ardiente» (B) - «En sortijas y flores d'oro ardiente» (P) [382];
24. «Tú, que de nuestro Betis estendido» (B) - «Tu, qu'alegras el Tebro esclarecido» (P) [355];
25. «En tanto que en sacro, antiguo seno» (B) - «En tanto qu'en el fiero, orrido seno» (P) [414];
26. «Grande fué, avnque infeliçe, tu osadía» (B) - «Grande fue, aunqu'infeliçe, tu osadia» (P) [333];
27. «Oy el son del amoroso canto» (B) - «Oid atenta el son d'el tierno canto» (P) [280];
28. «O clara luz y onor del Oçidente» (B) - «Ô clara luz i onor del Ocidente» (P) [361];
29. «Aora que cubrió de blanco velo» (B) - «Aora que cubrio de blanco ielo» (P) [284];
30. «Quando mi pecho ardió en su dulçe fuego» (B) - «Cuando mi pecho ardio en su dulce fuego» (P) [396];
31. «Señor, si este dolor del mal que siento» (B) - «Señor, si este dolor d'el mal que siento» (P) [359];
32. «Formar quiso el artífiçe dichoso» (B) - «Provó atento el artifice dichoso» (P) [258];
33. «De las más bellas trenças y doradas» (B) - «De las mas ricas trenças i hermosas» (P) [305];
34. «Yo vi que mi Sirena diuidía» (B) - «Yo vi a mi dulce Lumbre qu'esparzía» (P) - «Yo ui a mi dulçe Lumbre que esparzía» (B) [230];
35. «Luzes llenas de amor, en quien colora» (B) - «Luzes, en quien su luz el Sol renueva» (P) [302];

36. «Luego que me hirió el profundo pecho» (B) - «Luego qu'el pecho me hirio el esquivo» (P) [368];
37. «En alto y brauo mar, sin luz alguna» (B) - «Sola i en alto mar, sin luz alguna» (P) [304];
38. «Amor, tú que [en] los tiernos bellos ojos» (B) - «Amor, tu qu'en los tiernos bellos ojos» (P) [381];
39. «Ya siento el dulçe'espíritu de la'Aura» (B) - «Como al qu'espantó el rayo con el trueno» (P) [410];
40. «Yo pensé, dulçe bien del alma mía» (B) - «Yo cuidé, dulce bien, d'alma mia» (P) [401];
41. «Este lugar desierto» (B) - «Este lugar desierto» (P) [371];
42. «En tus cristales claro la belleza» (B) - «En tu cristal movible la belleza» (P) [221];
43. «Corta, vana alegría ynútil gloria» (B) - «Corta alegría, inutil vana gloria» (P) [213];
44. «En esta elada parte, do no enbía» (B) - «En esta elada parte, do no envia» (P) [384];
45. «Renueuo al alma de mi error passado» (B) - «Pensoso buelvo a l'alma d'el passado» (P) [415];
46. «Lloro sólo mi mal, y el hondo río» (B) - «Lloro solo mi mal, i el hondo rio» (P) [246];
47. «Estaua en varios nudos recogido» (B) - «Ardia, en varios cercos recogido» (P) [219];
48. «A do teneys la luz, Espero mio» (B) –«A do tienes la luz, Espero mio» (P) [226];
49. «Si ya la Luz que causa mi alegria» (B, P) [231];
50. «Este Lauro, que tiene'n su corteza» (B, P) [238];
51. «¡O suspiros, o lágrimas hermosas» (B, P) [240];
52. «Vn verde Lauro, en mi dichoso tiempo» (B, P) [224];
53. «El duro hierro agudo, que la mano» (B, P) [233];
54. «Si es lei d'Amor que quien os ama muera» (B, P) [249];
55. «Duro es este peñasco levantado» (B, P) [254];
56. «Los ojos que son luz de l'alma mia» (B, P) [255];
57. «No es tan duro mi pecho, que no sienta» (B, P) [237];
58. «Largos, sutiles lazos esparzidos» (B, P) [232];
59. «Alma, que ya en la luz d'el puro cielo» (B, P) [299];

60. «Mi bello sol, si voi de vos ausente» (B, P) [399];
61. «Al bello resplandor de vuestros ojos» (B, P) [248];
62. «Las luzes, do el Amor su fuerça apura» (B, P) [227];
63. «Quien la luz de belleza amando adora» (B, P) [316];
64. «Temerario Pintor, porque dí, en vano» (B, P) [312];
65. «Aquel sagrado ardor que resplandesce» (B) –«Aquel sagrado ardor que resplandece» (P) [311];
66. «Muestras de breve bien que huye luego» (B) —«Muestras de breve bien que huye luego» (P) –«Fueron d'un corto bien, que huye luego» (P) [253];
67. «Dulçe'l fuego es de Amor, dulce la pena» (B) –«Dulçe'l fuego d'Amor, dulce la pena» (P) [225].

D) Poemas comunes H-P

Los trece comunes también a B, y 75 comunes H-P:

1. «Osè i temi; mas pudo la osadia» (H, P) [106];
2. «Pense, mas fue engañoso pensamiento» – «Pensé, mas fue engañoso pensamiento» [108];
3. «El Satiro, qu'el fuego vio primero» (H, P) [109];
4. «Orrido ivierno, que la luz serena» (H, P) [110];
5. «Al mar desierto en el profundo estrecho» (H, P) [111];
6. «Si el grave mal, qu'el coraçon me parte» (H, P) [112];
7. «No puedo sufrir mas el dolor fiero» (H, P) [113];
8. «Porque renuevas este encendimiento» –«Porque abrasas en nuevo encendimiento» [114];
9. «Esta desnuda playa, esta llanura» (H, P) [115];
10. «Cual fiero ardor, cual encendida llama» (H, P) [119];
11. «Dulces halagos, tiernos sentimientos» (H, P) [120];
12. «Do vas? Do vas cruel? Do vas? Refrena» – «Do vas? Do vas, cruel? Do vas? Refrena» [121];
13. «En vano error de dulce engaño espero» (H, P) [122];
14. «Qu'espiritu encendido Amor envia» (H, P) [123];
15. «Despoja la hermosa i verde frente» (H, P) [124];
16. «Flaca esperança en todas mis porfias» (H, P) [125];
17. «Yo vi unos bellos ojos que hirieron» (H, P) [126];
18. «Si puede celebrar mi rudo canto» (H, P) [127];
19. «Voz de dolor, i canto de gemido» [128];

20. «Como en la cumbre excelsa de Mimante» [129];
21. «En la oscura tiniebla del olvido» [131];
22. «Oye tu solo, eterno i sacro rio» – «Oye tu solo, eterno i sacro Rio» [132];
23. «Salen mil pensamientos al encuentro» [133];
24. «Subo, con tan gran peso quebrantado» [134];
25. «El color bello enel umor de Tiro» [135];
26. «Suäve Filomela, que tu llanto» [136];
27. «Cánso la vida en esperar un dia» – «Cánso la vida, i siempre espéro un dia» [138];
28. «No bañes en el mar sagrado i cano» [139];
29. «O cara perdicion, ô dulce engaño» – «Ô cara perdicion, ô dulce engaño» [141];
30. «Ardientes hebras, do s'ilustra el oro» [142];
31. «Vencio las fuerças el Amor tirano» – «Vencio mi duro pecho Amor tirano» [143];
32. «Si alguna vez mi pena» [144];
33. «Llevar me puede bien la suerte mia» [146];
34. «Mi bien, que tardo fue a llegar, en buelo» – «Mi bien, que tardo fue allegar, en buelo» [147];
35. «Serena Luz, en quien presente espira» – «Serena Luz, presente'n quien espira» [148];
36. «Vivi gran tiempo en confusión perdido» – «Viví gran tiempo en confusión perdido» [150];
37. «Estoi pensando en mi dolor presente» – «Pienso en mi pena atento i mal presente» [151];
38. «A la pequeña luz del breve dia» [152];
39. «Aura mansa, i templada d'Ocidente» – «Aura süave i mansa d'Ocidente» [153];
40. «En esta soledad, qu'el Sol ardiente» [155];
41. «Clara, suäve luz, alegre i bella» – «Clara, suäve Luz, alegre i bella» [156];
42. «Cubre en oscuro cerco i sombra fria» – «Cubre'n oscuro cerco i sombra fria» [157];
43. «Quien osa desnudar la bella frente» – «Quien ósa desnudar la bella frente» [158];
44. «Cuando con resonante» [159];
45. «Rompio la prora en dura roca abierta» [160];

46. «Esperè un tiempo, i fue esperança vana» [161];
47. «Pierdo, tu culpa Amor, pierdo engañado» – «Pierdo, tu culpa, Amor, pierdo engañado» [162];
48. «No espéro en mi dolor lo que desseo» – «No espéro en mi dolor, lo que desseo» [163];
49. «Aqui, do estoi ausente i ascondido» [164];
50. «Deste tan grave peso, que cansado» [165];
51. «Llorè, i cantè d'Amor la saña ardiente» [166];
52. «Bien puedo, injusto Amor, pues ya no tengo» [167];
53. «Ierto i doblado monte, i tu luziente» – «Ierto i doblado Monte, i tu luziente» [168];
54. «Cual rociäda Aurora en blanco velo» [170];
55. «Alegre, fertil, vario, fresco prado» (H) – «Alegre, fertil, vario, fresco prado» (P) – «Fertil, riënte, ledo y fresco Prado» (P) [171];
56. «Vos, celebrando al son de noble lira» – «Vos, celebrando al son de noble Lira» [172];
57. «Asconde tardo Bágrada en tu seno» – «Asconde, tardo Bágrada, en tu seno» [174];
58. «Hazer no puede ausencia, que presente» – «Hazer no puede ausencia; que presente» [176];
59. «D'aquel error, en que vivi engañado» [177];
60. «Error fue vano disponer el pecho» – «Error fue disponer el tierno pecho» [179];
61. «Ya qu'el sugeto reino Lusitano» – «Ya qu'el sugeto Reino Lusitano» [180];
62. «Esta rota i cansada pesadumbre» [182];
63. «Inclinen a tu nombre, ô luz d'España» – «Inclinen a tu nombre, ô Luz d'España» [184];
64. «Yo bien pensava, cuando el desden justo» – «Yo cuidè, cuando en duro ielo el justo» [185];
65. «Pongan en tu sepulcro, ô flor de España» [186];
66. «Solo i medroso del peligro cierto» – «Solo i medroso ya, d'el daño cierto» [187];
67. «Del fresco seno ya la blanca Aurora» – «D'el fresco seno lúcido l'Aurora» [188];
68. «Amor en mi se muestra todo fuego» – «Amor en mi se muestra ardiente fuego» [189];

69. «Si el presente dolor de vuestra pena» [190];
70. «Tu, que con la robusta i ancha frente» [191];
71. «Dond'el dolor me lleva, buelvo el passo» – «Dond'el dolor m'inclina, buelvo el passo» [192];
72. «Sigo por un desierto no tratado» [193];
73. «El triste afan del coraçon doliente» [194];
74. «Césse tu fuego, Amor, césse ya, en tanto» [195];
75. «Amor, en un incendio no acabado» [196].

E) Poemas de B que no aparecen en H y en P

1. «Vuestro canto i aliento eccelso i pío» [30];
2. «Aquí donde tú yazes sepultado» [31];
3. «De los rayos del sol por quien me guío» [39];
4. «Presa soy de vos solo, y por vos muero» [40];
5. «Esta belleza, que del largo çielo» [41];
6. «Çumeta, vuestra noble y dulçe lira» – «Çumeta, vuestra noble y dulçe lira» [42]; (dos versiones en B con cambios en algunos versos)
7. «Aquí, en el gran Oçéano, apartado» [43];
8. «En essas trenças de oro Amor ordena» [44];
9. «¡Ay de mí! ¡Ay, que lágrimas der[r]ama» [45];
10. «Los ojos bellos y las varias flores» [46];
11. «Alégrate, Danubio ympetüoso» [49];
12. «Mientras, Mallara,' a Alçides valeroso» [50];
13. «Si el tierno canto y blando mouimiento» [51];
14. «La incauta y descuydada mariposa» [52];
15. «De flores çiñe, Betis, tu corriente» [53];
16. «¿Qué espero adonde tengo el sufrimiento?» [54];
17. «Ardiente llama en abrazado pecho» [55];
18. «Amor con tal engaño me a traydo» [56];
19. «Este tormento mío causó aquella» [57];
20. «Vuestro süave y tierno y noble canto» – «¿Quál espíritu eçelso y noble canto» [58]; (dos versiones del mismo poema en B)
21. «Yo ardo, Lumbre mía, en la belleza» [59];
22. «¡Que muera yo en el mal de mi tormento» [60];
23. «Las estatuas, las tablas en que muestra» [61];
24. «Amor, para remedio de mi vida» [62];

25. «Traspasó de esa Luz el tierno pecho» [67];
26. «Rosas de nieue y púrpura vestidas» [63];
27. «En tanto quen el rico esperio suelo» [74];
28. «Aora que siguiendo el fiero Marte» [75];
29. «Con largo passo el áspero camino» [77];
30. «Por altos bosques voy con paso inçierto» [78];
31. «O soberuia i cruel en tu belleza» [92];
32. «Destas doradas hebras fue texida» [36];
33. «Ilustre Conde mío» [48];
34. «En caduca sazón de yvierno frío» [63];
35. «Jamás alço las alas al alto çielo» [70];
36. «No se entristece tanto cuando pierde» [32];
37. «Ardo en el resplandor y en la pureza» [66];
38. «Si puede dar lugar a mi tormento» [69];
39. «Déuo'os, mi Luz, tan poco de mi gloria» [71];
40. «Este'es el fresco puesto, ésta la fuente» [64];
41. «Paçed, mis vacas, junto al claro río» [68];
42. «A la muerta Amarilis lamentaua» [72];
43. «El lastimoso canto y el lamento» [76];
44. «Abrasa mis entrañas vn templado» [47];
45. «Dichoso sea el tiempo y sea el día» [65].

F) Poemas de H que no pasan a P

1. «D'aljava i arco tu Diana armada» [178];
2. «Ya el rigor importuno i grave ielo» [181];
3. «O breve don d'un agradable engaño» [183].

G) Poemas únicos de P

1. «Luz, en cuyo esplendor el alto coro» [199]
2. «Ô, fuera yo el Olimpo, que con buelo» [201]
3. «Amor, que me vio libre i n'ofendido» [202]
4. «Buela i cerca la lumbre, i no reposa» [204]
5. «Vn divino esplendor de la belleza» [206]
6. «Pues de mi bello Sol el rayo ardiente» [207]
7. «Lento i pesado Olvido, que d'el daño» [208]
8. «Bellas Flechas de l'alma; ardiente llama» [209]

45. «D'aquella ardiente Luz i ardor luziente» [276]
46. «Bolved, suäves Ojos, la luz pura» [277]
47. «El roto lazo avia ya d'el muerto» [278]
48. «Amor, para que vale'l sufrimiento» [279]
49. «El Sol d'el alto cerco decendia» [281]
50. «La Luz serena mia; el oro ardiente» [282]
51. «Cuando el dolor desmaya'l sufrimiento» [283]
52. «Si algo puedo cuidar, que vos ofenda» [285]
53. «Desnuda el campo i valle'l ierto ivierno» [286]
54. «Cuando el fiero Tirano d'Oriënte» [287]
55. «Si la fuerça, que ponen i cuidado» [292]
56. «Duro el pecho, i fue grande'l sufrimiento» [293]
57. «Si desseais, que muera a vuestra mano» [294]
58. «Bello Cerco i ondoso, qu', enlazado» [296]
59. «Trenças, qu'en la serena i limpia frente» [297]
60. «Aqui, do llóro en ti, fiėl Desierto» [298]
61. «Dulce i bello Dolo de mi cuidado» [300]
62. «Quexoso ya d'el tiempo mal perdido» [303]
63. «En los luzientes nudos enlazado» [306]
64. «Sombra i vano terror d'el pensamiento» [307]
65. «Podrà ser qu'este afan indino acabe» [308]
66. «Ardí, Fernando, en fuego claro i lento» [309]
67. «En este'l fruto, Amor, qu'al fin recojo» [310]
68. «Estoi pensando en medio de mi engaño» [313]
69. «Essas colunas i arcos, grande muestra» [314]
70. «Adonde me dexais al fin perdido» [315]
71. «Tieneme ya el dolor en tanto estrecho» [317]
72. «Por el seguido passo de mi gloria» [319]
73. «Llegado al fin d'el cierto desengaño» [320]
74. «Yo voi, ô bello Sol, de l'alma mia» [321]
75. «La falda i el tendido, ierto lado» [322]
76. «Si Amor el generoso i dulce aliento» [324]
77. «El bello nombre, quiere Amor, que cante» [325]
78. «Al puro ardor, que vibran mis estrellas» [326]
79. «Puede, oponers'osando mi cuidado» [327]
80. «Cual planta, que pidiendo el alto cielo» [328]

81. «Cuidè yo de tus lazos i tu fuego» [329]
82. «Do el Mauritano Ponto fiero baña» [330]
83. «Si en mano d'el Amor yo puse'l freno» [331]
84. «En este bosque frio, que sostiene» [332]
85. «El coraçon huido búsco i llamo» [334]
86. «Amor, si el fuego, en quien inunda el pecho» [335]
87. «Podrà (i no ierro) nunca luz ardiente» [336]
88. «La llama crece, i arde; i crece luego» [337]
89. «Regando enciendo todo, ardiendo baño» [338]
90. «Yo siempre culparè los ojos mios» [339]
91. «Dura por mi fue al Tajo tu partida» [340]
92. «Ardo, Amor, i no enciende'l fuego al ielo» [341]
93. «Estos ojos, no hartos de su llanto» [342]
94. «Si tiene ado reinais mi pura Estrella» [343]
95. «Dulces Contentos mios, ya passados» [344]
96. «Alço en ligeras alas al desseo» [345]
97. «Amor con todo el fuego, qu'el humano» [346]
98. «Vn tiempo ave Caistra vivi en fuego» [347]
99. «Ningun remedio espéro en mi tormento» [348]
100. «Quien me daria, Amor, una voz fuerte» [349]
101. «Cuando pienso, cansado d'el tormento» [350]
102. «Sino es llorar, que pueden ya mis ojos» [351]
103. «Al sereno esplendor de luz ardiente» [352]
104. «Corre sobervio al mar d'el llanto mio» [353]
105. «Si este immortal dolor i sentimiento» [354]
106. «Mi Luz, assi en la vuestra bella frente» [356]
107. «Cuando cantar desséo la belleza» [357]
108. «Llégue'l dolor, si puede crecer tanto» [358]
109. «Profundo i luengo, eterno i sacro Rio» [362]
110. «Vivi, cuando Amor quiso, en mi cuidado» [363]
111. «Pues la luz, qu'escogi por cierta guia» [365]
112. «Cuando de mi Luz bella el desden siento» [366]
113. «Buelvo al ufano coraçon el dia» [367]
114. «Cual dexando el Olimpo soberano» [369]
115. «Ardio en las llamas d'Eta Alcides fiero» [370]
116. «Ya pues que no resiste mi esperança» [372]

153. «Tal vez abrasa con vapor fogoso» [422]
154. «Ausente pienso en mi dolor comigo» [423]
155. «Fiero dolor, qu'el coraçon cuitado» [425]
156. «Preso en la red Amor dorada i pura» [426]
157. «Esta sola, desierta, ardiente arena» [427]
158. «Fernando, yo sulquè con viento lleno» [428]
159. «Sino sufria ya l'adversa suerte» [429]
160. «Sobervio Tajo, qu'en la gran corriente» [430]
161. «Ya qu'en vano contrásto al dolor fiero» [431]
162. «Fria Ceniza de mi ardiente fuego» [433]
163. «Cuando rendia l'arrogante frente» [434]
164. «Alma bella, qu'en este oscuro velo» [435]
165. «Esta noche sola voi con sombra oscura» [436]
166. «Yo, qu'el temor al pielago Adriano» [437]
167. «Con dulce lira el amoroso canto» [438]
168. «Osé subir con poco diestra suerte» [440]
169. «Dexad ya de seguir el passo incierto» [441]
170. «Aunqu'el dolor, que l'alma triste oprime» [442]
171. «Al triste umor, que misero destilo» [443]
172. «Cuitado yo, de cual furor perdido» [444]
173. «En tanto qu'el furor d'el seco estio» [445]
174. «Al fin yazes, ô d'el valor Latino» [446]
175. «Tu, que d'el sacro imperio d'Ociente» [447]
176. «Barbara Tierra, qu'en tu frio seno» [448]
177. «Assi pertúrbe pluvia nunca, o viento» [449]
178. «La fria falda i cumbre de Pirene» [450]
179. «Este dolor, que nace'n mi, se cria» [451]
180. «Tu, que vengando con l'armada mano» [453]
181. «Rayo de guerra, grande onor de Marte» [454]
182. «Adond'està el plazer, que yo sentia» [455]
183. «Tu, qu'en la tierna flor d'edad luziente» [456]
184. «Reina d'el grande Océano dichosa» [457]
185. «No siento ya d'el modo, que sentia» [458]
186. «Vos, qu'ageno d'el mal, en que rendido» [460]
187. «Si de nuestra amistad el nudo estrecho» [461]
188. «Temor m'impide, esfuerça la esperança» [462]

189. «Soto, no es justo, que tu canto suene» [463]
190. «El Frigio Nudo deslazar procura» [464]
191. «Mira d'el sacro Amor ô bella esposa» [465]
192. «Podrà imitar la singular destreza» [466]
193. «Bien puedo en este oscuro i solo puesto» [467]
194. «Si para que yo sienta cuanto fuego» [468]
195. «Fue gloria de mi àlto pensamiento» [469]
196. «Pues cubre al orbe'n assombrado velo» [470]
197. «Estos, qu'al impio Turco en cruda guerra» [471]

Apéndice II: Descripción del corpus de Siglo de Oro utilizado

Se presenta a continuación el corpus de poetas del Siglo de Oro utilizado en los análisis estilométricos de este volumen, ofreciendo información sobre los autores que lo componen, fecha de nacimiento y muerte, número de poemas que constituyen el corpus de cada autor, y número total de palabras.

La tabla 29 muestra el corpus de sonetos de Siglo de Oro, preparado a partir de los textos del proyecto ADSO (Navarro-Colorado et al., 2016), además de los sonetos escritos por Herrera y Pacheco digitalizados (en su versión modernizada). Como se indicó en el apartado 2.2.3.4, la ortografía del corpus digitalizado se contrastó con la de los textos extraídos de ADSO para comprobar que no existieran diferencias que pudieran producir distorsiones en el análisis. Asimismo, conforme a las reglas de ortografía actuales se ha eliminado la tilde en *sólo* en todos los textos. El corpus de sonetos de Siglo de Oro ha sido utilizado para los análisis estilométricos de los apartados 4.2, 4.3, 4.4 (solo Arguijo, Herrera, Góngora y Pacheco) y 4.7. Los autores señalados con un asterisco (*) no han sido utilizados en los análisis, debido a que el tamaño de sus textos no alcanza las 1 800 palabras necesarias según los resultados de un estudio de evaluación anterior (Hernández-Lorenzo, 2019a).

Tabla 29 : Corpus completo de sonetos áureos utilizado. Cómputo de palabras realizado con el menú Wordlist de Litcon (Hernández-Lorenzo, 2022b).

Autor	Fecha	Poemas	Palabras
Acuña, Hernando de	1518-1580	84	7885
Alcázar, Baltasar de*	1530-1606	18	1681*
Aldana, Francisco de	1537-1578	43	4231
Almeida, Juan de	1542-1572	42	4036
Argensola, Bartolomé	1562-1631	158	14654
Argensola, Lupercio	1559-1613	60	5507
Arguijo, Juan de	1567-1623	70	6290
Bocángel y Unzueta	1603-1658	77	7166
Borja, Francisco de	1581-1658	142	12903
Boscán, Juan	1490-1542	100	9589
Cáncer y Velasco, Jerónimo de*	1599-1655	17	1559*
Carrillo y Sotomayor, Luis	1585-1610	50	4747
Cervantes, Miguel de	1547-1616	77	7347

Autor	Fecha	Poemas	Palabras
Cetina, Gutierre de	1520-1557	247	23762
Cruz, Sor Juana Inés de la	1651-1695	72	6556
Enríquez Gómez, Antonio	1601-1661	40	3537
Espinosa, Pedro	1578-1650	20	1845
Figueroa, Francisco de	1530-1588	20	1826
Góngora, Luis de	1561-1627	115	10370
Herrera, Fernando de	1534-1597	181	16958
Hurtado de Mendoza, Antonio*	1589-1644	13	1171*
Hurtado de Mendoza, Diego	1503-1575	60	5542
Jáuregui, Juan de	1583-1641	23	2073
León, Fray Luis de*	1527-1591	10	965*
Litala y Castelví, José de	1672-1701	152	13464
López de Mendoza, Íñigo	1398-1458	42	3561
López de Zárate, Francisco	1580-1658	58	5350
Martín de la Plaza, Luis	1577-1625	21	2040
Matos, Gregorio de*	1636-1696	11	967*
Medrano, Francisco de	1570-1607	51	4852
Mira de Amescua, Antonio	1577-1644	32	3009
Molina, Tirso de	1579-1648	56	5230
Pacheco, Francisco	1564-1644	22	2028
Padilla, Pedro de	1540-1600	43	3964
Pantaleón de Ribera, Anastasio*	1600-1629	18	1597*
Polo de Medina, Salvador Jacinto	1603-1676	21	1891
Quevedo, Francisco de	1580-1645	517	46681
Ramírez Pagán, Diego*	1524-1562	11	1043*
Rebolledo, Bernardino de	1597-1676	54	4470
Rey de Artieda, Andrés*	1549-1613	11	1038*
Salazar y Torres, Agustín de	1636-1675	30	2723
Salinas, Juan de*	1559-1643	18	1606*
Soto de Rojas, Pedro	1584-1658	125	11505
Tassis y Peralta, Juan de	1582-1622	203	17841
Timoneda, Juan de	1490-1583	31	2825
Torre, Francisco de la	1534-1594	78	7008
Trillo y Figueroa, Francisco de	1618-1680	49	4382
Ulloa y Pereira, Luis	1584-1674	106	8956
Vega, Félix Lope de	1562-1635	1346	74504

(*continuado*)

Tabla 29 : *(continuado)*

Autor	Fecha	Poemas	Palabras
Vega, Garcilaso de la	1501-1536	38	3584
Villegas, Esteban Manuel de*	1589-1669	12	1142*
Virués, Cristóbal de*	1550-1614	10	914*
Ximénez Ayllon, Diego	1530-1590	55	4896

Por otra parte, se han recopilado poemas de diferentes subgéneros poéticos de Garcilaso y Góngora con el objetivo de utilizarlos como autores de control en los análisis estilométricos de los apartados 4.4 (solo Góngora) y 4.5 (ambos). Como ya se ha indicado en estos apartados, los textos poéticos de Garcilaso fueron extraídos de la Biblioteca Virtual Miguel de Cervantes,[392] mientras que los de Góngora han sido copiados de la edición digital de su poesía completa que ofrece el proyecto Góngora del OBVIL (Góngora, 2016).[393] Más información sobre estos corpus se recoge en la tabla 30.

Tabla 30 : Corpus de autores de control con poemas de diferentes subgéneros poéticos para los capítulos 4.4 y 4.5. Cómputo realizado con el menú WordList de Litcon (Hernández-Lorenzo, 2022b).

Autor	Fecha	Poemas	Palabras	Fuente
Vega, Garcilaso de la	1501-1536	43	6315	BVMC
Góngora, Luis de	1561-1627	418	94361	POLEMOS

392 Web: http://www.cervantesvirtual.com/portales/garcilaso_de_la_vega/ [Consulta: 01/04/2025].

393 Web de la edición digital: https://obvil.sorbonne-universite.fr/corpus/gongora/gongora_obra-poetica#texto [Consulta:15/08/2024]. El texto ha sido copiado de esta edición, y a continuación se han eliminado la numeración y fechas de los poemas, las diéresis métricas y los titulillos de los poemas, con el objetivo de utilizar en el análisis únicamente el texto de las composiciones gongorinas.

Studien zur romanischen Sprachwissenschaft und interkulturellen Kommunikation

Herausgegeben von José Juan Batista Rodríguez und Dolores García-Padrón
Begründet von Gerd Wotjak †

Die vollständige Liste der in der Reihe erschienenen Bände finden Sie auf unserer Website
https://www.peterlang.com/view/serial/SRSIK

Band 110 Joaquín García Palacios / Goedele De Sterck / Daniel Linder / Nava Maroto / Miguel Sánchez Ibáñez / Jesús Torres del Rey (eds): La neología en las lenguas románicas. Recursos, estrategias y nuevas orientaciones. 2016.

Band 111 André Horak: Le langage fleuri. Histoire et analyse linguistique de l'euphémisme. 2017.

Band 112 María José Domínguez Vázquez / Ulrich Engel / Gemma Paredes Suárez (eds.): Neue Wege zur Verbvalenz I. Theoretische und methodologische Grundlagen. 2017.

Band 113 María José Domínguez Vázquez / Ulrich Engel / Gemma Paredes Suárez (eds.): Neue Wege zur Verbvalenz II. Deutsch-spanisches Valenzlexikon. 2017.

Band 114 Ana Díaz Galán / Marcial Morera (eds.): Estudios en Memoria de Franz Bopp y Ferdinand de Saussure. 2017.

Band 115 Mª José Domínguez Vázquez / Mª Teresa Sanmarco Bande (eds.): Lexicografía y didáctica. Diccionarios y otros recursos lexicográficos en el aula. 2017.

Band 116 Joan Torruella Casañas: Lingüística de corpus: génesis y bases metodológicas de los corpus (históricos) para la investigación en lingüística. 2017.

Band 117 Pedro Pablo Devís Márquez: Comparativas de desigualdad con la preposición "de" en español. Comparación y pseudocomparación. 2017.

Band 118 María Cecilia Ainciburu (ed.): La adquisición del sistema verbal del español. Datos empíricos del proceso de aprendizaje del español como lengua extranjera. 2017.

Band 119 Cristina Villalba Ibáñez: Actividades de imagen, atenuación e impersonalidad. Un estudio a partir de juicios orales españoles. 2017.

Band 120 Josefa Dorta (ed.): La entonación declarativa e interrogativa en cinco zonas fronterizas del español. Canarias, Cuba, Venezuela, Colombia y San Antonio de Texas. 2017.

Band 121 Nekane Celayeta / Inés Olza / Carmela Pérez-Salazar (eds.): Semántica, léxico y fraseología. 2018.

Band 122 Alberto Domínguez Martínez: Morfología. Procesos Psicológicos y Evaluación. 2018.

Band 123 Julia Lobato Patricio / Adrián Granados Navarro: La traducción jurada de certificados de registro civil. Manual para el Traductor-Intérprete Jurado. 2018.

Band 124 Elia Hernández Socas / José Juan Batista Rodríguez / Carsten Sinner (eds.): Clases y categorías lingüísticas en contraste. Español y otras lenguas. 2018.

Band 125 Miguel Ángel García Peinado / Ignacio Ahumada Lara (eds.): Traducción literaria y discursos traductológicos especializados. 2018.

Band 126 Emma García Sanz: El aspecto verbal en el aula de español como lengua extranjera. Hacia una didáctica de las perífrasis verbales. 2018.

Band 127 Miriam Seghiri (ed.) La linguística de corpus aplicada al desarrollo de la competencia tecnológica en los estudios de traducción e interpretación y la enseñanza de segundas lenguas. 2020.

Band 128 Pino Valero Cuadra / Analía Cuadrado Rey / Paola Carrión González (eds.): Nuevas tendencias en traducción: Fraseología, Interpretación, TAV y sus didácticas. 2018.

Band 129 María Jesús Barros García: Cortesía valorizadora. Uso en la conversación informal española. 2018.

Band 130 Alexandra Marti / Montserrat Planelles Iváñez / Elena Sandakova (éds.): Langues, cultures et gastronomie : communication interculturelle et contrastes / Lenguas, culturas y gastronomía: comunicación intercultural y contrastes. 2018.

Band 131 Santiago Del Rey Quesada / Florencio del Barrio de la Rosa / Jaime González Gómez (eds.): Lenguas en contacto, ayer y hoy: Traducción y variación desde una perspectiva filológica. 2018.

Band 132 José Juan Batista Rodríguez / Carsten Sinner / Gerd Wotjak (Hrsg.): La Escuela traductológica de Leipzig. Continuación y recepción. 2019.

Band 133 Carlos Alberto Crida Álvarez / Arianna Alessandro (eds.): Innovación en fraseodidáctica. tendencias, enfoques y perspectivas. 2019.

Band 134 Eleni Leontaridi: Plurifuncionalidad modotemporal en español y griego moderno. 2019.

Band 135 Ana Díaz-Galán / Marcial Morera (eds.): Nuevos estudios de lingüística moderna. 2019.

Band 136 Jorge Soto Almela: La traducción de la cultura en el sector turístico. Una cuestión de aceptabilidad. 2019.

Band 137 Xoán Montero Domínguez (ed.): Intérpretes de cine. Análisis del papel mediador en la ficción audiovisual. 2019.

Band 138 María Teresa Ortego Antón: La terminología del sector agroalimentario (español-inglés) en los estudios contrastivos y de traducción especializada basados en corpus: los embutidos. 2019.

Band 139 Sara Quintero Ramírez: Lenguaje creativo en el discurso periodístico deportivo. Estudio contrastivo en español, francés e inglés. 2019.

Band 140 Laura Parrilla Gómez: La interpretación en el contexto sanitario: aspectos metodológicos y análisis de interacción del intérprete con el usuario. 2019.

Band 141 Yeray González Plasencia: Comunicación intercultural en la enseñanza de lenguas extranjeras. 2019.

Band 142 José Yuste Frías / Xoán Manuel Garrido Vilariño (Hrsg.): Traducción y Paratraducción. Líneas de investigación. 2020.

Band 143 María del Mar Sánchez Ramos: Documentación digital y léxico en la traducción e interpretación en los servicios públicos (TISP): fundamentos teóricos y prácticos. 2020.

Band 144 Florentina Mena Martínez / Carola Strohschen (eds.): Teaching and Learning Phra-seology in the XXI Century. Phraseologie Lehren und Lernen im 21. Jahrhundert. Challenges for

Phraseodidactics and Phraseotranslation. Herausforderungen für Phraseodidaktik und Phraseoübersetzung. 2020.

Band 145 Yuko Morimoto / Rafael García Pérez (eds.): De la oración al discurso: estudios en español y estudios contrastivos. 2020.

Band 146 Miguel Ibáñez Rodríguez (ed.): ENOTRADULENGUA. Vino, lengua y traducción. 2020.

Band 147 Miguel Ángel García Peinado / José Manuel González Calvo (eds.): Estudios de literatura y traducción. 2020.

Band 148 Fernando López García (ed.): La involuntariedad en español. 2020.

Band 149 Julián Sancha Vázquez: La injerencia del sexo en el lenguaje. Dos siglos de historia del género gramatical en español. 2020.

Band 150 Joseph García Rodríguez: La fraseología del español y el catalán. Semántica cognitiva, simbolismo y contrastividad. 2020.

Band 151 Melania Cabezas-García: Los términos compuestos desde la Terminología y la Traducción. 2020.

Band 152 Inmaculada Clotilde Santos Díaz: El léxico bilingüe del futuro profesorado. Análisis y pautas para estudios de disponibilidad léxica. 2020.

Band 153 Alfonso Corbacho Sánchez / Mar Campos Fernández-Fígares (eds.): Nuevas reflexiones sobre la fraseología del insulto. 2020.

Band 154 Míriam Buendía Castro: Verb Collocations in Dictionaries and Corpus: an Integrated Approach for Translation Purposes. 2020.

Band 155 Guiomar Topf Monge: Traducir el género. Aproximación feminista a las traducciones españolas de obras de Annemarie Schwarzenbach.2020.

Band 156 Miriam Seghiri / Lorena Arce-Romeral: La traducción de contratos de compraventa inmobiliaria: un estudio basado en corpus aplicado a España e Irlanda. 2021.

Band 157 Emmanuel Bourgoin Vergondy / Ramón Méndez González (eds.): Traducción y paratra- ducción. Líneas de investigación II. 2021.

Band 158 Clara Inés López Rodríguez / Beatriz Sánchez Cárdenas: Theory and Digital Resources for the English-Spanish Medical Translation Industry. 2021.

Band 159 Alicia Mariscal: Categorización de los errores ortográficos en zonas de contacto lingüístico entre inglés y español. 2021.

Band 160 Esther Linares-Bernabéu (ed.): Gender and Identity in Humorous Discourse Genero e identidad en el discurso humorístico. 2021.

Band 161 Matteo De Beni / Dunia Hourani Martín (eds.): Corpus y estudio diacrónico del discurso especializado en español. 2021.

Band 162 María Clara von Essen: Identidad y contacto de variedades. La acomodación lingüística de los inmigrantes rioplatenses en Málaga. 2021.

Band 163 Juana Luisa Herrera Santana/Ana Díaz-Galán (eds.): Aportaciones al estudio de las lenguas. Perspectivas teóricas y aplicadas. 2021.

Band 164 Juan M. Carrasco González: Dialectología fronteriza de Extremadura. Descripción e historia de las variedades lingüísticas en la frontera extremeña. 2021.

Band 165 Álvaro Molina García: Fundamentos acústico-perceptivos de la escisión prestigiosa de /θ/. Estudio sociofonético en Málaga. 2021.

Band 166 Pau Bertomeu Pi: Peticiones en alemán y español. Un estudio contrastivo a partir de "Gran Hermano". 2022.

Band 167 María Teresa Ortego Antón: La investigación en tecnologías de la traducción. Parámetros de la digitalización presente y la posible incidencia en el perfil de los futuros profesionales de la comunicación interlingüística. 2022.

Band 168 Jaime Sánchez Carnicer: Traducción y discapacidad. Un estudio comparado de la terminología inglés-español en la prensa escrita. 2022.

Band 169 Juan Manueal Ribes Lorenzo: Las palabras diacríticas en fraseología histórica. 2022.

Band 170 Patricia Buján Otero / Lara Domínguez Araújo (eds.): Traducción & Paratraducción III (working title). 2022.

Band 171 Juan Cuartero Otal / Regina Gutiérrez Pérez / Juan Pablo Larreta Zulategui / Montserrat Martínez Vázquez (eds.): La interfaz Léxico-Gramática. Contrastes entre el español y las lenguas germánicas. 2022.

Band 172 Miguel Ibáñez Rodríguez (ed.): Enotradulengua. Géneros y tipos textuales en el sector del vino. 2022.

Band 173 Sara Quintero Ramírez: Estudio pragmático-textual de marcadores discursivos en crónicas audiovisuales de eventos deportivos. 2022.

Band 174 Yeray González Plasencia / Itziar Molina Sangüesa (eds.): Enfoques actuales en investigación filológica. 2022.

Band 175 Irma Mora Aguiar: De Numidia a Canarias: el viaje de la escritura líbico-bereber. 2022.

Band 176 Óscar Ferreiro Vázquez [ed.]: Avances en las realidades traductológicas: tecnología, ocio y sociedad a través del texto y del paratexto. 2022.

Band 177 Félix Rodríguez González (ed.): Anglicismos en el español contemporáneo. Una visión panorámica. 2022.

Band 178 Celia Rico Pérez / María del Mar Sánchez Ramos (eds.): La traducción automática en contextos especializados. Una visión panorámica. 2022.

Band 179 Alicia Mariscal: Bilingüismo y contacto lingüístico en la comunidad de Gibraltar a partir del análisis contrastivo y de errores. 2022.

Band 180 María Araceli Losey León / Gloria Corpas Pastor: La terminología del dominio de la seguridad de la navegación marítima en inglés y en español. Formalización ontológica a partir de recursos digitales y corpus especializados. 2022.

Band 181 María del Mar Sánchez Ramos (ed.): Investigaciones recientes en traducción y accesibilidad digital. 2022.

Band 182 Encarnación Tabares Plasencia: Terminología y fraseología jurídicas en el "Libro de buen amor". 2022.

Band 183 Catalina Iliescu-Gheorghiu: Metodología de análisis traductológico. El modelo Lambert-Van Gorp y su aplicación a una revista de propaganda cultural durante la Guerra Fría. 2022.

Band 184 Amor López Jimeno (ed.): Estereotipos y pragmática intercultural en la pantalla. El humor como estrategia de aprendizaje y mediación. 2023.

Band 185 Ricardo Connett: El populismo como discurso en Venezuela y en España (1999-2018). Estudio de textos de Hugo Chávez y Pablo Iglesias. 2023.

Band 186 Elke Cases Berbel: Turismo, flujos migratorios y lengua. 2023.

Band 187 Dunia Hourani-Martín: Fraseología en el discurso jurídico-ambiental. Las construcciones verbonominales desde una perspectiva contrastiva (español-alemán). 2023.

Band 188 María del Carmen Balbuena Torezano: Identidad, territorio y lengua en torno al vino: aproximaciones desde la terminología y la traducción. 2023.

Band 189 Ferran Robles Sabater: Contextos de interpretación social en España. 2023.

Band 190 Sara Quintero Ramírez / Reynaldo Radillo Enríquez: Rasgos prosódicos en la marcación discursiva. 2023.

Band 191 Paola Nieto García: Contextos de interpretación social en España. 2023.

Band 192 Leticia Santamaría Ciordia: Nuevas tecnologías para la interpretación remota. Progresos y retos para la formación y la profesión. 2023.

Band 193 María José Serrano / Miguel Ángel Aijón Oliva (eds.): Form and Meaning. Studies of Grammatical Variation and Communicative Choice in Spanish. 2023.

Band 195 Carles Navarro Carrascosa: Lingüística queer hispánica. Las formas nominales de tratamiento de la comunidad de habla LGTBI. 2023.

Band 196 Félix Rodríguez González: Enciclopedia del anglicismo (Vol. II). Estudios sobre el anglicismo en el español actual perspectivas lingüísticas. 2023.

Band 197 Celia Rico Pérez: Tecnologías de la traducción en el ámbito de las migraciones. 2023.

Band 198 Domenico Daniele Lapedota / Rossana Sidoti (eds.): Nuevas aportaciones a las investigaciones en fraseología, paremiología y traducción. 2023.

Band 199 Francisco Jiménez Calderón (ed.): Los verbos ditransitivos y su enseñanza: transferencia, locación y movimiento. 2023.

Band 200 Rafael García Pérez / Ariana Suárez Hernández (eds.): El adverbio: aproximaciones sincrónicas, diacrónicas y variacionales. 2023.

Band 201 Diana González Pastor (ed.): El impacto de la traducción automática en la traducción profesional en España: tendencias, retos y aspectos socioprofesionales. El proyecto DITAPE. 2023.

Band 202 Fermín Domínguez Santana / Juana Luisa Herrera Santana (eds.): Dinámicas actuales en la investigación lingüística. Teoría y aplicación. 2024.

Band 203 Jaime Sánchez Carnicer / Lorena Arce Romeral (eds.): Nuevos avances tecnológicos en teoría y práctica de la traducción e interpretación. 2024.

Band 204 Fernando López García (ed.): Lingüística de la ausencia. 2024.

Band 205 Verónica Cristina Trujillo González: Los indoamericanismos léxicos en la obra lexicográfica de César Oudin (1607, 1616, 1621). 2024.

Band 206 Juan Cuartero Otal (ed.): Problemas de la traducción automática español-alemán-español. 2024.

Band 207 Mariano Quirós-García (ed.): La geoponía en su historia: Aportes filológicos y lexicográficos. 2024.

Band 208 Analía Cuadrado Rey: Aproximación fraseológica al español de Argentina: Selección de un corpus y propuesta de traducción al alemán. 2024.

Band 209 José Luis Cifuentes Honrubia (ed.): Estudios sobre negación y cuantificación: Sincronía y diacronía. 2025.

Band 210 Héctor Hernández Arocha: La adquisición del alemán como segunda lengua: Un enfoque cognitivo basado en estructuras algorítmicas. 2025.

Band 211 Jesús Castañon Rodríguez / Félix Rodríguez González: Reacciones ante el anglicismo en los medios de comunicación españoles. 2025.

Band 212 Irune Berdún Villamonte: Desarrollo de la inteligencia metafórica en la enseñanza de Español como Lengua Extranjera. 2025.

Band 213 Guadalupe de la Maya Retamar (ed.): Plurilingüismo en Extremadura: análisis de factores afectivos, disciplinares y lingüísticos. 2025.

Band 214 Rafael García Pérez: Formación y evolución de los adverbios intensificadores en -mente del español. clases, subclases y colocaciones. 2025.

Band 215 Marcello Giugliano: Oralidad y poesía en traducción. Robert Frost en español y catalán. 2025.

Band 216 Laura Hernández-Lorenzo: El drama textual herreriano desde las Humanidades Digitales y la Estilometría. 2025.

www.peterlang.com

www.ingramcontent.com/pod-product-compliance
Ingram Content Group UK Ltd.
Pitfield, Milton Keynes, MK11 3LW, UK
UKHW041827290926
8980IPUK00002B/115

9 783631 935385